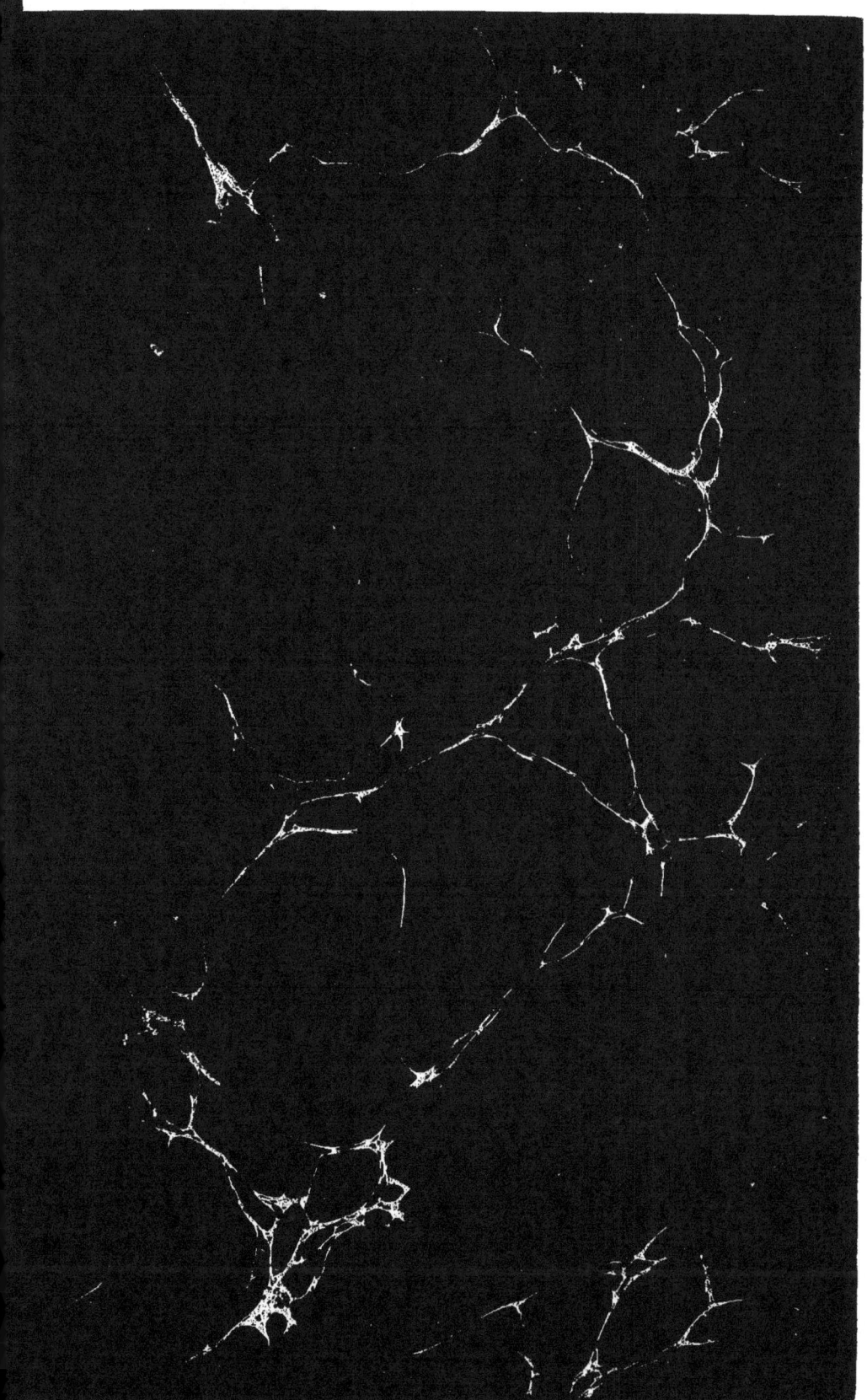

GRAMMAIRE ANNAMITE

SUIVIE

D'UN VOCABULAIRE

FRANÇAIS-ANNAMITE ET ANNAMITE-FRANÇAIS.

C.

GRAMMAIRE ANNAMITE

SUIVIE

D'UN VOCABULAIRE

FRANÇAIS-ANNAMITE ET ANNAMITE-FRANÇAIS,

PAR G. AUBARET,

CAPITAINE DE FRÉGATE,

CONSUL DE FRANCE À BANGKOK,

PUBLIÉE PAR ORDRE

DE SON EXC. LE MINISTRE DE LA MARINE ET DES COLONIES.

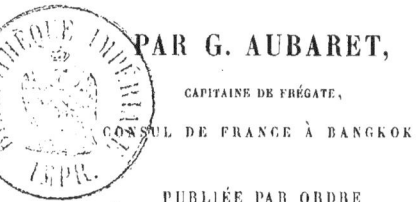

PARIS.

IMPRIMERIE IMPÉRIALE.

M DCCC LXVII.

INTRODUCTION.

La langue vulgaire parlée dans le royaume d'Annam est un dialecte du chinois. Elle en diffère cependant beaucoup, et cette différence augmente en raison de l'infériorité de condition des personnes qui la parlent. Cela tend à prouver que si les Annamites, surtout quand ils sont lettrés, emploient un grand nombre d'expressions venues de la Chine, ils font encore usage, dans leur langage usuel, de mots exclusivement propres au pays qu'ils habitent. Il est, à la vérité, difficile de déterminer à quelle langue ont appartenu ces mots, et cette difficulté est rendue plus grande encore par le fait qu'en passant dans la langue d'un peuple de race chinoise, ils ont dû subir une transformation assez considérable, afin d'être mis en rapport avec le génie littéraire de ce peuple. Ainsi, tous les mots, chez les Annamites, sont monosyllabiques, absolument comme en Chine, et chacun d'eux est prononcé avec l'une de ces intonations particulières à tous les dialectes du Céleste Empire, intonations qui forment la plus ordinaire et la principale difficulté de la langue.

Cette difficulté existe en Cochinchine dans toute sa force, parce que la langue n'admet que rarement les dissyllabes, si communément employés en Chine, et notamment dans le *quan-hoa* ou langue mandarine. Ces dissyllabes, étant composés de deux mots dont le sens est à peu près le même, permettent de ne pas apporter une attention trop scrupuleuse aux intonations, et souvent même les laissent négliger. Il n'en est presque jamais de même dans la langue annamite, où l'idée est le plus souvent rendue par un mot unique. Il s'ensuit alors, vu la très-grande quantité des sons homophones, qu'il est indispensable de ne pas se tromper sur l'intonation, sous peine de ne pas être compris ou d'exprimer des pensées absolument étrangères à ce que l'on a voulu dire.

La difficulté de cette langue réside donc surtout dans ses intonations, car il y a en annamite, pour ce qui est de la prononciation proprement dite, très-peu de sons difficiles à émettre et capables de créer, pour les Européens, de sérieux obstacles à l'étude phonétique.

L'étude grammaticale sera, nous l'espérons, rendue relativement facile par la transcription des mots en caractères latins. La langue annamite se prête parfaitement à ce genre d'écriture, au moyen de quelques caractères de convention très-ingénieusement inventés par les anciens missionnaires. Bien que plusieurs de ces caractères de convention soient assez défectueux, et qu'il eût mieux valu peut-être en choisir qui fussent plus en rapport avec la langue française et apporter quelques modifications au système, notamment pour les transcriptions qui proviennent du portugais, nous avons cru ne pas devoir nous permettre de changer ce qui nous a paru consacré par le temps, et qui fait désormais partie de l'instruction donnée par les missionnaires. Nous avons, en outre, considéré qu'un assez grand nombre d'Annamites se servent couramment de ce mode de transcription latine; que le secours de ces Annamites est indispensable aux personnes qui désirent acquérir quelque connaissance de la langue, et qu'il faut dès lors, de toute nécessité, que l'élève et le maître observent les mêmes conventions. Enfin, à notre sens, dès qu'il s'agit de signes conventionnels, il vaut mieux adopter ce qui existe que d'innover et d'entrer dans un autre ordre d'idées également arbitraire, qui n'a, à la rigueur, pas plus de raison d'être que le premier.

Quoi qu'il en soit, la langue annamite, étant ainsi transcrite, ne doit pas être d'une étude plus compliquée qu'aucune langue européenne.

La difficulté de l'écriture étant mise entièrement de côté, on pourra, du premier coup, lire de longues phrases et même s'exercer à les traduire, ce qui sera infiniment utile pour arriver en peu de temps à posséder assez de mots et à être en état de les répéter à un indigène, en le priant d'en corriger la prononciation et le ton. Ce moyen, qui nous a toujours paru le meilleur dans l'étude des langues, doit faire faire en Cochinchine de rapides progrès; il est aussi absolument nécessaire, parce qu'un indigène est seul apte à faire saisir la véritable prononciation et le véritable accent, que les notations et les signes conventionnels ne peuvent qu'indiquer.

Le but que nous nous sommes proposé par-dessus tout a été de venir en aide aux personnes qui désirent faire usage de la langue annamite, soit pour remplir des fonctions en Cochinchine, soit pour y voyager ou y faire le commerce; c'est pourquoi nous nous sommes attaché spécialement à la langue vulgaire proprement dite.

Ainsi nous avons élagué avec soin les expressions chinoises que le peuple ne comprend pas, et qui peuvent dès lors induire en erreur ou, du moins, charger inutilement la mémoire. Les exemples de la grammaire, que nous avons multipliés autant qu'il nous a été possible de le faire, sont tirés en général d'un ouvrage de littérature vulgaire, tout à fait populaire en basse Cochinchine. Ce livre, nommé *Luc-van-tien*, que tous les Annamites connaissent, et que nous avons traduit en nous inspirant toujours, afin de ne pas méconnaître le mécanisme de la langue, de l'opinion d'un grand nombre d'indigènes de toutes conditions, est en effet le meilleur spécimen de la langue générale d'Annam. Les phrases (à l'exception de celles purement poétiques, que nous n'avons jamais employées) ont le grand avantage d'être

INTRODUCTION.   v

conformes au génie de cette langue, génie toujours plus ou moins défiguré dans les exemples fournis par des Annamites latinistes.

C'est par suite du même système, que nous avons constamment eu en vue, que l'on trouvera dans la partie *française-annamite* du dictionnaire des expressions comprises de tout le monde, et qui toutes, sans exception, ont été par nous soumises à la critique des indigènes qui nous entouraient. Cette première partie du dictionnaire étant destinée surtout aux Européens, nous n'avons pas cru devoir la compliquer de caractères annamites qui y eussent été plutôt embarrassants qu'utiles. Quant à la partie *annamite-française*, son double but étant d'aider les Européens dans la traduction des ouvrages vulgaires transcrits en caractères latins, et aussi d'offrir aux indigènes un vocabulaire capable de leur venir en aide dans l'étude du français, on y a joint des caractères dits *annamites*, afin que l'usage de ce vocabulaire pût devenir général aussi bien dans l'étendue de nos provinces que dans celles qui les avoisinent.

C'est ici le cas de donner quelques explications au sujet de ces caractères que nous venons de nommer improprement *annamites* pour nous conformer à l'usage, mais qui sont en réalité des caractères chinois adoptés par les Annamites, uniquement comme caractères phonétiques, et qui forment par conséquent une sorte de syllabaire de 900 et quelques syllabes ou sons. A la vérité, la presque totalité de ces caractères a reçu quelques altérations qui les rendent désormais incompréhensibles aux Chinois; mais ils ne constituent pas pour cela une écriture annamite dans le sens rationnel du mot : ils sont tout simplement un système de conventions assez capricieuses et susceptibles de beaucoup de variations. Il n'est pas rare de rencontrer de très-hauts mandarins (c'est-à-dire des gens fort instruits) qui ignorent cette façon[1] de transcrire la langue annamite.

La langue annamite n'a donc pas, à proprement parler, d'écriture, c'est le chinois qui en tient lieu; cela ne veut pas dire que l'annamite s'écrive en chinois, mais cela signifie qu'en Cochinchine il faut savoir deux langues : l'annamite pour parler et le chinois pour écrire. Or celui-ci étant fort compliqué et difficile pour le vulgaire, les Annamites ont usé, pour transcrire leur langue commune, à peu près du même procédé que les anciens missionnaires, c'est-à-dire qu'ils ont composé, à l'aide de caractères chinois, des syllabes de convention, comme les missionnaires ont fait avec les caractères latins[2].

Ce n'est donc pas être sorti du cadre de la langue vulgaire que d'avoir ajouté des caractères annamites à l'une des parties de cet ouvrage, et c'est, nous le pensons, le meilleur moyen de le rendre plus complet pour tout le monde, sans nous préoccuper de la science du chinois, laquelle nécessite une étude absolument séparée.

---

[1] Ces caractères annamites sont désignés par l'appellation de *Chu'-nom*. Les caractères chinois sont appelés *Chu'-nhu*.

[2] Cette comparaison ne peut être que très-approximative, à cause de la différence considérable qui existe entre le système alphabétique latin et le système des caractères chinois.

INTRODUCTION.

En résumé, ce livre a pour but d'aider les Européens dans l'étude de l'annamite, en tant que langue parlée, et de répandre en même temps parmi les indigènes un système de transcription qui, s'il se généralisait, serait pour le peuple un puissant moyen d'instruction et d'assimilation à nos idées.

Il est inutile de montrer à quel point il est nécessaire aux personnes occupant en Cochinchine des fonctions qui les mettent en rapport avec des indigènes, de posséder la connaissance d'une langue qui doit rendre leur tâche plus facile et sans laquelle il leur serait toujours à peu près impossible de ne pas commettre d'erreurs. La présidence des tribunaux de justice sous une administration française ne peut naturellement être dévolue qu'à un Français; elle exige, de la part du magistrat, la possibilité de suivre la cause et d'interroger les parties, afin que les Annamites ne considèrent pas notre justice comme essentiellement imparfaite.

La connaissance du chinois n'est, très-heureusement, nécessaire qu'à fort peu de personnes; mais il en est tout autrement de la langue vulgaire, et nous pensons que l'étude de cette langue, dont le mécanisme est si simple, ne doit arrêter personne dès qu'elle est dégagée de cet appareil excessif dont se trouve entourée toute langue orientale.

Nous nous estimerons donc très-heureux d'avoir pu contribuer, pour une part minime, à faciliter une étude que nous considérons comme indispensable en Cochinchine, et qui ne manquera pas de porter ses fruits dans cette contrée si riche, et si admirablement située pour fonder dans les mers de Chine une influence digne du rang considérable que la France occupe dans le monde.

G. AUBARET.

Paris, 1er août 1863.

GRAMMAIRE ANNAMITE.

PROLÉGOMÈNES.

ÉCRITURE.

INTONATIONS.

1. Nous nous proposons de faire usage des caractères latins, au moyen desquels on parvient à transcrire assez exactement tous les mots de la langue annamite, en les affectant, au besoin, de certains signes et accents conventionnels.

2. Deux choses essentielles sont à considérer dans ce système de transcription, savoir : les signes et les accents, qu'il est indispensable de ne pas confondre entre eux. Les signes ont pour but d'indiquer ce que l'on nomme l'intonation, et les accents s'appliquent exclusivement à la prononciation.

3. On entend par intonations certaines inflexions de la voix entièrement assimilables aux notes musicales, et qui doivent être rendues, comme elles, soit en abaissant le ton, soit en l'élevant, soit enfin en passant par deux tons successifs pour une même syllabe.

4. On distingue dans la langue annamite six intonations ou tons; ce sont : le ton égal, le ton descendant, le

ton interrogatif, le ton grave, le ton remontant et le ton aigu.

5. Les signes de convention employés pour la représentation de ces tons ne peuvent naturellement qu'indiquer une inflexion de voix. Il faut les considérer simplement comme des indices, et il est bien entendu qu'il sera indispensable de se faire prononcer par un indigène chaque ton en particulier, afin que l'oreille en puisse apprécier la véritable valeur.

6. La plus grande attention doit être apportée aux tons, car ils sont la base principale de la langue annamite, dont on pourrait connaître tous les mots (en admettant même qu'on les *prononçât* d'une façon irréprochable) sans en retirer aucune utilité, si l'on négligeait de leur attribuer l'intonation qui leur convient. Cette difficulté, vraiment capitale, sera surmontée si l'on consulte fréquemment les indigènes, et l'on trouve aujourd'hui dans nos provinces un assez grand nombre de ces indigènes au courant de la méthode de transcription ci-dessus indiquée, pour que les personnes qui étudient l'annamite ne soient jamais embarrassées pour former leur parole.

7. Les signes conventionnels adoptés pour la désignation des tons sont placés sur les voyelles. Ils se réduisent à cinq, attendu que le ton égal ou plein n'a pas de signe. Si nous prenons pour exemple le monosyllabe *ma*, l'absence de signe sur la voyelle *a* indiquera que le ton est plein ou égal. Le ton descendant s'écrira *mà;* le ton interrogatif, *mả;* le ton grave, *mạ;* le ton remontant, *mã;* et enfin le ton aigu, *má*.

8. Pour concevoir, par l'exemple du monosyllabe *ma*, à quel point changent de sens les mots homophones quand ils sont affectés par le signe d'une intonation, nous dirons que

PROLÉGOMÈNES.

ma signifie chanvre; *mà*, mais, pour, afin que; *mả*, sépulcre; *mạ*, enduire, ainsi *mạ vàng*, dorer; *mã*, cheval, employé dans l'expression *binh mã*, cavalerie; enfin *má* veut dire la joue.

9. Le premier des tons, que nous avons nommé *ton plein* ou *égal*, n'a pas de signe. C'est, en général, pour les Français, l'un des plus difficiles à saisir, précisément à cause de cette absence de toute inflexion dans la voix.

10. Il n'en est pas de même du second, c'est-à-dire du *ton descendant* (*mà*). Celui-ci se traduit par une dépression de la voix assez semblable à ce qui a lieu dans la langue française quand nous prononçons les mots *hòmme, fèmme, madàme, etc.* dans lesquels nous laissons tomber la voix pour indiquer légèrement l'*e* muet.

Le troisième ton ou *ton interrogatif*, représenté par un point d'interrogation au-dessus de la voyelle (*mả*), est ainsi nommé parce que l'inflexion de voix qui y correspond a beaucoup de rapport avec l'intonation que nous employons nous-mêmes en français lorsqu'ayant été interrogés par une personne, et n'ayant pas compris ce qu'elle demande, nous l'interrogeons à notre tour par le mot *comment?* il nous arrive alors d'élever la voix sur la syllabe *ment* d'une façon qui représente assez bien l'intonation annamite.

Le quatrième ton ou *ton grave* a pour signe conventionnel un point placé au-dessous de la voyelle (*mạ*). Il doit être prononcé du fond de la poitrine, mais simplement, comme une note basse, sans inflexion soit descendante soit ascendante.

Le cinquième ton, dit *ton remontant* (*mã*), est ainsi nommé parce que la voix s'infléchit d'abord gravement, et ensuite s'élève ou remonte. Ce ton n'a aucune analogie dans la langue française; il est donc nécessaire de se le faire prononcer pour en avoir une idée précise.

Enfin le sixième ton ou *ton aigu* (*má*) est exprimé en donnant à la voix un son élevé et bref.

11. Il est à remarquer que trois des six intonations que l'on vient d'énumérer, la pleine ou égale (*ma*), la grave (*mạ*) et l'aiguë (*má*) ne comportent qu'un simple monosyllabe, c'est-à-dire ne font pas prononcer deux fois la voyelle *a*, tandis que dans les tons descendant (*mà*), interrogatif (*mả*) et remontant (*mã*), l'inflexion de la voix est telle que l'on prononce à peu près comme si, pour le premier, on écrivait *mà-a*, et qu'on laisse tomber la voix sur le deuxième *a*; le second pourrait être représenté par le mot *ma-a?* et enfin le troisième par *ma-á*.

PRONONCIATION.

12. La prononciation est caractérisée par certains accents placés au-dessus ou à côté des voyelles et par des consonnes de convention qu'il a fallu ajouter à celles de la langue française, afin de compléter une sorte d'alphabet annamite capable de reproduire les sons particuliers à cette langue. Nous allons essayer d'offrir une idée approximative de l'expression à donner à ces voyelles et à ces consonnes ; mais nous répéterons ici que la prononciation véritable ne peut aucunement être étudiée dans un livre, et nous avertirons nos lecteurs que certains sons diffèrent tellement des nôtres qu'il n'est pas possible d'en donner une idée.

VOYELLES.

13. Avant de présenter la liste des voyelles, nous recommandons de nouveau de ne pas confondre les accents avec

les signes, qui sont exclusivement la marque d'une intonation, c'est-à-dire d'une inflexion de voix.

Toute voyelle peut avoir un accent sans avoir de signe, ou bien un signe sans accent, ou enfin les deux à la fois.

A : de trois sortes :

A simple, sans accent, se prononce comme l'*a* français dans *ami*. Exemples : *ba*, trois; *an*, paix, repos.

Ă avec l'accent bref diffère peu du premier; il se prononce plus vite et a le son plus clair. Exemples : *ăn*, manger; *lăn*, rouler, tourner; *băn*, éclater, lancer.

 avec l'accent circonflexe a une prononciation sourde qui se rapproche un peu de la syllabe *ment* dans nos adverbes, tels que *amèrement*, *extrêmement*, etc. Exemples : *ân*, bienfait; *bâm*, requête, plainte.

Cette voyelle a quelquefois une prononciation qui se rapproche beaucoup de celle de *o*, dont il sera question plus loin.

E : de deux sortes :

E simple se prononce comme l'*ai* français dans les mots *maire*, *chaire*, etc. Exemples : *me*, mère; *bé*, petit; *bê*, rompre; *mèo*, chat.

Ê se prononce comme l'*e* fermé français : *année*, *amitié*, etc. Exemples : *lê*, cérémonies; *phê*, poumon.

I : de deux sortes, *i* et *y* :

I simple se prononce comme s'il faisait partie de la syllabe qui précède. Prononcez *mài*, frotter, comme en français *maille*, en négligeant l'*e* muet; et ne dites pas *ma-i*. Exemples : *tai*, oreille; *lại*, venir.

Y, au contraire, se prononce isolément à la fin des mots : ainsi *cây*, arbre, prononcez *ca-i*. Exemples : *may*, coudre; *láy*, prendre.

O : de trois sortes :

O simple se prononce comme dans le mot français *dogue*, mais avec le son plus ouvert. Exemples : *chó*, chien; *bò*, bœuf.

Ô avec accent circonflexe se prononce à peu près comme dans notre mot *dôme*. Exemples : *cô*, orphelin; *lỗ*, trou.

O' se prononce un peu plus ouvert que les mots français *ceux, eux, œufs*; la mauvaise prononciation du midi de la France en donne une idée assez juste. Exemples : *mở*, ouvrir; *cơ*, régiment.

U : de deux sortes :

U simple se prononce à l'italienne et comme *ou* dans les mots français *ou, mou*. Exemples : *cu*, tourterelle; *bụt*, idole.

Lorsque cet *u* est placé après un *a* à la fin d'un mot, il doit se prononcer isolément : ainsi *mau*, vite, doit être prononcé *ma-ou*. La même chose n'a pas lieu s'il s'agit d'un *o* placé après un *a* ou un *e* : cet *o* complète une diphthongue. Exemples : *cao*, élevé; *béo*, gras.

U' se prononce beaucoup plus durement que *o'* et semble venir du gosier; c'est un de ces sons tout à fait particuliers à la langue et qu'il est nécessaire de se faire prononcer par un indigène. Exemples : *sự*, chose; *mực*, encre.

Lorsque *u'* et *o'* se rencontrent dans le même mot, il en résulte un son assez difficile à saisir et qu'il est tout à fait impossible de représenter dans notre langue. Exemples : *rượu*, vin; *nước*, eau.

CONSONNES.

14. Les consonnes employées pour la transcription de la langue annamite sont au nombre de seize :

B se prononce comme en français. Exemples : *bì*, peau; *biét*, savoir; *bầu*, citrouille; *báu*, précieuse.

C se place au commencement et à la fin des mots. Exemples : *cá*, poisson; *học*, apprendre; *cờ*, drapeau; *cóc*, crapaud. Cette consonne n'est employée qu'avec les voyelles *a, o, ơ, u* et *ư;* devant *e* et *i* on emploie la lettre *k*.

Le *ch* se prononce comme s'il était écrit *kie* : ainsi les mots *cha*, père; *che*, couvrir; *chi*, quoi; *cho*, donner; *chủ*, maître, se prononcent comme s'ils étaient écrits *kia, kie, kii, kio* et *kiủ*, mais sans appuyer sur la lettre *k*.

Lorsque *ch* est placé à la fin d'un mot, il se prononce comme s'il y avait *kie*, mais extrêmement adouci et suivi d'une sorte d'aspiration : ainsi *xích*, rouge; *cách*, manière, se diront à peu près *xikie, cakie*, sans faire sentir l'*e* muet.

D. On distingue deux sortes de *d*, savoir :

D qui s'écrit comme le nôtre et se prononce comme s'il était suivi d'un *i*, mais en faisant très-peu sentir la dentale. Au Ton-kin, la prononciation de ce *d* a beaucoup de rapport avec le *delta* des Grecs modernes; il n'en est pas de même en basse Cochinchine, où l'on se contente de passer légèrement, sans appuyer la langue contre les dents. Exemples : *da*, la peau, prononcez *dia; dâm*, oser, prononcez *diâm*.

Đ. Le *đ* barré se prononce exactement comme le nôtre. Exemples : *đây*, ici; *đâu*, où; *đỏ*, rouge.

G. Est employé devant l'*a* et se prononce comme en français dans les mots *gale, galon*. Exemples : *gà*, poule; *gái*, fille; *gan*, foie.

Il en est de même devant l'*o* et devant l'*u* (prononcé *ou*). Ainsi les mots *gỗ*, bois de construction; *gôm*, argile; *gút*, nœud, se prononceront comme en français *gobelet, gomme, goutte*.

G n'est point employé seul devant l'*e*. On le fait suivre d'une *h* et l'on écrit *ghe* ou *ghé*, selon le cas, en prononçant comme on fait en français dans les mots *guérison*, *guêtre*. Exemples : *ghe*, bateau; *ghé*, chaise.

Gi se prononce comme *lli* dans les mots *bouilli*, *recueilli*. Exemples : *gì*, quoi? *gí*, bord (d'un habit). Par analogie, les mots *gia*, famille; *giá*, prix, etc. se prononceront comme le *la* des Allemands.

H. Cette lettre est fréquemment employée, au commencement, au milieu et à la fin des mots. Lorsqu'elle est placée au commencement, elle est toujours aspirée, peut-être même un peu plus que dans les mots français *héros*, *haricot*. Exemples : *hai*, deux; *hại*, nuire ; *heo*, cochon; *hí*, hennir; *hiên*, doux, que l'on prononce *hi-yen*; *hiêm* [1], rare, dans lequel on passe légèrement sur l'*é*; *ho*, toux; *hô*, rougir; *hòm*, caisse; *hút*, teter : prononcez en aspirant un peu plus que dans les mots *haillons*, *hêtre*, *hiatus*, *hoquet*, *houle*.

H au milieu des mots se rencontre après les lettres *k*, *p* et *t*. Après la lettre *k* et en composition avec elle, elle forme le son double *kh*, dont l'aspiration est beaucoup plus forte que celles dont il vient d'être question, et a de l'analogie avec le χ des Grecs modernes lorsqu'il est placé devant un *a* ou un *o*. Exemples : *khá*, il convient; *khăn*, mouchoir; *khô*, sec; *khỉ*, singe; *khuya*, nuit complète.

H après un *p* forme le son double *ph*, qui remplace chez les Annamites la lettre *f*, que ce peuple ne peut pas prononcer comme nous avons l'habitude de le faire en France. Il entre, en effet, dans leur façon de rendre le son de *f* une sorte d'embarras assez semblable à celui des enfants dont la prononciation n'est pas encore distincte, et dans

---

[1] Il est très-difficile de soumettre à une règle constante les différentes prononciations qu'affectent les diphthongues. En général, l'intonation est cause de variations assez nombreuses que l'usage seul peut enseigner.

lequel on retrouve, quoique imparfaitement, la lettre *p*. Exemples : *phải*, oui; *phai*, se faner; *pháo*, pétard; *phong*, vent.

H après la lettre *t* forme le son double *th*, qui se rend en prononçant d'abord le *t* et en le faisant suivre d'une aspiration. Ainsi : *tha*, pardonner; *thăm*, visiter; *thể*, qualité, état; *thỏ*, lièvre; *thuế*, impôt, se prononceront comme s'ils étaient écrits *t'ha*, *t'hăm*, *t'hể*, *t'hỏ*, *t'huế*.

K se prononce durement devant les voyelles *e* et *i*. Exemples : *kẻ*, qui; *kém*, ciseaux; *kêu*, appeler; *kia*, voilà; *kiến*, fourmi, qui se prononcent *quai*, *quém*, *quéou*, *quiia*, *quién*.

Cette lettre n'est jamais employée devant l'*a*, l'*o* et l'*u*; mais elle l'est fréquemment avec l'adjonction de l'*h*, ainsi qu'on l'a vu plus haut.

L a la même prononciation qu'en français. Exemples : *la*, crier; *là*, être; *lái*, gouvernail; *lễ*, rite; *lên*, monter; *loạn*, rébellion; *lui*, reculer.

M se prononce également comme en français. Exemples : *mặt*, visage; *mau*, vite; *mẹ*, mère; *môi*, lèvre; *mũi*, nez.

N se prononce comme en français quand elle est placée au commencement des mots et qu'elle y précède les voyelles *a*, *e*, *i*, *o*, *u* (*ou*), *o* et *w*. Exemples : *nấu*, cuire; *nét*, modestie; *niên*, année; *no*, rassasié; *núi*, montagne; *nơi*, lieu; *nước*, eau.

Lorsque *n* précède la lettre *g*, il en résulte le son double *ng*, lequel, au commencement des mots, est rendu par un son nasal où le *g* devient être presque insensible. Exemples : *ngà*, ivoire; *ngó*, regarder; *ngơ*, penser; *ngục*, prison, qui se prononcent comme s'ils étaient écrits *n'ga*, *n'go*, *n'go*, *n'guc*.

Ce son double *ng*, placé à la fin des mots, indique une prononciation semblable à celle des nasales françaises, telles que *tien, ton, pain, fin, lien*, où il ne faut nullement faire sentir le *n* final. Ainsi on dira *thiêng-liêng*, spirituel; *lông*, poil; *nông*, agriculteur, comme on dit en français *tien, lien, long, non*. Si, au contraire, le mot est terminé par la lettre *n* toute seule, il faut la faire sentir comme dans le nom propre *Hermann*. Exemples : *gân*, nerf; *én*, hirondelle; *bôn*, quatre, qu'on doit prononcer *gânn, énn, bônn*.

Lorsque le son *ng* est placé à la fin du mot et après la voyelle *o*, comme dans le mot *long*, dragon, on doit prononcer l'*o* très-ouvert et comme s'il représentait la diphthongue *ao* : on dira donc *laong*. S'il s'agit au contraire d'un *ô* (avec accent circonflexe), on prononcera *lông*, poil, comme l'adjectif français *long*.

Lorsque *n* précède le son *gh*, comme dans le mot *nghe*, entendre, il en résulte une prononciation nasale et très-sourde, dans laquelle le son *g* doit être plus dur que dans les mots tels que *ngà*, ivoire, où il n'y a pas d'*h* après le *g*.

La lettre *n* placée devant l'*h* se prononce *nie*[1] : ainsi *nhà*, maison; *nhảy*, sauter; *nhớ*, se rappeler, devront se prononcer *nià, niải, nió*.

Lorsque *nh* est placée à la fin du mot, comme dans *bánh*, pain, on prononcera comme dans le mot français *bagne*, mais sans faire sentir l'*e* muet.

Q est invariablement suivi de la voyelle *u*, comme dans les mots *qua*, traverser; *quét*, balayer; *quỉ*, diable; *quốc*, royaume, et il se prononce à l'italienne. On dira donc *quoua, quouet, qoui, quouôc*.

---

[1] Cette convention, empruntée à la langue portugaise, eût été modifiée par nous, si, comme nous l'avons dit, nous n'avions pas dû prendre en considération le grand nombre d'Annamites qui y sont habitués.

R. *Ra, rá, re, ré, ri, ro, rô, ro', ru* et *rư* se prononcent en faisant rouler l'*r*. Il faut bien se garder de grasseyer sur l'*r* en annamite : ce serait s'exposer à n'être pas compris. Exemples : *ra*, sortir ; *rẻ*, bon marché ; *rìu*, hache ; *rõ*, clairement ; *rừng*, forêt.

Lorsque *r* se trouve au milieu d'un mot et après la lettre *t*, comme dans *trời*, ciel, il en résulte une prononciation tout à fait particulière aux Annamites, et que les Européens ne saisissent que difficilement ; elle consiste à glisser légèrement sur l'*r*, en lui donnant un son qui tient à la fois de l'*r* et de l'*l*.

S. Cette lettre, qui s'emploie seulement au commencement des mots, se prononce comme le *ch* français ou le *sh* anglais. Exemples : *sai*, envoyer ; *siêng*, diligent ; *sơ'*, craindre ; *sức*, forces : prononcez *chaï, chieng, chœu, chưc*.

T au commencement des mots se prononce absolument comme en français. Exemples : *tai*, richesse ; *té*, sacrifice ; *thầy*, maître (prononcez *t'hầy*) ; *tổ*, nid.

A la fin des mots, *t* doit se prononcer très-brièvement, à peu près comme dans le nom propre *Ruth*.

Il est d'un usage habituel dans la basse Cochinchine, surtout parmi le peuple, de donner au *t* final le son du *c*. Ainsi au lieu de dire *một*, un ; *tốt*, beau, on prononce le plus souvent *mộc, tốc*, etc.

V se prononce d'une façon beaucoup moins articulée que dans la langue française : on y introduit une sorte d'*i* sourd qui fait dire les mots *va*, peine ; *vợ*, épouse ; *voi*, éléphant, à peu près comme s'ils étaient écrits *via, viợ, vioi*. Cela n'a pas lieu lorsque le *v* précède la voyelle *i* ; dans ce cas, la prononciation est la même qu'en français : ainsi on dira les mots *viếng*, un tour ; *viên*, pilule, comme s'ils étaient écrits *viens, vienne*.

X. Il est difficile, sinon impossible, de représenter par un exemple le sifflement particulier qui forme le son de cette lettre. Les mots *xa*, loin; *xe*, voiture; *xích*, rouge; *xong*, terminé, se prononcent à peu près comme s'ils étaient écrits *csa, cse, csich, csong*, mais en faisant très-peu sentir le *c*. L'oreille seule peut apprécier la valeur de l'*x*.

§ I.

DU SUBSTANTIF.

15. Le substantif est généralement exprimé, dans la langue annamite, par un simple monosyllabe. Exemples : *người*, homme; *vợ*, épouse; *cây*, arbre.

16. Il n'existe point d'article. Ainsi *người* signifie également homme ou l'homme. Si l'on veut rendre l'expression *un homme*, on emploie le numératif *một* et l'on dit, par exemple :

    Có một người ở nhà,
    Il y a un homme à la maison.

17. On peut composer des substantifs à l'aide d'adjectifs et de verbes, en leur adjoignant le mot *sự*, qui veut dire chose : ainsi *lành*, bon, intègre, *sự lành*, bonté; *xấu*, mauvais, *sự xấu*, mal; *cười*, se moquer, *sự cười*, moquerie, etc. On emploie quelquefois à la place du mot *sự* le mot *việc*, qui signifie plus particulièrement travail ou action; mais on n'emploie ce dernier mot que devant les verbes, ainsi :

    Việc cười người ta không nên,
    L'action de se moquer des hommes (la moquerie)
        n'est pas convenable.

Il ne faut pas abuser de cette façon de former des substantifs, surtout au moyen du mot *sự*, parce que, sauf dans quelques cas particuliers, elle est peu employée dans la conversation et ne paraît pas correspondre au génie de la langue.

18. On réunit quelquefois des mots qui ne sont pas tout à fait synonymes, et l'idée commune à ces deux mots reste attachée au composé. Ainsi *anh* signifie frère aîné et *em* frère cadet : on en a fait *anh em*, qui veut dire frère en général ; *chị em* signifie une sœur en général, sans déterminer si c'est l'aînée ou la plus jeune.

19. D'autres substantifs composés sont formés par la réunion de deux mots qui donnent une idée approximative de la chose que l'on a voulu représenter, soit en indiquant la nature ou l'usage de cette chose, soit en créant une métaphore conforme au génie des peuples de l'Orient. Ainsi : *óng khóa* (tube à clef) signifie cadenas ; *của lễ* (chose de cérémonie) indique un cadeau ; *mặt trời* (figure du ciel) est le soleil ; *nín lặng* (se taire et se calmer) veut dire silence ; *tân tới* (nouvellement parvenir) indique l'idée de progrès ; *bánh khô* (pain sec) signifie biscuit. On pourrait multiplier ces exemples, très-fréquents dans la langue annamite, et si bien appropriés au génie de cette langue que chaque jour il s'en crée de nouveaux, à mesure qu'apparaissent de nouveaux objets, non encore dénommés.

Les diminutifs sont formés par l'addition de l'adjectif *nhỏ* (petit) et les augmentatifs par celle de l'adjectif *lớn* (grand) ; ainsi : *chuông nhỏ* signifie sonnette et *tàu lớn* vaisseau.

Quelques substantifs composés sont consacrés par l'usage, mais leur origine est cachée dans l'obscurité des temps, par exemple : *óng ngư*, pêcheur ; *lão tiều*, bûcheron, etc.

20. Les noms d'emploi et de profession sont de même composés de deux mots, dont le premier indique l'idée d'ouvrier ou de maître et le second celle de la profession. Les mots employés en premier lieu sont d'ordinaire : *thợ, thầy, óng*.

Exemples : *thọ bạc*, orfévre ; *thọ mộc*, menuisier ; *thọ rèn*, forgeron ; *thầy thuốc* (maître de la médecine), médecin ; *thầy bói*, devin. Pour les professions qui confèrent une certaine dignité, on se sert des mots *ông*, monsieur, ou *bà*, madame : *ông quan*, mandarin ; *ông sư*, bonze ; *bà vãi*, bonzesse.

21. Les noms qui expriment les degrés de parenté prennent également le mot *ông*, monsieur, et *bà*, madame. Exemples : *ông cậu*, oncle ; *bà cô*, tante. Les ancêtres sont désignés par la réunion de ces deux mots honorifiques, c'est-à-dire par l'expression *ông bà*.

22. Le mot *con*, qui signifie littéralement fils, entre en composition avec une grande quantité de noms. Ce sont d'abord les noms de personnes et d'animaux. Exemples : *con trai*, fils ; *con gái*, fille ; *con chó*, chien ; *con mèo*, chat ; *con chim*, oiseau ; *con cá*, poisson ; *con sâu*, ver, etc.

Quelquefois le mot *con* implique une idée de petitesse ou d'infériorité, par exemple : *con nít*, enfant ; *con đòi*, servante ou petite servante ; *con hát*, chanteuse. Toutefois, le mot *con* ainsi placé devant le nom n'a nullement la signification de petit d'animal, et si l'on veut parler du petit d'un chien, on doit ajouter ce même mot *con*, qui retient alors sa signification propre, et l'on dit : *con chó con*, petit chien ; *con ngựa con*, poulain, etc.

Ce mot *con* est quelquefois appliqué à des plantes encore en herbe. Exemple : *con thuốc*, tabac. Mais ce cas est rare.

Le mot *con* entre habituellement en composition dans l'expression des objets qui, bien qu'inanimés, peuvent métaphoriquement être représentés comme animés, soit à cause de leur façon d'être, soit en raison de leur usage. Exemples : *con mắt*, œil ; *con ngươi*, pupille ; *con dấu*, cachet ; *con vác*, armes ; *con quay*, quenouille, etc.

23. Le mot générique *cái* est employé dans les noms de choses matérielles ou artificielles. Exemples : *cái bàn*, une table; *cái hòm*, une caisse, etc. On dit d'une manière générale *cái nầy*, cela, cette chose.

24. Les arbres sont désignés par un mot composé de deux noms dont le premier est *cây*, qui signifie arbre, et le second l'espèce particulière dont il s'agit. Exemples : *cây dừa*, cocotier; *cây cau*, aréquier; *cây xoài*, manguier; *cây mít*, jacquier.

Pour les fruits, c'est le mot générique *trái*, fruit, qui entre en composition avec le nom d'espèce. Exemples : *trái chuổi*, banane; *trái thơm*, ananas, etc.

Les plantes à tubercules ont pour nom générique l'un des deux mots *khoai* ou *củ*, et l'on dit : *khoai lang* ou *củ lang*, patates.

Enfin, les légumineuses réclament le mot *đậu*, qui signifie fève en général, et l'on dit : *đậu xánh*, haricots verts; *đậu phụng*, arachides.

25. Le genre est représenté en annamite par certaines particules placées après le substantif. Ces particules sont, pour les personnes, *trai* au masculin et *gái* au féminin. Exemples : *con trai*, enfant mâle; *con gái*, fille. Parmi les quadrupèdes, la particule *đực* indique le mâle et *cái* la femelle : ainsi l'on dira *con bò đực*, un bœuf; *con bò cái*, une vache; *con ngựa đực*, un cheval; *con ngựa cái*, une jument. On supprime quelquefois le mot *con* lorsque le sexe de l'animal est ainsi déterminé.

S'il s'agit d'oiseaux, on emploie généralement à la suite du substantif le mot *trống* pour les mâles et *mái* pour les femelles. Exemples : *con gà trống* ou *gà trống*, coq; *con gà mái* ou *gà mái*, poule, etc.

26. Le pluriel se forme au moyen des particules

DU SUBSTANTIF.

chúng, những, các, mấy, phô, etc. qui précèdent le substantif. Exemples :

Chúng tôi, nous ;
Những người phải chết ou *mấy người phải chết*,
Les hommes doivent mourir ;
Các con chó theo tôi, les chiens me suivent ;
Các quan bảo hộ đưa nàng xuống thuyền,
Les mandarins, en la protégeant, conduisent la jeune fille à bord de la barque ;
Phô ông, vous messieurs ;
Phô sự ou *phô đều*, affaires.

Souvent, pour exprimer « les hommes », on place après le mot *người* la particule *ta*, et l'on dit :

Người ta phải chết, les hommes doivent mourir.

27. La construction annamite est directe et semblable à celle de la langue française ; ainsi, lorsque deux substantifs sont en construction, l'antécédent se place avant le conséquent. Exemples :

Tình vợ, affection de l'épouse ;
Góc nhà, le coin de la maison ;
Lệnh vua, l'ordre du roi.

On voit par les exemples qui précèdent que les deux substantifs se placent simplement l'un après l'autre sans le secours d'aucune particule.

28. Cette règle ne change pas, lors même que le terme antécédent ou conséquent est complexe ; mais il doit intervenir dans la phrase un verbe ayant pour effet de marquer la séparation des termes et de faire éviter l'amphibologie :

Tài anh cha tôi ngày sau là tài tôi,
Les biens du frère de mon père, dans l'avenir, seront mes biens.

Mais s'il n'y a pas de verbe, comme dans la phrase : la

couleur rouge de mon habit, il faut de toute nécessité suppléer un verbe afin d'être compris, et dire :

Màu áo tôi là màu đỏ,

La couleur de mon habit est une couleur rouge.

29. Le substantif, lorsqu'il est sujet d'un verbe, se place toujours avant ce verbe. Exemples :

Con ngựa chạy, le cheval court;

Con chim bay, l'oiseau vole.

Lorsque le substantif est complément d'un verbe actif, il se place après le verbe. Exemple :

Bây giờ lại thấy con tôi,

Maintenant je vois de nouveau mon fils.

30. Le génitif s'exprime en plaçant simplement les deux termes l'un à la suite de l'autre sans faire usage d'aucune particule. Exemples :

Sách ông, le livre de monsieur;

Nhà cha tôi, la maison de mon père;

Nhà nước Annam, le royaume d'Annam.

31. Le datif est le plus souvent caractérisé par la préposition *cho,* qui signifie littéralement *donner.* On emploie encore après certains verbes la préposition *cùng,* avec. Exemples :

Cho con tôi, à mon fils (littéralement, pour mon fils);

Làm sự gì cho người, faire quelque chose à quelqu'un;

Cho tôi[1]*,* donnez-moi;

Nói cùng một người, parler à un homme;

Nói cùng cha tôi, dites à mon père.

La préposition *tới,* qui signifie littéralement *parvenir,* est employée dans les expressions suivantes :

---

[1] Dans cet exemple, la marque du datif est supprimée. Il faudrait dire, à la rigueur : *cho cho tôi.*

Đi tới cửa, aller à la porte;
Đến tới làng, arriver au village.

Lorsque le datif marque une idée de possession, on l'exprime soit en répétant le substantif, soit en employant le mot *của*, qui signifie *chose*.

Sách nầy là sách tôi, ce livre est mon livre, pour : ce livre est à moi;

Ou bien, et plus généralement :

Sách nầy là của tôi, ce livre est une chose à moi.

32. L'ablatif est indiqué par la préposition *bởi*, de. Exemple :

Bởi tin nên mất, bởi nghe nên lầm,
De la confiance provient la perte (le malheur), du fait d'écouter provient l'erreur.

On emploie aussi, pour désigner l'idée ablative, l'expression *cho khỏi* :

Hãy lấy cái nầy cho khỏi người,
Enlevez cela de cet homme (des mains de cet homme) ou simplement de ses mains.

33. On emploie le plus généralement au vocatif l'interjection *oi*, placée après le nom de la personne interpellée. Exemple :

Cha oi, ô père; *Tiên oi*, ô Tien.

On verra au paragraphe des interjections quelles sont celles qui désignent la satisfaction, la peine, la colère, etc.

34. Le nom de matière se place après le substantif, sans le secours d'aucune particule :

Tượng bạc, une statue d'argent;
Đồng bạc, une pièce d'argent (piastre);
Nhà ngói, une maison de tuiles (recouverte en tuiles);
Nhà lá, une maison de feuilles (recouverte en feuilles).

§ II.

DE L'ADJECTIF.

35. Il y a des mots qui ont par eux-mêmes la signification adjective; tels sont :

Tốt, bon; *xấu*, mauvais; *nhỏ*, petit; *lớn*, grand; *đỏ*, rouge; *trắng*, blanc, etc.

36. D'autres sont des substantifs qui étant placés après un autre substantif changent ou déterminent sa qualification, et reçoivent de leur position une valeur adjective : on en a vu des exemples pour les noms de matière (34).

37. L'adjectif proprement dit se place en général après le substantif, mais sans s'accorder avec lui ni en genre ni en nombre. Exemples :

Người tốt, l'homme bon;
Con nít xấu, l'enfant méchant;
Vợ tốt, l'épouse bonne;
Người ta tốt, les hommes bons;
Ngựa cái đen, la jument noire;
Các con ngựa đen, les chevaux noirs.

38. Un très-grand nombre d'expressions adjectives consistent dans un substantif précédé du verbe *có*, qui signifie *avoir*. Exemples :

Vợ có tình, l'épouse qui a de l'affection (affectueuse);
Con trâu có sức, le buffle qui a de la force (vigoureux).

39. Certains verbes précédés de la particule *hay* deviennent des expressions adjectives : *nói dối*, mentir, *hay nói dối*,

menteur; *ăn*, manger, *hay ăn*, mangeur; *uống*, boire, *hay uống*, buveur; *khóc*, pleurer, *hay khóc*, lamentable; *khoe*, se vanter, *hay khoe*, fanfaron. En général, ces formes adjectives renferment une idée un peu exagérée. Ainsi : *hay ăn* veut dire non-seulement mangeur, mais encore habitué à manger beaucoup, grand mangeur; et ainsi des autres formes.

40. Tous les verbes forment des adjectifs verbaux quand ils sont précédés du pronom *kẻ*, qui signifie *celui qui*. Exemples :

Kẻ đi, celui qui va (l'allant);

Kẻ nói, celui qui parle (le parlant);

Tôi cười kẻ bát tài,

Je me moque de celui qui n'a pas de science (de l'imbécile);

Người lành nỡ bỏ kẻ đau,

L'homme en bonne santé ne doit pas abandonner le malade.

41. Le comparatif de supériorité s'exprime au moyen de la particule *hơn*, plus, placée après l'adjectif. Exemples :

Tôi cao hơn anh, je suis plus grand que toi;

Trái nầy ngọt hơn trái kia,

Ce fruit est plus doux que l'autre;

Con chó tôi nhỏ hơn con mèo,

Mon chien est plus petit que mon chat.

42. Le comparatif d'infériorité ne s'exprime pas dans la langue annamite. Il faut, pour être compris, renverser les termes, afin de revenir à un comparatif de supériorité. Ainsi l'on ne dira pas, Je suis moins pauvre que vous; mais, Je suis plus riche que vous; ou bien, Vous êtes plus pauvre que moi, expressions qui se traduiront en employant la particule *hơn*, comme il vient d'être dit (41).

43. Le comparatif d'égalité se rend au moyen de l'expression *bằng nhau*, qui signifie *également* et que l'on place après l'adjectif à la fin de la phrase :

Người cùng anh em cao bằng nhau,
Lui avec ses frères grand également (il est aussi grand que ses frères).

44. Le superlatif s'exprime au moyen de certaines particules qui se placent soit avant, soit après l'adjectif.

Rát, très, se place avant l'adjectif :
Con gái nầy rát tốt, cette fille est très-belle.

Lắm et *quá*, beaucoup, excessif, qui se placent après l'adjectif, sont plus souvent employés que *rát* :

Tôi có con voi lớn lắm, j'ai un éléphant très-grand;
Đang khi đói quá, quand vous aurez très-faim.

45. Le superlatif absolu se rend, en annamite, au moyen d'une périphrase qui ramène ce superlatif au comparatif de supériorité. Ainsi, l'on exprime cette idée : Le plus beau pays du monde, par

Nhà nước tốt hơn trên đời,
Le pays (royaume) plus beau dans le monde.

On sous-entend après *tốt hơn* les mots *hét ai*, tous les autres, qui complètent la comparaison :

Tốt hơn hét ai,
Plus beau que tous les autres dans le monde.

§ III.

DES NOMS PROPRES.

46. Les noms de provinces, de circonscriptions territoriales, de marchés, de villages, de cours d'eau, d'îles, etc. ont, outre leur appellation officielle, qui appartient à la langue chinoise, une autre désignation vulgaire qu'il est nécessaire de connaître afin d'éviter les confusions. Ainsi la province de *Đinh tươmg* est encore appelée *Mĩ tho;* celle d'*An giang* porte aussi le nom de *Châu đoc.*

Une grande partie du territoire de la basse Cochinchine portait autrefois le nom vulgaire de *Đon nai* (plaine des cerfs); de nos jours, certains cantons du huyen de *Phươc an,* dans la province de *Bien hoa,* sont bien plus connus sous le nom de *Xich tho* (terre rouge) que sous leur désignation officielle. Ces exemples sont surtout fréquents pour les cours d'eau et les îles :

Cương thanh, vulgairement *Rach lap vo;*

L'île *Té châu,* vulgairement *Cu lao tay.*

47. Les noms d'hommes sont, en général, composés de trois mots, dont le premier est le nom de famille proprement dit : c'est ce que les Annamites appellent le *họ.* Le dernier est le nom particulier à la personne; ce nom change vers l'âge de dix-huit ans et le nouveau nom doit être conservé jusqu'à la mort : celui-là est le *tên;* c'est le petit nom, souvent employé pour se désigner soi-même au lieu de dire : je, moi. On ne doit jamais prononcer le petit nom des per-

sonnes auxquelles on porte du respect, et c'est un crime de lèse-majesté d'écrire ou de prononcer celui de l'empereur régnant. Enfin le mot du milieu, qui chez les Annamites est le plus souvent la syllabe *vân*, sert ordinairement de trait d'union entre le premier et le dernier. Exemple :

Ho là Lục, tén là Vân tiên,

Mon nom est *Lục*, mon petit nom est *Vân-tiên* (ou mieux *Tiên*).

48. Les femmes portent officiellement le nom de famille, suivi du caractère chinois *ti*, qui signifie *famille;* mais dans les relations ordinaires de la vie elles sont désignées par un surnom, et quelquefois par un nom de nombre qui indique le rang qu'elles occupent parmi leurs frères ou leurs sœurs.

§ IV.

DES NOMS DE NOMBRE.

49. Les noms de nombres cardinaux sont :

Một.	1	*Ba mươi.*	30
Hai.	2	*Ba mươi một.*	31
Ba.	3	*Ba mươi lăm.*	35
Bốn.	4	*Bốn mươi.*	40
Năm.	5	*Năm mươi.*	50
Sáu.	6	*Sáu mươi.*	60
Bảy.	7	*Một trăm.*	100
Tám.	8	*Trăm một.*	101
Chín.	9	*Trăm hai.*	102
Mười.	10	*Trăm năm.*	105
Mười một.	11	*Trăm mươi.*	110
Mười hai.	12	*Trăm mươi một.*	111
Mười ba.	13	*Trăm mươi lăm.*	115
Mười bốn.	14	*Trăm hai mươi.*	120
Mười lăm.	15	*Hai trăm.*	200
Hai mươi.	20	*Ba trăm.*	300
Hai mươi một.	21	*Ngàn.*	1000
Hai mươi hai.	22	*Ngàn một.*	1001
Hai mươi lăm.	25		

Et ainsi de suite jusqu'à 10,000, qui se dit *muôn*.
Cent mille (100,000) se dit *vàn ức;*

⨯ Un million (1,000,000) se dit *vẹo triệu*, ou simplement *triệu*.

50. On remarquera que cinq se prononce *lăm* lorsqu'il est placé après une ou plusieurs dizaines; il ne faut pas dire *mười năm*, mais *mười lăm*, *ba mươi lăm*, etc.

51. L'intonation du mot *một*, un, est grave lorsque ce nombre est employé séparément ou dans le nombre onze, *mười một;* mais dans les autres cas où *một* entre en composition, l'intonation grave est changée en aiguë. Exemples : *hai mươi mốt, bốn mươi mốt, trăm mốt.*

52. *Mười*, dix, lorsqu'il est seul, est affecté du ton descendant; ce ton se change en égal dans les autres dizaines. Exemples : *hai mươi, bốn mươi*, jusqu'à *chín mươi*, quatre-vingt-dix, inclusivement.

53. *Chục* signifie *dizaine*, et ce mot est fréquemment employé à la place de dix. Au lieu de dire : *có hai mươi người*, il y a vingt hommes, on dit de préférence : *có hai chục người*, il y a deux dizaines d'hommes.

54. On emploie de même le mot *rưỡi*, qui veut dire *et demi*, à la place du nombre cinq quand il est ajouté à une ou plusieurs dizaines. Ainsi, au lieu de *mười lăm*, quinze, on peut dire *một chục rưỡi*, une dizaine et demie; au lieu de *sáu mươi lăm*, soixante-cinq, on peut dire *sáu chục rưỡi*.

Rưỡi s'emploie après *trăm*, cent, et toutes les centaines, pour désigner cinquante. Exemples : *một trăm rưỡi*, cent cinquante; *bốn trăm rưỡi*, quatre cent cinquante.

Il s'emploie après mille pour représenter cinq cents.

55. Dans la conversation familière, *trăm mốt* signifie cent et une dizaine, cent dix; *trăm hai*, cent vingt; *trăm tư* et non *trăm bốn*, cent quarante, etc. De même *ngàn mốt* signifie onze cents; *ngàn hai*, douze cents; *ngàn tư*, quatorze cents; *ngàn rưỡi*, quinze cents, etc.

Il faut donc, quand on ne veut parler que des nombres cent plus une ou plusieurs unités, ou mille plus une ou plusieurs unités, exprimer la chose dénombrée ou le pronom qui la remplace. Exemple : *một trăm một con ngựa*, cent un chevaux; mais, s'il est suffisamment indiqué que c'est de chevaux que l'on parle, on peut dire en abrégeant : *một trăm một con, một ngàn hai con*, etc. (22).

56. *Muôn* s'emploie toujours pour désigner le nombre dix mille; il ne faut donc jamais dire *mười ngàn*. Cent mille sont très-rarement exprimés par *vàn ức*, qu'il est inutile de retenir. L'usage est de compter les multiples de dix mille en prenant le mot *muôn* pour base. On dira donc pour cent mille, dix dix mille, c'est-à-dire *mười muôn*, ou bien *một chục muôn*, une dizaine de dix mille. Quatre cent cinquante-six mille se dira quatre dix mille et cinquante-six mille : *bốn muôn nam mười sáu ngàn*.

Le plus souvent, au lieu de se servir du mot *triệu* pour exprimer un million, on dit : cent dix mille (cent fois dix mille), *một trăm muôn*. Quatre millions se diront quatre cent dix-mille, *bốn trăm muôn*, etc.

57. Il arrive souvent que l'on joint au nom de nombre une particule qui n'ajoute rien au sens, et qui varie néanmoins suivant la nature de l'objet dénombré. Ces particules sont appelées *numérales*. Mais ce n'est pas une règle absolue, et beaucoup de substantifs sont employés sans numérales. Exemples : *ba người*, trois hommes; *sáu ngày*, six jours.

La particule numérale se place en général entre le nom de nombre et la chose dénombrée. Exemples : *ba cái bát*, trois écuelles; *bốn con cá*, quatre poissons; *hai tấm ván*, deux tables; *sáu ngôi sao*, six étoiles, etc.

L'usage fera connaître ces différentes particules, dont les

plus usitées sont *cái* pour les choses et *con* pour les êtres animés (22, 23).

58. Certains substantifs sont employés isolément et sans numérales, par l'effet d'une ellipse propre au génie de la langue. Exemples : *đánh ba mươi roi*, frapper trente verges, pour trente *coups* de verges; *chém năm rìu*, fendre en cinq haches, pour en cinq *coups* de hache, etc.

59. Les noms de nombres ordinaux sont formés au moyen de la particule *thứ* placée devant le nombre cardinal. Exemples : *thứ hai*, second; *thứ sáu*, sixième; *thứ hai mươi lăm*, vingt-cinquième, etc.

Thứ một ne s'emploie jamais pour dire *premier*. Il faut employer le mot *nhứt*, qui est chinois, et dire *thứ nhứt*.

60. Le plus souvent les nombres ordinaux depuis un jusqu'à dix sont formés au moyen de la particule *thứ* et des nombres cardinaux chinois. Ainsi les expressions : *thứ nhứt*, premier; *thứ nhị*, second; *thứ tam*, troisième; *thứ tứ*, quatrième; *thứ ngũ*, cinquième; *thứ lục*, sixième; *thứ thất*, septième; *thứ tám*, huitième; *thứ cửu*, neuvième, sont bien plus fréquemment et surtout plus élégamment employées que celles où entrent les noms cardinaux vulgaires de la langue annamite. Cependant on n'emploie que rarement *thứ thập*, dixième.

Ces nombres ordinaux, jusqu'au neuvième, sont toujours employés pour exprimer les neuf degrés du mandarinat.

61. Parmi les nombres fractionnaires, la *moitié* ou la *demie* peuvent seules être exprimées par un terme spécial. On se sert de deux mots différents pour rendre l'idée de moitié, selon qu'il s'agit d'une demi-unité ou d'une unité et demie. Dans le premier cas on se sert du mot *nửa*; exemples: *nửa giờ*, demi-heure; *nửa đen*, demi-nuit ou minuit. Dans le second cas, c'est le mot *rưỡi* que l'on emploie, et l'on dit :

một giờ rưởi, une heure et demie; *hai phần rưởi,* deux portions et demie.

62. Tous les autres nombres fractionnaires, tels que le tiers, le quart, le vingtième, etc. sont rendus au moyen d'une périphrase et n'ont pas d'expressions propres. Exemples : *một phần trong ba* ou bien *một trong ba,* une part dans trois, c'est-à-dire le tiers; *ba phần trong năm,* trois (parts) dans cinq, c'est-à-dire les trois cinquièmes, etc.

§ V.

DES PRONOMS.

63. Le pronom de la première personne est ordinairement rendu par le mot *tôi*, qui signifie *serviteur*. C'est pour cela que cette forme est employée surtout par les inférieurs, ou l'est entre des égaux, ou enfin l'est de la part d'un supérieur quand il a l'intention de donner une des nombreuses marques d'humilité qui constituent la politesse chinoise :

Tôi kêu Nguyêt nga, je m'appelle *Nguyêt-nga;*

Tôi cười kẻ bất tài, je me moque des ignorants.

64. Souvent l'infériorité est marquée par le mot *con*, fils, mis à la place de *tôi*; cette forme est d'un usage ordinaire parmi les chrétiens :

Con ra đây thăm cha,

Je suis venu ici pour rendre visite au père (missionnaire).

Souvent aussi les inférieurs, en parlant d'eux-mêmes devant des supérieurs, remplacent le pronom de la première personne par leur petit nom :

Tiến đi chơi,

Tiến (moi *Tiến*) va s'amuser, se délasser.

65. Les supérieurs emploient le mot *tao* et surtout *ta*, qui littéralement signifie *nous*, quand ils parlent d'eux-mêmes :

Ta vế đem bức tượng nầy,

Je m'en retourne et j'emporte ce portrait.

DES PRONOMS.

66. *Trẫm* est l'expression consacrée pour le roi seul :
Sở vương phán rằng : trẫm sợ nước Phiên,
Le roi *Sở vương* prit la parole et dit : Je craignais le royaume de *Phiên*.

67. Le pronom de la seconde personne est exprimé entre égaux au moyen du mot *anh*, qui signifie *frère aîné* :
Anh cớ sao ở đây làm gì?
Pour quel motif demeures-tu ici, qu'y fais-tu?
Anh có đi đâu? où vas-tu?

On dit encore, mais familièrement, *ngươi*, dans un sens d'infériorité. Lorsque *ngươi* se trouve employé, on ne peut se désigner soi-même par *tôi;* à plus forte raison, cette règle est-elle observée quand on emploie avec *ngươi* une expression de mépris ou d'infériorité absolue :
Ngươi nằm, ta chửa rồi trong phủ,
Couche-toi, je n'ai pas encore achevé la conjuration.

68. *Mầy* ne se dit qu'aux inférieurs de la dernière classe ou bien aux personnes que l'on a l'intention d'humilier·
Mầy dầu cho trải việc, cũng như thằng bán cơm,
Bien que tu sois expert en toutes choses, il te faut néanmoins comme un homme de rien vendre du riz;
Mầy đến đây, viens ici (à un soldat).

69. Lorsqu'on s'adresse à un supérieur, il faut toujours employer un terme qui désigne autant que possible la position qu'il occupe. Si c'est un notable ou bien un mandarin, on emploie généralement le mot *ông*, monsieur; souvent, cependant, on dit *ông quan*, monsieur le mandarin.

S'il s'agit d'un mandarin ayant rang d'excellence, on doit toujours lui donner ce titre en s'adressant à lui, et dire par conséquent *ông lớn*, excellence (*monsieur élevé*).

Les médecins et les professeurs, en général, sont appelés *thầy*, maître; les missionnaires se nomment *cha*, père, et les évêques *đức cha*.

L'usage enseignera ces différentes appellations, très-importantes aux yeux des Annamites.

70. Le pronom de la troisième personne suit en général les mêmes règles que celui de la deuxième.

Người ấy est l'expression la plus usitée pour dire *lui, il*, ou *elle*, quand il s'agit d'égaux. On peut dire de même *anh ấy*. Souvent encore il arrive de désigner la personne et l'on fait suivre la désignation par le pronom *ấy*, ce, cette : *ông ấy*, lui, ce monsieur; *ông lớn ấy*, elle, cette excellence; *ba ấy*, elle, cette dame; *cha ấy*, lui, ce missionnaire, etc.

71. Lorsque le pronom de la troisième personne n'exige pas une indication précise, on supprime le pronom démonstratif *ấy*, et l'on nomme simplement la personne. Exemples :

Ông quan ở nhà? le mandarin est-il à la maison?

Ông quan đi khỏi, il est sorti.

Il ne faut jamais dire *il* en parlant d'un supérieur, mais toujours le désigner. En parlant du roi on dit *ông vua*, ou bien *đức vua*, et l'on fait suivre cette appellation du mot *ngự*, si l'on veut indiquer un acte accompli par la personne royale :

Đức vua ngự phán, Sa Majesté dit;

Ông vua ngự ra, Sa Majesté sort.

72. *Nó*, lui, il, n'est employé qu'envers les inférieurs, et souvent avec une intention de mépris.

73. *Đứa* et *thằng* sont employés pour désigner les enfants, les filles, les serviteurs, ou bien, d'une façon générale, les personnes jeunes par rapport à celles qui sont âgées :

Đứa ấy nhỏ lắm, il est très-petit (cet enfant).

DES PRONOMS.

74. Les pluriels des pronoms personnels sont formés, pour la première et la deuxième personne, au moyen du mot *chúng*, précédant le pronom. Exemples : *chúng tôi*, nous; *chúng bay*, vous; *chúng nó*, eux.

Chúng tôi s'emploie dans un sens indéfini; dans le sens défini, on emploie mieux *chúng ta*, ou simplement *ta*, en sous-entendant *chúng* :

Ta viét rồi, nous avons écrit.

75. *Chúng bay*, vous, ne s'emploie jamais qu'au pluriel, mais non avec l'intention polie propre à la langue française; il ne s'adresse, au surplus, qu'à des inférieurs. Si l'on avait à dire *vous* au pluriel, en parlant à des mandarins, on emploierait une périphrase désignant leurs dignités; on dirait, par exemple :

Các ông quan ở đây có ý làm gì,
    Tous les mandarins qui sont ici (vous, les mandarins), quelle est votre intention? que voulez-vous faire?

76. *Chúng nó* s'emploie rarement; on le remplace par *các người ấy*, ou *những người ấy*, eux (tous ces hommes), ou par toute autre expression analogue désignant suffisamment la personne.

77. Lorsque le pronom personnel se trouve être le régime d'un verbe actif, on le place après ce verbe. Exemples :

Người ấy thương tôi, il m'aime;

Tôi đã đánh nó, je l'ai battu;

Tôi phải nuôi anh, il faut que je te nourrisse.

Si le pronom sert de régime indirect, il se place également après le verbe; mais il est précédé de l'une des particules *cho, cùng*, etc. qui indiquent le rapport du verbe avec son régime. Exemples :

Cho cái nầy cho tôi, donnez-moi cela;

Nói truyện việc áy cùng anh, racontez-lui cette affaire.

78. *Mình* sert à exprimer le pronom réfléchi *se, soi, à soi, soi-même, lui-même, moi-même*, etc. Exemples :

Nghĩ mình mà thẹn cho mình làm con,
 Il réfléchit sur lui-même, afin de rougir sur la façon dont il a été fils (sur son peu de piété filiale);

Ngỡ là mình phải chết trôi,
 Il pense qu'il lui faut mourir noyé;

Mình làm mình chịu ai lo?
 Moi-même faisant moi-même (à ma fantaisie), supporterai-je que quelqu'un s'occupe de moi?

Một mình, seul, littéralement, un soi-même.

Một mình ngơ ngẩn, seul, stupide et troublé dans son esprit.

79. Les pronoms possessifs *mon, ton, son*, etc. sont exprimés par les mêmes formes que les pronoms personnels; seulement on les place toujours après le nom de la chose possédée. Exemple :

Con ngựa tôi, mon cheval.

On emploie aussi *mình* pour indiquer la possession; on le place après la chose possédée et l'on dit :

Con ngựa mình, mon cheval.

Les différentes manières d'exprimer le pronom personnel sont en usage dans tous les cas où ces pronoms tiennent la place d'un pronom possessif. Ainsi un mandarin dira *của ta*, ma chose, tandis que le soldat se servira le plus souvent de son petit nom, et au lieu de dire *ma* chose, si par exemple il se nomme *Tiên*, il dira *của Tiên*, la chose de *Tiên* (64).

80. Lorsqu'on s'adresse à une personne, ou que l'on parle d'elle en désignant un objet possédé par elle, on doit employer les expressions dont il a été question plus

haut (67, 68, 69) lorsqu'il s'est agi des pronoms personnels : *áo anh*, ton habit; *áo nó*, son habit; et à l'égard d'un mandarin, *áo ông quan* (l'habit de monsieur le mandarin), qui correspond à l'expression *son* habit.

81. Les pronoms démonstratifs sont : *nầy*, ce, cette, ceci, celui-ci; *ấy*, qui indique un certain éloignement ou fait connaître que la chose est passée; *kia*, cela, celui-là, qui est le plus souvent opposé à *nầy*, et qui indique l'éloignement; enfin *kìa*, employé dans l'expression *kìa nó*, cela. Exemples : *lần nầy*, cette fois-ci (l'action ayant lieu au moment où l'on parle); *lần kia*, l'autre fois, la fois passée; *người nầy*, cet homme (celui que l'on a sous les yeux); *người kia*, cet homme, dans le sens de « l'autre homme. » Du reste, *kia* signifie aussi *autre, cet autre*, et il est difficile de déterminer s'il faut le traduire par *ce, cette*, ou bien par *autre, cet autre*. Le sens de la phrase peut seul l'indiquer. *Ấy* désigne, ainsi que nous l'avons dit, un certain éloignement : ainsi *người ấy*, cet homme (plus éloigné de celui qui parle que si l'on employait l'expression *người nầy*); *người ấy* s'applique à une personne non présente, tandis que, lorsqu'on dit *người nầy*, la personne est sous les yeux. *Ấy* signifie aussi *cela*, notamment dans l'expression *bởi ấy*, à cause de cela. On l'emploie encore en parlant d'une chose qui, bien qu'actuelle, n'est pas effectivement présente :

May mà bịnh ấy đặng an,

Afin qu'heureusement cette maladie (celle dont on parle) puisse être apaisée (guérie).

82. *Nầy* s'emploie seulement avec *bên*, côté; *bên-nầy*, de ce côté; *bên-kia* est toujours l'opposé de *bên-nầy*. Si l'on a devant soi un cours d'eau ou une route, *bên-nầy* indique le côté où l'on se trouve, et *bên-kia*, le bord ou la rive opposée.

83. Les pronoms relatifs, tels que *qui, que, celui qui, celle qui*, sont en général rendus par le mot *kẻ*.

Cười kẻ bất tài, je ris de celui qui n'a pas de science;
Người lành nỡ bỏ kẻ đau,
L'homme en bonne santé ne doit pas abandonner celui qui souffre.

On a vu (40) que beaucoup d'adjectifs sont formés au moyen du pronom relatif *kẻ*, placé devant le verbe. On peut donc traduire indifféremment *kẻ bất tài* et *kẻ đau* par les phrases : celui qui n'a pas de science, celui qui souffre; ou bien par les adjectifs : l'ignorant, le malade.

Qui relatif se rend par *là kẻ*, être celui qui. Exemple :
Anh là kẻ đã nói,
C'est toi qui as dit cela (tu es celui qui a dit).

Cependant, le plus souvent, on n'exprime pas en annamite le *qui* relatif. Il faut, en cette langue, abréger le discours autant qu'on le peut, mais c'est uniquement par l'usage que l'on peut en arriver là; les commençants, afin d'être compris, feront bien d'employer tous les termes qui, en se rapprochant de la langue française, doivent leur rendre plus aisée l'étude de l'annamite.

84. Lorsque le *qui* relatif se rapporte au roi ou à Dieu, on doit employer le mot *đấng* à la place de *kẻ* :
Đức chúa là đấng dựng nên trời đất,
Dieu qui créa le ciel et la terre.

85. *Que* relatif n'existe pas en annamite : on l'exprime au moyen d'un pronom démonstratif. Exemples :
Việc nầy tôi đã làm rồi,
Le travail que j'ai achevé (ce travail, je l'ai achevé);
Người tôi đã thấy nó,
L'homme que j'ai vu (l'homme, j'ai déjà vu lui).

Du reste, ces formes indéfinies ne peuvent pas, à proprement parler, se rendre dans la phrase annamite, qui veut, pour être intelligible, que l'idée soit complète. Ainsi l'on ne dira pas simplement :

Le travail que j'ai achevé,
mais,

Le travail que j'ai achevé était très-pénible;
ce qui se rend en annamite par la répétition du sujet :

Việc tôi đã làm rồi là việc khó lắm.

86. Les pronoms interrogatifs *qui, lequel, laquelle,* sont exprimés en général par le mot *ai,* quand il s'agit des personnes. Exemples :

Ai ở đây? qui est là?
Ai muốn cái nầy? qui veut cela?
Ai thấy đặng chẳng thương?
Qui peut voir (un pareil spectacle) et ne pas être ému de pitié?

S'il ne s'agit pas d'une personne, on emploie le mot *nào* :

Sách nào? quel livre?
Thế nào? de quelle façon? comment?
Nầy kìa hai con ngựa ông muốn con nào?
Voilà deux chevaux, lequel voulez-vous?

Que, quoi interrogatifs s'expriment, soit par *chi,* soit par *gì.* Exemples :

Muốn gì? que voulez-vous?
Ông nói gì? que dit monsieur?
Có chi? qu'y a-t-il? (que craindre?)
Có chi? quel motif?
Thế chi? de quelle façon?

87. Lorsqu'une des négations *chẳng* ou *không* est placée au commencement d'une phrase et *chi* ou *gì* à la fin, cela donne de la force à la négation :

Chẳng hay tên họ là chi,
Il ne sait pas quel est le nom et le prénom;
Tâm lòng không muốn của gì,
Mon cœur ne veut rien du tout.

Cette phrase a un sens interrogatif et équivaut à celle-ci : Que peut désirer mon cœur?

On emploie quelquefois *ai* à la place de *gì;* mais cela est rare et n'a guère lieu que dans la poésie.

Ngày nầy người thát ta còn màng chi?
Aujourd'hui qu'il est perdu (mort), nous, qu'avons-nous encore à faire?

88. Les pronoms indéfinis, n'étant soumis à aucune règle fixe, doivent être appris par l'usage et dans les dictionnaires. Exemples : *ai nấy*, quelqu'un; *ai ai mặc lòng*, ou mieux *hễ ai*, quiconque; *mỗi kẻ* ou *mỗi một*, chaque, chacun; *một hai*, quelques; *có kẻ*, certain; *chẳng có ai*, personne; etc.

L'étude des particules, indispensable pour posséder le génie de la langue annamite, complétera les règles que nous donnons ici et que nous ne pourrions développer sans devenir obscur et sans nous exposer à plus d'une erreur.

§ VI.

DU VERBE.

89. Le verbe est, comme le substantif, un simple monosyllabe. Il est dépourvu de formes de conjugaison.

Il y a des verbes qui sont essentiellement des verbes; d'autres sont alternativement verbes, noms, adjectifs et même particules.

Il arrive quelquefois que l'on place à côté l'un de l'autre deux verbes ayant à peu près la même signification; ils forment alors des mots composés semblables aux substantifs dont il a été question au numéro 18. Cette méthode, très-usitée parmi les Chinois pour la plus grande clarté du discours, n'est pas aussi familière aux Annamites. Cependant en voici des exemples : *xem thấy*, regarder-voir; *ngăn trở*, s'opposer-empêcher; *nhờ cậy*, s'appuyer- se confier, etc.

90. On fait ordinairement l'ellipse du verbe substantif toutes les fois qu'il s'agit simplement d'attribuer une qualité à un sujet. Exemples :

Con voi nầy cao lắm, cet éléphant est très-grand;

Vợ tôi đau, ma femme est malade;

Chưa tới quê nhà còn xa,

Il n'est pas encore arrivé au pays, sa maison est encore loin.

91. S'il faut préciser l'attribution donnée au sujet, on emploie le mot *là*, qui peut se rendre par *être* :

Người nầy là cha tôi,
Cet homme est (vraiment) mon père;
Họ là Lục, tên là Văn tiên,
Mon prénom est *Lục*, mon nom est *Văn-tiên*.

92. L'idée d'existence ou de non-existence rapportée à un sujet se rend en annamite au moyen de *có*, il y a; *không có*, il n'y a pas :

Gần đây có một người họ là Vương,
Auprès d'ici il y a un homme dont le prénom est *Vương*;
Không có người hiếu dám bỏ cha mẹ,
Il n'y a pas d'homme pieux qui ose abandonner ses parents.

On verra, au paragraphe des particules, que *có* a différents sens et que souvent il est employé pour le verbe substantif *être*. Exemples :

Có ông quan ở nhà?
Monsieur le mandarin est-il à la maison?
Không có, il n'y est pas.

Cependant il exprime aussi l'idée de possession, et dans cette acception il est d'un usage général :

Anh có tiền không? as-tu de la monnaie?
Có, j'en ai; *không có*, je n'en ai pas.

93. Nous avons dit que le verbe ne se conjugue pas. Il existe néanmoins certains mots ou particules qui, placés devant le verbe, servent à caractériser le prétérit, le futur et l'impératif. Mais, dans beaucoup de cas, il est préférable de ne pas employer ces particules qui retardent le discours. Le sens de la phrase indique en général le mode auquel on parle. Néanmoins, les commençants, afin d'être assurés de se voir compris, feront bien de s'astreindre à l'emploi des particules.

94. Le présent n'est indiqué par aucune particule; il s'ex-

prime simplement par le verbe avec adjonction du pronom personnel. Exemples : *tôi đi*, je vais; *anh đi*, tu vas; *nó đi*, il va, etc.

Si l'on veut exprimer l'actualité d'une action, on a recours à l'adverbe *đang*, actuellement, que l'on place devant le verbe, et l'on dit :

Ông quan làm gì? đang viét,
  Que fait le mandarin? il écrit (il est écrivant, il écrit en ce moment même).

95. Le passé se rend d'une manière générale au moyen du mot *đã* ou *đà*, qui signifie littéralement *déjà* :

Tôi đã làm việc nầy,
  J'ai déjà fait ce travail, j'ai fait ce travail;

Buồm đã chịu gió,
  La voile a déjà reçu le vent, ou, a reçu le vent.

Ce mot joint à un verbe, sans le pronom personnel, donne à ce verbe le sens de participe passé. Exemples : *đã chết*, mort; *đã tới*, arrivé.

Souvent l'expression du prétérit est complétée, quand on exprime la plénitude d'une action, par l'addition de la particule *rồi*, dont la signification littérale est *complétement, absolument*. Exemples :

Tôi đã làm rồi, j'ai fait absolument (j'ai fini);
Anh đã ăn rồi không? as-tu mangé (fini de manger)?

S'il existe un régime direct, on le place en général après le verbe, et *rồi* ne vient qu'après le régime :

Tôi đã làm việc nầy rồi,
  J'ai (complétement) fini ce travail.

Dans les cas où le régime direct précède le verbe, *rồi* est toujours placé à la fin de la phrase :

Kinh sử đã coi rồi,
  J'ai lu (complétement) les *King*.

Rồi, placé immédiatement après le verbe et au commencement de la phrase, produit le sens de notre participe passé, *ayant dit, ayant fait*, etc. Exemples :

Nói rồi, vội vã ra đi,

Ayant parlé, immédiatement il partit;

Lạy rồi, nước mắt nhỏ sa,

Ayant salué, ses larmes coulèrent goutte à goutte.

96. Le mode futur s'exprime en plaçant la particule *sẽ* devant le verbe. On ne doit employer cette particule que dans les cas où l'on veut indiquer certainement l'action, à peu près comme on use en anglais du mot *shall*. Exemple :

Tôi sẽ đi, j'irai (certainement).

Mais s'il n'est pas nécessaire d'indiquer absolument le futur, il convient de ne pas employer cette particule. Ainsi dans la phrase *ngày mai tôi đi*, demain j'irai, le sens du futur est suffisamment indiqué, l'action ne devant avoir lieu que demain, pour que l'on supprime la particule *sẽ*, si toutefois on ne veut pas insister d'une façon absolue sur la proposition :

Xin vào chùa sẽ bàn luận cùng nhau,

Je te prie, entrons dans la pagode, nous y tiendrons conseil ensemble.

On emploie quelquefois le verbe *phải*, il faut, à la place de la particule *sẽ*. Exemples :

Tôi phải nói, il faut que je parle, pour *je parlerai;*

Ngày mai tôi phải đi,

Demain il faut que j'aille, pour *demain j'irai*.

97. L'impératif, quand il est l'expression d'un commandement absolu, se rend au moyen de la particule *hãy* ou *hãi*. Exemples : *hãy đi!* va; *hãi nói!* parle! Mais il en est de cette règle comme de la précédente, c'est-à-dire que l'on doit être très-réservé dans l'emploi de cette particule, l'in-

fléxion de la voix pouvant suffire pour exprimer l'impératif. On dira donc habituellement *đi!* va! *nói!* parle! en réservant *hãy* pour les cas où l'on veut donner plus de force au discours :

Con hãy nhgĩ an mình vàng,
Ma fille, songez que la paix de soi-même (du cœur) est de l'or.

98. Le verbe annamite est très-rarement employé au sens passif. Le génie de la langue se prêtant difficilement à l'inversion intellectuelle qui constitue le passif, il est d'usage d'opérer l'inversion sur la proposition, en laissant au verbe la valeur active. On ne devra pas dire *je suis aimé de mon père,* mais bien, *mon père m'aime.* Dans le cas où il n'est pas possible d'intervertir la proposition sans altérer le sens de la phrase, on emploie les verbes *chịu* ou *phải*, qui signifient *subir* et qui montrent que le sujet est dans un état de passivité. Exemples :

Tôi đã chịu hai mươi roi,
J'ai été frappé de vingt coups de verge ;
Phải cầm trong tù, être détenu en prison.

99. En général, le régime direct se place après le verbe. Exemple :

Tôi thương cha mẹ, j'aime mes parents.

Cependant, il y a des cas où le régime direct peut précéder le verbe ; c'est lorsqu'on se propose d'attirer l'attention immédiatement sur ce régime. Exemple :

Kinh sử đã coi rồi, j'ai lu complétement les *King;*
ce qui revient à dire : les *King,* je les ai lus.

Cette façon de s'exprimer est très-usitée chez les Annamites, qui disent : Cet homme, je ne le connais pas, *người nầy, tôi không biết,* de préférence à *tôi không biết người nầy,* je ne connais pas cet homme.

100. Quant au complément ou régime indirect, il se place toujours après le régime direct. Exemples :

Cho bánh cho tôi, donnez-moi du pain ;
Đem cái nầy về nhà, portez cela à la maison ;
Dóc lòng làm phưóc, chẳng trông chờ ơn ai,
Incliner son cœur pour (se proposer de) faire le bien, n'attendre ni espérer les remercîments d'autrui.

On dira plus poétiquement dans cette phrase, et contrairement à la règle du régime indirect :

Dóc lòng làm phưóc, chẳng trông chờ ai ơn.

Mais, dans ce cas, *ai*, qui, quiconque, autrui, cesse, à la rigueur, d'être régime indirect, car la phrase peut se traduire :

N'attendre ni espérer que quelqu'un vous remercie.

101. Tous les verbes, même les verbes actifs, accompagnés de leurs compléments, sont pris souvent dans un sens indéfini, de sorte qu'ils peuvent à leur tour être sujets ou compléments d'autres verbes, et qu'on peut les traduire, soit par l'infinitif, soit par le nom d'action auquel ils correspondent :

Thương cha mẹ là chịu phép trời,
Aimer ses parents (ou bien, l'amour filial), c'est suivre la loi du ciel ;
Nên hư có số ở trời,
Devenir malheureux, c'est un destin du ciel.

102. Lorsque plusieurs propositions sont dans la dépendance l'une de l'autre, on doit toujours placer au dernier rang celle qui exprime la conséquence, tandis que celle où se trouve la conjonction se place au premier :

Dầu cho trải việc, cũng phải như thằng hàng bán cơm,
Quoique tu sois expert en toutes choses, il te faut néanmoins vendre du riz comme un homme de rien.

§ VII.

DES ADVERBES.

103. Il y a dans la langue annamite un grand nombre de mots qui ont par eux-mêmes un sens adverbial :

Adverbes de lieu : *đây*, ici; *đó*, là; *đâu*, où; *gần*, près; *xa*, loin; *ngoài*, dehors; *trong*, dedans; *trên*, en haut; *dưới*, en bas, etc. Quelques-uns de ces adverbes sont aussi des prépositions : ainsi *trên*, qui signifie en haut, et *dưới*, en bas, sont souvent pris dans le sens de *sur* et *sous*.

Adverbes de temps : *sớm*, de bonne heure; *tối*, tard; *mau*, vite, etc. Beaucoup d'adverbes de temps sont des expressions composées, telles que : *hôm nay*, aujourd'hui; *hôm qua*, hier; *hôm kia*, avant-hier; *thong thả*, doucement, etc.

Adverbes d'ordre : *trước*, d'abord; *sau*, ensuite, etc.

Adverbes de quantité : *nhiều*, beaucoup; *ít*, peu; *đủ*, assez; *hơn*, plus, etc.

104. Ces différents adverbes, que l'usage enseignera, sont, ainsi que nous venons de le dire, quelquefois employés comme prépositions. On en retrouvera un grand nombre parmi les particules exclusivement propres à la langue annamite, et qu'il est très-difficile de classer sous le titre de quelqu'une des parties du discours, ainsi du moins qu'elles ont été conçues par les grammairiens européens.

105. Quelques adverbes sont formés par la répétition d'un adjectif ou d'un verbe, et quelquefois le mot qui répété

possède un sens, se trouve n'en pas avoir quand il est écrit isolément. Ainsi : *ròng ròng*, abondamment; *ràng ràng*, clairement :

    Hai hàng nướ c mắt ròng ròng,

    Deux ruisseaux de larmes (coulaient) abondamment.

La nomenclature adverbiale annamite est, en général, très-riche en onomatopées.

* 106. Les adverbes se placent après les verbes dont ils spécifient l'action : *ông lớn nói trướ c*, que Son Excellence parle d'abord; *toi có nhiều*, j'en ai beaucoup; *anh phải đi sau*, il te faut venir après.

§ VIII.

DES PRÉPOSITIONS.

107. Les prépositions sont placées, dans la langue annamite, avant le complément : *cho tôi*, pour moi ; *trên mái nhà*, sur les toits ; *dưới đất*, sous la terre.

Nous répéterons pour les prépositions ce que nous avons dit pour les adverbes, c'est-à-dire qu'on les trouvera presque toutes parmi les particules.

§ IX.

DES CONJONCTIONS.

108. Bien que les conjonctions, dont l'objet est de relier les phrases entre elles, se trouvent pour la plupart comprises au paragraphe des particules, il existe cependant, en annamite, des conjonctions proprement dites, telles que *và*, et; *cũng*, aussi; *nhưng mà*, mais, cependant, etc. qui ont par elles-mêmes le sens conjonctif.

109. La conjonction *que*, d'un si fréquent usage dans la langue française, n'existe pas en annamite :

Tôi biét anh thương tôi, je sais que tu m'aimes;
Cha muốn tôi đi, mon père veut que j'aille.

§ X.

DES INTERJECTIONS.

110. Les interjections qui marquent la douleur ou la surprise se placent ordinairement à la fin de la phrase ou bien après le mot auquel se rapporte l'exclamation :

Vân tiên anh hơi có hay!
Vân-tiên, ô mon frère, le sais-tu?
Kẻ còn người mất trời ôi là trời!
L'un de nous vit encore; lui, il est perdu (mort).
O ciel! c'est toi, ciel!!

111. L'interjection appellative *ơi!* employée fréquemment, mais toujours dans le langage familier, se place après le nom de la personne que l'on appelle: *Tiên ơi! Tiên!*

O' est aussi une interjection d'appel, *ô!* On s'en sert dans le discours familier, et aussi vis-à-vis des personnes de distinction. Elle est moins employée que *ơi*.

Gia! interjection de consentement, est toujours employée par les inférieurs pour marquer qu'ils ont compris ce que le supérieur vient de dire ou d'ordonner.

L'interjection *a*, placée à la fin d'une phrase familière, donne de la force à l'expression : *khéo a!* habile, n'est-ce pas? c'est-à-dire : quel homme habile! *tot a!* très-bien.

112. *Ôi thôi!* hélas! *thôi thôi*, assez! assez! ou hélas! se placent au commencement de la phrase :

Ôi thôi thân thể còn chi mà sống!
Hélas! mon corps pourra-t-il encore jouir de la vie!
Thôi thôi em hỡi! Kim liên!
Assez, assez, ô ma sœur! ô Kim-liên!

§ XI.

DES PARTICULES.

113. Les particules sont des mots qui n'ont en général aucun sens par eux-mêmes ; c'est ce que l'on nomme en chinois *mots vides*. Jointes à d'autres mots, les particules servent à compléter le sens de la phrase et à la rendre intelligible. Leur étude est donc de la plus grande importance, et conduit à la véritable connaissance de la langue annamite.

Nous énumérerons les particules suivant l'ordre alphabétique latin.

114. *Ây* prend quelquefois le sens de *voici* ou *c'est ainsi*, mais seulement lorsque la phrase est au passé :

Ây như tôi đã nói,
Voici comme j'ai dit.

115. *Ắt* se prend souvent dans le sens de « déterminé, certain. » Exemple : *ắt thật*, très-certain.

Chúa Phiên đẹp dạ ắt là bày bình,
Le roi Phiên, content dans son cœur, certainement se disposera à la paix.

On dit aussi : *ắt phải*, il convient.

116. *Bấy* à la fin d'une phrase a le sens de *combien!* et devient une sorte d'interjection : *nhặt bấy!* combien cela est sévère! *bấy lâu*, combien de temps!

Bấy lâu trước đã có công,
Depuis si longtemps déjà il avait acquis des mérites!

DES PARTICULES.

Bấy nhiêu et *mà thôi* placés, l'un au commencement de la phrase et l'autre à la fin, signifient : le premier, *tant*, et le second, *non moins, pas davantage* :
    Bấy nhiêu người còn sống mà thôi,
    Tant d'hommes encore vivants et pas davantage.

Bấy giờ, alors, ne doit pas être confondu avec *bây giờ*, maintenant; la même remarque s'applique à *bấy nhiêu* et à *bây nhiêu*, dont le sens, qui est *tant, autant*, doit être pris au passé dans le premier cas et au présent dans le second.

117. *Bao*, combien, quoi, quel; *bao xa*, combien loin, quelle distance? *bao dài*, combien long, quelle longueur? *bao giờ*, quand, lorsque; *bao nhiêu*, combien?
    Ếch ngồi đái giếng thấy bao nhiêu trời,
    La grenouille assise au fond d'un puits combien du
        ciel (quelle étendue du ciel) voit-elle? (Se dit des
        ignorants dont la vue est bornée.)
    Bao giờ hết tai nàn rồi,
    Lorsque seront terminées tes misères.

Bao se place quelquefois après le mot qu'il modifie; il prend alors le sens interrogatif de comment : *xiết bao*, comment compter, c'est-à-dire innombrable.
    Xiết bao ăn tuyết nam sương,
    Innombrables (les fois) où la neige nous servira de
        nourriture, où nous devrons coucher sous la rosée.

Bao nhiêu suivi de *bấy nhiêu*, dans la même phrase, répond aux particules françaises *autant* ou *plus* répétées.
    Tôi có mua bao nhiêu, phải trả tiền bấy nhiêu,
    Autant j'ai acheté, autant il faut que je paye.
    Tưởng bao nhiêu lại đau lòng bấy nhiêu,
    Plus il réfléchissait, plus (était vive) la douleur de
        son cœur.

118. *Bằng, dương bằng, nhược bằng, ví bằng*, signifient *à supposer que*. La dernière forme est la plus usitée.

Bằng est aussi employé dans le sens de *de même, également*.

Bằng nhau, réciproquement semblable, ou simplement : semblable, égal.

Bằng sert à spécifier les noms de matière : *tượng đúc bằng đồng*, statue faite de cuivre.

119. *Bất*, particule négative: *bất nhơn*, qui n'a pas d'humanité; *bất tài*, qui n'a pas de science.

Cette particule, qui est chinoise, entre en composition avec le mot qu'elle modifie et en fait un véritable adjectif. Ainsi *bất nhơn* et *bất tài* se peuvent traduire : inhumain et ignorant. Cette règle est applicable à tous les composés de *bất*.

120. *Bèn*, ensuite, aussitôt après, donc ensuite :

Bèn mừng vội vả nằm dài,
  Donc ensuite, avec plaisir, immédiatement il se coucha ;

Bèn cho tiền bạc,
  Ensuite il donna de l'argent.

121. *Bị*, particule chinoise, modifie l'idée dans le sens passif. *Bị đánh*, être frappé, battu; *bị trận*, vaincu dans un combat; *bị tích*, blessé, etc.

122. *Bởi* indique généralement le sens ablatif : *bởi vì*, de ce que, à cause que (on dit quelquefois, mais rarement, *vì bởi*).

Bởi tin nên mất, bởi nghe nên lầm,
  De la confiance provient la perte, du fait d'écouter provient l'erreur.

Ce qui peut se traduire : On se perd, parce que l'on a confiance; on est induit en erreur, parce que l'on écoute.

Bởi đâu mà đến? d'où venez-vous? *bởi đây*, d'ici.

DES PARTICULES.

123. *Cái*, dont il a été déjà question au paragraphe des substantifs (23), est employé comme numérale de certains objets qui n'ont pas de numérale particulière : *cái nhà*, maison. Si le substantif a sa numérale propre, comme *tàu*, navire, qui emploie le mot *chiếc* (*chiếc tàu*), *cái* ne saurait être employé.

Cette particule devient indispensable si l'on compte avec les noms de nombre. D'un autre côté, l'on peut supprimer le substantif quand il n'existe aucun doute sur l'objet dont il s'agit. Ainsi, au lieu de dire *một cái nhà, hai cái nhà*, etc. une maison, deux maisons, on pourra dire *một cái, hai cái*.

124. *Càng*, plus, a à peu près le même sens que *hơn*, signe postérieur qui fait les comparatifs :

Vân tiên xem thấy càng nghĩ dữ lành,

Vân-tiên, voyant cela, plus encore réfléchit sur le mauvais et le bon.

Càng, càng, correspond à *plus* répété :

Càng thêm xuy lửa, càng thêm màu đỏ,

Plus on souffle le feu, plus on augmente sa couleur rouge.

125. *Chẳng*, particule négative : *chẳng qua là*, non autrement que; *chẳng phải*, il ne faut pas; *chẳng may*, malheureusement :

Chẳng khá ngồi lâu,

Il n'est pas bon de demeurer longtemps assis;

Như chuông chẳng đánh, chẳng kêu,

De même que la cloche qui, si on ne la frappe pas, ne résonne plus.

126. *Chăng*, particule interrogative, se place à la fin des phrases :

Nhà Võ cong ở gần làng đây chăng?

La maison de *Võ-cong* est-elle près de ce village?

On emploie plus fréquemment, dans le même sens, la particule négative *không*, dont il sera question ci-après.

127. *Chi*, placé devant un verbe, a le sens de *comment* : *chi đặng*, comment pourrai-je? *chi dám*, comment oser? *huống chi*, *phương chi*, combien plus, combien moins; *chớ chi*, plût à Dieu!

128. *Chí*, particule chinoise, jusque; *chí nhẫn*, jusqu'à. Cette particule est peu usitée dans la conversation.

129. *Chiếc*. Cette particule, qui sert de numérale avec quelques substantifs, tels que *chiếc đũa*, bâtonnet pour manger; *chiếc tàu*, navire; *chiếc ghe*, barque, etc. est également employée dans un sens d'unité et d'isolement :

Khác nào chiếc chim lạc bay,

Ne différant pas d'un oiseau (isolé) égaré dans son vol.

130. *Cho*, employé fréquemment, a le sens de *pour, afin que*, etc. : *cầu cho chúng tôi*, priez pour nous; *cho đặng*, *cho được*, afin de pouvoir; *cho tôi*, marque du datif, *à moi* ou *pour moi*.

Cho Tiên cùng Vương thử chơi một bày,

Afin que *Tiên* avec *Vương* puissent essayer de rivaliser en composition littéraire.

Cho nên, c'est pourquoi; *cho kẻo*, pour que ne pas, c'est-à-dire de peur que.

Cho a quelquefois le sens de *jusqu'à, jusque*; mais, dans ce cas, le verbe *đến*, arriver, parvenir, est sous-entendu :

Giết cho hết, tuer jusqu'à la fin, c'est-à-dire tuer tout le monde;

Làm việc cho cùng,

Faire le travail jusqu'à la fin.

Cho placé devant les adjectifs leur donne un sens adverbial : *phải đánh cho mạnh*, il faut combattre avec vigueur,

DES PARTICULES. 55

ou vigoureusement; *đi cho mau*, va vite; *phải ở khiêm nhượng*, il faut vivre avec modestie, ou modestement; *nói cho rõ*, parlez clairement; *anh tôi học hành cho siêng*, mon frère étudie avec assiduité, assidûment; *làm cho kíp*, agissez promptement.

Les verbes *muốn*, vouloir; *đáng*, mériter, être digne; *định*, statuer; *liệu* ou *toan liệu*, délibérer, décider, et quelques autres que l'usage apprendra, exigent après eux la particule *cho*, à moins qu'ils ne soient immédiatement suivis d'un autre verbe :

Muốn cho Trức đối cùng Tiên,
Je veux que *Trức* lutte avec *Tiên;*
Muốn cho bịnh đặng yên,
Je veux que cette maladie puisse se calmer;
Đáng cho Đức chúa trời thưởng,
Il est digne des récompenses de Dieu.

Cho donne quelquefois à la phrase un sens explétif: *trăm năm cho vẹn*, cent ans accomplis.

131. *Chớ*, particule le plus souvent prohibitive, répond aux expressions françaises *ne pas, ne faites pas, veuillez ne pas*:

Bây giờ, chớ lâu,
Maintenant (tout de suite), veuillez ne pas tarder;
Ông quán chớ cươi,
Monsieur l'hôte, ne vous moquez pas, veuillez ne pas rire;
Chớ tin bến củ, bến xưa mà lầm,
Ne vous fiez pas aux choses anciennes, au passé, (de peur) de vous tromper;
Thôi! thôi! chớ than thở!
Assez! hélas, veuillez ne pas gémir!

Chớ au commencement d'une phrase interrogative a le sens de *est-ce que* :

Chớ tôi chẳng thấy?
Est-ce que je ne vois pas?
Chớ ai không thông lẽ ấy?
Est-ce que l'on ne comprend pas cela?
Chớ sao, chớ làm sao, placés au commencement de la phrase, signifient *mais pourquoi*:
Chớ sao anh nói vậy?
Mais pourquoi parles-tu ainsi?
Chớ làm sao mà ăn ở làm vậy?
Mais pourquoi se conduit-il ainsi?

Si *chớ* se trouve au commencement de la phrase et *làm sao* à la fin, le premier a le sens de la conjonction *mais* et le dernier signifie *que, quoi, comment* :
Chớ bây giờ con làm làm sao,
Mais à présent, mon fils, que fais-tu (comment agis-tu)?

132. *Chưa*, pas encore: *tôi chưa biết*, je ne sais pas encore;
Chưa tới quê nhà, còn xa,
Pas encore arrivé à son pays, il en est encore éloigné;
Bịnh đau chưa bớt,
La maladie et la douleur n'ont pas encore diminué;
Biết nhau chưa đặng mấy ngày,
(Que) nous avons fait connaissance il n'y a pas encore beaucoup de jours.

Chưa, en réponse à une interrogation, a le sens de *pas encore*, par lui-même et sans aucune addition:
Có thấy không? l'as-tu vu? *chưa*, pas encore (sous-entendu *thấy*).

133. *Chúc*, après un pronom personnel, a quelquefois le sens de *même* : *tôi chúc*, moi-même; *chúc ấy*, en cet instant; *thoát chúc*, aussitôt; *chúc nào*, en rien, en si peu que ce soit.

Mười ngày đau chẳng bớt chúc nào,
Pendant dix jours la maladie n'a diminué en rien (en quoi que ce soit).

134. *Chưng*, particule explétive : *chưng ngày*, pendant le jour ; *vì chưng hay ghét*, à cause de cela on est plein de haine.

135. *Có*, particule affirmative. Placée devant un verbe, elle en fait un participe, et ajoute de la force à l'expression : *có biết*, je suis sachant, je sais certainement ; *có hay*, je suis connaissant, ou j'ai connaissance.

Có tient lieu du verbe *avoir* et implique l'idée de possession. Elle est opposée aux négatives *chẳng*, *không*. *Có biết không?* le sais-tu? *có*, je le sais (oui); *có*, il y a; *không co* ou *chẳng có*, il n'y a pas.

Gần đây có một người họ là Vương,
Auprès d'ici il y a un homme dont le prénom est *Vương;*
Có chi? qu'y a-t-il?
Có chi đi chóng thể này?
Qu'y a-t-il? ou simplement, pourquoi vas-tu ainsi aussi vite?
Có khi có, có khi không,
Il y a qu'il y a, il y a qu'il n'y a pas, c'est-à-dire quelquefois il y a, quelquefois non.
Có kẻ, un certain, *quidam*.

136. *Còn*, particule de durée, *encore*, *aussi*, se place en général devant le verbe :
Còn tro chuyện cùng nhau,
Encore ils conversaient ensemble.

Cette phrase peut se traduire ainsi : pendant qu'ils conversaient encore.

Xưa còn thương kẻ mắc nạn,
Autrefois aussi (dans les temps anciens) on avait pitié de celui qui était dans le malheur.

Còn signifie *souvent, encore*, dans le sens de vivre encore, être encore de ce monde; dans ce cas, cette particule est placée à la fin de la proposition, et le verbe *sóng*, vivre, demeure sous-entendu :

Sớm còn, tối mất lỡ làng,

Le matin il vivait encore, le soir il n'était plus, (il fut) déçu dans ses espérances.

137. *Của*, particule de possession : *da của tôi*, peaux qui m'appartiennent; s'il n'y avait pas *của*, le sens serait : ma peau. *Sách nầy là của tôi*, ce livre est ma chose, c'est-à-dire ce livre est à moi. Ne dites jamais : *sách nầy là tôi*, parce que sans le mot *của* la phrase demeure inintelligible.

138. *Cùng*, par : *đi cùng tỉnh*, aller par toute la province; *kiếm cùng nhà*, chercher par toute la maison. *Cả và*, tout, est sous-entendu dans la phrase qui précède; il faut dire, pour rendre la phrase complète, *kiếm cùng cả và nhà*.

Cùng doit toujours être placé après le verbe *nói*, parler :

Tôi nói cùng anh, je te parle;

Nói cùng tôi, parlez-moi.

Cùng, après les verbes de mouvement, a quelquefois le sens de *vers* :

Đi đến cùng ông quan, aller vers le mandarin;

Chạy đến cùng cha mẹ, accourir vers ses parents.

Cùng, avec : *đi cùng tôi*, viens avec moi; *ở cùng*, cohabiter; *ngồi cùng*, s'asseoir ensemble; *cùng nhau*, ensemble, entre soi.

Cùng, contre : *đánh cùng kẻ nghịch*, combattre contre les ennemis.

Cùng signifie quelquefois *aussi, également* :

Cho tôi cùng, donnez-moi aussi, donnez-moi également.

Cùng remplace les conjonctions *et, ou, ou bien* :

Muốn cùng chẳng muốn, thì cũng phải làm,
Que tu veuilles ou ne veuilles pas, il faut que tu fasses.

139. *Cũng*, aussi, de même, également :
Ta cũng xuống thi,
Nous aussi nous allons aux examens;
Tôi cũng có, moi aussi j'en ai.

Cũng như, comme si; *cũng giống* ou *cũng dường*, de même que; *cũng dường như*, de même que si :
Thấy người Tư trực cũng như là Vân tiên,
Nous te considérons, *Tư-trực*, comme si tu étais *Vân-tiên*.

Cũng, assez, suffisamment, convenablement :
Võ cong ở cũng gần,
Võ-cong demeure assez près.

Cũng một, un même, une même :
Cũng một đạo, une même religion;
Cũng một nước, un même royaume.

140. *Dầu*, quoique, bien que, est ordinairement suivi de *cũng*, qui complète le sens.

Dầu est placé au commencement du premier membre d'une phrase et *cũng* au commencement du second :
Dầu cho trải việc, cũng như thằng phải bán cơm,
Quoique tu sois expert en tout, il te faut néanmoins vendre du riz comme un homme de rien.

Dầu mà, quoique, quoique si, si.

Dầu, répété, correspond à *soit* répété :
Dầu muốn dầu không, soit qu'il veuille, soit qu'il ne veuille pas.

Dầu lòng, mặc dầu, comme vous voudrez.

141. *Dẫu* et *dẫu mà* ont même signification que *dầu, dầu mà*.

142. *Do*, cause, raison :
Do nào, pour quelle cause.
Do, c'est pourquoi :
Do năm nầy có lịnh vua truyền,
C'est pourquoi l'édit du roi est publié cette année.
143. *Dối*, faussement, négligemment :
Nói dối, parler faussement, mentir ;
Làm dối, agir négligemment.
144. *Dưới*, sous, au-dessous :
Dưới trời, sous le ciel ;
Dưới ao cá cười, sous l'étang ou dans l'étang le poisson joue.
On dit de même : *dưới thế*, dans le monde.
Dưới opposée à *trên*, quand celle-ci a le sens de *en haut*, signifie *en bas* :
Où est-il? *ở dưới*, il est en bas.
145. *Dường*, comme, de même que ; *dường con nít*, comme un enfant.
Dường như, comme si ; *dường nào*, de quelle façon ; *dường nầy*, de cette façon.
146. *Đà* ou *đã*, particule désignant le passé ; son véritable sens est *déjà*;
Nay đà sáu bữa không ăn hột cơm,
Voilà déjà six jours que je n'ai mangé un grain de riz ;
Hôm nay đã tới mồng mười,
Aujourd'hui est déjà arrivé le dixième jour du mois.
On prend quelquefois cette particule, mais rarement, dans le sens de *d'abord* :
Để cho tôi nói đã,
Permettez que je parle d'abord.
Đã rồi, entièrement terminé, complet.
147. *Đây*, ici, en ce lieu ; *ở đây*, être ici, demeurer ici ;

đến đây, jusqu'ici; cho đến đây, jusqu'à ce lieu; từ đây, bởi đây, d'ici, de ce lieu; đến đây, et mieux lại đây, venez ici.

Đến đây thì ở lại đây,
Venez ici, et alors fixez-vous en ce lieu;
Rày đây, mai đó,
Aujourd'hui ici, demain là;
Cớ sao bạn hữu ở đây làm gì?
Pourquoi, ami, demeures-tu ici, et pourquoi faire?

148. *Đang*, actuellement; il donne au verbe le sens présent:

Đang làm, il fait, il fait actuellement; *đang viết*, il écrit, il est en train d'écrire; *đang khi*, pendant; *đang khi ấy*, pendant ce temps.

149. *Đàng*, de, de la part, particule explétive:

Đàng đầu, de devant, à partir de la tête, c'est-à-dire à partir du commencement; *đàng đuối*, de derrière, en arrière, à partir de la fin; *đàng trên*, au-dessus; *đàng dưới*, au-dessous; *đàng trong*, au dedans, à la partie intérieure. *Đàng trong* est le nom que l'on donne vulgairement à la Cochinchine proprement dite, placée à l'intérieur par rapport au Tonkin, lequel prend le nom de *Đàng ngoài*, c'est-à-dire « à la partie extérieure. »

150. *Đặng* indique la possibilité, l'accomplissement d'une action, et se place après le verbe:

Đánh đặng, avoir pu vaincre; *xin đặng*, avoir demandé
  et obtenu;
Mây mà bịnh ấy đặng an, afin que heureusement cette
  maladie puisse se calmer.

Hay đặng, biết đặng, capable de savoir; *thấy đặng*, capable de voir, c'est-à-dire pouvant voir ce que l'on n'avait pas vu jusqu'au moment où l'on parle; il en est de même de l'expression *nghe đặng*, capable d'entendre.

Đặng est quelquefois employé à la place de *có*, il y a :

Biết nhau chưa đặng mấy bữa, qu'ils se connaissent, il n'y a pas encore beaucoup de jours.

Đặng, ayant le sens de *pouvoir*, se place, lorsqu'il est seul, après le verbe qu'il affecte : *làm đặng*, pouvoir faire. On peut aussi, lorsque *đặng* est verbe, l'employer seul :

Ngày xưa chưa đặng mấy lời, auparavant, nous n'avons pas encore pu (échanger) beaucoup de paroles.

Mais si l'on emploie l'expression *cho đặng*, pour, afin de pouvoir, cette expression doit toujours être placée avant le verbe :

Cho đặng ở cùng nhau, afin de pouvoir demeurer ensemble.

Il arrive quelquefois que l'on sous-entende *cho*, et alors *đặng*, contre la règle générale, se trouve précéder le verbe; mais dans ce cas il est plutôt verbe lui-même et régit le deuxième membre de la phrase :

Xin mẹ giữ nhà đặng tôi đi chợ, je vous prie, ma mère, de garder la maison, afin que je puisse aller au marché;

Hôm nay tôi đặng đi chời, aujourd'hui je puis aller m'amuser.

151. *Được* a exactement la même signification que *đặng*; on emploie ces particules indifféremment. Cependant on doit remarquer que le peuple de la basse Cochinchine se sert plus souvent de *được* que de *đặng*.

152. *Đâu*, où, en quel lieu? *ở đâu*, où est-il? *đi đâu*, où vas-tu? *bởi đâu*, d'où.

Thầy pháp ở đâu?

Où demeure le magicien?

Đâu ou *ở đâu*, à la fin d'une phrase interrogative, donne beaucoup de force à l'expression :

Tôi biết ở đâu? Est-ce que je sais cela?
Tôi còn thấy chi đâu?

Est-ce que je vois encore quelque chose? (Je ne vois plus rien du tout.)

Đem nó bỏ đó ai mà biết đâu?

L'emporter et l'abandonner là, qui donc pourra le savoir?

Đâu, est-ce que, comment? *đâu dám,* comment oser?

Cette particule ne doit pas être employée dans les phrases interrogatives quand leur sens est négatif.

153. *Đến,* vers, à, pour : *đến năm sau,* à l'année prochaine; *đến sau,* dans l'avenir, à la suite; *cho đến,* jusqu'à. On supprime quelquefois *cho* et l'on emploie simplement *đến* :

Từ sớm mai đến tối, depuis le matin jusqu'au soir.

Đến khi, lorsque, quand, au futur.

On emploie quelquefois cette particule avec *nói,* parler, et quelques autres verbes, dans le sens de directement :

Nói đến, parler ou s'adresser directement.

Đến đây, vers ce lieu, jusqu'ici; *đến đó,* jusque-là.

Cette particule, placée après les verbes de mouvement, leur donne le sens d'arrivée, de proximité :

Đi đến, parvenir, arriver; *đem đến,* conduire, apporter, faire venir; *đắc đến,* amener par la main; *chạy đến,* accourir.

154. *Đều,* ensemble, également :

Đều vào một quán vui cười,

Ensemble ils entrèrent dans une auberge en se réjouissant et en riant;

Hết thảy thảy đều phải chết,

Tous, l'un après l'autre, également doivent mourir.

155. *Đi,* particule de mouvement, se place après les

verbes et leur donne le sens d'accomplissement d'une action :

Biến đi, disparaître; *phai đi*, se faner; *đọc đi*, lire couramment, réciter; *trảy đi, ra đi*, partir; *chạy đi, trốn đi*, s'enfuir; *chém đi*, couper; *đem đi*, emporter, etc.

Thấy con gái tốt qua đàng bắt đi,
Il vit une jolie fille traversant la route, il l'enleva.

Đi gì, đi chi, quoi donc? quoi? *Nói đi gì*, que dit-il?

Đi et *lại*, placés successivement après le même verbe répété, donnent à ce verbe une valeur itérative et continue :

Nói đi nói lại, dire et redire; *làm đi làm lại*, faire et refaire.

Đi đi lại lại, fréquenter un lieu.

156. *Đó*, là, là-bas; *ở đó*, demeurer là; *đi đó*, aller là :

Xin đem tới đó,
Je vous prie de me conduire là.

Đó, opposé à *đây*, ici, est souvent pris au figuré :

Đo khéo, trêu đây, là on est habile, ici l'on provoque.

Đó đã, laissez! *Đâu đó*, partout où.

157. *Đoạn*, ensuite, après, puis :

Muốn lo việc nước hãy đoạn sự nhà,
Il veut s'occuper (d'abord) des affaires publiques et ensuite de celles de sa maison.

Đoạn, après un verbe ou son régime, donne au verbe le sens du participe passé :

Nói đều ấy đoạn,
Après qu'il eut dit ces mots, ou : ces mots dits.

Đoạn, au commencement de la phrase, signifie quelquefois *au moment, à l'instant* :

Đoạn tôi vô nhà,
Au moment où j'entre dans la maison.

Cet emploi de la particule *đoạn* est assez rare.

158. *Đòi*, chaque, tous :
Đòi nòi, en tous lieux, partout où ;
Đòi phương, en tout endroit du monde ;
Đoi khi, en tout temps ;
Đòi ngày, tous les jours ;
Đòi lần đòi phen, toutes les fois.

159. *Đơm*, après certains verbes, leur donne le sens d'augmentation ou d'adhésion :
Thêm đơm, ajouter ; *nối đơm*, adjoindre ; *đặt đơm*, apposer ; *đính đơm*, adhérer.

160. *Đồng*, ensemble :
Đồng đi cùng nhau, ils vont ensemble.

Cette particule, placée devant des noms avec lesquels elle entre en composition, a la signification d'accord, d'égalité, d'harmonie :
Đồng tình, du même sentiment ;
Đồng liêu, du même pays, compatriotes ;
Đồng lòng, de même esprit ou du même avis ;
Đồng đạo, de la même religion.

161. *Đừng*, particule prohibitive, ne, ne pas, veuillez ne pas :
Đừng có làm việc nầy, ne faites pas cela ;
Xin đừng tham đó bỏ đây,
Je vous prie, veuillez ne pas désirer là-bas et abandonner ici (veuillez ne pas m'oublier).

162. *È*, craindre que, craindre que ne, chose difficile :
È bay mà cánh chim mỏi,
Il est difficile de voler à l'aile de l'oiseau fatigué ;
È khi đạp gót tới thềm,
Je craindrai lorsque votre talon résonnera sur la *varanda*.

163. *É*, interjection de menace.

164. *Há?* est-ce que? comment? *há dám?* comment oserai-je? *há là?* est-ce que cela est? *há là chẳng?* comment non?

165. *Hà* se prend pour « qui, quel, quelle » : *do hà?* quelle cause? *hà sự?* quelle affaire? *hà huống?* combien plus?

Nàng ở hà phương?

Jeune fille, en quel lieu demeurez-vous?

166. *Hãi*, marque de l'impératif, comme on l'a vu au paragraphe des Verbes, se prend aussi dans le sens de *encore* : *hãi còn*, encore agir, ou continuer.

167. *Hầu*, bientôt, près, sur le point de : *hầu chết*, sur le point de mourir (on dit mieux *gần chết*); *hầu trảy*, près de partir; *hầu hết*, près de finir. *Hầu* est pris aussi dans le sens de *après, ensuite*.

168. *Hay*, particule augmentative, donne au verbe ou au substantif l'idée de capacité, de science, etc. *viết hay*, bien écrire; *vẽ hay*, peindre avec habileté; *giảng hay*, prêcher avec éloquence; *thầy hay*, docteur savant; *thuốc hay*, médecine efficace.

Người hay lại gặp người hay,

Un homme capable a ainsi rencontré un homme capable.

Hay, devant le verbe, indique plus spécialement l'idée de savoir, de capacité, d'éminence :

Hay thuốc, versé dans l'art de la médecine;

Thầy pháp hay tiếng, un magicien de haute réputation;

Pháp tôi hay kêu gió, kêu mưa,

Ma puissance (en magie) est capable d'appeler le vent, de faire venir la pluie.

Souvent il est augmentatif et confirme simplement l'expression :

Nguyệt nga còn hay xót xa phận mình,
Nguyet-nga encore vivement se désole sur son sort ;
Kiêm, Âm còn hay ngẩn ngỡ,
Kiêm et *Âm* encore pleins de trouble dans leur esprit.

Hay signifie aussi *doué de, porté, enclin, propre à : hay cờ bạc,* porté au jeu ; *hay uống,* enclin à boire. On lui donne aussi quelquefois un sens fréquentatif :
Nó hay đến đây, il vient souvent ici.

Les expressions *chẳng hay chết* ou *không hay chết, không hay mất,* répondent à nos adjectifs formés du positif et de la particule d'origine latine *in* (*im*), tels qu'immortel, impérissable :
Hay là, ou *có hay là không?* as-tu ou non?

169. *Hẳn,* certain ; *hẳn thật,* très-certain.

170. *Hằng,* toujours, sans interruption, sans cesse :
Cha già hằng tưởng, mẹ già hằng trông,
Le vieux père sans cesse réfléchit, la vieille mère sans cesse espère.

Hằng, chaque : *hằng ngày, hằng giờ,* chaque jour et à chaque heure, c'est-à-dire constamment.

Hằng năm, chaque année ; *hằng hằng,* éternellement.

171. *Hoặc* et *hoặc là,* peut-être. Lorsque *chẳng* ou *không* se trouvent à la fin d'une phrase qui commence par *hoặc là,* cette dernière expression est prise interrogativement, et doit se traduire par *est-ce que peut-être :*
Hoặc là phen nầy tôi đặng mạnh không?
Est-ce que peut-être cette fois je recouvrerai la santé ?

Hoặc répété correspond au mot français *soit* répété :
Hoặc kẻ giàu, hoặc kẻ khó, hết ai phải chết,
Soit riches, soit pauvres, tous doivent mourir.

172. *Hè!* allons ! interjection d'encouragement, d'excitation réciproque. *Hè! hè! hè!* cri de guerre des Annamites.

173. *Hế!* interjection d'impatience, de pitié, de douleur, etc. *Thương hế!* combien à plaindre! *khốn hế!* ô malheureux! *tiếc hế!* ô douleur!

174. *Hé*, jamais, pas du tout, particule prohibitive ou négative : *chớ hé*, pas du tout; *chẳng hé*, jamais; *chi hé*, nullement; *nào hé*, en aucune manière.

Chi hé, nào hé, s'emploient aussi dans le sens interrogatif : qu'est-ce que? qu'y a-t-il? *hé chi đó?* qu'importe?

Hé đau chi mà khiến tôi nằm?

   Quelle est ma maladie (je n'ai aucune maladie) pour me prescrire de me coucher?

175. *Hế, hế là*, toutes les fois que, autant que, quoique; *hế là mấy lần*, toutes les fois que, ou mieux *hế mấy lần*; *hế ai*, qui que ce soit.

Hế là lịch sự, có kính có quyến,

   Autant qu'il le faut pour que ce soit convenable, nous avons (pour nous) le respect et l'autorité;

Hế là dị tướng, ắt là tài cao,

   Bien que laid de visage, il avait certainement une science élevée;

Hế người nào, quelque homme que ce soit;

Hế sự gì, quelque chose que ce soit;

Hế là khi nào, en quelque temps que ce soit.

176. *Hèn chi, hèn gì, kham hèn gì*, certainement, sans doute, évidemment :

Kham hèn gì mà không bỏ nhau,

   Il n'est pas surprenant qu'ils ne veuillent pas s'abandonner eux-mêmes;

Hèn chi mà chết sớm,

   Quoi d'étonnant s'il meurt sitôt?

177. *Hiếm*, rarement; *hiếm lắm* est le plus souvent pris ironiquement dans le sens de *beaucoup, nombreux, abondant.*

Il sera donc préférable, pour exprimer l'idée de *rare*, de se servir du mot *ít*, peu.

178. *Họa*, par hasard; *ngõ họa*, afin que par hasard :

Đặng làm vậy, thì là họa,

S'il en est ainsi, c'est par hasard.

179. *Hơn*, plus; *hơn là*, plus que. On a déjà vu l'emploi de cette particule dans la formation des comparatifs. *Hơn nữa*, plus encore, peut être employé comme superlatif, lorsque le positif ou le comparatif précèdent :

Người nầy mạnh, người kia mạnh hơn, anh lại mạnh hơn nữa,

Cet homme est fort, un autre est plus fort, mais toi tu es le plus fort de tous.

Dans ce sens, si le positif ou le comparatif ne précédaient pas *hơn nữa*, la phrase serait inintelligible.

Còn hơn, bien plus, bien au-dessus :

Nhơn ngãi còn hơn bạc vàng,

L'humanité et l'affection sont bien au-dessus de l'argent et de l'or.

180. *Huống chi, huống gì, huống chi là, huống lựa là*, combien plus, combien moins :

Thuốc hay chữa không đặng, huống chi thuốc dở,

(Si) un remède efficace ne peut guérir, combien moins le pourrait faire un remède imparfait !

181. *Kẻ nào*, quelques, quelques-uns; *dầu kẻ*, à la fin d'une phrase, signifie *au moins, du moins*.

182. *Kế*, auprès; *nằm kế*, se coucher auprès; *đứng kế*, se tenir auprès; *ở kế*, demeurer auprès.

183. *Kém*, particule d'infériorité, moins, plus bas. On la fait le plus souvent suivre de la particule du comparatif, *hơn*, et l'on forme de la sorte un comparatif d'infériorité :

Của nầy kém hơn của kia,
Cette chose est inférieure à celle-là.

Mais en général il faut éviter de s'exprimer ainsi. Le génie de la langue annamite veut plutôt que la proposition soit renversée et que l'on dise :

Của kia tốt hơn của nầy,
Cette chose-là est supérieure à celle-ci.

184. *Kẻo*, ne pas, pour que ne pas, de peur que, afin que ne, ou de ne :

Uống thuốc kẻo mà phải chết,
Bois le remède, afin de ne pas mourir, de peur qu'il ne te faille mourir.

Chi kẻo? pourquoi non? pourquoi ne? ou simplement pourquoi?

Ai lỗi phép nầy, chi kẻo quan chẳng bắt?
Celui qui viole cette loi, pourquoi le mandarin ne le saisit-il pas?

185. *Khá*, assez, suffisamment, convenablement; *biết khá*, il sait assez, il sait convenablement.

Khá, au commencement de la phrase, a le sens de *il faut, il convient* : *khá làm*, il faut faire; *khá nói*, il est convenable de dire.

Thà người khá lấy bạc mà trao cho thầy,
Or donc il convient que tu prennes de l'argent pour le donner au maître;

Khá đem mình ngọc mà sánh kẻ rất phu,
Convient-il de me prendre, moi une perle, pour me comparer à un paysan grossier?

Quelquefois *khá*, au commencement de la phrase, conserve le sens de *suffisamment, assez* :

Khá khen hai họ, suffisamment il loue les deux noms (les deux personnes).

Mưa khá, qu'il ne soit pas permis ; *chẳng khá*, il n'est pas permis.

186. *Khắp*, partout, tout :

Đi khắp bầu thế giái, parcourir tout le globe terrestre ;
Chạy khắp xứ, parcourir tous les pays ;
Ở khắp nơi, demeurer en tous lieux ;
Kiếm khắp nơi, chercher en tous lieux.

On sous-entend en général dans ces phrases les mots *cả và, mọi, các*, etc. qui ont la signification de *tout, tous, etc.* et que l'on exprime quelquefois à la suite de *khắp*.

Khắp, tout, ensemble, à la fois :

Mời khắp hết quỉ thần,
Il invite à la fois tous les esprits.

187. *Khi*, lorsque, quand ; *đang khi*, quand, pendant que ; *một khi*, alors, en même temps :

Vỗ tay đập chiếu, một khi cười dài,
Frappant des mains et piétinant sur la natte, en même temps il rit aux éclats ;

Đang khi đói quá uống vào cũng no,
Lorsque votre faim sera excessive, avalez (cela) et vous serez rassasié ;

Tôi bên nổi giận một khi,
De mon côté, je me suis mis en colère au même instant.

Chờ đến khi, jusqu'alors ; *trước khi*, avant ; *sau khi*, après ; *có khi*, quelquefois ; *có khi có, có khi không*, quelquefois oui, quelquefois non, ou bien peut-être oui, peut-être non.

Khi ấy, alors :

Ngư ông khi ấy hỏi hẳn,
Le pêcheur alors l'interrogea sur la vérité.

Khi ngày, pendant le jour ; *khi đem*, pendant la nuit :

Đã thấy khi đem,
J'ai vu pendant la nuit.

Khi nãy, un peu avant; *khi đầu*, au commencement; *khi trước*, auparavant; *khi sau*, ensuite; *khi nào*, lorsque.

Khi répété signifie *tantôt* ou *tour à tour* :

Khi thì bủa lưới, khi giặng câu vàng,

Tantôt jetant la seine, tantôt plaçant les palanques;

Khi trà, khi rượu, khi cơm, khi thơ,

Tour à tour prenant du thé, du vin, mangeant ou écrivant des vers.

188. *Khỏi*, hors, sortir; *qua khỏi*, s'éloigner; *trốn khỏi*, s'enfuir, s'échapper; *đi khỏi*, aller dehors, sortir :

Thôi! thôi! gắng gượng khỏi đây,

Hélas! hélas! faisons nos efforts pour sortir d'ici;

Một chát nữa khỏi rừng,

Encore un peu et nous sommes hors de la forêt.

Khỏi, au delà; *khỏi núi*, au delà du mont; *lên khỏi*, monter au delà :

Khỏi ba khúc sông thì tới,

Au delà de trois sinuosités de la rivière, vous êtes arrivé.

Khỏi a aussi le sens de *cesser, être délivré, être exempt* :

Tôi chẳng khỏi chết,

Je ne suis pas délivré de la mort;

Khỏi thuế, exempt d'impôts;

Muốn cho khỏi giặc Ô qua,

Vous voulez cesser la guerre avec le pays d'*Ô-qua*.

189. *Khốn*, difficilement, avec peine :

Bơ vơ mỏi mê khốn tìm đàng xưa,

Étourdi (ne sachant où il est), fatigué, avec peine il (l'oiseau) trouve la route d'autrefois.

190. *Không*, particule négative. Elle est opposée à *có*, qui implique toujours une idée d'existence, de possession, tandis que *không*, dont la signification littérale est *néant*,

DES PARTICULES. 73

vide, tantôt est simplement une particule négative, *ne*, *non*, *ne pas*, et tantôt implique une idée de non-existence :

Không thấy, je ne vois pas;

Không đức, qui n'a pas de vertus;

Cười người không lo,

Je ris de l'homme qui n'a souci de rien;

Có tình ai biết? không tình ai hay?

Si l'on a de l'affection pour nous, qui le sait? si l'on n'en a pas, qui le sait?

Không có, il n'y a pas, je n'ai pas, ne pas avoir;

Không có biết, ne pas savoir;

Không có thương, ne pas aimer;

Không người nào, pas un homme, personne;

Làm không, faire pour rien;

Cho không, donner gratis.

Không, à la fin des phrases interrogatives, donne de la force à l'expression et caractérise en général le sens interrogatif. Dans ce cas, les Annamites le prononcent très-rapidement et font à peine sentir le *k*.

Có biết không? le sais-tu? (prononcez *có biết hông?*)

Bữa qua có thấy người ta đi đàng không?

Hier, avez-vous vu des hommes allant sur la route?

191. *Kia*, autre; *hôm kia*, l'autre jour, ou bien un jour avant, c'est-à-dire avant-hier.

192. *Kìa*, voici, voilà :

Kìa nơi miễu,

Voici une petite pagode.

193. *Kíp*, vite, promptement, est le plus souvent précédé de *cho* :

Làm cho kíp, agir promptement.

194. *Là* entre en composition dans un grand nombre de locutions différentes; il est difficile d'assigner un sens

bien précis à cette particule. On l'a même vue figurer, comme verbe substantif, au paragraphe des verbes.

Ít là, au moins, sans doute;

Ít nữa là, même sens.

Hay là, ou, ou bien :

Hay là học thói nước Tế, hay là học thói Đàng cong,

Avez-vous étudié les coutumes du royaume de *Tế,* ou bien celles de *Đàng-cong?*

Khác chi là, autre que :

Chẳng khác chi như là, non autrement que si;

Chẳng qua là, pas plus que; *quá nữa là,* plus que; *ắt là,* il faut que; *thật là,* il est certain que; *miễn là,* pourvu que.

Chẳng lựa là, il ne faut pas, il n'est pas nécessaire :

Nói ít đều, chẳng lựa là nói nhiều,

Parlez peu, il n'est pas nécessaire de parler beaucoup.

Nhứt là, surtout, principalement, par-dessus tout.

195. *Lại,* de nouveau, encore :

Đã uống rồi, bây giờ lại uống,

Il a déjà bu et maintenant il boit encore;

Bây giờ lại thấy con đây,

Maintenant de nouveau je vois mon fils ici.

Placé après les verbes, il ajoute à l'idée de leur action le sens de répétition ou de retour :

Nói lại, parler encore, reparler;

Trở lại, retourner; *đến lại,* revenir; *nghĩ lại,* réfléchir; *thưa lại,* répondre aux supérieurs; *sửa lại,* restaurer, etc.

Trở vào nói lại cùng nàng Nguyệt nga,

Il se retourne pour parler de nouveau avec la jeune *Nguyệt-nga.*

Lại est pris aussi dans le sens de *plus, encore plus, en outre :*

Phút nghe lời nói rày lại thương,
A peine eut-il entendu ces mots, qu'alors plus encore il eut pitié;
Đã thông trời đất lại hay việc người,
J'ai pénétré le ciel et la terre et, en outre, je connais les affaires humaines.

Lại, or donc, ensuite :
Lại nói xưa ấy, or donc, on dit qu'en ce temps.
Mà lại, mais même, mais encore.
Lại implique aussi le sens d'un mouvement :
Bay lại, s'envoler vers; *chạy lại,* accourir.
Lại bên nầy, de ce côté; *lại bên kia,* de l'autre côté; *lại đây,* ici; *lại đó,* là.
Đi qua đi lại, aller et revenir, c'est-à-dire aller à son gré.
Trả đi trả lại, livrer et reprendre, c'est-à-dire échanger.

196. *Lấy* est pris quelquefois dans le sens de *par, pour,* comme :
Lấy việc làm, par ses œuvres;
Lấy tiếng, comme prétexte;
Lấy lời dạy dỗ cho tuyền thân danh,
Par ses paroles, il l'instruit avec douceur sur l'intégrité de sa renommée.

Lấy thảo, par gratitude; on dit aussi *làm lấy ý,* faire selon sa volonté; *lấy đặng,* selon la possibilité; *mắc lấy,* tomber dans, impliquer.

Lấy, après des verbes actifs, leur donne le sens d'une attraction à soi :
Kéo lấy, attirer à soi; *cầm lấy,* retenir pour soi; *giữ lấy,* veiller pour soi; *chịu lấy,* recevoir; *chữa lấy mình,* se défendre.

On place quelquefois après *lấy* la particule *cho :*

Giữ lấy cho cha mẹ, veiller sur ses parents.

Lấy chi, lấy gì, à quoi bon, comment?

Ông lấy chi nuôi tôi?

Monsieur, comment trouverez-vous de quoi me nourrir?

197. *Lấy*, particule d'ironie ou d'indignation:

Bỏ lấy, abandonner durement; *làm lấy*, agir avec emportement; *nói lấy*, parler durement; *giận lấy*, s'emporter dans la colère.

198. *Làm* a des acceptions très-diverses, d'après les mots ou les particules avec lesquels elle entre en composition.

Lấy làm, prendre comme, estimer comme:

Lấy làm thật, estimer comme vrai.

La traduction littérale de cette phrase est *prendre et faire vrai*; mais, dans ce cas, les mots *lấy* et *làm* sont considérés comme verbes et non comme particules.

Làm cớ ou *làm chứng*, en témoignage (littéralement: faire témoignage).

Làm an, en paix (littéralement: faire paix):

Ngày ngày thong thả làm an,

Chaque jour doucement vivre en paix.

Làm est quelquefois employé pour exprimer *à la place de*:

Lấy Kim liên làm nàng Nguyệt nga,

Ils prirent *Kim-liên* à la place de, ou pour remplacer la jeune *Nguyệt-nga*.

La traduction littérale est: pour *faire* la jeune *Nguyệt-nga*.

Làm chi, pourquoi? à quoi bon?

Tôi đâu dám chịu của người làm chi?

Comment oserai-je recevoir un cadeau et pourquoi?

Làm sao, comment, de quelle façon :
   Muốn làm làm sao?
   De quelle façon voulez-vous agir?
   Con toan liệu làm sao?
   Notre fille décide faire comment, que décide notre fille?
   Thật hư chưa biết làm sao,
   Le vrai et le faux, elle ne sait pas encore comment; c'est-à-dire: elle ne sait pas encore discerner le vrai du faux.

On voit par ces exemples que *làm chi* et *làm sao* doivent être placés à la fin de la phrase.

Làm vậy ou *làm vảy*, ainsi, de cette façon, la chose étant ainsi :
   Làm vậy thì phải chết,
   La chose étant ainsi, il faut mourir.
Làm kia, làm tế, d'une autre façon.

199. *Lâu*, longtemps :
   Không khá ở lâu,
   Il ne convient pas de rester longtemps.

Lâu lắc, longtemps; *đã lâu*, déjà depuis longtemps; *lâu dài*, long espace de temps; *bấy lâu*, depuis le temps, tandis que, aussi longtemps que :
   Bấy lâu thầy tớ theo nhau,
   Depuis le temps (depuis si longtemps) que le maître et le serviteur se suivent réciproquement.
Bao lâu, tant que; *bao lâu nay*, tant que depuis.

Lâu năm, plusieurs années; *đã lâu năm*, déjà depuis plusieurs années; *sau lâu năm*, après plusieurs années.

200. *Lên*, au-dessus, par-dessus, se place après les verbes :
   Bay lên, voler au-dessus; *đặt lên, để lên*, superposer; *ngó*

lên, coi lên, voir au-dessus; *dở lên*, s'élever; *đi lên*, monter; *treo lên*, suspendre.

Mở ra bức tượng treo lên,
Elle découvrit l'image et la suspendit.

On emploie souvent, après les verbes composés avec la particule *lên*, les prépositions *trên*, sur, ou *đến*, vers :

Đi lên trên núi,
Monter sur la montagne;

Nước lên đến bãi,
L'eau monte vers le rivage.

201. *Lỉ*, sans cesse, sans interruption :
Chịu lỉ đi, souffrir sans relâche;
Uống lỉ đi, boire sans cesse.

202. *Liên*, auprès; *ở liên*, demeurer auprès. On le prend aussi dans le sens d'assidûment, sans cesse :
Nói liên đi, il parle sans cesse.

Lorsque *liên* est pris dans le sens fréquentatif, on ajoute de la force à l'expression en commençant la phrase par *hằng* et plaçant *liên* à la fin :

Hằng đánh nhau liên,
Ils se battent constamment et sans relâche;

Thầy hằng dạy dỗ liên,
Le maître enseigne toujours et sans s'interrompre.

203. *Liên*, aussitôt, de suite, immédiatement :
Triệu cong nghe nói liên thương,
Triệu-cong l'entend parler, aussitôt il la plaint;

Uống đoạn liên chết,
Ayant bu (cela), immédiatement après il mourut.

204. *Lộn*, confusément; *dồ lộn làm một*, confondre et ne faire qu'un, réduire à un.

On prend quelquefois cette particule, lorsqu'elle est suivie de *nhau*, dans le sens de *mutuellement*, mais toujours en mauvaise part; et il ne faut pas confondre cette expression avec *nhau :*

Dức lộn nhau,
Se déchirer mutuellement par des injures;
Mắng lộn nhau, se disputer ensemble;
Chưởi lộn nhau, se maudire;
Kiện lộn nhau, plaider l'un contre l'autre;
Đánh lộn nhau, s'entre-battre.

205. *Lựa* ou *lựa là,* qu'est-il besoin, quelle utilité y a-t-il ?
Lựa là phải bảo, est-il nécessaire d'avertir ?
Chẳng lựa nói nhiều đều,
Il n'est pas nécessaire de dire beaucoup de paroles.

206. *Luôn, luôn li,* continuellement; *luôn luôn,* toujours, sans cesse.

207. *Luống,* en vain, inutilement; *luống những,* toujours inutilement :
Tiểu đồng luống những chạy ngoài,
Le petit serviteur toujours inutilement court au dehors (de la maison), c'est-à-dire fait des courses inutiles.
Luống trông, attendre en vain; *hư luống,* en vain.

208. *Mà,* pour, afin de :
Mà làm cứ theo trong sách,
Afin d'agir selon le livre.
Dans un sens négatif, *pour ne pas :*
Chớ tin bên củ bên xưa mà lầm,
Ne vous fiez pas à l'ancien (au passé), pour ne pas vous tromper.
Mà thoi, seulement, pas davantage; *mà chớ,* pas autrement.
Mà, afin que :
Nó làm gì ta mà sợ ?
Que fera-t-il afin que nous le craignions ?

Mà s'emploie pour rendre le *que* français :

Người ấy làm sao mà ghét?

Qu'a cet homme, que tu le haïsses (pour que tu le haïsses)?

Bởi đâu mà phải tai?

D'où vient que tu sois dans le malheur?

Mà, de même :

Cha thì làm vậy, mà con thì làm vậy,

Quand le père est ainsi, de même est alors le fils.

Nếu mà, mais si, si même.

Mà, or, ensuite :

Mà khi mới nhóm lại binh,

Or, lorsque ensuite il eut réuni l'armée.

Mà, pour (dans le sens de *pour l'usage de*) :

Để mà thờ, servir à adorer, servir au culte.

Nhưng mà, mais :

Bà ấy có chồng, nhưng mà chồng đã để,

Cette femme a un mari, mais celui-ci l'a déjà répudiée.

Il faut toujours employer *nhưng mà* dans le sens de *mais, mais cependant*, et ne pas se servir de l'expression *song le*, qui a bien cette signification dans le Tonkin, mais qui n'est pas comprise en basse Cochinchine.

Chớ mà, cependant, pourtant; *vậy mà*, ainsi cependant.

209. *Mặc*, selon; *mặc ý*, selon la volonté, à volonté; *mặc đầu, mặc lòng*, selon son bon plaisir :

Thong thả, mặc ý, vui lòng,

Sans se troubler, selon leur volonté ils se réjouissent;

Mặc đầu lặn lội, mặc đầu chơi may,

Selon son plaisir, il (le dragon) plonge dans les eaux; selon son plaisir, il joue dans les nuages.

Mặc ai, selon la volonté de qui; *mặc thích*, selon le goût;

mặc lượng ngài, selon ta capacité, ton jugement; mặc sức, selon ses forces.

Mặc tình ai, mặc tình wa người,
Selon le désir individuel, selon la convenance de chacun;
Mặc ở tay ta,
Il est dans nos mains; il dépend de nous.

✗210. *Mấy*, combien, quel prix, quel nombre, quel temps. Cette particule est le plus souvent interrogative : *mấy người?* combien d'hommes? *bán mấy?* vendre combien, ou à quel prix? *thứ mấy?* lequel? dans quel ordre? *giờ thứ mấy?* quelle heure est-il?

Mấy est aussi employé dans un sens passé, et comme une exclamation interrogative : *mấy khi?* combien de temps? *mấy lăm?* combien? beaucoup? *hết mấy?* que de choses consommées, finies?

Khi qua, khi lại mấy lần?
Tantôt là-bas, tantôt ici, combien de fois?
Đã cói sách mấy nam?
J'ai étudié les livres durant combien d'années?

Mấy s'emploie ironiquement :
Mấy ai ở đặng trung tâm?
Combien de gens peuvent rester fidèles? (combien peu de gens?)
Chẳng giàu là mấy, pas si riche.

211. *Miễn*, pourvu que; *miễn là*, même signification:
Miễn chấp, pourvu que tu ne conserves pas de rancune.

212. *Mới*, récemment, nouvellement; *mới tới*, nouvellement arrivé :
Van tiên như lửa mới nhen,
Van-tiên semblable au feu sur lequel on vient de souffler.

Gramm. 6

Mới, aussitôt, immédiatement :

 Xem qua dấu đất rang rang mới hay,

  Il voit les traces sur le sol, aussitôt il connaît d'une façon évidente.

213. *Mong*, peu après, déjà, déjà presque. Cette particule est employée devant les nombres depuis un jusqu'à dix, quand il s'agit de la supputation des jours du mois : *mong một*, le 1er jour du mois; *mong sáu*, le 6e; *mong mười*, le 10e; *mười một*, le 11e, etc.

214. *Mựa*, particule prohibitive, ne, ne pas : *mựa nỡ*, ne tolérez pas; *mựa hề*, ne jamais.

215. *Nả*, particule finale interrogative : *bao nả?* comment? de quelle sorte? *ai nả?* qui donc?

216. *Nao* et *nào*, particule interrogative, est-ce que?

 Người nầy, nào phải (làm) như Tán?

  Est-ce que les personnes présentes doivent agir comme Tán?

Khi nao? quand? *thuở nao?* en quel temps? *phải nao?* qui oblige? que faut-il?

Nào, qui, quel, quelle :

 Nào hay nước chảy hoa trôi?

  Qui connaît le cours de l'eau ruisselant parmi les fleurs?

Thể nào? de quelle façon, comment? *nào khi?* est-ce que par hasard? *nào ai?* quel est celui qui?

Khác nào, non différent :

 Khác nào chiếc chim lạc bay,

  Non différent d'un oiseau égaré dans son vol.

Nào đâu? où donc? en quel lieu?

Souvent à la fin d'une phrase interrogative commençant par *nào* on met *gì*, qui sert à compléter le sens :

 Nào loài vật có biết gì? que connaissent les animaux?

DES PARTICULES.

Nào ta làm việc gì?
En quoi nous sommes-nous trompés?

Nào, placé après un substantif, signifie *quel, quelle* : *người nào!* quel homme! *cách nào, dường nào*, de quelle façon; *khi nào*, quand? *ngằn nào*, quelle quantité?

Nào et *ấy* sont quelquefois placés en opposition, comme dans les phrases suivantes :

Người nào việc ấy phải làm cho đủ,
Tout homme, quelque travail qui lui soit imposé, doit l'accomplir;
Ngủ ngày nào, tối ngày ấy,
S'il dort un jour, c'est ce jour-là même, jusqu'au soir;
Chơi đêm nào sáng đêm ấy,
S'il joue pendant une nuit, c'est jusqu'au jour (jusqu'à la fin) de cette nuit-là;
Cha nào, con ấy, tel père, tel fils.

217. *Nên* est littéralement le verbe *devenir, arriver* :
Nên hư có số ở trời,
Devenir malheureux, c'est un sort qui est dans le ciel (cela dépend de la volonté du ciel).
Cho nên, il arriva que :
Làm vậy cho nên phải chết,
La chose étant ainsi, il arriva qu'il fallut mourir.
Nên nỗi? pourquoi en fut-il ainsi?
Ai làm nên nỗi nước nầy?
Qu'arriva-t-il pour qu'il en fût ainsi?
Cho nên nỗi, même sens.

Nên répond à la préposition *en*, quand on veut exprimer l'idée d'un changement, d'une métamorphose :
Chim hạc hoa nên rùa, l'oiseau *hạc* se change en tortue.
Con khỉ trở nên ông thánh,
Le singe se change en saint;

Trộm cướp trở nên quân tử,
Le voleur se change en homme illustre.

Tao nên, créer; *lập nên*, *dừng nên*, achever; *làm nên*, compléter; *nói nên lời*, parler comme il faut.

218. *Nếu*, si, supposé que : *nếu vậy*, s'il en est ainsi; *nếu chẳng vậy*, s'il n'en est pas ainsi; *nếu mà*, si cependant, mais si.

Lorsque *nếu* est placée au commencement du premier terme d'une proposition, le deuxième terme est en général précédé de *thì*, alors, qui sert à compléter le sens :

Nếu muốn thì phải đi,
Si tu le veux, alors il faut aller;
Nếu đi đó thì kêu nó lại,
Si tu y vas, alors dis-lui de venir.

Cette particule *thì* est quelquefois sous-entendue.

219. *Ngang*, contre, contrairement; s'emploie surtout dans le sens moral :

Làm ngang, agir contre la raison;
Nói ngang, parler contre le bon sens;
Ở ngang, se conduire contre les mœurs ou la coutume.

Ngang, en travers, en diagonale, opposée à *dọc*, quand ce mot exprime l'idée d'une ligne perpendiculaire.

Ngang, par, outre, au delà : *bay ngang*, voler au delà; *chảy ngang*, couler au delà; *đâm ngang*, transpercer; *đi ngang*, traverser, aller outre. On met quelquefois après ces verbes la particule emphatique *qua* :

Đi ngang qua núi, traverser les monts.

220. *Nghịch*, contraire, inverse : *nghịch ý*, contre la volonté; *nghịch lẽ*, contre la raison; *nói nghịch*, contredire; *ở nghịch*, être opposé.

Les verbes composés de la particule *nghịch* prennent souvent avant leur régime les prépositions *cùng*, *vuối* :

DES PARTICULES.   85

Ở nghịch cùng cha, se révolter contre son père;
Nói nghịch vuối ông thầy, contredire son maître.

221. *Ngõ*, afin que; *ngõ cho*, même sens; *ngõ hoạ*, afin que par hasard; *ngõ được*, afin de pouvoir.

222. *Ngoài*, hors, en dehors :
Ngoài thành, hors de la citadelle.

On emploie cette particule dans le sens de nos prépositions *en* et *dans*, mais seulement en parlant des endroits extérieurs :

Ngồi ngoài vườn, s'asseoir dans le jardin;
Đi ngoài ruộng, aller dans les champs;
Ở ngoài, demeurer dehors;
Chạy ra ngoài, courir au dehors.

223. *Ngược*, inverse, contraire, à l'envers, à rebours :
Treo ngược, suspendre la tête en bas;
Viết ngược, écrire à rebours (en commençant par les dernières lettres).

On dit aussi :
Ăn ngang ở ngược,
Se comporter injustement, contre le droit;
Nói ngược, parler à contre-sens.

224. *Nhau*, réciproquement, mutuellement :
Cùng nhau, mutuellement, entre soi;
Gặp nhau, se rencontrer;
Cùng nhau bảy họ tên rồi,
Disons-nous l'un à l'autre nos noms et nos prénoms.
Cùng nhau kết bạn,
Nous nous sommes liés réciproquement;
Xin hãy giúp nhau phen nầy,
Je vous prie, aidons-nous mutuellement en cette circonstance.

225. *Nhơn*, *nhơn sao*, pourquoi; *nhơn vì*, parce que;

nhơn bởi, même sens; *nhơn vì cớ nào*, pour quelle cause; *nhơn vì sự nầy*, à cause de cela.

Les chrétiens emploient exceptionnellement la particule suivante dans la formule du baptême pour dire :

Nhơn danh cha, au nom du Père.

226. *Như*, comme, de même que, semblable à :

Như chuống chẳng đánh chẳng kêu,
    De même que la cloche qui, si on ne la frappe pas, ne sonne point;

Trông con như hạn trông mưa,
    Il attend son fils comme (la terre) desséchée attend la pluie.

Giả như, par exemple; *giả như* signifie aussi *en forme de, semblable à*.

Thí như, ví như, par exemple, si; *như thể*, comme si; *dường như*, de même que si; *giống như*, comme; *như nhau, cũng như nhau*, semblable; *như vậy*, ainsi de même.

Như vậy, au commencement d'une phrase, signifie *s'il en est ainsi* :

Như vậy thì phải đi,
    S'il en est ainsi, il faut partir.

227. *Nhưng, nhưng mà*, mais, mais cependant :

Trông chồng nhưng mà không gặp chồng,
    Elle désire son mari, mais elle ne peut le rencontrer.

228. *Những*, particule employée comme signe du pluriel :

Những ngày ấy, pendant tous ces jours-là.

Những, seulement :

Những lo việc ấy,
    S'occuper seulement de cela.

Chẳng những, non-seulement.

On dit aussi : *những*, pendant que :

Nhửng chạy thuốc thì kẻ bịnh đã chết,
Pendant qu'il court après des remèdes, le malade est déjà mort.

229. *Nhược*, étant supposé; *nhược bằng*, étant supposé que.

230. *Nọ*, cela, voilà, s'emploie indifféremment pour désigner les choses présentes ou éloignées :
Kia ve bạch, nọ bình thuốc,
Voici une bouteille blanche (vin de riz), voilà un pot à tabac.

231. *Nỗ*, particule négative :
Nỗ để, ne laissez pas, veuillez ne pas laisser;
Há nỗ, ne permettez pas;
Hỡi ai nỗ để cho ai chịu phiền!
Hélas! ne le laissez pas tomber dans le malheur!

232. *Nội*, dans, pendant :
Nội trong, pendant un espace de temps;
Nội trong ba ngày, dans l'espace de trois jours;
Nội trong chỗ nầy, dans l'enceinte de ce lieu;
Nội trong thế giái, dans le monde.

233. *Nữa*, outre, encore, de plus, davantage. *Một lát nữa, chặp nữa, một giây nữa, chút nữa, một chút nữa, ít nữa, một ít nữa*, toutes ces locutions signifient *encore un peu, encore un instant* :
Chút nữa khỏi rừng,
Encore un peu et nous sortirons de la forêt.

On dit aussi *một ít người nữa*, quelques hommes de plus, encore quelques hommes.

Nữa, aussi, de même, encore :
Muốn giết tôi nữa, il veut aussi me tuer.

Quá nữa, quá nữa là, plus que; *sau nữa*, enfin; *hơn nữa*, bien plus encore.

234. *Ở*, auprès, chez, dans : *ở nhà tôi*, chez moi; *ở đâu*, de quel lieu, où ? *ở đây*, d'ici.

Ở se prend souvent pour le verbe *être* :

Thầy tôi ở nhà chẳng an,

Mon maître est à la maison, sans repos (il n'a pas de repos);

Nhà Võ cong ở gần làng đây không?

La maison de *Võ-cong* est-elle auprès de ce village?

Sự ấy ở tay ta,

Cette chose est entre nos mains, dépend de nous.

Ở đâu, ở đó, partout où, où que ce soit.

235. *Ót*, tout à fait, absolument : *ót thật*, tout à fait vrai; *ót át*, très-vite, avec violence.

236. *Phải* placé devant certains verbes actifs leur donne un sens passif :

Phải cầm trong tù, être détenu en prison;

Mắc phải tai, tomber dans le malheur;

Phải tàu, phải ghe, naufrage d'un navire, d'une barque.

Phải, il faut, il est nécessaire :

Tôi phải nói ra, il faut que je parle, je dois parler.

Phải, bien, convenablement, justement :

Anh nói phải,

Tu parles bien, avec raison; tu as raison ;

Anh nói không phải,

Tu parles contre la raison; tu as tort.

Vừa phải, médiocrement, suffisamment.

Phải, particule affirmative, oui, certainement.

Phải chi, que si, comme si; *phải mà*, si cependant.

237. *Phương, phương chi*, combien plus, à plus forte raison. Même signification que *huống chi* (180).

238. *Qua*, particule de transition : *đi qua*, passer, traverser, se rendre. Souvent le verbe *đi* est sous-entendu :

Hãy an dạ trẻ, mà qua nước người,
Mets ton cœur en paix, ma fille, afin de retourner dans ton pays;
Cha sai kẻ qua mời (sous-entendu : *qua đi mời*),
Le père envoie quelqu'un (qui va) pour l'inviter.

Lorsque *qua* signifie traverser, on donne de la force à l'expression en employant la particule *ngang* :
Đi qua ngang núi, traverser les monts.

On dit aussi :
Nghe qua, entendre en passant;
Xem qua, voir à la hâte.
Bữa qua, ou *hôm qua*, un jour passé, c'est-à-dire hier :
Tôi đã đi bữa qua, j'y suis allé hier;
Qua đời, traverser le siècle, sortir du siècle, c'est-à-dire mourir;
Chẳng qua, rien ne surpasse (expression emphatique); par exemple :
Chẳng qua sợ người ta cười,
Rien ne surpasse la frayeur (qu'il a) qu'on ne le tourne en dérision.
Chẳng qua là, non autrement que, rien moins que :
Chẳng qua là việc triều đình,
Il ne s'agit de rien moins que d'une affaire de la cour.

Qua et *lại* placées après le même verbe répété le rendent fréquentatif : *đi qua đi lại*, aller et venir.

239. *Quá*, excessif, outre, surpasser, etc.
Đang khi đói quá, lorsque votre faim sera excessive;
Quá sức, au delà des forces, excessif.

Quá, marque du superlatif : *tốt quá*, très-beau, excellent. On dit encore vulgairement : *tốt quá sức*, excessivement beau.

240. *Quấy*, absurdement, par erreur : *quấy quá*, tout à fait absurde.

241. *Quanh*, autour, alentour : *đi quanh*, ou *đi quanh co*, aller en faisant des détours; *nói quanh*, parler avec ambages; *xung quanh*, tout autour; *đi xung quanh*, ou *đi quanh quát*, aller alentour; *vây xung quanh*, entourer; *xung quanh*, environs; *xung quanh đây*, dans les environs d'ici.

242. *Ra*, particule de mouvement, a tantôt le sens de sortie, d'extraction ou d'expansion, tantôt celui de séparation, tantôt enfin celui de retour ou d'apparition.

Ra après les verbes de mouvement : *kéo ra*, extraire; *bỏ ra*, rejeter; *chảy ra*, s'écouler; *nói ra*, s'exprimer; *thở hơi ra*, expirer; *đi ra*, sortir.

Chạy ra chốn cũ tìm thầy,
Il courut hors de ce lieu pour aller chercher son maître;
Mặt trời đã mọc ra,
Le soleil est déjà levé;
Nghĩ ra mới biết tai hại mình,
Il réfléchit et connaît alors tout son malheur.

Ra après les verbes de séparation : *phân ra*, disperser; *chia ra*, séparer.

Ra indiquant la venue, le retour ou l'apparition :
Làm việc ra tiền, en travaillant arrive l'argent.

Tỏ ra, déclarer; *làm ra*, produire; *sinh ra*, enfanter; *hiện ra*, apparaître; *lui ra*, reculer :
Tay lau nước mắt trở ra,
Sa main ayant essuyé ses larmes, il se retira.

Ra est aussi employé seul, et alors il devient verbe :
Ra đời, venir au monde; *ra ma*, se changer en ombre, mourir; *ra tay*, en venir aux mains.

Dans le sens de commencer l'exécution d'un travail :
Xải nghe có tiếng trong rừng ra thăn,
Il arriva qu'il entendit dans la forêt une voix exhalant des soupirs.

243. *Rằng*, disant, se place après les verbes indiquant l'action de la parole :
Nói rằng, il dit disant, il dit.
    Ngang nói rằng, ou *Ngang rằng* (en sous-entendant *nói*), *trong gói còn bao nhiêu?*
    Ngang dit : Dans ta bourse combien y a-t-il encore?
    Thưa rằng : nghe tiếng đồn vang,
    Il répondit, disant : J'ai entendu le bruit public publier partout.
Quelquefois aussi l'on emploie *rằng* après les verbes indiquant l'action de la pensée :
    Tưởng rằng, penser que.
244. *Rất*, particule du superlatif (voir aux Adjectifs).
245. *Rày*, maintenant, à présent :
    Xin nhường Tiên rày làm anh,
    Je prie le docte *Tiên* d'être maintenant mon frère.
246. *Rồi*, absolument fini (voir au paragraphe des Verbes, 95).
247. *Sang*, particule de transition :
    Đi sang, traverser;
    Nhảy sang, sauter par-dessus.
Sang et *qua*, ayant la même signification, peuvent s'employer indistinctement; cependant *qua* semble être plus en usage.
248. *Sao*, pourquoi; *làm sao*, pourquoi? comment? *Cớ sao*, quelle cause? *Nhơn sao*, de quoi, à cause de quoi?
    Sao không kết bạn mà đi,
    Pourquoi, sans avoir lié amitié, partez-vous?
    Trời sao, trời nỡ phủ tai người ngay!
    Ciel, ô ciel, pourquoi laisses-tu envelopper dans le malheur l'homme sincère!

Cớ sao mắc bịnh còn nằm đây?
Pour quelle cause, étant malade, es-tu encore couché ici?
Cớ sao nên nỗi thân anh hình thể nầy?
Pour quelle raison le corps de mon frère est-il ainsi supplicié?

On dit aussi : *sao dám*, comment oser! *sao đặng*, comment pouvoir, que puis-je?

Sao, à la fin d'une phrase interrogative, équivaut à *que, quoi* :

Anh chẳng biết sao? Ne sais-tu pas que?

Sao et *vậy*, ou bien *làm sao* et *làm vậy*, sont souvent opposés l'un à l'autre :

Sống sao, chết vậy, một chồng mà thôi,
Vivante ou morte, je ne veux qu'un mari (vivante ou morte, je n'aurai eu que lui pour époux).

249. *Sau*, après, à la suite, dans l'avenir.

Đi sau, theo sau, suivre; *sau lưng,* derrière le dos; *sau nhà,* derrière la maison.

On voit par ces exemples que *sau*, comme adverbe, se place après les verbes, et comme préposition, avant les substantifs :

Hai người có việc còn lâu đi sau,
Les deux personnes qui ont encore beaucoup de travail (à faire) viennent au second rang.

On dit aussi : *sau lưng*, dans le dos; *sau lái*, en poupe.

Sau dans le sens de futur : *năm sau*, l'année prochaine; *ngày sau*, les jours à venir, dans l'avenir.

Trước sau, avant et après, en tout, toujours :

Biết trước sau, il sait l'avant et l'après, il connaît tout.
Ai giúp đỡ trước sau cho mình?
Qui m'aidera dorénavant en toutes circonstances?

Sau signifie également *ensuite*; *sau nữa*, le reste; *sau hết*, la fin; *mai sau*, dans peu de temps.

250. *Sẽ* est employé pour indiquer le futur (voir au paragraphe des Verbes).

Sẽ indique aussi la lenteur dans une action : *sẽ vậy*, ainsi doucement; *sẽ sẽ*, doucement; *đi sẽ sẽ*, aller doucement.

251. *Sợi* est employée comme numérale des objets qui se déroulent ou s'allongent peu à peu :

Sợi chỉ, fil; *sợi tơ*, fil de ver à soie; *sợi thép*, fer ductile.

252. *Sòng*, fortement, sans interruption, constamment. *Sòng sã*, même sens.

253. *Sót*, tout à fait, absolument. Cette particule, qui n'est guère employée que par les Tonquinois, se place à la fin des phrases négatives :

Không có gì sót, il n'y a rien absolument.

254. *Tại*, auprès, chez; *tại tôi*, auprès de moi; *tại*, en, dans; *tại đây*, en ce lieu, ici :

Sự ấy tại ta, cela est entre nos mains.

Tại est employé sur l'adresse des lettres : *kí tại* (lettre) envoyée à M.... *Tưu tại*, qu'elle lui parvienne.

255. *Tái*, de nouveau. Cette particule, placée avant le verbe, lui donne un sens de retour :

Tái hoàn, revenir; *tái hồi*, retourner; *tái phát*, recrudescence.

256. *Tấm*, numérale, équivaut à l'expression : un morceau, une pièce :

Tấm vải, pièce d'étoffe; *tấm áo*, un habit; *tấm quần*, un pantalon; *tấm ván*, une table; *tấm lòng*, un morceau du cœur, c'est-à-dire amour, affection.

257. *Tạn*, jusque :

Tạn trời, jusqu'au ciel;

Tạn mặt, face à face.

258. *Thà*, plutôt, il vaut mieux, il est préférable :
Thà chịu ở một mình,
Il vaut mieux supporter de rester seule (sans époux);
Thà không gạp nhau thì thôi,
Il valait mieux ne pas nous rencontrer, alors cela suffisait; c'est-à-dire :
Si nous ne nous étions pas rencontrés, je ne l'aurais pas aimé.

259. *Theo*, selon; *Theo ý*, selon la volonté (littéralement, suivre la volonté); *cứ theo*, agir selon, c'est-à-dire se conformer :
Mà làm cứ theo trong sách,
Afin d'agir selon (ce qui est) dans le livre, de se conformer au livre;
Cứ theo kinh sứ,
Suivre selon le (se conformer au) livre de la doctrine.

260. *Thì*, alors; particule d'un fréquent usage dans la langue annamite. On la place, en général, au commencement du second membre dans les propositions conditionnelles :
Nếu muốn ăn cơm, thì phải ở nhà,
Si tu veux dîner, alors il te faut rester à la maison;
Ai muốn biết việc nầy, thì phải nghe tôi,
Si quelqu'un veut savoir cela, alors il faut qu'il m'écoute.
On dit aussi :
Ai muốn đi, thì đi,
Que ceux qui veulent s'en aller s'en aillent.

Thì est souvent opposé à *khi*, lorsque, et se place aussi toujours au commencement du second membre de phrase. La présence de *thì* est à peu près indispensable dans les phrases telles que les suivantes :

DES PARTICULES.

Khi tôi đi, thì sẽ biểu anh,
Lorsque je partirai, je te préviendrai;
Khi ông quan về nhà, thì tôi sẽ nói,
Lorsque le mandarin rentrera à la maison, je le dirai.
On peut cependant sous-entendre *thì* et dire :
Khi ông quan về nhà, sẽ nói.
Nous ne conseillons pas aux commençants d'user de ces ellipses, fréquentes dans la bouche des Annamites, mais qui ne peuvent être employées par les Européens qu'après un long usage.

Thì, par conséquent, et alors, ainsi donc :
Anh hỏi, thì tôi phải nói ra, tu le demandes, c'est pour-
quoi je dois te parler;
Thì người khá lấy mà trao cho thầy,
Ainsi donc, il convient que tu prennes (de l'argent)
pour en donner au maître;
Đến đấy, thì ở lại đấy,
Venez ici, et alors fixez-vous ici.

Thì thôi, assez, il suffit, s'emploie souvent dans le sens du désir ou de la résignation :
Trả đặng ơn nầy thì thôi,
Reconnaître (au moins) ce service, cela me suffit (je
n'en demande pas davantage);
Thà không gặp nhau, thì thôi,
Il valait mieux ne pas nous rencontrer, cela suffisait;
car je ne l'aurais pas aimé pour le perdre plus tard.

Thì thôi signifie souvent *assez, il suffit,* sans donner à la phrase un sens exclamatif :
Xin đưa tôi tới nhà thì thôi,
Je vous prie, conduisez-moi jusqu'à la maison, cela
suffit.

Thì chảy, ainsi lentement :

Sao sao chẳng kíp thì chảy,
Doucement, ne nous pressons pas, (allons) ainsi lentement.

261. *Thứ*, particule ordinative (voir les Noms de nombre, 59).

262. *Thương, thương hai, thương hơi*, interjections de douleur, de pitié ou de compassion.

Thương ôi, même sens.

263. *Tới* s'emploie dans le même sens que *đến*, jusqu'à, jusque :

Đi tới nhà, aller jusqu'à la maison, c'est-à-dire parvenir à la maison, arriver.

264. *Trái*, particule dénotant l'opposition :

Trái lẽ, contre la raison; *trái ý*, contre l'intention; *trái cách*, contre la forme, la méthode; *trái mùa*, contre la saison.

Trái, ainsi placé devant les substantifs, est particule; ce serait un adjectif si on le plaçait à la suite : ainsi *mùa trái* veut dire saison contraire, dans le sens de mauvaise année, mauvaise récolte.

On emploie quelquefois *trái* après quelques verbes auxquels il attribue le sens d'une action inverse :

Lộn trái, retourner une chose en dedans.

265. *Trên*, dessus, sur :

Trên vai, sur l'épaule;

Trên nhanh chim kêu, sur la branche l'oiseau chante.

On dit aussi quand il s'agit de lieux élevés :

Trên trời, dans le ciel; *trên khi*, dans l'air.

Trên est aussi employé après les verbes qui indiquent l'action de monter ou de s'élever, et notamment avec le verbe *lên*, ou *đi lên*, monter :

Đi lên trên núi, monter sur une montagne, gravir une montagne.

266. *Trong*, dans, désigne l'espace de temps, et s'emploie aussi comme préposition locative, « dans, dedans, à » :
Trong hai ngày, dans deux jours; *trong nhà*, dans la maison, à la maison; *trong lòng*, dans le cœur; *đau trong mình*, malade en soi-même (indisposé);

Bạc tiền trong gói dành bao nhiêu?
De l'argent et des sapèques, dans votre bourse combien en conservez-vous?

Mẹ con đóng cửa ở tang trong nhà,
La mère et la fille, ayant fermé la porte, demeurèrent en deuil dans la maison.

Trong se prend quelquefois pour *sur, au sujet de*, quand il est employé avec les verbes de pensée :

Tôi đã gẫm trong thế gian,
J'ai déjà médité sur le monde (sur les choses du monde);

Việc trong trời đất nghĩ chi,
Les choses dans le ciel et sur la terre (les choses du ciel et de la terre), je réfléchis sur ce qu'elles sont.

267. *Trổng*, en général, indistinctement.

268. *Trước*, avant, d'abord, devant, en avant.

Cette particule sert à former des composés, tels que : *đi trước*, précéder; *nói trước*, prédire; *trước khi*, avant que; *khi trước*, au temps passé, c'est-à-dire autrefois ou antérieurement; *xưa trước*, dans les temps anciens; *trước hết*, avant tout; *trước mặt*, en présence.

Đi trước mặt ông quan,
Aller en présence du mandarin, ou devant le mandarin;

Trước xem y, học làm đầu,
D'abord j'ai vu (étudié) la médecine, cette étude est celle du commencement (par où il faut commencer);

Một mình tôi về trước kính thân,
 Moi tout seul, je reviens auparavant (le premier) pour rendre mes respects à mes parents.

Trước sau, avant et après, c'est-à-dire tout :
 Biết trước sau, je connais l'avant et l'après, je sais tout;
 Cho tròn ân trước sau,
 Afin de parfaire, de compléter votre faveur.

269. *Tự,* particule chinoise, ne s'emploie qu'avec les mots chinois et signifie *de soi, de soi-même :*
 Tự ý, de sa propre volonté;
 Tự vận, s'achever de soi-même;
 Tự nhiên, naturellement, de soi-même.

270. *Từ,* particule ablative et séparative servant à marquer une distance ou un intervalle (de temps) écoulé : dès, depuis :
 Từ ấy, dès lors, dans cette mesure;
 Từ nầy, depuis ceci;
 Từ xưa, depuis ce temps, depuis lors;
 Từ nầy về trước,
 Dès aujourd'hui et en remontant aux jours qui précèdent;
 Từ nầy về sau,
 Depuis aujourd'hui jusqu'aux jours qui suivent, dorénavant;
 Vân tiên từ cách Nguyet nga,
 Vân-tiên depuis qu'il est séparé de *Nguyet-nga.*
On dit aussi :
 Từ bậc, degré par degré;
 Từ ngăn, quantité par quantité ;
 Từ từ, peu à peu.

271. *Tuy, tuy là,* quoique.
272. *Tùy,* selon; *tùy ý,* selon la volonté.

Tùy theo a le même sens que *cứ theo*, faire à la suite ou d'après, se conformer.

273. *Tuyệt*, complétement, tout à fait :
Chết tuyệt, tous complétement morts ;
Tuyệt tốt, tout à fait bon.

274. *U'*, interjection de consentement, oui, ainsi, est peu en usage. Il en est de même de l'interjection d'admiration *ua*.

275. *Và*, particule copulative, se prend quelquefois dans le sens de la conjonction *et*, mais alors elle est toujours redoublée :
Và ăn và nói, il mange et parle.
Cette façon de s'exprimer donne de la force à la phrase; mais, en général, il vaut mieux dire simplement :
Ăn nói, il mange et parle.
Cả và, tout, tous :
Đi cả và, ils sont tous partis.
On omet souvent *và*, et l'on exprime seulement *cả* : *đi cả*.

276. *Vã*, ensuite, enfin, ensuite donc :
Vội vã lui về, aussitôt ensuite (aussitôt donc) il se retira.

277. *Vậy*, ainsi :
Làm vậy, la chose étant ainsi, donc;
Ấy vậy, cela étant ainsi, donc;
Như vậy, s'il en est ainsi, donc :
Như vậy ai nhịn thua ấy,
Qui pourrait donc supporter d'être vaincu de la sorte ?
Vậy mà, à cause de cela, en conséquence :
Xem thấy vậy mà mưng thay,
Il voit cela et, en conséquence, il se réjouit beaucoup.
Bởi vậy, c'est pourquoi; *vậy chức*, comme, de même que.

On dit aussi, en donnant à *vậy* le sens de *confusément* :

Đánh vậy, frapper au hasard, indistinctement.

Đánh vậy se dit aussi de liquides mélangés et que l'on agite.

278. *Vào* ou *vô* donne aux verbes auxquels on l'adjoint l'idée d'introduction, de pénétration :

Đi vào ou *đi vô*, entrer;

Đút vào, nhét vào, đam vào,

Introduire, soit par force, soit autrement;

Coi vào, pénétrer par le regard;

Thấm vào, imbiber.

On sous-entend quelquefois le verbe *đi* :

Hai ta vào đó nghỉ chơn một hồi,

Nous deux nous entrons là pour y reposer un instant nos pieds;

Đều vào một quán,

Ensemble ils entrèrent dans une auberge.

Dans les deux exemples qui précèdent, on peut considérer la particule *vào* comme un verbe.

Vào, mis après certains verbes renfermant en eux-mêmes l'idée d'introduction, donne une force nouvelle à l'expression : *uống*, boire; *uống vào*, boire engloutir, c'est-à-dire avaler :

Uống vào khoẻ mạnh, avalez cela et vous serez guéri.

279. *Vặt*, particule fréquentative : *giờ vặt*, cracher souvent; *gian vặt*, se mettre en colère à chaque instant.

280. *Về*, particule dative qui marque le retour, l'action de se rendre ou de parvenir dans un lieu :

Đi rước chàng về đây,

Allez recevoir le jeune homme pour l'amener ici;

Tôi bèn nhảy ngục tìm đàng về đây,

Moi alors m'échappant de la prison, je cherchai la route qui conduit ici;

Đem cái nầy về đây,
Apportez-moi cela ici ;
Đưa nàng về Ô qua,
Conduisez la jeune fille à Ô-qua.

Đi về, ou simplement *về* (*đi* étant sous-entendu), n'est pas une particule, mais un verbe signifiant *revenir chez soi* (*at home* des Anglais). Mais si vous demandez à une personne se trouvant actuellement chez vous quand elle reviendra vous voir, il ne faut jamais employer *về* :

Về khi nào? quand retournerez-vous chez vous ?
Ra lại khi nào? quand reviendrez-vous chez moi ?

Về est employé quelquefois au lieu de *cùng*, après le verbe *nói*, parler :

Nói về tôi, il me parle.

On dit aussi : *nói về*, parler de ; *gẫm về*, méditer sur.

Về s'emploie fréquemment dans le sens de *avec*, et supplée la conjonction copulative *et* :

Tôi về cha đi chơi :
Moi avec le père, moi et le père, allons nous promener.

Về sau, jusqu'après :

Tư đây về sau,
Depuis le moment présent jusqu'à un temps plus éloigné.

281. *Ven*, vers, dans un lieu : *ven tai*, à l'oreille ; *ven nhà*, vers la maison. Est peu usité.

282. *Ví, ví dụ, ví như*, par exemple, comme si, en supposant que ; *ví bằng*, même signification.

Nói ví, parler métaphoriquement, par hypothèse ; *ví dường*, à la ressemblance de ; *ví thể*, en forme de.

283. *Vì*, à cause de, pour ; *vì cớ nào*, pour quelle cause ; *vì ai*, pour qui, à cause de qui ; *bởi vì sự ấy*, à cause de cela ; *bởi vì*, parce que :

Vì chưng hay ghét; bởi vì hay thương,
A cause de cela on est rempli de haine; à cause de cela on est rempli d'amour;
Thương vì chưa đặng hiển vang,
Je le plains parce qu'il n'a pu encore (parvenir) à la gloire.

284. *Vô*. On a déjà vu que cette particule a le même sens que *vào;* il est bon d'ajouter qu'en basse Cochinchine elle est d'un plus fréquent usage.

Vô, particule chinoise, entre en composition avec les substantifs tirés du chinois, et en fait des adjectifs correspondant aux adjectifs français précédés de la particule négative *in*: *vô số*, innombrable; *vô cùng*, infini; *vô tội*, innocent; *vô nhơn*, inhumain; *vô ân*, ingrat.

285. *Vơ*, absurdement, étourdiment; *bơ vơ*, d'une façon étourdie, en ne sachant où donner de la tête.

286. *Vốn*, de soi-même, en principe, naturellement:
Tôi vốn phải làm tôi,
Il faut en principe (de ma nature) que je sois serviteur;
Vốn không ép vợ, lẽ nào ép con?
En principe, je ne contrains pas mon épouse, pour quel motif contraindrais-je ma fille?

287. *Vừa*, médiocrement, suffisamment, à peine; *vừa vừa*, à peu près, assez bien; *vừa phải*, il est juste, raisonnable.
Mặt trời vừa khỏi mái nhà,
Le soleil sortait à peine (ou commençait à se montrer au-dessus) de la toiture;
Bóng trăng vừa cát nhanh dầu,
L'ombre de la lune commençait à faire croître (faisait croître à peine) les branches de l'arbre *dầu;*

Xa xa vừa một dam đàng,
A peu de distance, environ à un li.
Cho vừa, convenablement :
Khá sám sửa đồ ăn cho vừa,
Il est à propos que vous nous prépariez à manger convenablement.

On dit aussi :
Vừa ý, d'après la volonté ;
Vừa chừng, selon le temps.

288. *Vuối* a la même signification que *cùng*, avec. Il est peu en usage.

289. *Xong* indique l'achèvement d'une action; on l'emploie surtout au passé, en le faisant presque toujours suivre de la particule *rồi*, dont il a été question au paragraphe des verbes (95) :
Chửa xong? pas encore terminé ?
Xong rồi, entièrement fini ;
Uống trà rượu đã xong,
Ayant fini de boire du thé et du vin ;
Một giờ tôi làm cho xong,
En une heure j'ai complétement fini.

290. *Xưa,* autrefois, jadis :
Ngày xưa, le temps d'autrefois ;
Nam xưa, les années écoulées ;
Người xưa ngày có nên lo mấy phần?
L'homme, depuis les temps passés, combien de fois a-t-il eu des soucis ?

Xưa nầy, jusqu'à ce jour, jusqu'à maintenant :
Xưa nầy ai nỡ đem chơn xuống bùn?
Jusqu'à ce jour, qui aurait souffert que je misse mon pied dans la boue?

291. *Xuống;* cette particule, opposée à *lên,* indique l'idée

de descente : *đi xuống*, descendre; *ngã xuống*, *te xuống*, tomber; *chảy xuống*, couler en bas.

On sous-entend souvent les verbes *đi* ou *chảy;* mais *xuống* peut être alors considérée comme un verbe.

Rồng xuống vực sâu,
Le dragon descend au plus profond de l'abîme;
Van tiên vừa ngã xuống vời,
Van-tiên alors tomba dans l'océan.

On dit en marine :

Đi xuống tàu, aller à bord ;
Đi lên đất, aller à terre ;
Ngư ông tư giã lại chậm xuống tàu,
Le pêcheur, ayant remercié, s'en retourna lentement à bord de son navire.

LOCUTIONS DIVERSES.

292. Faire faire, *dạy làm, khiến làm, bảo làm, biểu làm.*
Quel est votre âge? *Anh có mấy tuổi?*
J'ai vingt ans, *tôi có hai mươi tuổi.*
Il est plus triste que de coutume, *buồn hơn mọi khi.*
Faire attention, *nghe.*
Si le bateau part demain, il faut profiter de cette occasion et ne pas la laisser échapper, *nếu mai tàu ấy chạy, thì phải dùng dịp ấy đừng bỏ qua.*
Ne faites pas le mal, *đừng làm sự xấu.*
Ne vous mettez pas en colère, *đừng giận.*
Quand le matin sera venu, je m'éveillerai d'abord, ensuite je vous éveillerai, *khi đã sáng ngày, thì tôi sẽ thức dậy trước, sau tôi sẽ thức anh dậy.*
Je viens d'endormir mon enfant et maintenant je vais m'endormir moi-même, car j'ai bien sommeil, *bây giờ tôi đã làm cho con tôi ngủ, và bây giờ tôi ngủ, bởi vì tôi buồn ngủ lắm.*
Tel père, tel fils, *cha thể nào, con cũng thể ấy.*
Autant vous m'en donnerez, autant j'en prendrai, *anh cho tôi bao nhiêu tôi lấy bấy nhiêu.*
Il me semble que vous vous trompez, *tôi tưởng anh lầm.*
Cet homme paraît bon, *người nầy xem ra tốt.*
Ce cheval m'a l'air d'être très-méchant, *tôi tưởng con ngựa nầy dữ lắm.*

C'est toi qui as fait cela, ce n'est pas moi, *anh làm sự nầy, chẳng phải tôi.*

Donnez-moi le tiers de ce que vous avez, *anh hãy cho phần thứ ba trong của anh.*

J'ai perdu le cinquième de mes biens, *tôi đã mất một phần thứ năm trong của cải tôi.*

Mon voisin est dix fois plus riche que moi, *kẻ gần tôi giàu hơn tôi mười phần.*

Je suis au moins deux fois moins pauvre que vous, *tôi ít nữa là giàu hơn anh hai phần.*

Comment pourrai-je trouver un ami tel que vous? *có lẽ nào tôi tìm được người bạn hữu như anh?*

Est-il possible de rencontrer un plus riche pays? *có thể nào mà tìm được xứ nào giàu hơn xứ nầy chăng?*

Il y a tant de poissons dans le filet, que nous ne pouvons le tirer à terre, *trong lưới có nhiều cá lắm, cho đến nỗi chúng tôi chẳng kéo vào đất được.*

Je suis si malheureux que je ne puis acheter du pain, *tôi khốn lắm cho đến nỗi tôi chẳng mua bánh được.*

Autant il y eut de soldats, autant il y eut de cadavres, *có lính bao nhiêu thì chết bấy nhiêu.*

Je l'attends de jour en jour et d'heure en heure, *tôi chờ người ấy hằng ngày và hằng giờ.*

Cet enfant grandit de jour en jour, *con nít nầy một ngày một lớn lên.*

Cela ne fait rien, *không can gì.*

Cela ne me regarde pas, *sự nầy không can gì đến tôi.*

D'où venez-vous? *bởi đâu mà đến?*

Je reviens de France, *tôi bởi nước Pha lang sa mà về.*

Je viens avec de bonnes intentions et non pour faire le mal, *tôi đến đây có ý tốt chẳng có ý làm sự xấu;* ou bien: *tôi có ý tốt mà đến đây, chẳng phải có ý xấu.*

LOCUTIONS DIVERSES. 107

Il faut agir sagement, *phải làm cách khôn ngoan*.
Tu le fais exprès, *anh có ý làm sự ấy*.
Les Chinois se servent, pour manger, de bâtonnets au lieu de fourchettes, *người Chệc dùng đũa ăn thay vì xiên*.
C'est le ministre qui gouverne à la place du roi, *quan cai thay vì vua*.
Si cela vous arrive ainsi c'est bien fait, *nếu sự ấy xảy ra cho anh như vậy, thì phải lắm (đã đáng)*.
Voici ce qui m'est arrivé, il m'est arrivé un malheur, *nầy là sự xảy đến cho tôi, sự vô phước đã xảy đến*.
Je veux devenir savant, *tôi muốn nên người thông thái*.
Quel qu'il soit, *hễ ai ai mặc lòng, hễ người nào mặc lòng*.
Avec assurance, *cách dạn dĩ*.
Ce garçon est mon fils, *đứa (ou) thằng nầy là con tao*.
Cette fille est ma fille, *con nầy là con tôi*.
Cette chose est-elle à vous? *của nầy có phải là của anh chăng?*
De peur que je ne voie, *tôi sợ kẻo tôi xem*.
Parler à voix haute, *nói lớn tiếng*.
Parler à voix basse, *nói thầm*.
Parler avec douceur, *nói cách hiền lành*.
Parler avec colère, *nói cách giận*.
Parler lentement, *nói thong thả*.
Parler vite, *nói mau*.
Parler clairement, *nói cho rõ*.
Par exemple, *ước như*.
En supposant que, *ví bằng*.
Il y a eu deux ans l'année dernière, *đã qua hai năm ngoài*.
Dans deux ans, *trong hai năm*.
La semaine passée, *tuần lễ trước*.
La semaine prochaine, *tuần lễ sau*.

Avant comme après, *trước sao sau vậy*.
Passer son temps, *dùng* (ou) *qua thì giờ*.
Employer bien son temps, *biết dùng thì giờ mình nên*.
Perdre son temps, *bỏ qua ngày giờ*.
Profiter du temps, *dùng ngày giờ nên*.
Depuis longtemps, *đã lâu*.
Depuis peu de temps, *trước một ít*.
Dans peu de temps, *sau một ít lâu*.
Encore beaucoup de temps, *còn lâu*.
Le temps s'enfuit, *thì giờ qua*.
Le temps est long, *ngày lâu*.
Le temps est court, *ngày mau qua*.
C'est la saison du vent N. E., *bây giờ là mùa gió bấc*.
La largeur, la longueur, *bề ngang, bề dài* (ou) *dọc*.
L'épaisseur, la hauteur, *bề dày, bề cao*.
La profondeur, la surface, *sâu, trên mặt*.
Le côté et la circonférence, *bên* (ou) *bề, xung quanh*.
L'accusé a comparu devant un tribunal composé de cinq juges, *người bị cáo đã đến trước mặt tòa năm quan đoán xét*.
L'accusé a été reconnu innocent, il a été acquitté, *khi các quan xét biết người bị cáo vô tội, thì đã tha*.
L'accusé a été déclaré coupable, il a été condamné, il porte la cangue, *các quan xét kẻ bị cáo có tội, thì phải phạt phải mang gông*.
Condamné à l'amende, *bắt vạ*.
Condamné à la prison, *phạt phải giam tù*.
Condamné à être battu de cent coups de verges, *phạt phải đánh một trăm roi*.
Condamné aux fers, *phải cùm, xiềng*.
Il a été marqué, *phải thích chữ*.
On l'a condamné à mort, *đoán phải chết*.
Il a été fusillé, *phải bắn súng*.

Il a été décapité, *phải chém.*
On a saisi un traître, un faux témoin, *đã bắt được kẻ nộp nước kẻ làm chứng dối.*
On les a exilés du royaume, *đã phải đi đày lưu.*
Le pirate a été pendu, on a fait grâce à l'équipage, *kẻ cướp biển thắt cổ đã tha các bạn tàu.*
Un lingot vaut quinze piastres, une piastre vaut quatre ligatures et demie, une ligature vaut six cents sapèques, *một nen được mười lăm hoa viên, một hoa viên được bốn quan năm, một quan được sáu trăm đồng.*
Le pied annamite équivaut à 40 centimètres, *một thước An nam được bốn mươi phần trong một thước Pha lang sa.*
Du tabac fort, *thuốc ngon.*
Du tabac faible, *thuốc dở.*
Du vin fort, *rượu ngon.*
Du vin faible, *rượu lạt.*
Encre épaisse, *mực đậm.*
Encre faible (claire), *mực lợt.*
Aurore, *rạng đông.*
Point du jour, *sáng ngày.*
Matin, *sớm mai.*
L'intervalle (de temps) du marché, *đông chợ.*
Quand le marché est fini, *tang chợ.*
Midi, midi vrai, *trưa, đứng bóng.*
Après midi (l'ombre s'incline), *xế, xế qua.*
Quand le soleil va se coucher, *chiều.*
La soirée, *chiều tối.*
Quand le soleil se couche, *mặt trời lặn.*
Crépuscule, *đỏ đèn.*
Nuit, *ban đêm.*
Très-avant dans la nuit, à une heure avancée de la nuit, *khuya.*

Minuit, *nửa đêm*.
Vous me faites mal, *anh làm tôi đau*.
Cela me fait mal, *cây nầy làm cho tôi đau*.
Où éprouvez-vous du mal? *anh đau đâu?*
Je ressens du mal, *tôi thấy trong mình tôi yếu*.
J'ai eu beaucoup de mal, *tôi đã đau lắm*.
De peur que je ne vous dérange, *kẻo tôi làm ngăn trở*.
S'il arrive un malheur, vous en serez responsable, *nếu có xảy ra sự gì xấu, thì ông phải chịu*.
Si vous ne voulez pas faire cela de bonne volonté, vous le ferez par force, *nếu anh chẳng có lòng tốt mà làm sự nầy thì tôi sẽ ép làm*.
La suspension d'armes est terminée, nous allons recommencer la guerre, *ta đã giãn việc đánh giặc (trong mấy ngày nầy) đã hết, thì bây giờ, ta lại khỉ sự*.
Vice-roi, *tổng đốc*.
Mandarin de justice, *quan án sát*.
Mandarin des impôts, *quan bộ chánh*.
Grand inspecteur, *kinh lược*.
Inspecteur, *tuần phủ*.
Plénipotentiaire, *quan đại sứ*.
Le premier chargé d'affaires, *quan chính sứ*.
Le second chargé d'affaires, *phó sứ*.
La suite, *tùng sứ*.
Général, *lãnh binh*.
Colonel, *chánh vệ*.
Lieutenant-colonel, *phó vệ*.
Major, *chánh cơ*.
Capitaine commandant, *cai đội thật thọ*.
Capitaine, *cai đội*.
Lieutenant, *phó cai đội*.
Sergent, *ông cai*.

Caporal, *ông bếp*.
Soldat, régiment, compagnie, *lính, vệ, đội*.
Soldat à vie, *lính mãn đời*.
Soldat régulier, *lính thế*.
Milice, *tráng, hương dõng*.
Préfet, *quan phủ*.
Sous-préfet, *quan huyện*.
Chef de canton, *cai tổng*.
Sous-chef, *phó tổng*.
Maire, *ông xã, lý trưởng*.
Notable, officier municipal, *ông hương, quan viên*.
Police, *kẻ đi do, thuộc lẽ, ma ta*.

DE LA DIVISION DU TEMPS.

Le jour se nomme *ngày*, et la nuit *đêm*.

Le jour, c'est-à-dire le temps pendant lequel le soleil est au-dessus de l'horizon, est divisé en six veilles appelées *khắc*. La nuit, c'est-à-dire le temps durant lequel le soleil est au-dessous de l'horizon, est divisée en cinq veilles appelées *canh*. Il n'est pas tenu compte du temps qui s'écoule entre 5 et 6 heures du matin et entre 6 et 7 heures du soir. Le jour civil est divisé en douze intervalles égaux, appelés *giờ* :

Giờ tí   est l'intervalle de 11 h. du s. à 1 h. du mat.
Giờ sửu. 1   du m. à 3
Giờ dần. 3   à 5
Giờ mẹo. 5   à 7

Giờ thìn est l'intervalle de 7 h. du m. à 9 h. du mat.
Giờ tị............... 9   à 11
Giờ ngọ............. 11   à 1   apr. midi.
Giờ mùi............. 1 h. du s. à 3 h. du soir.
Giờ thân............ 3   à 5
Giờ dậu............. 5   à 7
Giờ tuất............ 7   à 9
Giờ họi............. 9   à 11

Chaque heure a son commencement (*bổn*), son milieu (*trung*) et sa fin (*mạt*).

On la divise encore en *sơ*, commencement, et *chánh*, vraie heure.

Enfin on la subdivise en huit quarts (*khác*). Chaque quart est de quinze *phân* ou minutes, ayant la valeur des nôtres.

FIN DE LA GRAMMAIRE.

VOCABULAIRE
FRANÇAIS-ANNAMITE.

VOCABULAIRE
FRANÇAIS-ANNAMITE.

A

A............ Signe du datif : ce livre est à moi, *sách nầy là của tôi;* dites à mon mari, *nói cùng chồng tôi.*

A............ Préposition : il est à la maison, *người ấy ở trong nhà;* je vais à la citadelle, *tôi đi đến thành;* je m'habille à l'annamite, *tôi mạc áo theo thói an nam;* soyez de retour à midi, *đến trưa phải về.*

✗ A............ Troisième personne du prétérit du verbe ✗ « avoir » : il y a, *có;* il n'y a pas, *không có.*

ABAISSER...... *Ngã xuống.*
ABANDONNER.... *Bỏ, để;* abandonné, *chơ ngơ.*
ABATTEMENT.... *Yếu đuối.*
ABATTRE....... *Làm ngã xuống;* des arbres, *chém cây;* cet arbre est abattu, *cây ngã xuống đất.*
ABCÈS......... *Dấu vít.*
ABDIQUER...... *Nhường ngôi cho.*
ABEILLE....... *Ong;* ruche d'abeilles, *cái tan ong.*
ABHORRER...... *Ghét.*

VOCABULAIRE

ABÎMER	Ce vêtement est abîmé, *áo nầy hư đi.*
ABJECT	*Hèn hạ.*
ABJURER	*Bỏ đạo roi:* il a abjuré le paganisme pour se faire chrétien, *bỏ đạo roi, theo đạo thật.*
ABOLIR	une loi, *bỏ lề luật.*
ABOMINABLE	*Sự đáng gớm:* c'est un crime abominable, *tội nầy là tội gớm lắm.*
ABONDANCE	*Sự đầy dẫy; có nhiều.*
ABONDANT	*Đầy dẫy;* récolte abondante, *đặng mua.*
ABONDER	*Đầy dẫy.*
ABORD (D')	*Đầu hết:* il faut d'abord savoir, *nhứt là phải biết.*
ABORDER	quelqu'un, *đến gần một người;* un bâtiment à un quai, *ghé lại.*
ABOUTIR	Où aboutit ce chemin? *đàng nầy đi đâu?* où aboutit votre discours? *anh có ý nói làm sao?*
ABOYER	*Sũa.*
ABRÉGER	*Tóm tắt làm cho vắn.*
ABREUVER	le cheval, *cho con ngựa uống nước.*
ABRI	À l'abri du vent, *khuất gió.*
ABRITER	*Che, đụt:* il faut nous abriter contre la pluie, *phải ẩn mưa;* contre la chaleur, *đụt nắng.*
ABROGER	une loi, *bỏ lề luật; bãi luật.*
ABRUTI	*Bơ vơ; dốt nát, dại, mê muội.*
ABSENT	*Vắng mặt; cách biệt; thiếu mặt.* Amende imposée aux absents, *đánh thiếu.*
ABSOLU	*Dứt.*
ABSOLUTION	*Giải tội.*
ABSORBER	*Thấm vào:* le sable absorbe l'eau de pluie, *nước mưa thấm vào cát.*
ABSOUDRE	*Giải, tha tội.*

FRANÇAIS-ANNAMITE. 117

Abstenir (S')... *Kiêng cữ*: s'abstenir de viande, *kiêng thịt*.
Absurde....... *Quấy, vơ*: paroles absurdes, *nói quấy*; conduite absurde, *làm quấy*.
Abuser .... *Dùng không nên*: abuser d'une fille, *hiếp con gái*; tromper, *dối trá*; il s'abuse, *nói làm*.
Académie...... *Trường học, nhà trường*.
Accabler...... La chaleur m'accable, *nóng trong mình bực bối lắm*; ce mandarin accable le peuple, *ông quan nầy ép dân quá*.
Accélérer..... *Làm cho mau*.
Accent....... *Dấu, tiếng*: il est difficile aux Européens de parler l'annamite sans accent, *người tay khi nói an nam kho theo tiếng thật.*
Accepter...... *Lấy, chịu*: cela n'est pas acceptable, *việc nầy chịu không đặng*.
Accès........ Entrée, *vào, vô, đi vô*; accès de fièvre, *con rét*; j'ai eu aujourd'hui un accès de fièvre, *hôm nầy đã có con rét*.
Accident...... (Cas fortuit), *xảy ra*; (événement malheureux), *việc chẳng mấy*; par accident, *không mấy*.
Accommoder.... une affaire, *lập một việc cho xong*; cela m'accommode, *tôi ưng việc nầy*; être accommodant, *ưng*.
Accompagner ... *Đi cùng; đưa*.
Accomplir..... *Làm cho rồi*; accompli, fini, *xong rồi*.
Accord....... *Giao; kết giao*; (union), *giao hoa*; (contrat), *thơ giao*.
Accorder ..... (Donner), *ban*; s'accorder (se mettre d'accord), *đồng lòng; giao*.
Accoster...... *Ghé lại*.

Accoucher.....	Sinh đẻ; đẻ: votre femme est-elle accouchée? vợ anh đẻ chưa?
Accoucheuse...	Mụ bà.
✗Accouplement...	Kết nhau; đu nhau (bas).
Accoupler (S')..	(Le cheval), phủ nhau; (les animaux tels que le chien, le chat, etc.), reo nhau; (l'éléphant), đú nhau.
Accoutumer....	quelqu'un à, tập một người cho quen; s'accoutumer, làm quen; accoutumé, đã quen: vous êtes accoutumé à aller au soleil sans chapeau, mais moi je ne le suis pas, anh quen đi nắng không có nón, tôi không quen; (en parlant des animaux), đã quen nhà.
Accrédité.....	Ministre accrédité, quan sứ có án.
Accrocher.....	Mau.
Accroire......	En faire accroire à quelqu'un, dối trá; giả trá.
Accroître.....	Thêm lời; s'accroître, lên lớn.
Accroupi......	Ngồi xom.
Accroupir (S')..	(A la manière des Annamites), xếp bằng.
Accueillir.....	Rước; un hôte, tiếp rước.
Accumuler.....	des biens, chồn đống; vun đống; thêm tài.
Accusateur....	Kẻ cáo.
Accusation....	Thơ cáo: il a porté une accusation contre moi, người ấy đã thưa tôi.
Accusé.......	Bị cáo, bị thưa.
Accuser......	Cáo; accuser injustement, cáo oan, cáo dối; s'accuser réciproquement, nạnh nhau.
Achards......	(Comestible), dưa.
Acheter......	Mua: pour quel prix avez-vous acheté ce cheval? con ngựa nầy có mua bao nhiêu?

FRANÇAIS-ANNAMITE.   119

       acheter sur parole, *mua chịu;* acheter comptant, *mua mặt.*

Achever . . . . . . Làm *cho trọn; làm cho rồi :* ce qui a été commencé doit être achevé, *có ra tay máy việc, thì phải làm cho xang;* achevé, fini, *xong rồi.*

Acide . . . . *Chua, chát :* ce fruit est très-acide, *trái nầy chua lắm.*

Acquitter . . . . . (Donner quittance), *làm van thơ khé;* s'acquitter de sa tâche, *làm việc mình cho siếng, làm tử tế;* acquitter en justice, *tha.*

Âcre . . . . *Chát; cay;* odeur âcre, *nồng;* paroles âcres, *lời chót chát.*

Acte . . . . (Action), *việc làm;* (contrat), *giao;* acte judiciaire, *ly đoan, án.*

Actuellement . . . *Bây giờ.*

Additionner . . . . *Thêm; cọng tính; tính góp.*

Adhérer . . . . . . (Être collé), *trét;* adhérer d'opinion, *đồng lòng; ở một lòng.*

Adieu . . . . *Từ tạ phân từ; từ gĩa (mà đi).*

Adjoint . . . . (Aide), *kẻ giúp việc;* adjoint d'un maire, *phó xả.*

Admettre . . . . . . dans la maison, *rước;* j'admets ce que vous dites, *lời anh nghe được.*

Administrer . . . . le peuple, *trị; quản trị dân.*

Admirable . . . . . *Kì dị.*

Admirer . . . . *Coi làm lạ.*

Adolescent . . . . *Thẳng; người còn trẻ.*

Adonner (S') . . . *Đắm;* s'adonner au jeu, *mê bai;* s'adonner au vin, *mê rượu;* s'adonner à l'étude, *siếng học;* s'adonner complétement à une pensée, *mảng toan.*

ADOPTER	*Nuôi một con; lấy một con nuôi.*
ADOPTIF	Fils adoptif, *con mày, con nuôi;* père adoptif, *cha nuôi; cha mày.*
ADORER	*Thờ lạy; thợ phượng;* adorer Dieu, *thờ đức chúa trời;* adorer le ciel, *thờ trời;* adorer Bouddha, *thờ ông Phật.*
ADOUCIR	*Làm cho ngọt;* vos paroles adoucissent mon chagrin, *lời anh mới hiền bực tôi.*
ADRESSE	(Dextérité), *khéo; có khéo;* adresse d'une lettre, *nhãn thơ.*
ADRESSER (S')	*Nói cùng;* à un supérieur, *thưa; thưa bày.*
ADROIT	*Người khéo; kẻ khéo;* (rusé), *quỉ quyệt.*
ADULTÈRE	*Tội ngoại tình.*
ADVERSAIRE	*Kẻ nghịch;* (adversaire en justice), *bên nguyên bên bị.*
ADVERSITÉ	*Khốn nạn; khốn cực.*
AFFABLE	*Kẻ có bụng tốt; người tử tế.*
AFFAIBLIR	S'affaiblir, *suy trong mình;* affaibli, *yếu; suy tổn;* royaume affaibli, *nước suy.*
AFFAIRE	*Việc, sự, đều;* affaire publique, *việc quan, công sự;* affaire privée, *việc riêng;* les affaires de l'État, *việc nhà nước; việc quan;* j'ai beaucoup d'affaires, *tôi mắc việc lắm;* cela n'est pas votre affaire, *việc nầy không phải việc anh;* (procès), *việc kiện cáo.*
AFFAIRÉ	*Mắc việc.*
AFFAMER	*Làm cho người ta đói;* affamé, *đói.*
AFFECTER	*Làm giả, làm kiểu :* j'en suis très-affecté, *việc nầy làm cho tôi sầu buồn lắm.*
AFFECTION	*Sự thương; yêu người ta; tình; tình thâm.*
AFFECTIONNER	*Thương; yêu thương.*

Affermer	(Donner à ferme) un champ, *cho mướn;* (prendre à ferme), *mướn lấy.*
Affermir	*Làm cho chắc; làm cho vững bền.*
Affirmer	*Nói quyết; định quyết;* (décider en affirmant), *quyết đoán.*
Affliction	*Buồn bực; sầu buồn;* affliction profonde, *thảm thiết.*
Affliger	*Làm cho sầu;* s'affliger, *buồn; sầu trong mình;* affligé, *buồn;* extrêmement affligé, *có rầu rĩ.*
Affranchir	*Tha nô bộc.*
Affront	Faire un affront, *nhiếc nhóc;* je me vengerai de cet affront, *kẻ nhiếc tôi; tôi phải báo thù.*
Affût	(De canon), *xe súng.*
Afin que	*Cho được, ngõ, vì:* je vous le dis et je vous le répète, afin que vous le sachiez parfaitement, *tôi nói cũng nói lại việc nầy vì anh hiểu rõ.*
Âge	de l'homme, *tuổi:* quel âge avez-vous? *mấy tuổi;* grand âge, *tuổi cao; tuổi lớn;* âge tendre, *nhỏ tuổi.*
Âgé	Il est plus âgé que moi, *người ấy có tuổi lớn hơn tôi;* il est âgé de trois ans, *có ba tuổi.*
Agenouiller (S')	*Quì xuống, quì gối;* (saluer à genoux), *quì lạy.*
Agent	(Mandataire), *kẻ giữ việc; môi việc.*
Agglomérer	*Đánh lộn.*
Aggraver	une faute, *thêm tội.*
Agile	*Bẻo lẻo; kẻ đi lanh;* chien agile, *con chó đi lanh.*

Agir	Làm việc; agir de soi-même, một mình lo làm.
Agité	(Troublé), quậy, vưt mình.
Agiter	Lúc lắc; agiter un arbre, agiter un bâton, vảy, day; agiter un mouchoir, phát khăn; agiter la mer, l'eau, nước giọng; s'agiter, vật mình, dùng lắc.
Agneau	Con chien con.
Agonie	Háp hối; gần chết; gấp rúc.
Agonisant	Gần chết.
Agrandir	Làm lớn hơn; agrandir un habit, may rộng hơn.
Agréable	Tốt kẻ đẹp; temps agréable, trời ym; vent agréable, gió mát.
Agréablement	Êm mát.
Agresseur	Kẻ đánh trước.
Agriculteur	Nông phu; kẻ làm ruộng.
Agriculture	Nghiệp nông.
Aide	Aide de camp, tham biện; à l'aide! au secours! bơ làng xóm! thiep! cứu!
Aider	Đỡ, giúp: aidez-moi, je vous prie, xin ông giúp tôi; s'entr'aider, giúp nhau.
Aïeul	Cố, tổ tông, ông ba, ông; c'est mon aïeul, người ấy là ông cố tôi, ou ông tôi.
Aigle	Con chim phượng, phụng; bois d'aigle, kì nam, trầm hương.
Aigre	Chua chát: paroles aigres, nói chát, lời xẳng.
Aigu	Sắc; douleur aiguë, đau như đơm; voix aiguë, tiếng cao.
Aiguière	Cái bình thiếc; cái bình bạc.
Aiguille	Kim; pointe de l'aiguille, sắc kim; trou de l'aiguille, lo kim.

Aiguillon......	Aiguillon d'abeille, *cái kim ong;* (pour les bœufs), *cái đot;* (pour l'éléphant), *cái so.*
Aiguillonner ...	(Piquer), *châm, chích;* (exciter un bœuf), *châm con bọ.*
Aiguiser	(Rendre pointu), *mài làm cho sắc;* aiguiser un couteau, *mài dao, rửa dao.*
Ail..........	*Tỏi, củ tỏi.*
Aile	*Cánh;* (d'oiseau), *cánh chim;* aile d'armée (gauche), *cánh tả;* (droite), *cánh hữu.*
Ailleurs	*Chỗ khác, nơ khác.*
Aimable.......	*Đáng thương, báu yếu, đáng yêu :* visage aimable, *mặt đao thương.*
Aimant	(Minéral), *đá nám châm.*
Aimer	*Thương, yêu mến, ái :* aimer d'amour, *thương;* aimer mieux, préférer, *muốn hơn, thà.*
Aine	*Háng, đì.*
Aîné.........	*Con đầu lòng, trưởng nam, son so.*
Ainsi	*Vậy, như vậy, làm vậy :* (par conséquent), *thì;* et ainsi du reste, *hết cả như vậy;* ainsi que, *cũng vậy.*
Air..........	*Khí :* prendre l'air, *chơi mát;* changer d'air, *thay đổy khí;* air tiède, *êm mát;* air chaud, *nắng;* air pur, *thanh khí;* air malsain, *khí trời nắng nãy lắm;* air, apparence, *tưởng;* cet homme a l'air bon, *người nầy có mặt mũi tốt;* il a l'air méchant, *có mặt mũi xấu;* air gai, *vui mặt, mặt mũi vui vẻ;* air triste, *khó mặt, buồn bã;* air de musique, *câu hát cung đờn.*

Aire	*Nơi bằng.*
Aisance	(Bien-être), *đũ ăn*: je suis dans l'aisance, *tôi có đũ ăn.*
Aisances	Lieux d'aisances, *nhà tiểu.*
Aise	(Commodité), *tiện*: asseyez-vous à votre aise, *ngồi mặc ý.*
Aisé	*Dễ.*
Aisselle	*Nách*: porter sous l'aisselle, *cắp nách.*
Ajouter	*Thêm, gia.*
Ajuster	(Arranger), *làm cho tử tế;* embellir, *trau chuốt, làm cho tốt.*
Alambic	*Ống trăm.*
Alarme	*Sợ hãi, kinh hãi.*
Alarmer	*Làm cho sợ hãi;* s'alarmer, *có sợ có hãi.*
Albâtre	*Ngọc phụng.*
Alène	*Giùi.*
Alerte	(Vif), *giỏi, hay nhảy.*
Aliéner	S'aliéner l'esprit de quelqu'un, *mất lòng người ta.*
Aliment	*Đồ ăn, của ăn.*
Alimenter	*Nuôi, nuôi dưỡng.*
Allaiter	*Cho con bú.*
Allée	d'arbres, *đường có hai ran cây;* allée d'un jardin, *đường đàng vườn.*
Alléger	*Làm cho nhẹ*: alléger un bateau, *làm cho ghe nhẹ hơn.*
Allégresse	*Vui vẻ, vui mừng.*
Aller	*Đi*: s'en aller, *đi ra;* aller au-devant, *đi rước ra rước;* aller devant, *đi trước;* aller du corps, *đi ỉa, đi song;* cela va bien, *làm thể nầy thì tốt;* allons! partons, *đi!!*

Alliage.......	de métal, *pha* : alliage d'or et de cuivre, *pha vàng cùng đồng*.
Alliance......	*Giao kết;* traité de paix, *giao hoa*.
Allié........	(Parent), *ba con, giao gia;* nation alliée, *nhà nước anh em*.
Allier (S')...	S'allier avec une nation, *hai nhà nước giao kết cùng nhau; làm một nhà;* s'allier avec une famille, *hai nhà giao gia cùng nhau*.
Allonger.....	*Làm cho dài;* allonger en tirant, *kéo cho giãn*.
Allumer......	*Thắp lửa, đốt*.
Allumette.....	*Điêm, diêm quét lửa*.
Almanach......	*Lịch*.
Aloès........	*Lư hội, cây lưỡi đồng; nha đam*.
Aloi.........	Pièce de bon aloi, *tốt, thiệt, thật*.
Alors........	*Thì, khi ấy*.
Alouette.....	*Chim chóc mào, chim chìa vôi*.
Alourdir (S')...	*Nhiều tuổi mỏi mệt*.
Altercation....	*Cãi đua, cãy lẫy*.
Altéré.......	*Khát;* altérer, changer, *làm hư*.
Alternativement.	*Đi về lại, đi qua đi lại*.
Altier.......	*Kiêu ngạo*.
Alun.........	*Phèn*.
Amadou.......	*Bùi nhùi*.
Amaigrir (S')...	*Gầy mòn, ron rõi*.
Amande.......	*Trái đào*.
Amandier.....	*Cây đào*.
Amant........	*Kẻ thương*.
Amas........	*Sap đống*.
Amasser......	de l'argent, *được lợi, được lợi lộc*.
Ambassade.....	*Việc sứ :* aller en ambassade, *đi sứ*.
Ambassadeur...	*Khâm sai, quan sứ;* premier ambassadeur,

chánh sứ; deuxième ambassadeur, phó sứ; troisième ambassadeur, bồi sứ.

AMBITIEUX ..... Kẻ ham hố, muốn lên chức.
AMBITION ...... Việc tham; ý muốn lên chức.
AMBRE .... Hổ phách; ambre rouge, huyết phách; ambre jaune, lạp phách.
ÂME .... Linh hồn; intelligence, sinh hồn.
AMÉLIORER ..... Làm tốt hơn, sửa lại.
AMENDE .... Tiền vạ: payer l'amende, nộp tiền vạ, ra vạ.
AMENER .... Đem đến, đưa: amener quelqu'un en présence, đem một người đến trước mặt; amener (abaisser) les voiles, hạ buồm xuống.
AMER .... Đắng khổ, cai đắng: chagrin amer, buồm sầu quá.
AMI .... Bạn hữu: mon ami, anh em quen tôi.
AMIDON .... Bột lọc.
AMIRAL .... Thủy sư đô thống, thủy sư quản tướng.
AMITIÉ .... Nghĩa, nghĩa hữu: amitié sincère, nghĩa thiệt; se lier d'amitié, kết nghĩa cùng nhau; faites-moi l'amitié, xin anh, xin ông.
AMMONIAC ..... (Sel), cang sa.
AMNISTIE ..... Đại xá.
AMOLLIR ...... dans l'eau, ngâm nước.
AMONCELER .... Sắp, đắp.
AMORCE .... Thuốc ngòi; appât, mồi.
AMORCER ..... une arme à feu, thêm thuốc ngòi; une ligne de pêche, mồi câu, nhữ mồi.
AMOUR .... (Affection), sự thương, lòng thương; amour de Dieu, kính mến Đức chúa trời; amour passionné, thương lắm; épris d'amour, phải lòng; chants d'amour, hoa tình.

FRANÇAIS-ANNAMITE. 127

AMOUREUX	Kẻ thương, kẻ thương yêu, phải lòng.
AMPLE	Rộng, rộng rãi.
AMPOULE	(Aux pieds, aux mains), phồng.
AMPUTER	Chém bặp, chặt.
AMULETTE	Bùa.
AMUSER (S')	Chơi, chơi bời : je me suis fort amusé, tôi có vui lắm; je lis pour m'amuser, coi sách chơi; ne vous amusez pas, đừng chơi.
AMUSEMENT	Việc chơi, việc vui.
AMYGDALES	Hạnh đào.
AN	Năm, niên : premier jour de l'an, ngày tết; célébrer le premier jour de l'an, ăn tết; nouvel an, năm mới.
ANANAS	Trái thơm.
ANCÊTRES	Tổ tông, tiên tổ, ông bà : repas des ancêtres, cung quải.
ANCIEN	Cũ, cựu, đời trước.
ANCRE	Neo : jeter l'ancre, bỏ neo, gieo neo; être à l'ancre, neo.
ÂNE	Con lừa.
ÂNON	Con lừa con.
ANGE	Thiên thần, đức thánh thiên thần, sứ thần.
ANGLAIS	Hồng màu, Ing-li.
ANGLE	Góc : dans l'angle, trong góc.
ANGOISSE	Cực lực, bức tức.
ANGUILLE	Con lươn.
ANIMAL	Loài vật, muông : animal domestique, lục súc; animal sauvage, muông dữ; quadrupède, loài thú; j'ai vu un animal, có thấy một loài vật; les animaux, loài cầm thú, muông chim.

Animer	*Làm cho sống;* exciter, *giục lòng.*
Annales	du royaume, *kỉ, sử kỉ, sử kí.*
Annamite	*An nam :* royaume annamite, *nhà nước An nam, Nam việt.*
Anneau	(Cercle), *kháu;* bague, *nhẫn, kháu, ca ra.*
Année	*Năm :* année de treize mois, *năm nhuận;* l'année passée, *năm ngóai;* l'année prochaine, *năm sáu, năm tới;* chaque année, *hàng năm.*
Annoncer	*Tin, đem tin, gởi tin :* je vous annonce une bonne nouvelle, *tôi đem tin tốt, bảo tin tốt;* je vous annonce une mauvaise nouvelle, *tin xấu.*
Annuler	*Bỏ, không dùng nửa.*
Anse	d'un panier, *quai sọt;* petite baie, *quai xách.*
Antérieur	*Trước.*
Antérieurement	*Khi trước.*
Anticiper	*Làm trước.*
Antidote	*Thuốc giải độc.*
Antimoine	*Phán chí.*
Antipathie	Éprouver de l'antipathie, *không wa, không đẹp, chẳng ưng.*
Antique	*Cũ, đời xưa, đời trước.*
Antiquité	*Đời trước, đời tiên :* les sages de l'antiquité, *tiên hiền.*
Antre	*Hang muông dữ.*
Anus	*Lỗ đít.*
Anxiété	*Lo, e lo, lo lắng.*
Août	*Tháng bảy.*
Apaiser	*An ủi, khuây :* s'apaiser, *khuây mình, nguôi mình;* sa colère s'est apaisée, *người ấy*

	khuáy giận mình; le vent s'est apaisé, *gió dịu đi, gió êm đi.*
Apercevoir....	*Tháy, coi;* s'apercevoir, *coi biết.*
Aplanir.......	*Làm bằng phẳng.*
Aplatir.......	*Làm cho lan.*
Aplomb (D')...	*Đứng thẳng* : avoir de l'aplomb, *bạo dạn.*
Apologie......	*Lời xin; nói thí dụ.*
Apoplexie.....	*Đàm hỏa bịnh.*
Apostasie.....	*Việc bỏ đạo.*
Apostat.......	*Kẻ bỏ đạo.*
Apothicaire....	*Kẻ bán thuốc.*
Apôtre.......	*Tông đồ, sứ đồ.*
Apparaître.....	*Hiện ra.*
Apparat (Avec)..	*Đi trọng thể.*
Appareiller....	(un bâtiment), *kéo neo tàu đi.*
Apparence.....	*Hiện hình, hình* : selon toutes les apparences la paix se fera, *có nhiều lẽ giao hòa được.*
Apparent......	*Kẻ bày tỏ, tỏ rõ.*
Apparition.....	En songe, *hiện ra trong chiêm bao;* apparition du diable, *quỉ hiện.*
Appartenir.....	*Thuộc về* : cette malle m'appartient, *hòm nầy thuộc về tôi, là của tôi;* à qui appartient ce livre? *sách nầy là của ai? thuộc về ai;* il ne m'appartient pas de décider cela, *tôi không có phép toan liệu việc nầy.*
Appât........	de l'hameçon, *mồi câu.*
Appel........	d'une sentence, *kêu lại, thưa lại, qui đơn.*
Appeler.......	Faire venir, *kêu, kêu gọi* : appelle-le, *kêu nó lại;* comment s'appelle ceci? *cây nầy gọi là gì?* comment t'appelles-tu ? *tên*

	anh tên gì? anh có tên gì? j'en appellerai au grand juge, *tôi phải qui đơn lại về quan án.*
APPÉTISSANT....	*Ngon* : ce plat est appétissant, *món nầy ngon lắm, ăn ngon.*
APPÉTIT.......	*Bụng đói* : j'ai bon appétit, *bụng tôi đói;* je n'ai plus d'appétit, *tôi no rồi.*
APPLAUDIR.....	*Khen, cầm chau* : applaudir des mains, *vỗ tay.*
APPLIQUER.....	une chose à l'autre (coller), *dán;* appliquer son esprit à l'étude, *học siêng lắm.*
APPOINTEMENTS..	*Lộc, bổng lộc, lộc nước.*
APPORTER......	*Đem đến, đem về* : apportez-moi de l'eau, *đem nước về tôi.*
APPOSER.......	le cachet, *đóng con dấu, đóng án.*
APPRÉCIER.....	Mettre un prix, *ra giá, đánh giá;* estimer, *thương, ưng.*
APPRÉHENDER...	*Lo lắng, lo sợ, e.*
APPRENDRE.....	(Enseigner), *dạy;* s'instruire, *học, tập* : je veux apprendre l'annamite, *tôi muốn học tiếng An nam.*
APPRENTI......	(Ouvrier), *mới tập làm.*
APPRENTISSAGE...	*Khi mới tập.*
APPRÊT.......	*Bày bố, sắm sửa.*
APPRÊTER......	le dîner, *dọn cơm trưa;* s'apprêter, *sắm sửa mình.*
APPRIVOISER....	*Làm cho thuần, tập cho quen* : s'apprivoiser, *thìn lòng, làm quen.*
APPROCHER.....	*Đến gần;* s'approcher, *tới gần* : ne vous approchez pas du puits, *chớ có lại gần giếng.*
APPROFONDIR...	un fossé, *đào;* approfondir la loi, *tra luật.*

APPROPRIER (S') ..	Cầm cho mình.
APPROUVER	Ưng, nghe, rằng phải.
APPROVISIONNER ..	Lo đồ ăn.
APPROXIMATION ..	Par approximation, tính chừng : combien par approximation, à peu près, nói phỏng có bao nhiêu ?
APPUI	(Support), tay vịn, nơi nương cậy.
APPUYER (S') ...	sur une chose, dựa, nương, dựa kề; sur quelqu'un, cậy ai, nương ai, nương nhờ; s'appuyer sur l'autorité d'autrui, cậy thế, nương thế, nương đỡ.
ÂPRE	Chát.
APRÈS	Sau, hầu, khi sau : après-demain, ngày mốt; après dîner, khi ăn cơm rồi; l'un après l'autre, nối đuôi.
AQUEDUC	Mương, dọc nước.
ARACHIDES	Đậu phụng : huile d'arachides, dầu phụng.
ARAIGNÉE	Nhện nhện : toile d'araignée, lưới nhện nhện.
ARBALÈTE	Cái ná.
ARBITRAIRE	(Pouvoir), việc ép dân.
ARBITRE	(Juge), quan xét.
ARBOUSE	Trái cà.
ARBRE	Cây, mộc : arbre au tronc droit, cây suôn.
ARBRISSEAU	Bụi cây.
ARC	Cung, ná, giàng : corde de l'arc, dây giàng; tendre l'arc, giương cung; tirer de l'arc, bắn ná, cung; arc-en-ciel, mây móng.
ARCHE	Vòng cầu.
ARCHER	Lính cầm giàng ou ná.
ARCHIVES	Kệ luật, chỗ để sách vở tà giấy nhà nước.
ARÇONNER	(Battre le coton), bắn bông.
ARDEMMENT	Tiết.

Ardent	(Feu), *nóng;* ardent, passionné, *nóng tính, hung hăng, lừng lẩy.*
Ardoise	*Hòn ngói.*
Aréquier	*Cây cau* : noix d'aréquier, *cau, trái cau, hột cau;* écorce de la noix, *mo cau.*
Arête	de poisson, *xương cá, ngạnh cá.*
Argent	(Métal), *bạc* : argent pur, *bạc già;* cuiller d'argent, *muỗng bạc;* monnaie d'argent, *tiền;* je n'ai pas beaucoup d'argent comptant, *tôi không có tiền của nhiền;* payer argent comptant, *trả tiền mặt.*
Argenter	*Mạ bạc, thép bạc.*
Argenteur	*Thợ bị bạc.*
Argile	*Đất sét, gồm, đất thó.*
Argument	Votre argument n'est pas bon, *lẽ anh không mạnh.*
Aride	*Khô* : terre aride, *đất khô, hạn cả.*
Arithmétique	*Phép thiên văn địa lý.*
Armée	*Đạo binh.*
Armes	*Con vác, khí giái.*
Armistice	*Sự giãn việc đánh giặc.*
Armoire	*Tủ* : armoire à livres, *tủ sách.*
Armurier	*Thợ thach cờ.*
Arpenter	*Dò đất.*
Arpenteur	*Kẻ đò đất.*
Arquebuse	*Súng đò trước.*
Arracher	*Nhổ ra, bứt* : arracher les poils, les herbes, *giựt lấy.*
Arrangement	(Ordre), *thứ tứ;* disposition, *sứ sắp đặt, bày đặt;* accord, *hòa thuận;* je vais vous proposer un arrangement, *tôi sẽ bày cho một cách liệu việc.*

ARRANGER	(Mettre en ordre), đặt để, sắp đặt; cela m'arrange, việc nầy vừa ý tôi.
ARRÊT	Án : décision de justice, án.
ARRÊTER	Cầm lại, bắt : s'arrêter, đứng, ngừng lại, đứng lại.
ARRHES	Cọc : donner des arrhes, đặt cọc.
ARRIÈRE (EN)	Đàng sau, lui lại : arrière d'un navire, lái tàu.
ARRIVER	Đến, tới, lại : échoir, xẩy ra, gặp; je ne sais pas ce qui est arrivé, tôi không biết việc ra thể nào; il m'est arrivé un malheur, tôi mắc nạn; arriver à propos, gặp vận.
ARROGANT	Xác, kiêu hành.
ARRONDIR	Làm cho tròn.
ARRONDISSEMENT	Phủ; sous-arrondissement, huyện.
ARROSER	Tưới, rưới, tưới nước.
ARROYO	(Mot espagnol), ruisseau, rách.
ARSENAL	Kho khí giái, kho súng.
ARSENIC	Vị sang, thạch tín.
ART	Nghề nghiệp : art de la guerre, nghề vũ; arts libéraux, nghề văn học.
ARTÈRE	Mạch.
ARTICLE	Đoạn : article d'un traité, khoản; article d'un livre, điều, đoạn; genre de marchandise : quel article vendez-vous ? bán những hàng gì ?
ARTILLEUR	Lính bắnh súng.
ARTIMON	(Voile d'), buồm cưu.
ARTISAN	Thợ.
ASCENSION	(Fête de l'), Lễ thăng thiên.
ASILE	Nơi trú.

ASPERGE.......	*Long tu thể.*
ASPERGER......	Asperger avec de l'eau bénite, *rưới, rảy nước.*
ASPIRER.......	*Thở* : désirer, *ước ao than thở.*
ASSAILLIR......	Des brigands nous ont assaillis sur la route, *khi đi đường ăn cướp ra đánh ta.*
ASSASSIN......	*Kẻ cướp giết ngườn.*
ASSASSINER.....	*Cướp giết;* assassiné, *bị cướp giết.*
ASSAUT.......	*Hãm đồn.*
ASSEMBLER.....	*Hiệp lại, hối;* s'assembler, *hội hiệp nhóm lại.*
ASSENTIMENT....	*Sự ưng, ý ưng.*
ASSEOIR (S')...	*Ngồi :* par terre, *ngồi trệt;* en croisant ses jambes, *ngồi xếp bằng;* s'asseoir sur les talons, *ngồi chỏm hỏm;* s'asseoir comme les femmes, *ngồi xếp bè he;* s'asseoir sur une chaise, *ngồi tréo máy.*
ASSEZ........	*Đủ :* assez bon, *khá, vừa tốt;* c'est assez, *thôi, thì thôi;* j'en ai assez, *tôi có đủ.*
ASSIDU.......	*Cần quyến :* il est assidu auprès de moi, *nó đeo theo tôi.*
ASSIÉGER......	*Vây :* assiéger une place, *hãm thành;* assiégé, *bị vây.*
ASSIETTE......	*Dĩa.*
ASSIGNER......	(Déterminer), *chỉ :* assigner un temps, *hẹn ngày.*
ASSISTER......	(Être présent), *có mặt;* secourir, *giúp;* servir le roi, *chầu, hầu hạ.*
ASSOCIER (S')...	*Làm bạn, kết bạn;* associé, *cồng xi, bạn.*
ASSOMMER......	*Giết, đánh, làm cực.*
ASSOMPTION....	de la Sainte-Vierge, *lễ mông triệu thăng thiên Đức chua bà.*

Assoupir (S')...	Ngủ quên, mơ màng.
Assurer.......	(Certifier), quyết : je vous assure que cela est ainsi, tôi nói thiệt việc nớ là làm váy.
Asthmatique....	Mắc bịnh suyễn.
Asthme.......	Bịnh tức, bịnh suyễn.
Astre........	Vì sao, tinh tú.
Astreindre.....	(Contraindre), ép.
Astringent.....	(Remède), cầm, làm cho chặt bụng.
Astrologie....	Phép thiên văn.
Astrologue....	Kiến tinh sĩ.
Astronomie....	Tư thiên; astronome, quan tư thiên.
Astuce.......	Mưu trí, quỉ quyệt.
Astucieux.....	Kẻ quỉ quá.
Atmosphère....	Khí; bao trái đất.
Atroce.......	Dữ.
Attaché......	(Dévoué), triều mến : attaché d'une légation, d'un bureau, nhập ty.
Attacher......	Buộc, trói, cột : attacher quelqu'un à son service, cho người nào vào giúp việc mình; s'attacher à une personne, triú người nào; s'attacher quelqu'un, lấy lòng.
Attaquer......	Xông vào (voy. Assaillir); attaque de choléra, mắc gió; mắc địch.
Atteindre.....	Đá đến, trúng : être atteint de maladie, mắc bịnh; atteindre le but (cible). nhằm bia, trúng đích.
Attendre......	Chờ đợi, trông đợi : je vous attends, tôi đợi anh; attendez un peu, đợi một chút; vous m'avez fait longtemps attendre, ông làm cho tôi đợi lâu. — Attendant (en), đợi : je resterai ici en attendant qu'il vienne, tôi ở đây đợi cho nó tới.

VOCABULAIRE

ATTENDRIR . . . . . *Làm cho ra nọn, ra mềm* : au moral, *thương xót.*
ATTENTIF . . . . . . *Hay có ý, chăm, chỉ.*
ATTENTION . . . . . *ý tứ, ý* : faire attention, *có ý* ; cela ne mérite aucune attention, *đều nầy nhỏ mọn chẳng ra gì.*
ATTRAPER . . . . . . un animal, *bắt* ; tromper, *gạt.*
ATTRIBUER . . . . . Attribuer un crime à quelqu'un, *nói cho, xử cho.*
ATTRISTER . . . . . *Làm cực lòng.*
AUBE . . . . du jour, *rạng đông.*
AUBERGE . . . . . . *Quán cơm, nhà quán, hàng quán.*
AUBERGINE . . . . . *Cà cà.*
AUCUN . . . . *Không ai, không có gì.*
AUDACE . . . . *Dạn gan.*
AUDACIEUX . . . . . *Cả lòng, gan ruột.*
AU DELÀ . . . . . . *Quá qua* : au delà des forces, *quá sức.*
AUDIENCE . . . . . . Audience royale, *hiết* ; aller à l'audience, *đi hiết.*
AUGE . . . . *Máng.*
AUGMENTER . . . . . *Thêm, bỏ đơm, tăng lên, ra lớn hơn* : augmenter le prix, *thăng giá.*
AUGURE . . . . . . *Điềm, triệu* : augure favorable, *cát triệu.*
AUJOURD'HUI . . . . *Hôm nầy.*
AUMÔNE . . . . *Của bố thí* : donner l'aumône, *bố thí* ; demander l'aumône, *ăn mày, đi xin* ; recevoir l'aumône, *lấy của bố thí.*
AUNE . . . . (10 pieds), *một trường.*
AUPARAVANT . . . . *Khi trước, bữa trước.*
AUPRÈS . . . . *Gần.* (Voy. CÔTÉ [À].)
AURORE . . . . *Rạng đông, máng đông* : lever de l'aurore, *mới rạng chơn trời.*

Aussi........	Cũng : il est aussi grand que l'autre, nó mầy lớn bằng như người kia.
Aussitôt......	Liền.
Austère.......	Cay đắng : visage austère, mặt nhăn nhó cay đắng.
Austral.......	Bên nam.
Autant.......	Bấy nhiêu : autant que moi, cũng như tôi; autant de vin que d'eau, bao nhiêu nước, thì cũng bấy nhiêu rượu; je vous servirai autant que je pourrai, tôi sẽ giúp anh theo sức tôi; autant je suis bon, autant tu es mauvais, ta càng lanh, thì mầy càng dữ.
Autel........	(Chrétien), bàn thờ; (païen), giảng thờ : ornement de l'autel (chrétien), đồ trải bàn thờ.
Auteur.......	d'un livre, kẻ làm sách; moteur, kẻ gây việc, kẻ làm đầu.
Authentique....	Ấn tín.
Automne......	Mùa thu.
Autoriser.....	Cho phép.
Autorité......	(Pouvoir), quyến, quờn chức, phép, quờn thể: les autorités d'un village, các chức trong lang.
Autour.......	Xung quanh : aller tout autour, đi quanh.
Autre........	Khác, kia : ce pinceau ne vaut rien, j'en veux un autre, cây viết nầy không ra gì, tôi muốn cây khác; je n'en ai pas assez, donnez-m'en un autre, tôi không có đủ, cho tôi thêm; dites aux autres de venir ici, nói cùng mấy người khác tới đây; il a un autre nom, nó có tên khác nữa; l'un

et l'autre, *người nầy người kia;* un autre jour, *bữa khác;* une autre fois, *phen khác.*

AUTREFOIS ..... *Xưa, khi trước, khi xưa, ngày xưa.*
AUTRUCHE ...... *Lạc xà điểu.*
AVALER .... *Nuốt, vào họng, vào xuống* : avaler un liquide, *nuốt trộng.*
AVANCER ...... *Làm trước* : avancer en grade, *lên chúc;* avancer de l'argent, *cho lãnh tiền trước.*
AVANIE .... Faire une avanie à quelqu'un, *làm sĩ nhục.*
AVANT .... *Trước, khi trước, tiền* : en avant, *đi trước;* avant-hier, *hôm kia, bữa trước.*
AVANTAGE ..... *Ích, lợi* : retirer avantage de l'argent, *làm cho có ích, có lợi.*
AVANT-HIER .... *Ngày trước, hôm kia.*
AVARE .... *Hà tiện, tham lẫn, người bón, rít róng, bòn táy.*
AVEC .... *Cùng, với, vuối* : je le frappe avec un bâton, *tôi đánh nó bằng gậy;* avec moi, *cùng tôi, với tôi;* avec quoi cela est-il fait? *cái nầy làm bằng giống gì.*
AVÉNEMENT ..... au trône, *tức vị.*
AVENIR .... *Sau, ngày sau* : à l'avenir, *đến sau, hậu lai.*
AVENT .... *Mùa ap-vên-tô.*
AVENTURE ..... *Sự thình lình, xảy đến* : dire la bonne aventure, *nói số mạng, toán mạng, toán số.*
AVERSE .... (Pluie), *Đám mây, mây mưa, một cơn mưa.*
AVERSION ..... *Sự ghét.*
AVERTIR ...... *Bảo, nói cho mà hay, biểu, bảo tin* : je t'avertis, *tôi nói cho anh hay.*
AVEUGLE .... *Mù, đui* : devenir aveugle, *ra mù.*

| | FRANÇAIS-ANNAMITE. | 139 |

Avide . . . . Kẻ tham lam, tham ăn : avide de gain, tham lợi, ham của; avide de réputation, ham tiếng.

Avilir (S') . . . . . Hạ mình, làm cho ra hẹn.

Avis . . . . Donner un avis, đem tin, gởi tin; nous sommes du même avis, ta thấy cũng đồng một ý; je suis d'avis, ngỡ là; c'est mon avis, sự nầy nhằm ý tôi.

Avoir . . . . Có : j'ai du pain, tôi có bánh; il n'y a pas, không có.

Avorter . . . . . . Truỵ thai.

Avorton . . . . . . Con ranh, con sảo.

Avouer . . . . Xưng : faire avouer, bắt khai; avouer sa faute, xưng tội.

B

Bâbord . . . . Venir sur bâbord, cạy bên tả; (venir sur tribord, bát, bên hữu).

Bac . . . . Đò, bến đò : passer en bac, đưa đò.

Bachelier . . . . . Tú tài.

Badinage . . . . . . Việc chơi.

Badiner . . . . Nói chơi.

Bagage . . . . Các đồ.

Bague . . . . Nhẫn, ca ra, khâu : pierre d'une bague, nhẫn đá ngọc; porter une bague, đeo nhẫn.

Baguette . . . . . . Roi, đũa : baguette odoriférante, nhang, nhang đèn.

Bahut . . . . Cái tủ.

VOCABULAIRE

BAIE . . . . *Vũng, vũng búng.*

BAIGNER (SE) . . . *Tắm mình :* faire baigner un cheval, *tắm ngựa.*

BAIL . . . . *Thơ lấy cho thuê, thơ khế :* donner à bail, *cho mướn;* prendre à bail, *lấy mướn.*

BÂILLER . . . . *Ngáp.*

BAIN . . . . Prendre un bain, *tắm mình.*

BAÏONNETTE . . . . . *Lưỡi lê.*

BAISER . . . . *Hôn :* un baiser, *sự hôn.*

BAISSER (SE) . . . *Cúi xuống :* baisser les yeux, *dòm mắt xuống;* baisser de prix, *xuống giá.*

BALADIN . . . . *Làm tuồng chơi.*

BALAI . . . . *Chổi, chùi.*

BALANCE . . . . *Cân :* peser avec une balance, *cân thăng.*

BALANCER . . . . . *Đưa vong :* se balancer en marchant, *uốn mình, xênh xang.*

BALANÇOIRE . . . . . *Đu, dấy đưa vong.*

BALAYER . . . . . . *Quét, quét sạch.*

BALBUTIER . . . . . *Nói khơ khan, mà cà mà cặp.*

BALEINE . . . . *Cá voi.*

BALLE . . . . *Đạn :* balle de fusil, *đạn súng.*

BALLOT . . . . *Cấp, món.*

BALLOTTER . . . . . Ballotter les suffrages, *bàn luận ken lựa một người.*

BAMBOU . . . . *Tre :* pousse de bambou, *măng tre.*

BANANE . . . . *Trái chuối :* régime de bananes, *bẹ chuối.*

BANANIER . . . . . . *Cây chuối.*

BANC . . . . *Ghế :* banc de sable, *cồn cát, cạn;* banc (écueil), *cồn cạn.*

BANDAGE . . . . . . *Vải rịt dấu vít.*

BANDE . . . . de voleurs, *lũ ăn cướp;* donner de la bande (marine), *tàu xiêu, ghe xiêu.*

BANDER	une plaie, *rịt dấu vít; buộc dấu tích;* bander les yeux, *bịt mắt;* bander un arc, *kéo lác giảng.*
BANDIT	*Kẻ ăn cướp, ăn trộm.*
BANDOULIÈRE	*Dây bằng đồng để mà mang súng đoản :* en bandoulière, *mang trên vai.*
BANNIÈRE	*Cờ.*
BANNIR	(Exiler), *đay đi.*
BANQUET	*Tiệc, yến :* faire un banquet, *dọn tiệc; ăn yến.*
BAPTÊME	*Phép rửa tội.*
BAPTISER	*Rửa tội :* baptisé, *kẻ đã chịu phép rửa tội.*
BARAGOUINER	*Nói dợp đỉnh :* il baragouine l'annamite, *nói tiếng An nam quấy.*
BARAQUE	*Trại, nhà bé, nhà xấu.*
BARBARE	*Con mọi, người mọi, mandi;* barbare, cruel, *bạo dữ.*
BARBARIE	(Cruauté), *việc dữ;* barbarie, grossièreté, *quê mùa.*
BARBE	*Râu :* barbu, *có nhiều râu;* barbier, *kẻ cạo râu.*
BARBOUILLER	*Việt dầm mực.*
BARIL	*Thùng.*
BARQUE	*Tắm bản, ghe, thuyền :* toiture de barque, *mui ghe;* aller en barque, *đi ghe.*
BARRE	de fer, *cái đui sắt;* barre de bois pour fermer la porte, *hong cưa, thong;* barre du gouvernail, *tay lái.*
BARRER	un arroyo, *hạn sông lại;* barrer un chemin, *rào đàng đi;* barrage, *cái hạn.*
BARRIÈRE	d'un jardin, *rào vườn;* barrière d'un champ, *rào đồng.*
BARRIQUE	*Thùng.*

VOCABULAIRE

BAS.......... (Adj.), *thấp;* vil, *mon:* bas prix, *giá thấp
ou rẻ;* bas-fond, *cạn;* bas (subst.), en
bas, *xuống dưới;* bas (habillem.), *tát.*
BASANÉ....... par le soleil, *bị nắng ăn da.*
BASE........ *Nền, mối diềng, rường cột.*
BASSESSE...... *Cách ăn thói ở quê mùa vụng hèn.*
BASSIN....... *Ao, ổ:* bassin d'eau dans les maisons riches,
thùng khiên, thùng canh; bassin de cui-
vre, *thau bạt;* bassin de barbier, *chậu.*
BASSINET...... d'une arme à feu, *cái máng thuốc, ngòi
súng;* mettre le feu au bassinet, *châm
ngòi.*
BASTION....... *Đồn lũy.*
BÂT.......... d'un éléphant, *bành voi.*
BATAILLE...... *Trận, việc đánh giặc:* champ de bataille,
nơi chiến trường.
BATAILLON..... *Nửa vệ, nửa cơ:* chef de bataillon, *hiệp
quản cơ.*
BÂTARD....... *Con ganh, con bởi xằn xịu mà sinh ra.*
BATEAU....... *Ghe, thuyền:* bateau couvert, *ghe có mui,
ghe lồng, ghe mỏ vạch;* batelier, *kẻ chèo.*
BATELEUR...... *Kẻ hát bội.*
BÂTIMENT..... (Navire), *tàu.*
BÂTIR........ *Lập, xây:* bâtir une maison, *cất nhà, làm
nhà.*
BÂTON....... *Gậy:* bâton de hamac, *đòn võng;* donner
des coups de bâton, *đánh trượng;* (don-
ner des coups de bambou, *đánh đòn;)*
recevoir des coups de bâton, *phải đòn.*
BÂTONNETS..... (Pour manger), *đũa:* se servir de bâton-
nets, *cầm đũa.*
BATTANT...... de porte, *cửa.*

FRANÇAIS-ANNAMITE. 143

Battement	de mains, *vổ tay;* battement de cœur, *nhảy hồi hộp trong ngực.*
Batterie	*Mở súng, lỗ châu mai.*
Battre	*Đánh :* se battre, *đánh lộn;* battre l'ennemi, *đánh thắng quân nghịch.*
Baudrier	*Giây đeo gươm.*
Baume	*Cay tô hạp.*
Bavard	*Sắc niệng, hay nói quá.*
Bavarder	*Nói quá.*
Beau	*Tốt, đẹp, mĩ, beo tốt, xinh tốt :* bel homme, *người beo tốt, cao lớn, sắc tốt.*
Beaucoup	*Nhiều, bội phần :* il y a beaucoup de monde, *có nhiều người ta.*
Beau-fils	*Rể;* Belle-fille, *dâu;* Beau-père, *cha vợ, ông gia;* Belle-mère, *mẹ vợ, bà gia.*
Beauté	*Nhan sắc, mĩ sắc.*
Bec	*Mỏ :* bec d'oiseau, *mỏ chim;* becqueter, *mỏ.*
Bécasse	*Chim tu hít;* bécassine, *chim mo nhac.*
Bêche	*Cái cuoc.*
Bêcher	*Cuoc đất.*
Bégayer	*Nói cà lăm, nói lập cập.*
Bègue	*Kẻ nói cà lăm.*
Bêler	*Kêu như con chiên.*
Belette	*Con chồn.*
Bélier	*Con chiên đực.*
Belliqueux	*Kẻ hay đánh giặc.*
Bénédiction	*Sự làm phép :* bénir, *làm phép;* bénir, louer Dieu, *khong khen Đức chua trời.*
Bénéfice	*Lợi, lợi lãi.*
Bénit	Eau bénite, *nước thánh, nước lễ.*
Bénitier	*Ô có nước thánh.*

Béquille	*Gậy kẻ yếu :* marcher avec des béquilles, *đi nương cái gậy.*
Berceau	*Nôi con nít.*
Bercer	un enfant, *ru con trong nôi.*
Berger	*Kẻ chăn chiên.*
Besace	*Bị bao.*
Besoin	*Sự cần cho :* j'ai besoin de cela, *tôi thiếu cái nầy;* avez-vous besoin de moi? *ông có việc dụng tôi chăng?* il n'est pas besoin, *không cần;* besoins naturels, *muốn đi sống đi đái.*
Bestial	*Thuộc về thú vật.*
Bétail	*Đoàn, bầy.*
Bête	(Animal), *loại vật;* bête féroce, *ác thú;* (au figuré), *ngây dại, đơn trí.*
Bétel	*Trầu :* mâcher le bétel, *ăn trầu.*
Bêtise	*Việc dốt.*
Beugler	*Rống.*
Beurre	*Bán sữa lỏng, sữa đặc.*
Bible	*Sách sấm truyền.*
Bibliothèque	*Kệ sách.*
Biche	*Con nai cái.*
Bien	(Subst. et adv.), *tốt :* propriété, richesse, *gia nghiệp, gia tài, của cải;* homme de bien, *người lành;* dire du bien, *khen;* faire du bien, *làm ơn lành;* cela me fait du bien, *hay lắm;* vous avez bien fait, *anh đã làm hay;* très-bien, *tốt lắm;* je me porte bien, *tôi mạnh.*
Bienfait	*Ơn, ơn ngãi.*
Bienfaiteur	*Kẻ làm ơn lành.*
Bienheureux	(Saint), *thánh.*

Bienséance.....	Sự xứng, lịch sự.
Bientôt.......	Il viendra bientôt, sẽ đến mau; il sera bientôt temps d'aller, gần tới giờ đi.
Bienveillant....	Có lòng nhơn.
Bière........	(Cercueil), hòm; boisson, rượu đắng.
Bigarré.......	Gián, vải bong ngũ sách : pantalon bigarré, quan gián.
Bijou........	Vòng ngọc.
Bijoutier......	Thợ làm vòng.
Bile.........	Xung khí, đàm : mouvement de bile, bịnh xung.
Billet.......	(Petite lettre), thơ nhỏ, thẻ.
Bisaïeul.......	Ông cố, bà cố.
Biscuit.......	de mer, bánh khô; gâteau, bánh ngọt.
Bitume.......	Chai.
Bizarre.......	Dí kị.
Blâmer.......	Quở, quở trách.
Blanc........	Trắng : blanc d'œuf, lòng trắng; blanc d'Espagne, phấn trắng.
Blanchir......	Rendre blanc, làm cho trắng; blanchir du linge, giặt áo; blanchir à la chaux, trét vôi.
Blanchisseur...	Thợ giặt áo.
Blasphème.....	Lời lộng ngôn, lậu ngôn.
Blasphémer....	Nói lộng ngôn.
Blatte.......	Con gián.
Blé.........	Lúa thóc.
Blême........	Mét, mét mặt : blêmir, sợ mét.
Blesser.......	Bị dấu : blessé, bị tích; blessé, offensé, thức giận.
Blessure......	Dấu tích, vít : grave blessure à la tête, lác đầu.

Bleu	*Sắc da trời, xanh da trời:* bleu de ciel, *màu xanh da trời.*
Bloc	de bois, *cái gỗ;* bloc de pierre, *cón đá;* bloc de métal, *khối.*
Blocus	*Bóp, việc đóng giữ.*
Blond	*Mặt vàng:* cheveux blonds, *tóc vàng.*
Bloquer	*Đóng giữ.*
Bluter	*Xe gió.*
Bobèche	(De chandelier), *tai chơn đèn.*
Bobine	*Cái thỏi dệt vải.*
Bocage	*Che leo, che leo nhỏ.*
Bocal	*Ve lo.*
Boeuf	*Con bò:* viande de bœuf, *thịt bò.*
Boire	*Uống:* boire du vin, *uống rượu;* donnez-moi à boire, *cho tôi uống;* adonné à boire, *mê ăn uống.*
Bois	(Forêt), *rừng, rừng già;* bois à brûler, *củi, củi đuốc;* bois de construction, *gỗ, cái gỗ;* éclat de bois, *giam gỗ.*
Boisé	Lieu boisé, *chỗ mắc rừng.*
Boisseau	*Cái học.*
Boisson	*Của uống.*
Boîte	*Hộp, hòm nhỏ:* boîte à bétel, *hộp trầu, trắp.*
Boiter	*Đi què chơn, nhức nhắc.*
Boiteux	*Què chơn, què trệt.*
Bombarder	*Bắn súng vào.*
Bombe	*Đạn phá.*
Bon	*Tốt, phải:* cela est très-bon, *cái nầy tốt lắm;* à quoi bon? *làm chi?*
Bonbons	*Mứt, mứt món.*
Bond	*Nhảy một cái.*
Bondir	Le tigre bondit, *cọp nhảy.*

FRANÇAIS-ANNAMITE. 147

Bonheur . . . . . . *Phước, sự lành :* par bonheur, *may.*
Bonnet . . . . *Mũ;* bonnet de mandarin, *mão.*
Bonté . . . . *Sự hiền tốt;* bienveillance, *việc hiền lành, nhơn lành;* vous avez pour moi beaucoup de bontés, *anh ở cách hiền lành về tôi.*
Bonze . . . . *Ông sư, thầy tu, thầy chùa.*
Bonzesse . . . . . . *Bà vãi.*
Bord. . . . . d'une rivière, *bờ sông;* bord de la mer, *bãi biển;* bord d'une robe, *tràng aó, gí aó;* bord d'un livre, *mép sách, mé;* à bord, *xuống tàu;* bâbord la barre! *bát!* tribord la barre! *cẩy.*
Bordée . . . . d'artillerie, *mấy tưng súng bắn cã, lượt súng.*
Border . . . . un habit, *may trang aó, gí aó.*
Borgne . . . . *Chột :* devenir borgne, *lé mắt, chột một mắt.*
Borne . . . . (Marque), *bờ cõi, giái hạn;* limite, *mở mốc.*
Borné . . . . (Inintelligent), *người dốt.*
Borner (Se). . . . Je me borne à vous le dire, *tôi nói việc nầy mà thôi.*
Bosquet . . . . . . *Che leo nhỏ.*
Bosse . . . . *U bò; cục bươu :* bosse des buffles, *trái mòm.*
Bossu . . . . *Kẻ com lưng.*
Botte . . . . *ủng :* botte de paille, *bo rơm.*
Bouc. . . . . *Con dê đực.*
Bouche . . . . *Miệng :* fermer la bouche, *ngậm miệng;* garder dans la bouche, *ngậm.*
Bouchée . . . . . . *Miệng :* prendre une bouchée, *cạp;* j'en mange une bouchée, *tôi ăn một miệng.*
Boucher . . . . . . (Verbe) *Đậy lại, bịt lại, dút nùi.*
Boucher . . . . . . (Subst.) (Qui vend de la viande), *người hàng thịt, kẻ làm thịt.*

Boucherie	*Phố bán thịt.*
Bouchon	*Nùi đút, nút, nắp.*
Boucle	*Ngoác;* boucle d'oreilles, *hoa tai, trâm hoãn;* boucle de souliers, de ceinture, *khóa;* boucle de cheveux, *miếng tóc.*
Bouclier	*Khiên.*
Bouddha	*Ông Phật:* invoquer Bouddha, *niệm Phật;* secte de Bouddha, *đạo Phật.*
Bouder	*Xung, ở kho mặt,*
Boue	*Bùn, bùn lấm:* pieds salis de boue, *lấm chơn;* chemin boueux, *đường bùn lai lấm.*
Bouée	*Phao.*
Bouffée	de tabac, *một hơi khói.*
Bouffi	Visage bouffi, *sưng mặt;* corps bouffi, *sưng cả mình.*
Bouffon	*Thằng hề.*
Bouger	*Lắc mình:* ne bougez pas, *đừng động, đừng lắc mình.*
Bougie	*Nến sáp.*
Bouilli	(Subst.) (Viande), *thịt luộc.*
Bouillir	*Sôi:* faites bouillir de l'eau, *sôi nước;* eau bouillante, *nước sôi;* bouillir de colère, *sôi giận.*
Bouillon	*Nước luộc thịt.*
Bouillonnement	de l'eau chaude, *nước sôi;* d'une source, *mạch nước.*
Boulanger	(Subst.) *Kẻ làm bánh.*
Boulangerie	*Nhà làm bánh.*
Boule	*Cục, đạn tròn, viên:* boule de terre, *đất cục.*
Boulet	*Đạn súng.*
Bouleverser	*Làm bậy bạ.*

Bouquet	de fleurs, *bông hoa*.
Bouquin	à pipe, *chuôi điếu*.
Bourbouilles	*Sảy* : avoir des bourbouilles, *mọc sảy*.
Bourdon	(Grosse mouche), *ong bầu*.
Bourdonner	*Bay vu vu*.
Bourg	*Làng, xóm*.
Bourgade	*Xóm*.
Bourgeois	*Người dân*.
Bourgeon	*Cái đọt*.
Bourgeonner	*Mọc đọt*.
Bourrasque	*Gió lớn*.
Bourre	de fusil, *nạp giấp*.
Bourreau	*Quân xử tù*.
Bourrer	*Nạp súng*.
Bourse	*Bao đựng bạc*.
Bouse	de bœuf, *phân bò*; bouse d'éléphant, *cứt voi*.
Boussole	*Địa bàn*.
Bout	*Chót, mối* : bout d'une corde, *mối dây*; au bout du chemin, *cùng đàng*.
Bouteille	de verre, *ve lọ, ve chai*; une bouteille de vin, *một ve rượu*.
Boutique	*Phố, phố xa*.
Boutiquier	*Chủ phố*.
Bouton	d'habit, *cúc, nút áo*; bouton du couvercle d'un vase, *nuốm*; bouton de fleur, *búp, nút*; bouton à la figure, *mụn*; bouton sur le corps, *sảy, rom*.
Boutonner	un habit, *gài áo, đơm cục một áo*.
Boutonnière	*Khuy*.
Bouvier	*Người coi con bò*.
Boyau	*Ruột*.

Bracelet	Vòng, xuyến: bracelet d'or, *vòng vàng;* bracelet d'argent, *vòng bạc;* porter un bracelet, *đeo vòng.*
Braillard	*Kẻ van lá.*
Brailler	*Van lá quá.*
Braire	*Kêu như con lừa.*
Braise	*Than lửa.*
Brancard	*Cái giát.*
Branche	*Nhánh cây, chành.*
Branchies	de poisson, *mang cá, vị cá.*
Brandir	une lance, *múa giáo.*
Bras	De l'épaule au coude, *cánh tay;* du coude au poignet, *ống tay, tay;* gras du bras, *bắp cánh.*
Brasier	*Hỏa lò.*
Brasse	*Một sải.*
Brassée	*Sải, vảng, một vảng.*
Brave	(Courageux), *chắc gan, dạn lắm;* brave homme, *người hiền lành.*
Bravoure	*Sự dạn.*
Brebis	*Con chiên cái.*
Brevet	*Bằng cấp.*
Bride	*Khớp, dây cương.*
Brider	*Bịt khớp ngựa.*
Brigand	*Kẻ ăn cướp:* bande de brigands, *lũ kẻ cướp.*
Brigandage	*Việc đi ăn cướp:* exercer le brigandage, *đi ăn cướp.*
Brigantine	(Voile), *buồm ưng.*
Briguer	*Tham chức.*
Brillant	*Láng, giáp giới, sáng trắng.*
Briller	*Nhấp nhánh, sáng láng, chói.*

Brin..........	d'herbe, *cỏ nhỏ;* brin de paille, *một cái rơm.*
Brique........	*Gạch, sành gạch :* fabrique de briques, *nhà lò gạch.*
Briquet........	*Cái dao đánh lửa :* battre le briquet, *đánh lửa.*
Brisant.......	*Cồn, cồn cát, cồn đá.*
Briser.......	*Phá, vỡ, gãy :* se briser, *vỡ ra, nát ra, tan nát.*
Brocart......	(Étoffe), *vóc, gấm.*
Broche.......	*Cái tiêm :* mettre à la broche, *tiêm lại, nồng quay.*
Brocher......	une étoffe, *thêu;* étoffe brochée, *gấm.*
Broder.......	*Thêu, thêu tủ :* broder de fleurs, *thêu hoa.*
Broderie......	*Việc thêu.*
Broncher......	*Vướp, giập.*
Bronze.......	*Đồng đen.*
Brosse.......	*Chỏi quét áo.*
Brosser......	un habit, *quét áo.*
Brouillard....	*Mù, mù mịt.*
Brouiller.....	*Đỗ lộn :* se brouiller avec quelqu'un, *trở lòng, buồn nhau;* il les a brouillés entre eux, *làm cho hai người nghĩ nan nhau.*
Brouillon.....	(Subst.) de papier, *nháp, thảo trước;* (adj.) esprit brouillon, *lộn tri khôn.*
Broussailles...	*Bụi :* lieu plein de broussailles, *rầy, bụi lúp xúp.*
Brouter......	*Ăn cỏ.*
Broyer.......	*Đánh nát ra, nát bấy, đe lỏi :* broyer du grain, *đạp lúa;* broyer avec la main, *vọt.*

Bruit	Cri, *tiếng van, om sòm, tiếng* : bruit de tambour, *tiếng trống;* bruit du canon, *tiếng súng;* bruit de chaînes, *rủng rảng;* ne faites pas de bruit, *nín làng;* bruit (nouvelle), *tin, tin người ta nói*.
Brûler	*Đốt, cháy* : le soleil m'a brûlé la peau, *nắng co cháy da tôi;* faire brûler un plat, *két một món;* brûler d'amour, *thương nóng ruột*.
Brûlot	*Ghe hỏa hổ, hỏa cong*.
Brûlure	*Phong da*.
Brume	*Mù* : temps brumeux, *mù trời*.
Brun	*Sắc luốc luốc*.
Brut	Bois brut, *cái gỗ;* pierre brute, *hòn đá;*
Brutal	*Quê mua*.
Brute	*Mê muội*.
Bubon	*Nhọt nơi đi* : bubon vénérien, *nhọt xoài*.
Bûcheron	*Tiều phu, lão tiều*.
Buffle	*Con trâu* : petit du buffle, *con nghé*.
Buisson	*Bụi*.
Bulbe	*Dấu* : bulbe d'ananas, *dấu thơm*.
Bulle	de savon, *sơi bọt*.
Bureau	à écrire, *bàn viết*.
Buste	(Image), *tượng* : buste de pierre, *tượng đá;* buste de bois, *tượng gỗ*.
But	*Bia, mô* : quel but vous proposez-vous ? *anh có ý làm làm sao?* droit au but, *ngay làn*.
Butin	*Tài vụt*.
Butiner	*Lấy đồ*.
Buveur	*Hay uống, mê uống*.

C

Çà et là	Aller çà et là, *đi qua đi lại*.
Cabale	*Thu mưu*.
Cabane	*Lều*.
Cabaret	*Hàng rượu, nhà bán rượu*.
Cabaretier	*Kẻ bán rượu*.
Cabas	*Thúng*.
Cabestan	*Cần vọt, trục* : virer au cabestan, *đánh trục*.
Cabinet	*Phòng để, mà viết;* (armoire), *cái tủ*.
Câble	*Dây neo*.
Cabrer (Se)	*Con ngựa cất, ngựa chồm*.
Cacher	*Giấu, ẩn mình, ẩn mặt, nép, núp ẩn, tàng, yểm* : cacher quelqu'un, *giấu người*.
Cachet	*Con dấu, ấn* : cachet royal, *ấn ngọc*; apposer un cachet, *đóng dấu, đành ấn*.
Cacheter	une lettre, *phong thơ*.
Cachette (En)	*Trộm, chùng, kín*.
Cachot	*Ngục tối*.
Cactus	*Cây lưỡi rồng*.
Cadavre	*Xác kẻ chết*.
Cadeau	*Của lễ* : faire un cadeau, *ban của lễ*; il l'a corrompu par des cadeaux, *đút của cho nó*.
Cadenas	*Ống khóa*.
Cadet	*Em trai, em gái*.
Cadran	d'une montre, *mặt đồng hồ*; cadran solaire, *đồng hồ bóng, trắc ảnh*.
Café	*Cà phê*.

Cage.........	Lồng, lồng chim: cage à poules, lồng gà; s'agiter en cage, lồng lên.
Cahier........	Tập giấy.
Caille........	Chim cút.
Caillou.......	Đá nhỏ, sỏi, sành sỏi: pierre à feu, đá lửa.
Caïman.......	Con sấu.
Caisse........	(Coffre), hòm, hòm rương: caisse à sa-pèques, hom xe.
Calamité......	Gian nạn, hoạn nạn, khốn nạn, nghèo nạn, tai hại.
Calcaire......	(Pierre à chaux), đá vôi.
Calcul.......	(Compte), sự tính toán; conjecture, đạc, đạc chừng; table à calcul, bàn toán.
Calculer......	(Compter), tính toán.
Cale.........	d'un navire, dưới lòng tàu, khoang nước.
Calebasse.....	Bầu nước.
Caleçon......	Quần.
Calendrier....	Lịch: calendrier royal, lịch quan.
Caler........	un mât, hạ cột buồm xuống.
Calfat.......	(Ouvrier), thợ trét.
Calfater......	Xảm tàu.
Calibre......	d'une arme, miệng súng.
Calice.......	(Vase sacré), chén làm lễ; calice de fleurs, chiếng bông, nụ hoa, bông búp.
Calme.......	(Adj.) Lặng: la mer est calme, biển lặng, lặng phắc.
Calmer......	Làm cho lặng, nguôi: calmer la tristesse, khuây buồn nguôi sầu; ma colère se calme, tôi bớt cơn giận, nguôi giận.
Calomniateur...	Kẻ nói vu, kẻ bỏ vạ.
Calomnie......	Vu vạ bỏ vạ.
Calomnier.....	Nói vu, vu huyễn, nói thừa.

Camarade	Bạn hữu.
Camard	Cao song mui.
Cambodge	Nước cao mên.
Cambrer (Se)	Uốn mình, nảy ngực : taille cambrée, wốn lưng.
Caméléon	Cắc kẻ.
Camp	de soldats, trại lính.
Campagnard	(Paysan), quê mùa.
Campagne	Đồng ruộng : maison de campagne, nhà vườn, nhà quê.
Campêche	Cây vang, tô mộc.
Camper	Đóng trại, đần binh.
Camphre	Lòng não : bois de camphre, gỗ lòng não.
Canaille	Người bay bạ, loài hèn.
Canal	Kinh, cái máng : petit canal, mương.
Canard	Con vịt.
Cancer	Nha cam, chóc lèch, mã đao.
Cancrelas	Con gián : rongé par les cancrelas, gián nhấm.
Candeur	Ngay lòng, ngay thật.
Candi	(Sucre), đường phen.
Candidat	Học trò đi thi.
Candide	Lành, thanh, phước.
Cangue	Gông : mettre à la cangue, đóng gông; porter la cangue, mang gông; cangue des femmes, tróng.
Canif	Dao cắt viết.
Canne	(Bâton), gậy : canne à sucre, mía.
Cannelle	Cây quế : cannelle du Tonkin, đông kinh quế.
Canon	Súng, súng trụ : gros canon, súng đại bác; charger un canon, nạp súng; tirer le

canon, *bắn súng;* coup de canon, *một tiếng súng, nổ súng.*

CANONNIER..... *Lính súng.*
CANOT........ *Tam bản.*
CANTATRICE..... *Nữ hay đờn hát.*
CANTHARIDE .... *Ban miêu.*
CANTON....... *Tổng :* chef de canton, *cai tổng, ông tổng.*
CANULE....... *Khoan điều, còi, thăng còi, ống.*
CAP.......... *Mui biển, gò đất, góc biển.*
CAPABLE...... *Có tài, giỏi, có trí :* je ne suis pas capable, *tôi không được.*
CAPITAINE..... d'un navire, *chủ tàu, kẻ làm đầu tàu;* capitaine d'une compagnie, *ông đội, cai đội.*
CAPITAL...... (Subst.) (Argent), *Bổn tiền.* — (Adj.) Crime capital, *tội đáng chết;* peine capitale, *sát phạt.*
CAPITALE...... (Ville), *Kinh đô.*
CAPITATION..... *Thuế thân.*
CAPITULER..... *Đầu phục, phục mình.*
CAPORAL...... *Ông bếp.*
CAPOTE....... *Áo tơi.*
CAPTIF....... *Kẻ bị bắt :* il est captif, *nó ở tù.*
CAPTURE...... *Sự bắt người ta.*
CAPUCHON..... *Mũ áo tơi.*
CAR.......... *Bởi vì.*
CARACOLER.... *Cỡi ngựa nhảy.*
CARACTÈRE..... chinois, *chữ nhu;* caractère annamite, *chữ nôm;* caractère régulier, *chữ thiệt;* caractère cursif, *chữ thảo;* caractère européen, *chữ tay;* (au figuré), il a un bon caractère, *có tính tốt.*
CARAPACE...... *Mu rùa.*

CARDER	le coton, *ban bông, cán bông.*
CARÊME	*Mùa ăn chay.*
CARÈNE	*Lườn tàu.*
CARESSER	*Dỗ, dỗ dành* : caresser de la main, *vỗ về;* caresser un enfant, *giỡn con, nậng con;* caresser une femme, *giỡn bóng;* caresser sa barbe, *vuốt râu.*
CARGAISON	*Các đồ ở tàu, đồ tàu chở.*
CARIE	*Sún răng, mọt* : dent cariée, *răng đã sún, lỗi xỉ.*
CARNAGE	*Việc chém giết.*
CAROTTE	de tabac, *bánh thuốc.*
CARQUOIS	*Săng ám, vỏ tên.*
CARRÉ	*Vuông.*
CARREAU	(Brique), *gạch.*
CARREFOUR	*Ngả tư.*
CARRELER	une maison, *lát gạch.*
CARRIÈRE	(Au figuré), suivre sa carrière, *làm việc mình, thèo bổn phận mình;* carrière de pierres, *hầm đá.*
CARTE	d'un pays, *bản đồ;* jouer aux cartes, *đánh bài.*
CARTON	*Giấy hồ, bìa.*
CAS	*Việc, sự, đều* : en ce cas, *ấy vậy;* j'en fais peu de cas, *tôi quản bao việc nầy, việc nầy tôi không quản.*
CASE	d'échecs, *nước cờ.*
CASERNE	*Trại lính, nhà lính.*
CASQUE	*Mũ chiến.*
CASSER	*Bẻ, gãy, vỡ* : casser un officier, *cất chức;* se casser, *bẽ đi.*
CASSEROLE	*Cái ơ, nồi.*
CASSETTE	*Hộp nhỏ.*

Catafalque	*Làm từng :* catafalque chrétien, *cái mơ.*
Catalogue	*Mục lục, sổ sách.*
Cataplasme	*Thuốc dán.*
Cataracte	*Thác nước, hạn đá;* cataracte des yeux, *vảy cá con mắt.*
Catéchiser	*Dạy nghĩa tin kính.*
Catéchisme	*Sách nghĩa tin kính.*
Catéchumène ...	*Kẻ học đạo.*
Catholique	*Kẻ có đạo.*
Cause	(Raison), *sự số, cớ, cớ sự :* pour quelle cause me dites-vous cela? *có cớ nào nói vậy;* cause (procès), *kiện.*
Causer	*Nói truyện :* causer ensemble, *nói truyện cùng nhau.*
Cautère	*Thuốc cứu :* cautériser, *đốt thuốc cứu.*
Caution	*Của làm chứng, của cầm :* donner caution, *nộp tiền chứng.*
Cavalerie	*Binh mã, binh ngựa.*
Cavalier	*Quân kị, lính kị mã.*
Cave	*Hầm.*
Caverne	*Hang.*
Ce	(Cet, cette, ceci, cela), *nầy, ấy :* donnez-moi ce livre, *cho tôi sách nầy;* je ne comprends pas ce que vous dites, *anh nói cùng tôi, hiểu không đặng;* ceci, *cái nầy;* cela, *cái kia;* qu'est-ce que cela? *cái nầy là gì?* j'ignore cela, *tôi không biết việc nầy.*
Céder	(Abandonner), *nhường cho;* céder mutuellement, *nhường nhau.*
Ceindre	un sabre, *thắt gươm;* se ceindre, *khiêm tốn, buộc lưng, thắt lưng.*

FRANÇAIS-ANNAMITE. 159

Ceinture.......	Dây lưng : mettre une ceinture, đóng nịt.
Célèbre.......	Kẻ có danh tiếng : devenir célèbre, danh vang.
Célibat.......	Chực tiết.
Célibataire....	Son sẽ, người không có vợ.
Cellule.......	Phòng nhỏ.
Celui-ci......	Kẻ nầy, ấy.
Celui-là......	Kẻ kia, nó.
Cendre.......	Tro, tro bụi : couleur de cendre, luốc luốc xám tro; jour des Cendres, lễ tro.
Censurer......	Giám khảo : censurer un livre, khảo sách.
Cent.........	Trăm, bách.
Centenaire.....	Trăm tuổi.
Cent-pieds.....	Con rít.
Centre.......	Trung tâm, trung.
Cependant.....	Những mà, song le (Tonkin).
Céphalalgie....	Nhức đầu luôn.
Ceps.........	Fers, trăng : être aux fers, ở trăng; mettre aux fers, đóng trăng.
Cérat........	Thuốc dán.
Cercle........	Vòng tròn : cercle de bois, cái nhiễn, nén, vành.
Cerclé.......	Có nhiễn.
Cercler.......	Đóng nhiễn.
Cercueil......	Hòm, săng ấm.
Cérémonie.....	Lễ : grande cérémonie, lễ lớn; cérémonie des ancêtres, cúng quải.
Cerf.........	Nai, hươu.
Cerf-volant....	Con đều.
Cerner.......	une maison, un village, bóp nhà, bóp làng.
Certain.......	Quyết thật : j'en suis certain, quả quyết; un certain, người kia.

VOCABULAIRE

CERTAINEMENT ... *Ót, thật.*
CERTIFICAT ..... *Thờ làm chứng;* preuve, *chứng.*
CERTIFIER ...... *Quyết chí, quyết đinh.*
CERVEAU .... *Óc.*
CESSE .... Sans cesse, *liên liên.*
CESSER .... *Thôi, ngớt :* cesser les hostilités, *thôi đánh giặc;* cesser son travail, *nghỉ tay, thôi việc;* la pluie cesse, *ngớt mưa;* le vent cesse, *tắt gió.*
CHACUN .... *Mõi một, mõi một người.*
CHAGRIN .... *Buồn sầu, lo phiền.*
CHAGRINER (SE).. *Có buồn, phiền sầu.*
CHAÎNE......... *Lòi tói, đòi tói :* être à la chaîne, *phải xiềng;* chaîne et trame, *canh chỉ.*
CHAÎNON .... *Cái khuên sắt.*
CHAIR .... *Thịt, máu thịt.*
CHAISE .... *Ghế :* chaise à porteur, *kiệu;* aller en chaise, *đi kiệu.*
CHALAND .... *Cụ lạp, tam bản.*
CHALEUR .... *Nóng :* chaleur du soleil, *nắng, trời nắng;* chaleur de la fièvre, *nóng rệt;* chaleur brûlante, *nắng lửa;* un animal en chaleur, *lăng đú.*
CHALOUPE ...... *Tam bản lớn.*
CHALUMEAU ..... *Ống thổi.*
CHAMBRE .... à dormir, *phòng ngũ;* chambre de réception, *nhà khách.*
CHAMEAU .... *Con lạc đà.*
CHAMP .... *Ruộng, đồng :* champ cultivé, *ruộng cày rồi;* champ ensemencé, *đã gi eo rồi;* champ de bataille, *chỗ đi trận;* sur-le-champ, *thức thì, liên.*

CHAMPIGNON	*Cái nớm.*
CHANCE	(Sort, fortune), *só, vận, só phận;* bonne chance, *gặp vận;* mauvaise chance, *lỡ vận.*
CHANCELER	(Par faiblesse), *ngật ngờ, chong mặt, vật vờ;* (par indécision), *bong kuân.*
CHANCRE	*Chóc lech, ấm đau sang.*
CHANDELIER.....	*Chơn đèn.*
CHANDELLE	*Đèn mơ, nến :* chandelle de cire, *đèn sáp.*
CHANGER	(Devenir autre), *đổi, thay đổi, cải;* changer de lieu, *thay đổi nơi;* changer de conduite, *sửa mình lại;* changer de l'argent, *đổi bạc.*
CHANSON	*Một câu hát, một cung :* chanson d'un oiseau, *chim kêu;* chanson d'un insecte, *con trung kêu;* chanson d'une grenouille, *éch kêu.*
CHANTER	*Hát, cả hát, cả xướng.*
CHANTEUSE	*Con nhà nghé, con hát.*
CHANVRE.......	*Ma, gai ma :* corde de chanvre, *dây gai.*
CHAPEAU	de mandarin, *mão;* chapeau chinois, *cái mấu;* chapeau des Européens, *nón;* chapeau de femme, *nón chảo;* chapeau de paille, *nón rơm, nón lá;* porter un chapeau, *đội nón;* ôter son chapeau, *cát nón.*
CHAPELET	*Chuỗi hột, tràng hạt:* dire le chapelet, *lần hột.*
CHAPELLE	*Nhà thờ nhỏ.*
CHAPITRE	d'un livre, *đoạn sách;* chapitre d'un traité, *khoản.*
CHAPON	*Gà thiến.*
CHAPONNER	*Thiến.*

Chaque	Mỗi một : chaque mois, mõi tháng; chaque jour, hàng ngày; chaque fois, mõi một lần.
Char	à buffles, xe, xa.
Charbon	Than : charbon de bois, than cũi; charbon de pierre, than đá.
Charcutier	Kẻ làm thịt hèo.
Chardon	Gai ma vương, gai gốc.
Charge	(Fardeau), gánh nặng; emploi, chức, quyền; dignité, chức, quờn.
Chargement	Chở.
Charger	un animal, chở; charger un navire, tàu chở; chargez cela sur le cheval, lấy của nầy con ngựa chở; je m'en charge, tôi phải làm; charger quelqu'un de faire, dặn bảo, chỉ bảo; charger une arme, nạp súng.
Charitable	Nhơn, lòng nhơn.
Charité	Nhơn ai, đức kính mến.
Charme	Sự phù chú.
Charmer	(Plaire), đẹp; je suis charmé de vous voir, tôi thấy anh mầng lắm; charmer (par sortilége), phù.
Charnel	Dâm-dục; máu dê (bas).
Charnu	Vóc béo.
Charpente	Xương nhà.
Charpentier	Thợ mộc.
Charpie	Sươi vầy.
Charretier	Kẻ đưa xe.
Charrette	Xe.
Charrue	Cai cày : soc de la charrue, lưỡi cày.
Chasser	(Aller à la chasse), đi săn; chasser quelqu'un, le renvoyer, xua đuổi; chasser devant soi des bestiaux, lùa.

FRANÇAIS-ANNAMITE.

Chasseur	Kẻ đi săn.
Chassie	Chassie des yeux, ghèn, bét mắt, nhả con mắt.
Chaste	Trinh, thanh sạch.
Chasteté	Sạch sẽ, đong trinh.
Chat	Mèo; chat sauvage, con beo.
Chat-huant	Chim mèo.
Châtier	Sửa.
Châtiment	Sửa phạt, vạ.
Chaton	de bague, mắt nhẫn.
Chatouiller	Nực cười, nhột nhạt.
Châtrer	Thiển.
Chaud	(Qui a de la chaleur), nóng, nóng nảy; j'ai très-chaud, tôi nóng lắm; il fait bien chaud, trời nóng lắm; tempérament chaud, người nóng tính, sốt tính.
Chaudière	Cái xanh.
Chaudron	Chảo.
Chauffer	Faire chauffer de l'eau, bác nước, sôi nước; faire chauffer au feu, hâm, làm cho nóng; chauffer un four, làm một lò cho nóng; se chauffer, sưởi, hâm mình.
Chaume	Tranh : toit en chaume, mai lá, mai tranh; couvrir de chaume, lợp tranh.
Chaumière	Nhà tranh.
Chaussée	de rizière, bỡ ruộng.
Chausser (Se)	Mang giày.
Chauve	Sói, sói đầu.
Chauve-souris	Con dơi.
Chaux	à bâtir, với; chaux vive, với sống; passer à la chaux, tô với, trét với.
Chavirer	Đổ úp.

11.

Chef.........	Kẻ làm đầu.
Chemin.......	Đàng, đường : chemin étroit, đàng chạc, đàng ép; bon chemin, đàng tốt; chemin sec, khô; où conduit ce chemin? đàng nầy đi đâu? indiquez-moi le chemin, chỉ đàng cho tôi.
Cheminée......	Lo hơi khói : foyer, cái lò; tuyau de cheminée, ống khói.
Chemise.......	Áo lót.
Chêne........	Cây dẽ.
Chenille......	Con sâu, con bọ đất.
Cher.........	(Aimé), đáng mến, bị thương; cher (prix), mắt; vendre cher, bán mắt.
Chercher......	Tìm, kiếm, tìm kiếm; chercher dans l'eau, mò.
Chérir	Thương lắm, ái mộ, thương thiệt, áp yêu, yêu mến.
Chétif	Ốm gầy.
Cheval	Ngựa đực : [jument, ngựa cái]; cheval hongre, ngựa thiến; monter à cheval, cỡi ngựa; course de chevaux, đua ngựa.
Cheveu	Tóc : un cheveu, một sợi tóc; cheveux blancs, tóc bạc; cheveux noirs, tóc xanh; cheveux frisés, tóc quăn; lier les cheveux, bới tóc; délier les cheveux, xả tóc.
Cheville	de bois, con sẽ; cheville de ciseaux, ngạt; cheville du pied, mắt cá chơn.
Chèvre	Dê. [Bouc, dê đực.]
Chevrette.....	Tôm.
Chevreuil	Con mang.
Chez.........	Nơi, tại : chez moi, tại nhà tôi; chez vous, tại nhà ông; chez qui? tại ai?

FRANÇAIS-ANNAMITE. 165

CHIEN	Chó : chienne, chó cái; chien de chasse, muống săn; dogue, chó ngao.
CHIER	Đi sống, đi ỷa (bas), xổ ra.
CHIFFON	Dẻ, một miếng dẻ.
CHIFFRE	Số đếm.
CHIGNON	(Cheveux), lọn tóc, ót; saisir par le chignon, nắm ót.
CHINE	Đại minh, bên tàu.
CHINOIS	Chệc, khach chủ; fils de Chinois et d'Annamite, minh hương.
CHIROMANCIE	Phép nghề coi chỉ tay.
CHIROMANCIEN	Thầy tướng.
CHIRURGIEN	Thợ giác.
CHOC	(Mutuel), chạm nhau, chạm, đụng.
CHOISIR	Chọn, kén lấy, chọn lựa : élire, chọn lựa; choisissez ce qui vous plaît le plus, chọn cái nào đẹp hơn thì lấy.
CHOLÉRA	Dịch ẩu tả, dịch.
CHOQUER	(Heurter), đụng nhau; offenser, nói mất lòng.
CHOSE	Sự, việc, của, vật : affaire, việc, sự; effets, đồ, đồ đạc; avez-vous quelque chose à me dire? có muốn nói đều gì không? chose heureuse, sự lành; chose malheureuse, sự dữ.
CHOU	Rau cải, cải rổ.
CHOUETTE	Chim mèo, cú.
CHRÉTIEN	Kẻ có đạo.
CHRIST	Đức chúa Gi-giu.
CHRISTIANISME	Sự giữ đạo, có đạo.
CHRONIQUE	Sử kí.
CHRYSALIDE	Nhộng.
CHRYSOCALE	Đồng thòa.

Chuchoter	Nói sẽ, nói nhỏ, nói thầm.
Chut!	(Paix!) nín! nín làng.
Cible	Bia, đích : atteindre la cible, trúng đích.
Cicatrice.....	Vít, dấu vít, dấu tích.
Cicatriser	Ma plaie se cicatrise, tích gần lành.
Ciel	Trời, thiên : Dieu du ciel, Thiên chúa; dans le ciel, trên trời.
Cierge	Nến lớn.
Cigale.......	Con ve : chant de la cigale, ve ngâm.
Cigogne......	Con cò.
Cil	Lông nheo.
Cilice	Áo nhặm.
Cime	Đỉnh : cime d'arbre, chót cây, ngọn; cime de montagne, đỉnh núi.
Ciment	Cát trộn với.
Cimenter.....	Trét cát trộn với.
Cimetière.....	Nơi chôn, chỗ chôn.
Cinq	Năm.
Cinquante	Năm mươi.
Cinquième	Thứ năm : le cinquième, một phần trong năm.
Circoncision ...	Phép cắt bì, phép vanh da.
Circonférence ..	Vòng, vòng tròn.
Circonscrire ...	(Limiter), làm cho có giái hạn.
Circonspect....	Être circonspect, có ý tứ, co ý chỉ, có khôn ngoan.
Circonstance...	Dịp, cớ, sự cớ, sự thể : j'ignore les circonstances de cette affaire, việc nầy tôi không biết cớ làm sao.
Circulaire	Cái trách đi các làng.
Circuler	Đi qua đi lại, đi xung quanh : la nouvelle circule, nghe đồn.

FRANÇAIS-ANNAMITE. 167

Cire	Sáp : pain de cire, bánh sáp.
Ciseau	à tailler les pierres, đục đá; ciseau de menuisier, cái chàng.
Ciseaux	Kéo.
Ciseler	du cuivre, chạm đong, chạm trổ.
Citadelle	Thành, đồn lũy : élever une citadelle, đắp thành.
Citer	(Sommer de comparaître), đòi.
Citerne	Ao tích nước mưa.
Citron	Trái chanh.
Citrouille	Trái bí, bầu.
Civil	Văn : mandarin civil, quan văn. (Mandarin militaire, quan võ.)
Clair, e	Rõ ràng, sáng : voix claire, tiếng thanh, tiếng trong; évident, tỏ lộ, rõ; transparent, trong ngần; — (subst.) clair de lune, sáng trăng, trăng tỏ.
Clairement.....	Tỏ.
Clameur	Lá, om sòm.
Clandestinement .	Trộm, kín : agir clandestinement, làm chùng trộm.
Clarifier	Lọc.
Clarté	Sự sáng, láng; évidence, rõ ràng, tỏ; clarté extraordinaire, sáng lòa.
Classe	(Rang), hạng, phẩm; classe supérieure, thượng phẩm; classe moyenne, trang phẩm; classe inférieure, hạ phẩm; école, nhà trường, nhà học.
Clause	d'un traité, các khoản sách giao hòa.
Clavicule	Xương vai.
Clef	Chìa khóa : fermer à clef, đóng khóa.
Clémence	Đức khoan nhơn.

Clément	Khoan nhơn.
Cligner	Cligner des yeux, nháy mắt; clin d'œil, liếc mắt; en un clin d'œil, trong nháy mắt.
Climat	Thủy thổ, nước trời.
Cloche	Chuông.
Clochette	Chuông nhỏ.
Cloison	Bực vách.
Cloître	Nhà dòng.
Clore	(Fermer), đóng.
Clos	Chỗ mắc rao.
Clou	Đinh : clou à tête, đinh cúc; clou (furoncle), nhọt.
Clouer	Đóng đinh.
Clystère	Thông khoan, thụt.
Coaguler	Trê : le sang se coagule, máu đóng lại, ứ máu.
Coasser	(Les grenouilles), kêu như con ếch.
Cocher	Kẻ đưa xe.
Cochinchine	An-nam, Việt-nam.
Cochon	Con heo : cochon de lait, con heo con.
Coco	Dừa : huile de coco, dầu dừa; lait de coco, dừa nước.
Cocon	Kén.
Cocotier	Cây dừa.
Code	Lề luật : code annamite, lề luật An nam.
Cœur	Lòng, trái tim, tâm; courage, người ấy bạo lắm; il a du cœur, có gan; il n'a pas bon cœur, nó có bụng xấu; cœur dur, cứng lòng; de tout cœur, hết lòng; savoir par cœur, thuộc lòng.
Coffre	Rương, hòm : coffre à sapèques, rương xe.
Coiffer (Se)	Chải lược mình.

Coiffure	*Cách chải đầu.*
Coin	*Góc, dùi đục* : dans un coin, *xó góc;* coin à fendre le bois, *chêm, nêm.*
Coït	*Giao kết, ăn nằm vợ nhau; đu nhau* (bas).
Col	d'habit, *cổ áo.*
Colère	*Sự giận* : se mettre en colère, *giận;* bouillant de colère, *căm giận;* garder sa colère, *hềm;* colère sourde, *giận ngầm;* — (adj.) homme colère, *hay giận, có tính nóng.*
Colique	*Đau bụng.*
Colle	*Hồ, giao.*
Collecteur	d'impôts, *thủ thuế, góp thuế.*
Collége	*Nhà trường, trường học.*
Coller	*Gắn giao, gắn keo, hồ.*
Collet	d'habit, *cổ áo.*
Collier	*Khieng cổ, khieng* : collier aux pieds, *khieng chơn.*
Colline	*Gò, côn, giồng, gò bãi.*
Colombe	*Con cu.*
Colombier	*Chuồng bồ câu.*
Colonel	*Chánh quản vệ, chánh quản cơ, quản cơ.*
Colonne	de maison, *cây cột, cột nhà;* colonne d'armée, *cơ binh, cánh binh.*
Colorer	Donner une couleur, *vẽ một sách.*
Colorier	*Thếp.*
Colporteur	*Rối, quân rối.*
Combat	*Trận, sự đánh giặc, chiến trận* : il s'est livré un combat, *đã đánh trận;* aller au combat, *đi trận;* mort au combat, *bị trận.*
Combattant	*Kẻ đi đánh giặc.*
Combattre	*Đánh giặc, trận.*

VOCABULAIRE

Combien. . . . . . . *Bao nhiêu, mấy* : combien de personnes ? *có mấy người?* combien en voulez-vous ? *có muốn mấy?* combien (le prix)? *mấy? bao nhiêu?* quelle quantité? *ngần nào?* combien de fois ? *mấy lần ?*

Combiner. . . . . . un plan avec quelqu'un, *bàn luận mưu kế.*

Combler. . . . . . (Remplir), *đầy dẫy;* combler une fosse, *đập;* combler avec de la terre, des pierres, *lấp;* combler de bienfaits, *làm ơn nhiều.*

Comédie. . . . . . . *Hát bội, bội bè* : jouer la comédie, *hát bội.*

Comédien. . . . . . *Kẻ hát bội, con hát.*

Comestible . . . . *Của ăn, các đồ ăn.*

Comète. . . . . . . *Sao chổi, sao phướn.*

Comique . . . . . . *Thuộc về hát bội.*

Commandant . . . . *Kẻ làm đầu* : commandant en chef, *nguơn soái.*

Commandements. . Les dix commandements, *mười giái.*

Commander. . . . . *Cai, dạy, truyền.*

Comme. . . . . *Như* : comme moi, *như tôi, giống như tôi;* comme cela, *như vậy;* comme si, *dường bằng, sánh ví.*

Commencement . . *Đầu, khi đầu, sơ khi.*

Commencer . . . . *Khi sự, bắt đầu, ra tay* : je commence à m'ennuyer, *tôi mới buồn, mới rầu.*

Comment ? . . . . . *Thể nào?* comment faites-vous cela ? *làm cái nầy dùng thể nào ?*

Commentaire. . . . *Sổ, sách sử.*

Commenter. . . . . *Cắt nghĩa.*

Commerçant . . . . *Kẻ buôn bán.*

Commerce . . . . . *Việc buôn bán* : maison de commerce européenne, *nhà hàng.*

FRANÇAIS-ANNAMITE. 171

Commettre.....	un crime, *phạm tội*; commettre l'adultère, *gian dâm*.
Commission.....	*Việc giao cho* : donner commission, *giao cho, gởi cho*.
Commode......	*Tiện* : cela est commode, *cái nầy vừa, có ích*.
Commun.......	(Général), *chung, thường* : langage commun, *nói chung*; ordinaire, *thường*; les tigres sont communs dans ce pays, *chỗ nầy có nhiều cọp*.
Communauté....	*Hội* : communauté chrétienne, *bổn đạo*.
Commune......	(Village), *xã, thôn, xom*; chef, maire de la commune, *ông xã, ly trưởng*.
Communier.....	*Rước lễ, chịu lễ*.
Communion.....	*Phép rước lễ*.
Communiquer ...	une affaire, *tỏ việc ra*; en communication, *thong* : cet arroyo communique avec la rivière, *rạch nầy thong cùng sóng*.
Commutation ...	*Giảm luật* : commutation de degré dans la peine, *giảm một bậc*.
Compagnie.....	(Assemblée), *họ, hóm họ*.
Compagnon.....	*Bạn hữu*.
Comparaître....	devant le juge, *đến trước mặt ông quan*; faire comparaître, *đòi ra trước*.
Comparer......	*Sánh cùng, ví* : comparer une chose à une autre, *sánh cái nầy cùng cái kia*.
Compas.......	*Cái khuanh*.
Compassion	*Động lòng thương*.
Compatir......	*Thương xót*.
Compatissant ...	*Kẻ thương*.
Compatriote ...	*Kẻ ở một quê, bổn quán*.
Compenser.....	*Cân lại, thế lại* : cette chose compense l'autre, *cân cái nầy cái kia bằng nhau*.

VOCABULAIRE

Complaisance... *Sự bụng tốt:* ayez la complaisance, *xin ông.*
Complaisant.... *Có bụng tốt.*
Complet...... *Trọn, trót, viên mãn:* c'est complet, *trót trăm.*
Compléter..... *Làm cho rồi, lam cho trọn.*
Complice...... *Vì tùng, đi theo.*
Compliment.... *Lời mừng mặt.*
Complimenter... *Mảng mặt, mừng lòng, lời kính:* complimenter au premier jour de l'an, *đi tết.*
Complot...... *Mưu kẻ, mưu loạn.*
Comploter..... *Thể làm loạn, lam nguy.*
Comporter (Se). *Ăn ở:* se comporter bien, *ăn ở tốt, phải thể.*
Composer..... *Sắp đóng:* composer un écrit, *bài, làm bài văn, thơ phu, văn;* composer (mixtionner) une drogue, *cất một thẳng thuốc;* venir à composition, *chịu phép.*
Comprendre.... (Contenir), *để;* entendre, *hiểu, liễu, thông biết, hiểu biết;* cela ne peut se comprendre, *việc này hiểu không đặng.*
Compresse..... *Vây buộc bị tích, vây buộc dấu.*
Comprimer..... (Serrer), *nặn.*
Compromettre.. *Thiệt lâu:* ne me compromettez pas, *đừng có thiệt lâu tôi.*
Comptant...... Argent (payer), *mua trả tiền mặt.*
Compte....... *Số đếm, đếm kể:* livre de comptes, *sách số.*
Compter...... *Tính, đếm, tóan;* payer, *trả tiền;* cela est compté, *cái này đã tính rồi;* compter sur ses doigts, *gút tay.*
Comptoir...... *Phố;* comptoir européen, *chỗ nhà hàng.*
Concave...... *Lỗ hỏm, hủng.*
Concéder...... du terrain, *cho đất.*
Conception.... maternelle, *chịu thai, chửa;* pensée, *sự tưởng, hảo.*

FRANÇAIS-ANNAMITE. 173

Concerner.....	Cela me concerne, *việc nầy về tôi*.
Concert......	de musique, *đánh đờn, kêu đờn*.
Concerter.....	(Délibérer), *bàn luận;* se concerter, *luận nhau*.
Concevoir.....	(Devenir enceinte), *có thai, chửa;* elle a conçu, *kẻ có bụng;* comprendre, *thấu, hiểu*.
Concilier......	Se concilier, *hiệp nhau, đành lòng*.
Conclure.....	*Làm cho rồi, kết cấu* : conclure un marché, *giao kết nhau;* conclure un traité, *giao hòa*.
Concombre....	*Trái dưa chuột*.
Concorde.....	*Giao hòa, hòa hiệp*.
Concorder.....	*Hiệp lòng, đồng lòng*.
Concourir.....	(Aider), *giúp, giúp đáp;* concourir à un examen, *khoa thi*.
Concubine.....	*Vợ bé, vợ mọn, hầu, vợ gạnh, thiếp*.
Concupiscence..	*Lòng dục, ái dục*.
Concurrence...	*Thi nhau, đua nhau* : entrer en concurrence, *đua tranh*.
Concussion....	*Ăn gian, ăn của dân, ăn tiền*.
Condamner.....	*Đoán phạt, lên án* : il a été condamné à recevoir 50 coups de rotin, *có phạt nó đánh năm chục roi*.
Condition.....	(Clause), *đều, số, sự giao;* état, *bổn phận, thế, vốn, đảng bậc, thân phận;* rougir de sa condition, *hổ phận*.
Conduire......	(Mener), *dưa;* où ce chemin conduit-il? *đường nầy đi đâu?* conduire par la main, *dẫn;* accompagner, *dẫn, dưa;* diriger, *dẫn bảo, biểu đương;* vous vous conduisez fort mal, *anh có nết xấu quá*.

VOCABULAIRE

Conduit. . . . . . . Máng, mương, rãnh.
Conduite . . . . . . Nết ăn ở : conduite bonne, ăn ở tốt; conduite mauvaise, ăn ở xấu.
Conférence . . . . Công luận, bàn luận : conférence religieuse, bài giảng.
Conférer . . . . . . un grade, une dignité, nây chức, phong chức.
Confesser . . . . . (Avouer), xưng : confesser des péchés, xưng tội.
Confession . . . . Phép giải tội.
Confessionnal . . Tòa giải tội.
Confiance . . . . . Avoir confiance, tin cậy.
Confier. . . . . . . une chose à quelqu'un, gởi, giao cho, kí cho : confier un secret, gởi lời kín; se confier, nhờ cậy, cậy mình.
Confins . . . . Giáp giái, bờ cõi.
Confire . . . . Nấu chè, nêm, gia vị : confire au sucre, rim, ngào đàng.
Confirmation . . . Sự quyết, nói quyết; sacrement, phép xức trán.
Confirmer . . . . . un fait, quyết, quả quyết, nói quyết.
Confiscation . . . Phạt bao phong gia tài.
Confisquer . . . . les biens, bao phong gia tài.
Confiture . . . . . Mứt, rim mật.
Confluent . . . . . Túa ra.
Confondre . . . . . (Mêler), đổ lộn, trộn lộn; faire rougir, làm cho thẹn mặt.
Conforme . . . . . . à, giống hình, như, theo như.
Conformer (Se) . Se conformer aux ordres, chìu phép, theo lời truyền.
Confronter . . . . Hiện tại.
Confucius . . . . . Khổng tử.

Confus	(Brouillé), *bậy bạ*.
Confusément . . .	*Tạp nhụ*.
Confusion	(Désordre), *lộn lạo, hỗn độn;* honte, *hổ ngươi, xâu hổ*.
Congrégation . . .	*Bằng hội, họ đang* : chef de congrégation, *bằng trưởng*.
Conjecture	*Mọng*.
Conjecturer	(Supposer), *nói phỏng, phỏng, nói không khứ, nói mọng*.
Conjuration	(Complot), *thể làm nguy*.
Conjuré	*Kẻ ăn thề, kẻ tập lập, hùa theo*.
Conjurer	(Prier), *xin;* entrer dans une conjuration, *ăn thề*.
Connaître	(Savoir), *biết, thông biết* : connaissez-vous cet homme ? *có biết người này không ?* il est très-connu, *có quen mặt lắm*.
Conquérir	un pays, *lấy nhà nước;* pays conquis, *nước đã lấy rồi;* conquérir l'amour de quelqu'un, *câu mị*.
Consacrer	Cela est consacré aux idoles, *cung cho bụt*.
Consanguin	*Họ nội, bà con, họ hàng, thân, liên chi*.
Conscience	*Lương tâm* : bonne conscience, *ngay lòng;* mauvaise conscience, *bụng xấu*.
Conseil	(Assemblée), *công luận*.
Conseiller	(Verbe) *Toan, lo, dỗ dành* : je vous conseille, *tôi khuyên bảo anh*.
Conseiller	(Subst.) du roi, *nội triều nội khác*.
Consentir	*Ưng ý, khứng lòng, ưng, đẹp ý* : j'y consens, *việc này ưng tôi*.
Conséquence . . .	*Sự liên;* en conséquence, *bởi cho nên, ấy vậy*.
Conserver	*Gìn giữ, dành, dành để, tích*.

Considération	Par considération pour vous, *vì anh*.
Considérer	(Examiner), *luận, suy xét, xem xét*.
Consoler	*An ủi* : se consoler, *giải sầu, an ủi mình;* consolé, *đã chịu an ủi rồi*.
Consolider	*Làm cho vững, làm cho chắc*.
Consommer	(Achever), *làm cho rồi;* crime consommé, *tội đã phạm rồi*.
Conspiration	*Việc ăn thề, phe đảng*.
Conspirer	*Ăn thề, tập lập*.
Constance	*Sự bền lòng* : il n'a pas de constance, *không có bền lòng*.
Constant	*Vững lòng, vững chí*.
Constater	*Tỏ ra, làm cho rõ*.
Constellation	*Vì sao, tinh thần*.
Consterné	*Có sợ hãi lắm*.
Consterner	*Làm kinh sợ*.
Constipation	*Đau kết*.
Constipé	*Đi sống kiết, đi bón*.
Constituer	*Lập, đặt, lập luật*.
Constitution	d'un pays, *lệ luật, phép luật*.
Construction	*Việc lập, việc dựng*.
Construire	*Xây đắp, lập, sắp* : construire une maison, *cất nhà;* construire un navire, *đóng tàu*.
Consul	*Lãnh sự quan*.
Consulter	*Hỏi bàn bạc*.
Consumer	*Hao tốn, phá* : être consumé par la maladie, *mòn vi bịnh*.
Contagieux	(Mal), *bịnh lây, tật lây* : peste contagieuse, *dịch khí*.
Conte	*Chuyện bày đặt*.
Contempler	*Suy gẫm, nguyện gẫm*.

FRANÇAIS-ANNAMITE. 177

Contenance	Giàng người : perdre contenance, tịt mắt đi.
Contenir	Đựng, bao, chứa : combien de piculs de riz contient cette barque? ghe nầy có chở mấy tạ gạo?
Contenir (Se)	Dằn lòng.
Content	Ưng lòng, bằng lòng, vui lòng, toại lòng : es-tu content? anh có bằng lòng không?
Contenter	(Satisfaire), làm cho người bằng lòng; se contenter, ở bằng lòng, có đủ.
Contenu	d'un livre, d'une lettre, ý sách, ý thơ.
Conter	Nói chuyện, nói truyện.
Contestation	Cãi lẽ.
Contester	Cãi, cãi lẽ, cãi nhau.
Contigu	Giáp, giáp nhau, liên.
Continence	Đức sạch sẽ.
Continent	(Adj.), kẻ ở sạch sẽ, kẻ giữ mình.
Continent	(Subst. m.), đất, đất liên.
Continuel	Làm luôn.
Continuellement	Luôn luôn.
Continuer	Cứ việc, cứ liên, kẻ tấn, luôn.
Contorsion	du corps, nhún; contorsion des lèvres, nhún mói.
Contour	Coude d'un arroyo, khúc.
Contourner	Đi quanh, đi xung quanh : contourner la bouche, trớt mói, trề miệng.
Contracter	(Faire un contrat), kết giao, lời giào; contracter une habitude, mới quen; contracter des dettes, đóng nợ.
Contradiction	Lời trái, lời cãi.
Contraindre	Ép, hiếp.
Contraint	Ép lòng.

Gramm.

Contraire	(Opposé), *trái, nghịch, khác, ngược, xung*: vent contraire, *gió ngược;* vous dites le contraire, *nói trái nghịch;* au contraire, *khác lắm.*
Contrarier	*Khuấy khoả.*
Contrariété	*Sự cãi trả.*
Contrat	de vente, *thơ khế.*
Contravention	*Trái phép, phạm pháp.*
Contre	(Auprès), *gần;* à l'opposé, *nghịch cùng;* sur, *trên;* s'appuyer contre un arbre, *dựa một cây;* aller contre l'ennemi, *đi cùng kẻ nghịch;* contre la volonté, *trái ý.*
Contrebande	*Việc trốn thuế:* faire la contrebande, *trốn tuần, trốn thuế.*
Contrebandier	*Kẻ trốn thuế.*
Contre-cœur (A)	Agir à contre-cœur, *trái tính, trái ý.*
Contre-coup	*Bong lên, nảy lên.*
Contredire	*Nói nghịch, nói trái, cãi lời.*
Contrée	*Phương, hướng.*
Contrefaçon	*Giả tờ.*
Contrefaire	*Giả, làm giả, làm hình.*
Contrefait	(Difforme), *người có tật.*
Contremander	*Truyền lại khác.*
Contre-poids	*Trái cân.*
Contre-poison	*Thuốc giải độc.*
Contre-sens	*Nghĩa trái ý, trái ý li.*
Contre-temps	*Trái mùa.*
Contrevenir	aux lois, *phạm pháp, làm việc trái lẽ.*
Contribuer	à, *phú mình cho.*
Contribution	de guerre, *bồi thường, bồi quân;* lever une contribution, *đóng thuế.*
Contrister	*Làm cực, làm cho buồn, làm cho rầu.*

Contrition	Phàn nàn.
Contrôler	Xem xét, coi xét.
Contrôleur	Kẻ coi lại, kẻ xem lại.
Contumace	Juger par contumace, đào án.
Convaincre	(Persuader), xứng hạp; convaincre quelqu'un d'un délit, làm cho người phải chịu tội.
Convalescence	Bớt đau chưa khỏi hết, thuyên bịnh : entrer en convalescence, nằm dàu, bớt đau.
Convalescent	Có đau đã bớt.
Convenable	Khá, phải, tử tế, nên, đẹp mặt : cela n'est pas convenable, cái nầy không nên.
Convenir	Il convient, ắt nên, hạp, khá, phải thể; cela me convient, sự nầy vừa ý tôi, hạp ý tôi; convenir, être d'accord, hiệp lòng, xứng, đồng lòng; convenir, faire un accord, hòa hiệp, kết nhau, hiệp nhau; cela est convenu, cái nầy giao kết rồi.
Convention	(Pacte), hiệp giao kết : convention de paix, giao hòa.
Conversation	Sự nói truyện, ăn nói.
Converser	Nói truyện.
Conversion	(Changement), trở lại : conversion à la religion chrétienne, trở lại đạo.
Convertir	(Changer), làm cho trở lại; se convertir, sửa nét, sửa mình; il s'est nouvellement converti, mới trở lại đạo.
Convier	Mời : convier à un repas, mời ăn tiệc.
Convive	Kẻ đi ăn tiệc, kẻ đi ăn yến : recevoir les convives, thết, tiếp rước.
Convoi	de barques, đò an ghe; convoi funèbre, đi mả.

VOCABULAIRE

Convoiter	Tham, tham lam.
Convoquer	Nhóm hội lại, kêu nhóm lại : convoquer les habitants d'un village, nhóm làng.
Convoyer	Tống, đi hộ tống.
Convulsion	Phát phiên : convulsions de la mort, phát phiên gần chết.
Coopérer	Giúp, giúp nhau.
Copeau	Miếng giam.
Copie	Sao thơ.
Copier	Sao lại, viết sao.
Copieux	Nhiều, có nhiều, hiếm.
Copiste	Kẻ viết sao.
Copulation	Việc đu nhau (bas).
Copuler	Đu nhau (bas) : en parlant des animaux, par exemple du cheval, phủ nhau; en parlant des quadrupèdes en général, reo nhau; en parlant des oiseaux, đạp mái.
Coq	Gà trống : le coq chante, gà gáy, canh gà; coq de combat, gà đá, gá chọi; combat de coqs, gà đá đua nhau.
Coque	d'œuf, vỏ trứng.
Coqueter	Đi lảng dậm.
Coquette	Con gái lảng dậm.
Coquillages	Ngao.
Coquilles	Mu, óc, chống; huîtres, hàu.
Coquin	Người đi ăn cắp, người ăn ở xấu.
Cor	(Instrument de musique), kèn : donner du cor, thổi kèn; durillon, chay chơn.
Corail	Cây hoa đá.
Corbeau	Chim qua, ác.
Corbeille	Rổ; thúng, mảng, giỏ, gùi : corbeille en feuilles, gàu múc nước; en rotin, níp.

CORDAGE . . . . . . de navire, *dây chằng tàu.*
CORDE . . . . *Dây :* corde de violon, *dây đờn;* tresser une corde, *đánh dây;* corde tressée en trois, *dây ba tao.*
CORDIAL . . . . Accueil cordial, *tiếp lễ;* homme cordial, *người có bụng tốt;* — (subst. m.) remède, *thuốc bổ.*
CORDON . . . . de soie, *chỉ tơ;* cordon de coton, *chỉ vải;* cordon de fil, *chỉ gai;* cordon de bourse, de sac, *dây thắt đẫy.*
CORDONNIER . . . . *Thợ đóng giày, thợ giày.*
CORÉE . . . . (Royaume de), *nước triều tiển, nước cao li.*
CORNALINE . . . . . *Đá mả nảo.*
CORNE . . . . des animaux, *sừng;* corne de cerf, *gạc nai;* frapper de la corne, *báng, húc;* sabot de cheval, *móng ngựa;* corne pour mettre les souliers, *sừng mang giày.*
CORNEILLE . . . . . *Chim khách.*
CORNET . . . . (Trompette), *kèn.*
CORPS . . . . humain, *xác, xác thịt, thân, mình.*
CORPULENT . . . . . *Lớn bụng.*
CORRECT . . . . . . *Tử tế, phải.*
CORRECTEMENT . . . *Cách phải, tử tế.*
CORRECTION . . . . (Châtiment), *phạt, sửa phạt.*
CORRESPONDANCE . (Lettres), *đối đáp bằng thơ.*
CORRESPONDANT . . *Người lấy thơ trả lời lại.*
CORRIGER . . . . . . (Rendre correct), *sửa lại, chửa chữ;* corriger un écrit, *coi lại;* se corriger, *chừa mình, sửa mình;* corriger (punir), *sửa tội, phạt.*
CORROMPRE . . . . . (Gâter), *hư, hư hót, làm cho hư;* corrompre un fonctionnaire, *đút tiền một ông quan;*

	se laisser corrompre, *chịu đút tiền, ăn tiền;* qui commence à se corrompre (poisson, etc.), *wo'n;* corrompu, *hư đi;* mœurs corrompues, *hoang hủy, đi hoang.*
Corset	de femme annamite, *yếm;* porter un corset, *mặc yếm.*
Cortége	de mandarin, *lính hầu, hầu ông quan.*
Corvée	*Bắt xâu, bắt việc quan.*
Costume	*Áo, cách ăn mặt :* costume annamite, *áo an nam.*
Côte	(Partie du corps), *xương sườn;* côte, rivage, *bờ, bãi;* côte de la mer, *bãi biển.*
Côté	(Flanc), *bên hông, cạnh sườn;* point de côté, *đau xóc;* de côté, *nghiêng;* à côté de moi, *gần một bên tôi;* des deux côtés, *đôi bên;* je vais de ce côté, *tôi đi bề nầy.*
Cotiser (Se)	*Góp nhau.*
Coton	*Bông :* étoffe de coton, *vải bông;* arbre à coton, *cây bông.*
Côtoyer	*Đi gần bờ biển, đi theo bãi biển.*
Cou	*Cổ :* cou de travers, *nghẻo cổ.*
Couchant	*Phương tay, bên tay.*
Couche	d'une femme, *nằm bếp, nằm đẻ;* passer une couche de couleur, *quét thuốc một lần;* couches superposées, *lớp.*
Coucher	un enfant, *đặt con nằm;* se coucher, *nằm;* se coucher sur le côté, *nằm nghiêng;* se coucher sur le dos, *nằm ngửa;* se coucher sur le ventre, *nằm sấp;* se coucher (un éléphant, un buffle), *mọp;* le soleil se couche, *mặt trời lặn;* coucher avec une femme, *ngủ vẻ đờn bà, nằm vẻ đờn bà.*

Coude........ *Cánh cho*: coude d'une rivière, *khúc sóng, vinh sóng*.
Coudée....... annamite (pied de 0^m,44), *thuóc*.
Coudre....... *May, vá may*: cela est bien cousu, *cái nầy may khéo*; coudre des voiles, *chằm buồm*.
Couler....... (L'eau), *chảy, đổ, lưu, chảy ra*; couler à flots, *chạy ròng ròng*; couler bas (navire, barque), *chìm*.
Couleur...... *Màu, sắc, thức*: couleur claire, *sắc*; couleur foncée, *sặm màu*; couleur vive, *tốt màu, sắc sảo*; couleurs diverses, *văn*; couleur pour peindre, *thuốc vẽ*.
Couleuvre..... *Rắn*.
Coup........ *Đấm, đánh đòn*: coup de fusil, *bắn súng*, coup de canon, *bắn súng lớn, một tiếng súng*; coup de vent, *phong ba, bão bùng*; coup de soleil, *cháy nắng*; coup de pied, *đá chơn*; coup de poing, *đấm cu*; recevoir un coup, *chịu đòn*; tout à coup, *tức thì*.
Coupable...... *Kẻ có tội, phạm tội*: principal coupable, *chánh phạm*; l'accusé est reconnu coupable, *kẻ bị cáo tra ra người có tội*.
Coupe........ (Vase), *chén, bát*.
Couper....... *Chém, chặt, cắt*: couper avec des ciseaux, *cắt xèo*; couper la gorge, *chết chem*; couper les cheveux, *gọt đầu*; coupé, *đứt*; couper autour, *xén*.
Couple....... (Paire), *đối*: couple de buffles, *một đối con trâu*.
Coupure...... *Đứt*: coupure à la main, *đứt tay*; coupure au pied, *đứt chơn*.

Cour.........	de maison, *đình, sân;* cour de ferme, *chuồng;* cour du roi, *đến vua triều đình;* cortége, *đi chầu vua;* faire la cour à une fille, *nói truyện vê con gái.*
Courage......	*Lòng gan dãm.*
Courageux....	*Kẻ có gan, có dạn.*
Courant......	d'un fleuve, *dòng sông;* courant favorable, *nước xuôi, xuôi dòng.*
Courbe.......	*Cong :* bois courbe, *cây cong.*
Courber......	la tête, *gục đầu, cúi đầu;* courber le dos, *khom lưng;* se courber, *cúi xuống;* être courbé sous le poids, *ghé vai.*
Courge.......	*Trái bí.*
Courir.......	*Chạy :* courir après, *chạy đi theo;* année courante, *trong năm nầy;* mois courant, *trong tháng nầy;* prix courant, *giá bây giờ.*
Couronne.....	*Mũ, triều thiên :* couronne d'épines, *mũ gai.*
Courrier.....	*Lính trạm.*
Courroie.....	*Dây da, dây cang, giáp.*
Courroucé....	*Người gất gống, người giận.*
Courroucer (Se).	*Gất gống.*
Cours........	de la rivière, *nước chạy, dòng sông;* cours de vente, *giá bạc.*
Course.......	*Chạy :* course de chevaux, *đua ngựa;* champ de course, *trường đua.*
Court........	*Vắn tắt, ngắn.*
Courtier.....	*Người thay mặt, người mua giùm.*
Courtisan....	*A dua;* courtisan du roi, *quan triều.*
Cousin.......	(Parent), *họ đang, thân quyến, quyến thuộc;* (insecte), *muỗi.*
Coussin......	*Gối đầu.*

FRANÇAIS-ANNAMITE. 185

Couteau ...... *Dao :* couteau pointu, *dao nhọn;* couteau rond, *dao bằng mũi;* couteau (coutelas), *dao phay.*

Coûter ...... *Giá, đáng giá :* combien coûte cela? *cái nầy có giá bao nhiêu?* cela me coûte de vous refuser, *tôi không bằng lòng cho cái nầy không được.*

Coutume ...... *Thói quen, thói phép, tục, lệ, lề thói, thể lệ :* coutume de la nation, *thói nước;* avoir coutume, *có quen;* suivre la coutume, *theo thói.*

Couture ...... *Đàng may, đàng chỉ, đàng kim.*

Couvent ...... d'hommes, *nhà dòng;* couvent de femmes, *nhà phước.*

Couver .... *Ấp.*

Couvercle .... *Nắp :* couvercle d'une boîte, *nắp hòm;* couvercle de marmite, *vung.*

Couvert ...... (Subst. m.) abri, *chỗ ẩn, chỗ đụt :* se mettre à couvert, *ẩn nhẫn;* — (adj.) couvert (caché), *khuất, giấu.*

Couverture .... de lit, *mền, mền đắp;* couverture de livre, *bìa sách.*

Couvrir ...... *Che đậy, đắp, phủ che :* couvrir une maison, *lợp nhà;* couvrir de tuiles, *lợp ngói;* couvrir de honte, *ăn xấu hổ, thẹn mặt;* couvrir (mettre un voile), *án, yểm;* en parlant des animaux, voyez Copuler.

Crabe .... de mer, *cua biển;* crabe de terre, *cua đồng.*

Crachat ...... *Dãi, bọt dãi.*

Cracher ...... *Giỏ, giỏ nước miếng, nhểu, dãi, giỏ ra.*

Craie .... *Phấn.*

Craindre ...... *Sợ, hãi, e, e lo :* craindre Dieu, *day sợ Đức* chửa trời; je crains que vous ne compreniez pas, tôi sợ ông không hiểu.

CRAINTE	Việc sợ.
CRAINTIF	Nhát, nhut nhát.
CRAMOISI	Đỏ điều, xích.
CRAMPE	Avoir des crampes, có chuột rút, vọp.
CRAMPON	de fer, đin đia.
CRAMPONNER (SE).	Níu.
CRÂNE	Cái sọ.
CRAPAUD	Cóc.
CRAPULE	Việc ô uế: vivre dans la crapule, ăn ở nhớp.
CRAQUER	Nổ: faire craquer les jointures des doigts, bẽ tay kêu.
CRASSE	Dát mồ hôi.
CRASSEUX	Người nhớp.
CRAVACHE	Roi ngựa.
CRAYON	Bút chì.
CRÉANCE	(Confiance), tin cậy, đức tin; lettres de créance, sắc, quốc thơ; créance (titre), cái khế.
CRÉANCIER	Chủ nợ, chủ trái: cet homme est mon créancier et vous êtes mon débiteur, người ấy là chủ nợ tôi, anh là người thiếu nợ về tôi.
CRÉATEUR	Đấng dựng nên.
CRÉATION	Việc dựng lập.
CRÉATURE	Loài vật, vinh linh.
CRÉCELLE	Mõ: battre la crécelle, đánh mõ, đánh sệnh.
CRÈCHE	Máng cỏ.
CRÉDIT (À)	Bán chịu: acheter à crédit, mua chịu.
CRÉDULE	Hay tin.
CRÉÉ	Đã dựng lập rồi.

FRANÇAIS-ANNAMITE. 187

CRÉER........	*Dựng nên, tạo lập, sinh thành.*
CRÈME........	de lait, *sữa đặc.*
CRÊPER.......	*Quăn :* cheveux crêpés, *tóc quăn.*
CRÉPON.......	*Nhiễu :* turban en crépon, *khăn nhiễu.*
CRÉPU........	*Quăn quíu.*
CRÉPUSCULE....	*Hôm :* crépuscule du soir et du matin, *hôm mai.*
CRÊTE........	d'oiseaux, *mồng;* crête inférieure du coq, *téch;* crête des monts, *đỉnh núi.*
CREUSER......	*Đào, bới :* creuser un canal, *đào kinh.*
CREUSET......	*Cái gioc, cái nồi.*
CREUX.......	dans la terre, *nơi sâu, lỗ;* creux de la main, *bàn tay.*
CREVASSE.....	d'un rocher, *lỗ hở;* crevasse dans la terre, *lỗ nẻ.*
CREVASSER....	La terre se crevasse, *nẻ, nẻ ra, đất nẻ.*
CREVER.......	les yeux, *đơm con mắt;* crever un abcès, *chích ra;* se crever, *nứt ra.*
CREVETTE.....	*Tôm.*
CRI..........	*Van la :* cri de joie, *la vui;* cri de l'éléphant, du bœuf, du tigre, *róng;* cri de guerre, *lính o.*
CRIBLE.......	*Giần, sàng.*
CRIBLER......	le riz, *sàng gạo;* criblé de dettes, *mắc nợ quá.*
CRIER........	*Kêu la :* cet enfant crie beaucoup, *con nít nầy la quá.*
CRIME........	*Tội lỗi :* crime grave, *tội nặng;* commettre un crime, *phạm tội.*
CRIMINEL.....	*Kẻ có tội :* pensée criminelle, *nghị phạm tội.*
CRIN.........	de cheval, *lông gáy, lông mao;* faire les crins, *dứng gáy.*

Crinière	*Gáy ngựa :* saisir la crinière, *nắm gáy.*
Crise	d'une maladie, *bịnh nặng lắm.*
Cristal	*Thủy tinh, lưu li.*
Critiquer	*Cười, chê, chê cười.*
Croasser	*Con qua kêu.*
Croc	*Cái moc :* croc de sanglier, *nanh con heo rừng.*
Crochet	*Cái moc nhỏ.*
Crochu	*Queo :* doigts crochus, *tay cúi.*
Crocodile	*Con sấu.*
Croire	*Tin :* croire en Dieu, *tin Đức chua trời;* je vous crois, *tôi tin ông;* je crois que vous vous trompez, *tôi tưởng ông lầm.*
Croiser	*Tréo :* croiser les jambes en s'asseyant, *ngồi xép bằng, tréo chơn;* croiser les bras, *tréo cánh tay.*
Croître	*Dẩy lên :* les hommes et les bêtes, *lớn lên;* les plantes, *mọc lên.*
Croix	*Cây thánh Giá, câu rút, thạp tư :* signe de la croix, *lấy dấu;* croix du Sud (constellation), *sao cá liệt.*
Crosse	d'un fusil, *cái bang súng.*
Crotte	*Bùn, bùn lấm.*
Crotter (Se)	*Đi lấm.*
Crottin	de cheval, *phân ngựa.*
Crouler	*Tra diệt, tàn diệt.*
Croupe	d'un cheval, *bàn tọa ngựa;* en croupe, *cơi ngựa đang sau.*
Croupière	*Hầu thu.*
Croupion	d'oiseau, *cái đít con chim.*
Croupir	*Nước đut.*
Croûte	de pain, *da bán;* croûte d'une plaie, *vảy ghẻ.*

CRU	Fruits crus, *trái sống;* légumes crus, *rau sống;* manger cru, *ăn sống.*
CRUAUTÉ	*Sự hung bạo.*
CRUCHE	de terre, *chum, vò.*
CRUCIFIER	*Gia hình.*
CRUCIFIX	*ảnh chuộc tội.*
CRUEL	*Bạo, dữ, độc, hung ác.*
CUBIQUE	*Có tám góc.*
CUEILLIR	des fleurs, *hái, lảy hoa, lặt hoa;* cueillir des fruits, *lảy trái, lặt trái;* cueillir avec la main, *hốt.*
CUILLER	*Cái muỗng.*
CUIR	*Da.*
CUIRE	*Nấu, nướng :* viande cuite, *thịt nấu rồi;* trop cuit, *mềm lũn;* cuire au four, *hầm;* cuire à la vapeur, *hấp;* cuire en rendant épais, *ngào.*
CUISINE	*Nhà bếp.*
CUISINIER	*Kẻ làm bếp.*
CUISSE	*Trái vế.*
CUIVRE	*Đồng, thau :* cuivre rouge, *đồng đỏ;* bassin de cuivre, *thau bạt.*
CUL	*Đít, cái đít;* anus, *lỗ đít;* cul de verre, de vase, *trôn, trôn bát.*
CULASSE	de canon, *cái hầu súng lớn.*
CULBUTER	*Xô cho té xuống.*
CULOTTE	*Quần :* culotte de bœuf, *cái đùi con bò.*
CULTE	*Lễ :* culte des ancêtres, *lễ ông bà, cung quai.*
CULTIVER	la terre, *cày bừa;* champ bien cultivé, *ruộng thục.*
CULTURE	*Việc nông, việc làm ruộng.*
CUPIDE	*Tham, tham lam.*

CUPIDITÉ . . . . . . *Lòng tham.*
CURE-DENT . . . . . *Xia răng.*
CURER . . . . *Chùi :* curer un canal, *học bùn trong kinh.*
CURIEUX . . . . . . (Qui veut savoir), *kẻ tọc mạch;* rare, *dị, kì cục, lạ.*
CUVE . . . . pour se baigner, *cái thùng lớn đi tắm.*
CUVETTE . . . . . . *Cái chậu :* cuvette de cuivre, *cái thau bạt.*
CYCLE . . . . de 60 ans, *con giáp.*
CYGNE . . . . *Ngỗng trời.*
CYPRÈS . . . . *Cây bá, cây dương.*

D

DAIGNER . . . . . . *Khẳng :* je ne daigne pas répondre, *chỉ khẳng trả lời.*
DAIM . . . . *Con mang.*
DAME . . . . *Bà;* madame ! *bờm bà !* dame de canot, *cọc chèo.*
DAMNÉ . . . . *Bị phạt.*
DAMNER . . . . . . *Đoán phạt.*
DANGER . . . . . . *Sự hiểm nghèo.*
DANGEREUX . . . . *Nghèo, cheo leo, lắt léo.*
DANS . . . . *Trong :* dans la maison, *trong nhà;* dans l'eau, *dưới nước;* dans le monde, *dưới thế trong đời.*
DANSER . . . . . . *Nhảy múa, múa mày múa mặt, nhạc vũ :* danser sur la corde, *leo dây.*
DANSEUSE . . . . . *Con nhảy hát.*
DARD . . . . *Lao :* dard d'une abeille, *nọc ong;* dard d'un serpent, *nọc rắn.*

Dartre	Ghẻ.
Date	Kì, kì hẹn : quelle est la date ? hôm nầy ngày nào ?
Davantage	Nữa : je n'en veux pas davantage, tôi không muốn nữa.
De	(Article du génitif) : le livre de mon père, sách cha tôi; canon de cuivre, súng đồng; de (article de l'ablatif), bởi, từ : d'où viens-tu ? bởi đâu mà đến ? de près, gần; de loin, xa; de nos jours, buổi nầy, đời nay; dis-lui de venir, biểu nó ra đây.
Dé	à coudre, cái bao sắt; dé à jouer, cờ bạc.
Déballer	Lấy các đồ ra.
Débander	un arc, xuống lạc giàng.
Débarquer	(V. a.) đồng đồ lên; lên đất.
Débarrasser	Dọn dẹp : débarrasser quelqu'un d'une affaire, giúp một người khỏi một việc.
Débat	Cãi, cãi nhau.
Débattre	Nói cãi; débattre les affaires publiques, bàn luận.
Débauché	Mê man.
Débaucher	Dỗ.
Débile	Yếu đuối; mỏn cách.
Débiliter	Suy thể.
Débit	Phố nhỏ.
Débiter	(Vendre), bán.
Débiteur	Kẻ mắc nợ.
Déborder	(Une rivière), nước lụt.
Déboucher	une bouteille, rút nút.
Debout	Đứng dậy; tiens-toi debout ! đứng !
Débris	Miểng.
Débrouiller	Làm cho tử tế, sắp đặt.

Deçà........	En deçà, *bên nầy;* aller deçà, delà, *đi bên nầy, đi bên kia.*
Décacheter....	une lettre, *mở ra một thơ.*
Décamper......	*Trốn, trốn đi.*
Décapiter.....	*Chết chém* : condamné à être décapité, *để trảm.*
Décéder......	*Chết, mất đi;* décéder (le roi), *ban hạ.*
Décembre.....	*Tháng mười hai;* considéré comme dernier mois, *tháng chạp.*
Décent.......	*Đẹp mặt :* se comporter décemment, *ở sạch sẽ.*
Décevoir......	*Dối trá;* déçu, *lỡ làng.*
Décharger.....	*Để xuống :* décharger un porteur, *sớt gánh;* décharger un navire, *cất hàng lên;* décharger une arme à feu, *xổ ra, xổ súng.*
Décharné......	*Ốm, gầy guộc.*
Déchausser (Se).	*Khải giày.*
Déchirer......	un habit, *xé, xé rách, nứt;* déchirer la peau avec les dents, *cắn rứt, nứt da;* déchirer avec les ongles, *ngắt, quào;* déchirer par des paroles, *nói ghẹo.*
Déchirure.....	*Rách toạc.*
Décider.......	une affaire, *toan liệu, định;* se décider, *phân định.*
Décision......	(Résolution), *định;* sentence, *án, ly đoán.*
Déclarer.....	(Notifier), *tỏ ra, bày lời, tỏ lời, xưng ra;* déclarer la guerre, *khác kì đánh giặc.*
Décoction.....	*Nước thuốc.*
Décollation....	*Hình trảm.*
Décoller......	*Lột.*
Déconcerté....	(Être), *ở bơ vơ.*
Décortiquer ...	le riz, *giã gạo.*

FRANÇAIS-ANNAMITE.

Découdre	Cắt chỉ, đứt chỉ : mon habit se découd, aó tôi đứt chỉ.
Découler	Dọt.
Découper	Cắt vụn.
Découragé	No làm việc.
Décourager (Se).	Ngã lòng.
Découvert	Lộ, ngở, trống trải.
Découvrir	(Apprendre une nouvelle), gặp một việc; (ôter le couvercle), cát nắp, ngở.
Décrasser	Tam kì, kì mình.
Décrépit	(Vieillard), người gia ốm lắm.
Décret	(Loi), lời chỉ; décret du ciel, mạng trời; décret royal, lịnh thượng du.
Décréter	Truyền, mạng.
Décrire	Nói truyện.
Décroître	Rọt lại.
Dédaigner	Cao cách, làm sỉnh.
Dédaigneux	Không kháng, chi kháng.
Dédain	Việc làm cao.
Dedans	Trong, vô, vào.
Dédire (Se)	Nói khắc.
Dédommager	Đền sự thiệt hại.
Déduire	Bớt, trừ.
Défaillance	Mệt má : tomber en défaillance, mệt má té xuống.
Défaire	Trọn trạo : défaire une armée, thắng bình; se défaire (v. r.), gở mình ra; se défaire de quelqu'un (v. n.), bỏ một người.
Défaite	(Déroute), bị thua, bại trận.
Défaut	(Manque), thiếu; défaut naturel, nết xấu; faire défaut, thiếu mặt.
Défectueux	Kẻ có nết xấu, kẻ xấu nết, không tốt.

Défendre	(Prohiber), *cấm;* protéger, *binh vực, đỡ, chống đỡ;* se défendre, *đỡ mình.*
Défense	(Prohibition), *sự cấm;* défense d'une place, *ngăn chống, chống trả.*
Défenseur	*Quan bàu, quan bàu chữa.*
Défi	*Nói khích nhau.*
Défiance	*Hồ nghi, không tin.*
Défier	quelqu'un, *nói khích.*
Défier (Se)	*Hồ nghi một người, không tin.*
Défigurer	*Theo mặt.*
Défilé	*Hẹp hòi :* défilé de montagne, *truông trong núi;* défilé de forêt, *truông.*
Définitif	*Đã quyết :* réponse définitive, *trả lời cho chặt.*
Défloration	*Làm cho mất trinh tiết.*
Défricher	*Mới cày làm đâu.*
Défunt	*Chết rồi, vong hồn.*
Dégager (Se)	*Chữa mình :* se dégager d'une promesse, *khỏi mắc lời hứa.*
Dégaîner	*Rút gươm.*
Dégât	(Faire du), *pha, làm hư.*
Dégoûter	(Causer du dégoût), *làm cho gớm;* se dégoûter, *gớm ghiếc, nhàm;* se dégoûter de quelque chose, *nhàm;* dégoûtant, *dơ dáy.*
Dégoutter	(Tomber goutte à goutte), *dột, nhỏ sa.*
Dégrader	(Ôter le grade), *cất chức.*
Dégraisser	*Chùi cái ô.*
Degré	*Bậc, đáng, tầng :* degré de parenté, *đời;* degré de mandarinat, *phẩm.*
Déguiser (Se)	*Bận bính :* se déguiser en femme, *người làm đao.*

Déguster......	*Nhấm mùi* : déguster du vin, *nhấm rượu*.
Dehors.......	*Ngoài;* au dehors, *bề ngoài*.
Déjà.........	*Đã, đã từng*.
Déjeuner.....	*Bữa sớm, lót lòng*.
Delà (Au).....	*Quá :* au delà des forces, *quá sức;* au delà de la raison, *quá lẽ*.
Délai........	*Lần lưa*.
Délaisser.....	*Để, bỏ*.
Délasser (Se)..	*Nghỉ, nghỉ ngơi*.
Délateur......	*Thưa tội một người*.
Délation......	*Việc thưa tội*.
Délayer.......	*Khuấy tan, tan*.
Délecter (Se)..	*Vui mừng, vui vẻ, vui sướng*.
Délégué......	*Người sai, bái nhơn*.
Déléguer......	ses pouvoirs à quelqu'un, *sai khiến*.
Délibération...	*Toan, toan liệu*.
Délibérer.....	*Toan, lo toan*.
Délicat......	(D'esprit), *yếu điệu;* (de goût), *ngon, mĩ vị;* (de conscience), *lương tam thiệt thà*.
Délicieux......	*Tốt, mĩ*.
Délié........	(Mince), *eo lưng;* chose déliée, *mỏng*.
Délier........	(Détacher), *mở, giải, sổ ra*.
Délire........	(Être dans le), *điên, sảng sốt, nói sảng, nói hoảng*.
Délit........	*Tội, việc trái lẽ*.
Délivrer......	(Mettre en liberté), *chữa, tha;* sauver, *cứu lấy*.
Déluge.......	*Lụt, lụt lội*.
Demain.......	*Ngày mai :* demain matin, *mai sớm;* demain soir, *tối mai;* après-demain, *ngày mốt*.

Demander...... une-chose, *xin;* demander avec instance, *xin này, nài xin;* demander l'aumône, *đi xin, ăn mày;* interroger, *hỏi.*
Démanger...... *Ngứa, xót xáy:* être démangé du désir de parler, *ngứa miệng.*
Démarche...... (Allure), *hành đi, bóng đi.*
Démâter...... *Hạ cột xuống.*
Démêler...... (Distinguer), *gỡ;* peigner, *gỡ đầu.*
Déménager..... *Đổi nhà.*
Démence...... (Être en), *sảng tính.*
Démentir...... *Chối.*
Démettre (Se).. de sa charge, *thôi làm quan.*
Demeure...... *Nơi ở.*
Demeurer...... *Ở.*
Demi......... *Nửa:* et demi, *rưỡi;* demi-heure, *nửa giờ;* heure et demie, *một giờ rưỡi.*
Demoiselle..... *Cô;* mademoiselle! *thưa cô!*
Démoli....... *Bị phá.*
Démolir....... *Phá tan.*
Démon....... *Ma quỉ.*
Démontrer..... *Cắt nghĩa.*
Dénigrer...... *Nói hành.*
Dénombrement... du peuple, *kén;* dénombrement des soldats, *kén lính.*
Dénoncer...... *Tỏ cáo, thưa tội.*
Dénonciateur... *Kẻ thưa tội.*
Dénonciation... *Lời thưa tội.*
Dénouer...... *Mở, tháo ra:* dénouer sa chevelure, *xổ tóc.*
Denrée....... *Hàng, của ăn.*
Dense....... *Đặc, đặc sệt, đậm.*
Dent........ *Răng:* dent de devant, *răng cửa;* dent canine, *răng chó;* dent molaire, *răng*

FRANÇAIS-ANNAMITE. 197

cấm, nanh; sans dents, móm mém, sún răng; grincer des dents, nghiến răng.

Dénudé	(Tête), trọc đầu; arbre dénudé, trọc lóc.
Dénué	(Sans ressources), khốn khó.
Départ	Việc trảy đi : après le départ de l'armée, khi bính đi rồi.
Département	Phủ.
Dépasser	Qua, quá, trôi.
Dépecer	Làm thịt.
Dépêche	Cung văn.
Dépêcher (Se)	Làm cho mau.
Dépendance	Vous êtes sous ma dépendance, anh ở bé dưới tôi.
Dépendre	Cela dépend de moi, cái nầy tại ý tôi.
Dépense	Sự hao tốn.
Dépenser	Phí tổn, tổn.
Dépeupler	Đuổi dân, làm cho hoang; lieu dépeuplé, chỗ hoang.
Dépit	(Eprouver du), có buồn, buồn.
Déplacer	Đổi chỗ, thay đổi : propos déplacés, lời không nên.
Déplaire	Không đẹp lòng, không vừa ý : cela me déplaît, cái nầy tôi không ưng; homme déplaisant, người không đẹp.
Déplaisir	Không vui.
Déplier	Mở.
Déplorable	Việc phải tiếc, việc đáng thương xót.
Déplorer	Tiếc.
Déployer	un drapeau, xổ cờ; déployer du courage, dụng sức, dụng dạn.
Déportation	Hình đày.
Déporter	Bắt đi đày.

Déposer	Đặt để, hạ xuống : mettre en dépôt, gởi; déposer en témoignage, làm chứng; faire descendre d'un lieu élevé, sấp; placer au-dessous, hạ.
Dépôt	d'argent, gởi để bạc; dépôt de marchandises, của gởi.
Dépouiller	Cổi : dépouiller quelqu'un de ses habits, lột áo; tête, arbre dépouillés, trốc; dépouilles de serpent, lột rắn.
Dépravé	Homme dépravé, tư ta, thiên; mœurs dépravées, tính thiên, trái tính.
Déprécier	Gièm chê.
Déprimer	Đàn, chận.
Dépuceler	Pha lòng trinh.
Depuis	Từ khi : depuis le commencement jusqu'à la fin, từ đầu đến đuôi.
Députer	(Envoyer un député), sai khiến.
Déraciner	Nhổ lên, nhổ đi.
Déraisonnable	Không nên, trái lẽ.
Déraisonner	Nói không nhằm.
Déranger	(Ôter de sa place), trật đi; troubler, làm bậy, bậy bạ; je crains de vous déranger, tôi sợ ngăn trở ông.
Derechef	Lại, nữa.
Dérision	Cười, nhạo cười.
Dériver	(Aller à la dérive), trôi đi.
Dernier	Rốt, út, đốc : le dernier, sau hết, mạt; la dernière fois que je vous ai vu, lần sau hết có thăm ông.
Dernièrement	Mới : je l'ai su dernièrement, mới biết; venu dernièrement, mới tới.
Dérober	(Voler), ăn trộm, ăn cắp.

Dérouiller	Chùi rét.
Dérouler	Mở ra.
Déroute (En)	Bại : mettre en déroute, đánh bại trận đánh đuổi.
Derrière	(Adv.) sau, rốt; — (subst. m.) derrière de l'homme, đít; d'un animal, bàn trôn.
Dès	que je vous vis, một khi tôi thấy ông.
Désabuser	Làm cho khỏi lầm.
Désaccord	Không đồng lòng, không hiệp.
Désaccoutumer (Se)	Hết quen.
Désagréable	Không vui : homme désagréable, người không đẹp; odeur désagréable, mùi thúi.
Désagrément	Việc không ưng.
Désaltérer	Đã khát : se désaltérer, đã khát.
Désapprouver	Rằng chẳng.
Désarmer	Lấy khí giái : désarmer les habitants, lấy khí giái dân.
Désastre	Nạn, nạn tai.
Désavantage	Sự thiệt hại.
Désavouer	Chối.
Descendants	Tông môn.
Descendre	Đi xuống.
Désenfler	Ngớt xuống.
Désenivrer	Hết say rượu.
Désennuyer	Je fais cela pour me désennuyer, tôi làm vậy cho khỏi rầu.
Désert	Rừng cát : lieu désert, nơi hoang.
Déserter	Trốn.
Déserteur	Lính trốn, binh đào.
Désespérer (Se)	Rầu rĩ; désespéré, mắc rầu rĩ.
Désespoir	Ngã lòng.
Déshabiller	Cởi áo; se déshabiller, cởi áo mình.

Déshonnête....	Không nên, trái nết : paroles déshonnêtes, nói nhớp, nói thục.
Déshonneur....	Nhạp, chịu nhạp.
Déshonorer....	un homme, làm cho một người mất tiếng; se déshonorer, mất tiếng tốt; déshonoré, thất danh; déshonorer une femme, phá đờn bà, pha con gái.
Désigner......	Chỉ, chỉ bảo.
Désintéressé...	Không tham tiền của gì.
Désirer.......	Ước ao, mơ ước : désirer vivement, mợ, thèm muốn, thèm lắm; désirer ardemment, khát khao.
Désister (Se)...	d'une plainte, bãi kiện.
Désobéir......	Cãi phép, cãi lịnh.
Désobéissant...	Kẻ cãi phép.
Désoeuvré.....	Ở không.
Désolation....	Rầu rĩ.
Désoler.......	(Ruiner), phá, phá phách.
Désordonné....	Lỗi thứ tự.
Désordre......	Bậy bạ : causer du désordre, làm bậy bạ.
Désorganiser...	Làm bậy, làm bậy hết.
Désormais.....	Từ nầy về sau.
Désosser......	Lắt thịt.
Despote.......	Vua bạo dữ.
Dessaisir (Se)..	Bỏ.
Desséché......	Khô.
Dessein.......	(Avoir le), có ý; quel est votre dessein? có ý gì? có ý làm sao?
Desseller.....	Khởi yên ngựa.
Desserrer.....	Nới ra.
Dessin........	ảnh vẽ.
Dessiner......	Vẽ, vẽ ảnh.

FRANÇAIS-ANNAMITE. 201

Dessous	Dưới, bề dưới.
Dessus	Trên, bề trên : cela est au-dessus de mes forces, quá sức tôi; ci-dessus, trước nầy.
Destin	Số phận.
Destinée	Phận mạng, số mạng.
Destiner	Định cho.
Destitué	Phải cắt chức.
Destituer	Cắt chức.
Destructeur	Kẻ phá.
Destruction	Bại hoại, phá.
Désunir	Mở, tháo; (au moral), phân rẻ.
Détaché	Đã mở.
Détachement	de soldats, một thập lính.
Détacher	(Délier), mở ra; ôter les taches, tẩy.
Détail	En détail (raconter), nói các đều.
Détailler	Bán lẻ.
Détenir	en prison, bắt ở tù.
Détenu	Ở tù, phải ở tù.
Détériorer	Đồi bại.
Déterminer	une chose, khuyên người cho làm; homme déterminé, người trung trực; se déterminer, dứt lòng.
Déterrer	Lấy cốt, lấy xương.
Détestable	Đáng ghét.
Détester	Ghét.
Détordre	Đánh ra, xổ ra.
Détour	d'un chemin, khúc đường.
Détourner	(Voler), ăn cắp; détourner la tête, quày mặt; détourner les yeux, ngó ngơ; détourner quelqu'un de sa route, ru người đi; se détourner, quày lại.
Détracter	Nói vu, nói chê.

Détracteur	Kẻ nói vu.
Détremper	dans l'eau, dầm nước, ngâm nước.
Détresse	(Être dans la), mắc nạn, ăn cực khổ.
Détriment	(Causer du), thiệt, làm hại; cela est à mon détriment, cái nầy làm hại về tôi.
Détroit.......	de mer, lòng lạch biển.
Détruire......	Tan, phá phách.
Détruit.......	Bại hoại, hủy hoại: entièrement détruit, doản tuyệt.
Dette	Nợ: réclamer une dette, đòi nợ; criblé de dettes, mắc nợ; remettre une dette, tha nợ; payer ses dettes, trả nợ.
Deuil	Tang: être en deuil, chịu tang; habit de deuil, aó tang, tang phục.
Deux.........	Hai: je l'ai rencontré deux fois, có gặp nó hai lần.
Deuxième	Thứ hai.
Dévaliser	Ăn cướp; dévalisé, bị cướp.
Devancer	Đi trước.
Devant	Trước, tiên: devant moi, trước mặt tôi; devant la porte, trước cửa; par-devant, trước mặt; aller au-devant de quelqu'un, đi rước, ngừa rước; le devant de la maison, trước nhà.
Dévaster......	Phá hoang.
Développer	Mở ra: le commerce se développe, việc buôn bán lời lãi.
Devenir.......	Nên, thành, hóa ra, sinh ra: que vais-je devenir? tôi bây giờ không biết làm sao; qu'est-il devenu? người ấy nên giống; tu es devenu bien maigre, anh hóa ra ốm lắm; devenir Bouddha, thành Phật.

Dévider	la soie, *kéo chỉ tơ*.
Dévidoir	*Cái cuồng*.
Devin	*Thầy bói;* sorcier, *thầy pháp phù thủy*.
Deviner	(Dire la bonne aventure), *bói khoa, nói tiên tri*.
Dévoiler	un plan, *lậu mưu kẻ ra*.
Devoir	(Verbe n.), avoir une dette, *mắc nợ;* je dois vous dire, *tôi phải nói cùng anh;* tu dois faire cela, *anh phải làm việc nầy;* il doit venir, *người ấy phải ra;* — (subst. m.), *bổn phận;* devoir d'une charge, *niệm*.
Dévorer	sa proie, *nuốt, nich, thốc;* dévoré d'ambition, *tham lên chức*.
Dévot	*Kẻ có nhơn đức, sốt sắng*.
Dévotion	*Sự sốt sắng*.
Dévoué	*Nguyện cùng*.
Diable	*Ma quỉ, tà ma :* apparition du diable, *quỉ hiện*.
Dialogue	*Lời nói truyện*.
Diamant	*Ngọc kim cang*.
Diarrhée	*Tháo dạ*.
Dictionnaire	*Tự vị*.
Dieu	*Đức chúa trời, Thiên chúa*.
Diffamer	*Giềm chê*.
Différend	(Débat), *cãi nhau*.
Différent	*Khác nhau :* très-différent, *khác xa*.
Différer	d'avis, *không hiệp lòng;* (retarder), *nhẳng việc*.
Difficile	*Khó, nặng :* difficile (de goût), *kén ăn*.
Difficulté	*Việc khó*.
Difforme	*Có tật*.

Digérer........ *Tiêu, tiêu hóa.*
Digestion...... *Tiêu đi.*
Digne......... *Xưng đáng* : digne de louange, *đáng khen;* digne de châtiment, *đáng tội.*
Dignitaire..... (Grand), *đại thần.*
Dignité....... *Chức, quơn* : décerner une dignité, *phong chức;* priver de sa dignité, *truất chức.*
Digue......... de rizière, *bờ ruộng.*
Dilater....... le cœur, *duỗi lòng, mở lòng, nở gan.*
Diligent...... *Năng nắn, siêng, cần quyến.*
Dimanche...... *Ngày thứ nhứt.*
Diminuer...... *Bớt, giảm, ngớt bớt* : diminuer le prix, *truất giá.*
Dîner......... *Bữa trưa.*
Diplôme....... *Bằng cấp* : diplôme royal, *sắc, sắc lệnh;* délivrer un diplôme, *ban sắc.*
Dire.......... *Nói* : dire du bien, *giã;* j'ai entendu dire, *tôi có nghe;* disant, *rằng;* j'ai dit! *hết lời;* c'est-à-dire, *nghĩa là.*
Direct........ *Ngay thẳng.*
Directement.... *Ngay.*
Diriger....... quelqu'un, *đưa;* instruire, *biểu bảo;* diriger une affaire, *coi theo một việc.*
Discerner..... *Phân biện, phân đoán.*
Disciple...... *Học trò, môn đệ, môn đồ.*
Discorde...... *Sự bất thuận, trái hoa.*
Discours...... *Lời nói* : commencer un discours, *mở lời.*
Discret....... *Trí khôn.*
Discrétion.... *Sự ngăn cách.*
Disculper..... *Chữa cho khỏi tội.*
Discuter...... *Bàn luận, đàm luận, cãi lẽ.*

Disette.......	Mất mùa, cờ ngèo.
Disgrâce......	(Malheur), tai nạn, khốn nạn, nàn; tomber en disgrâce, mắc nạn.
Disparaître....	Biến đi, mất đi.
Dispense......	d'impôt, tha nộp thuế.
Dispenser......	(Exempter), tha.
Disperser.....	Tản tát, đuổi tản.
Disponible.....	Dùng được.
Disposer......	(Mettre en ordre), sắp đặt, cất đặt, soạn.
Disposition....	Je suis à votre disposition, tôi chịu ý ông.
Dispute.......	Cãi, kình địch.
Disputer (Se)...	Cãi lộn, cãi lẩy, luận nghị, đua bơi.
Dissentiment...	Nói ngẳng ra.
Dissimuler.....	Làm ngơ : dissimuler son nom, ẩn danh.
Dissolu.......	Lăng, lăng loàn, hoang.
Dissuader.....	Ngăn lòng làm việc.
Distance......	Xa gần : à quelle distance est votre maison? nhà ông xa gần bao nhiêu?
Distiller......	Lò đặt rượu.
Distinctement...	Tỏ rõ : parler distinctement, nói rõ.
Distinguer.....	Phân biện, phân ghê.
Distraire (Se)..	Chơi, đi chơi.
Distrait.......	Tính lảng.
Distribuer.....	Phân phát.
Distribution....	Việc phân phát.
Divaguer......	Nói bậy.
Divers........	Choses diverses, các giống, tụ bạ.
Divertir (Se)...	Chơi, chơi vui.
Diviser.......	Phân chia, lìa ra.
Divorce.......	Phân li, phân rẽ.
Divorcer......	Phân li, bỏ.

VOCABULAIRE

DIVULGUER..... *Tỏ ra :* divulguer un secret, *lậu ra việc kín, đồn.*
DIX.......... *Mười, thập;* dix-sept, *mười bảy.*
DIZAINE....... *Một chục.*
DOCILE....... *Dễ biểu.*
DOCTEUR...... (Lettré), *nhu sĩ;* (1ᵉʳ degré de gradué), *tán sĩ.*
DOCTRINE...... chrétienne, *lẽ đạo.*
DOIGT........ de la main, *ngón tay;* doigt du pied, *ngón chơn;* (le pouce, *ngón tay cái;* l'index, *ngón tay trỏ;* le doigt auriculaire, *ngón tay út*).
DOMESTIQUE.... *Đày tớ, tôi tá, làm tôi, tiểu đồng :* affaire domestique, *gia sự.*
DOMICILE...... *Chỗ ở, nhà ở.*
DOMINER...... *Làm chủ, cai, người phải chịu phép nó.*
DOMMAGE..... *Thiệt hại :* causer du dommage, *làm hại;* c'est bien dommage ! *tiếc lắm !* supporter des dommages, *chịu hại.*
DOMPTER...... un cheval, *tập ngựa.*
DON.......... *Của lễ :* don volontaire (souscription nationale), *lạc quyên.*
DONC........ *Bởi vậy, làm vậy :* ainsi donc, *bởi vậy.*
DONNER....... *Cho, ban, cấp :* donnez-moi du feu, *cho tôi lửa.*
DORER........ *Mạ vàng, sơn thếp, thếp vàng.*
DORMEUR...... *Mê ngủ.*
DORMIR....... *Ngủ, nằm ngủ :* dormir profondément, *ngủ như chết;* vouloir dormir et ne le pouvoir, *ngủ không được.*
DOS.......... *Lưng :* tourner le dos, *sấp lưng;* tomber sur le dos, *ngã ngửa;* derrière le dos,

	sau cật, sau lưng; dos d'un sabre, bể sống gươm.
Dossier	d'une chaise, lưng ghế; dossier d'une affaire, mấy thơ thuộc về một việc.
Dot	Của đưa con gái.
Doter	une fille, đưa con.
Douane	Nhà tuần, thủ.
Douanier	Lính thủ : chef des douaniers, quan thủ ngữ.
Double	ấp ợ; le double, cấp đôi.
Doubler	(Multiplier par deux), cấp đôi, bằng hai; doubler un habit, lót aó, kép; habit doublé, aó lót.
Doublure	Lót aó.
Doucement	(Avec douceur), nói hiền; lentement, thong thả, thủng thẳng.
Douceur	de caractère, tính hiền, lành; douceur de goût, ngọt ngon.
Doué	de vertus, gồm trọn, gồm phước lạ, đức nhuần mình.
Douleur	physique, đau đớn; douleur aiguë, đau chói, đau lói; douleur morale, buồn rầu, sầu; femme qui est dans les douleurs, đau bụng đẻ.
Douloureux	Việc đau, làm cho có đau.
Doute	Sans doute, không có nghi gì; des doutes s'élèvent, sinh nghi.
Douter	Nghi ngơ, hồ nghi.
Douteux	Phải nghi.
Doux	Mets doux, ngọt; doux au toucher, dịu, êm; homme doux, hiền, lành, ngoan; air doux, mặt hiền lành; langage doux, nói êm, nói ngọt; cheval doux, ngựa thuần.

Douze . . . . *Mười hai;* le douzième en rang, *thứ mười hai;* douzième (fraction), *một phần trong mười hai.*
Dragon . . . . *Long, rồng.*
Drap . . . . *Nỉ;* drap de lit, *khăn lớn.*
Drapeau . . . . . . *Cờ;* agiter un drapeau, *phất cờ;* porte-drapeau, *tổng cờ.*
Dresser . . . . . . (Mettre droit), *đưng lên;* dresser des embûches, *bày mưu kế;* dresser un chien, *tập con chó.*
Drogue . . . . *Thuốc.*
Droguiste . . . . . *Kẻ bán thuốc.*
Droit . . . . (Subst. m.) Droit de douane, etc. *thuế;* le droit, *phép;* de quel droit? *phép nào?* — Droit (adj.), non courbé, *ngay thẳng;* direct, *óng, thẳng, chính;* caractère droit, *chính trực;* tout droit, *đàng thẳng.*
Droite . . . . (Subst. f.) A droite, *bên hữu.*
Drôle . . . . *Yếu lạ:* cela est drôle, *việc nầy yếu vui.*
Duper . . . . *Dối trá;* dupé, *bị dối.*
Duplicité . . . . . . *Hai bụng, hai lòng, việc dối.*
Dur . . . . *Cứng, cang;* homme dur, *cứng lòng;* cela est dur à supporter, *việc nầy chịu khó lắm;* parler durement, *nói cứng.*
Durable . . . . . . *Bền, vững bền.*
Durant . . . . ce temps, *trong khi áy.*
Durcir (Se) . . . . en séchant, *nhót, nhót lại.*
Durée . . . . *Kì hẹn.*
Durer . . . . *Lâu, bền đậu.*
Dynastie . . . . . . *Triều;* dynastie d'Annam, *triều An nam.*
Dyssenterie . . . . *Bịnh hạ lợi, tháo dạ.*

E

Eau	Nước : eau douce, nước ngọt; eau salée, nước mặn; eau claire, nước lã, nước trong; eau trouble, nước đục; eau froide, nước lạnh; eau chaude, nước nóng; eau tiède, nước hâm; eau bouillante, nước sôi; eau-de-vie, rượu mạnh; eau bénite, nước thánh.
Ebène	Ô mộc, cây mun.
Éblouir	Lòa, lòa con mắt.
Éblouissant	Sáng loà.
Éboulement	Đất lở.
Ébouler	Lở.
Ébrancher	Bẻ nhánh.
Ébranler	Rung, động cho rung; ébranlé au moral, động lòng.
Écaille	de poisson, vảy cá; écaille de crabe, etc. gọng.
Écarlate	Đỏ, xích.
Écart (A l')	Riêng ra.
Écarter	quelqu'un, xô ra; écarter les jambes, chàng hảng; s'écarter, đi lìa ra.
Échanger	Tráo, tráo trở.
Échantillon	Một miếng của gì.
Échapper	Trốn; s'échapper, trốn đi; mất đi.
Échasses	Cà kheo.
Echauffement	du sang, nóng trong mình.
Échauffer	Làm cho nóng; nhiệt.

Gramm.   14

Échéance	Kì phải trả tiền.
Échec	d'une armée, *binh bị đánh, thiệt hại;* jeu d'échecs, *cờ;* jouer aux échecs, *hòng cờ, đánh cờ.*
Échelle	Thang : appliquer une échelle, *bắc thang.*
Échelon	Bậc thang.
Échiquier	Bàn cờ.
Écho	Tiếng giội, ảnh hưởng, thằng cụi.
Échouer	Lên cạn.
Éclair	Chớp, chớp.
Éclaircir	une affaire, *xem xét cho rõ;* le temps s'éclaircit, *trời sáng ra, trời xảng.*
Éclairer	Soi sáng, rạng, tỏ rạng; (briller des éclairs), *chớp giăng.*
Éclat	de lumière, *té ra;* éclat de foudre, *vang dầy;* éclat d'un pétard, *nổ pháo;* éclat de la voix, *tiếng om sòm;* éclat de bois, *vang củi.*
Éclater	(Se briser), *nổ ra, phá.*
Éclipse	de soleil, *nhựt thực;* éclipse de lune, *nguyệt thực.*
Éclore	(Un œuf de poule), *gà nở;* (le ver à soie), *tằm nở.*
École	Trường học, nhà học; aller à l'école, *đi học.*
Écolier	Học trò.
Économe	Người càng kiệm.
Économiquement	Cách kiệm, hà tiện.
Économiser	Tiết kiệm, càng kiệm.
Écorce	Vỏ : écorce d'arbre, *vỏ cây;* écorce de banane, *bẹ;* enlever l'écorce, *vạc vỏ, lột vỏ.*
Écorcher	un animal, *lột da, vuột da.*

Écouler	l'eau, *đổ ra, rót nước, tran ra;* le temps s'écoule, *ngày giờ đi.*
Écouter	*Nghe* : je ne veux pas t'écouter, *tôi không muốn nghe.*
Écraser	*Xát, chà xát* : écraser d'impôts, *ép dân đong thuế.*
Écrevisse	*Tôm;* écrevisse de mer, *tôm biển.*
Écrier (S')	*Nói la, la.*
Écrire	*Viết, viết chữ.*
Écrit	*Tờ, thơ.*
Écritoire	*Bình mực.*
Écriture	Belle écriture, *viết hai;* écriture cursive, *viết thảo;* Écriture sainte, *Sấm truyền.*
Écrouler (S')	*Sập* : la maison s'écroule, *nhà sập.*
Écueil	*Cồn;* (roches), *cồn đá;* (sable), *cồn cát.*
Écuelle	*Bát, đọi.*
Écume	*Bọt* : écume de l'eau, *bọt nước.*
Écumer	*Bọt miệng chó.*
Écureuil	*Con sóc.*
Écurie	*Tàu ngựa, nhà ngựa.*
Édifice	public, *công đàng.*
Édit	*Lệnh vua, lệnh trên, thượng dụ, chiếu thơ;* contrefaire un édit, *giả lệnh.*
Éducation	*Dạy, dạy nuôi con.*
Effacer	*Bôi tẩy* : effacer avec le doigt, *phết;* effacer une lettre, *bôi chữ.*
Effet	(Résultat), *sự đặng, sự được;* effets (objets, ustensiles), *các đồ.*
Efficace	*Hiệu* : remède efficace, *thuốc hiệu.*
Efforcer (S')	*Ra sức, gắng, rán sức.*
Effort	*Gắng công.*
Effrayant	*Phải sợ, kinh hãi.*

Effrayé.......	Sợ hãi, có sợ.
Effrayer......	Làm cho sợ,
Effronté......	Vô phép, lác đac.
Effroyable....	Việc kinh sợ, việc phải kinh hãi.
Égal.........	(Semblable), công bằng, tày nhau; égal en poids, bằng phân; égaux, đồng nhau; cela est égal, không can gì.
Également.....	Cũng bằng nhau.
Égaler.......	(Rendre égal), cũng tày.
Égaliser......	Bặn.
Égard........	(Respect), tôn kính, kính; par égard pour vous, nhơ anh; avoir égard à, nhớ.
Égarement.....	Ở bơ vơ.
Égarer.......	(Perdre), mát; s'égarer dans la route, lạc đàng.
Égayer.......	Vui, chơi vui.
Église........	Nhà thờ; l'église, nhà chung.
Égorger.......	Chém, chém giet : égorger un animal, chọc huyết, làm thịt.
Égout........	Hào, lỗ xí : vider un égout, đào hào.
Égoutter......	Giọt.
Égratigner.....	Cắn húc, cấu xé.
Égratignure....	Cắn rứt.
Élancer (S')..	Nhảy, nhảy lên.
Élargir.......	(Rendre large), làm cho rộng; mettre en liberté, tha.
Élégant.......	Bèo tốt, mĩ, coi tốt.
Éléphant......	Voi, tượng; dent d'éléphant, ngà voi, nha tượng; cri de l'éléphant, voi ré; cornac de l'éléphant, nài voi.
Éléphantiasis...	Tật phung.
Élève........	Học trò; disciple, tớ.

FRANÇAIS-ANNAMITE. 213

Élevé . . . . Cao.
Élever . . . . (Hausser), cất lên, nhắc lên; élever la voix, cất tiếng; élever un enfant, dạy dể, dạy dưỡng con; bien élevé, biết lịch sự; mal élevé, xấu nét, vô phép.
Élire . . . . Chọn, chọn kén, kén lựa; élu, kén lựa rồi.
Éloges . . . . (Donner des), khen, ngợi, khen ngợi.
Éloigner . . . . . . quelqu'un, đuổi đi, đem đi xa; éloigné (lieu), xa, xa xác; éloigné l'un de l'autre, xa nhau.
Éloquent . . . . . . Thông nói, khéo nói, miệng lưỡi.
Émail . . . . Phát lanh; vase émaillé, phát lanh bình.
Emballer . . . . . . Gói, bao.
Embargo . . . . . . (Mettre), bắt ghe.
Embarquer . . . . une chose, để xuống tàu chở; s'embarquer, đi xuống tàu.
Embarras . . . . . . Sự ngăn trở.
Embarrasser . . . . Cela m'embarrasse, cái nầy làm nhăng tôi.
Embaumer . . . . . un corps, xức xác thuốc thơm.
Embellir . . . . . . Làm cho tốt, điểm, trau chuốt.
Embouchure . . . . d'une rivière, vàm sông, cửa sông.
Embourber (S') . . Đi mắc bùn, mắc lắm.
Embranchement . . Ngả; embranchement triple d'une rivière ou d'un chemin, ngả ba; quadruple, ngả tư.
Embrasement . . . . Đốt lửa.
Embraser . . . . . . Đốt.
Embrasser . . . . . Ôm ấm, bồng xoác : embrasser la religion chrétienne, vô đạo.
Embrouiller . . . Làm nhăng, làm rối; (mêler), xáo lộn; embrouillé, bối rối, phân vân, lăng nhăng, lộn bậy, mắt mờ.

Embûche	Mưu kế : tendre des embûches, bày mưu kế, làm kế; tomber dans des embûches, sa kế.
Émeraude	Ngọc xanh.
Éminent	Cao kiến : homme éminent, người thông thái, người có trí lắm.
Emmener	Đưa đi, đem đi.
Émotion	Dứt mình.
Émoussé	Cùn, lụt : couteau émoussé, dao lụt.
Émouvoir	Dựt, động người; être ému, động lòng, chạnh lòng; ému de pitié, cám động.
Emparer (S')	de quelqu'un, bắt một người.
Empêchement	Can gián, trở ngại, trở đáng.
Empêcher	Ngăn trở, ngáng, gàng trở : je ne puis m'empêcher de le battre, tôi phải đánh nó; qu'est-ce qui empêche? ngại chi? nào ngại?
Empereur	Hoàng đế.
Empire	Nhà nước, quốc.
Emplâtre	Thuốc dán : poser un emplâtre, dán thuốc.
Emplette	Mua : j'ai fait beaucoup d'emplettes, tôi có mua nhiều.
Emplir	Làm cho đầy; empli, đầy dẫy.
Emploi	(Fonction), chức; (usage), dùng.
Employer	(Se servir), dùng; les employés, các chức.
Empoisonner	Cho thuốc độc; empoisonné, bị thuốc độc.
Empoisonneur	Cầm ngải.
Emporter	une chose, đem đi, cắt lấy, cắt đi; caractère emporté, tính nóng, tính lung.
Empreinte	Dấu, tích; trace, tích.
Empressement	Làm cho mau.
Empresser (S')	Đi cho mau, làm cho mau.

Emprisonner....	*Cầm tù, bắt cầm tù.*
Emprunter.....	*Vay, lấy mượn.*
Émulation.....	*Đua nhau.*
En..........	(Pron.) En voulez-vous? *có muốn không?* — (préposit.), *trong;* aller en France, *đi nước Phu lang sa.*
Enceindre.....	*Rào giậu;* enceindre de fortifications, *thành lũy.*
Enceinte......	(Subst.) de jardin, etc. *rào;* — (adj.) femme enceinte, *mang mền, đờn bà có thai, đũ chửa.*
Encens.......	*Nhũ hương.*
Enchaîner.....	*Cầm xiềng;* enchaîné, *phải xiềng.*
Enchanter.....	(Faire des enchantements), *phù, làm phù pháp;* être enchanté (ravi de joie), *bằng lòng lắm.*
Enclin........	à, *mê;* enclin à boire, *mê uống.*
Enclore......	*Cặm rào, rào.*
Enclouer.....	un canon, *trăm ngòi một súng..*
Enclume......	*Hòn đe.*
Encore.......	(De nouveau), *lại, nữa, đang còn;* il dort encore, *có ngủ nữa;* j'en veux encore, *tôi muốn nữa;* il y en a encore, *còn có;* pas encore, *chưa.*
Encourager....	*Giục, khuyên bảo.*
Encre........	*Mực :* encre de Chine, *mực tàu;* encre rouge, *son.*
Encrier.......	*Bình mực :* encrier chinois, *nghiên mực.*
Endetter......	*Đóng nợ;* endetté, *mắc nợ.*
Endommager....	*Phá, hư.*
Endormir......	un enfant, *ru con ngủ;* s'endormir, *ngủ.*
Endroit.......	(Lieu), *nơi, chỗ, bề mặt.*

ENDUIRE	*Tô, trét, bôi, vạch* : enduire une muraille, *thoa vách*.
ENDURCIR	le cœur, *thành lòng xấu, nên cứng lòng*; s'endurcir, *thành khô, nên khô*.
ENDURER	*Chịu*.
ÉNERGIE	*Mạnh, sức, mạnh mẻ*.
ENFANT	*Con nít, con thơ, trẻ mỏ* : garçon, *con trai, thăng*; fille, *con gái*; enfant à la mamelle, *con nít bú, trẻ bú*; enfant bâtard, *con trai gái sam, đơn cô*.
ENFANTEMENT	(Douleurs de l'), *đau bụng gần đẻ*.
ENFANTER	*Sinh, đẻ, sinh đẻ*.
ENFER	*Địa ngục*; enfer des païens, *âm phủ*.
ENFERMER	*Bỏ vào*.
ENFILER	*Xâu, xâu chim*.
ENFIN	*Mới, sau hết* : enfin je le sais, *mới hay*.
ENFLAMMER	*Cháy đốt*; enflammé de colère, *rực gan, giận phừng phừng*.
ENFLER	*Sưng, sưng lên, phồng, thành lên* : enfler les joues, *búng má*.
ENFLURE	*Sưng sót*.
ENFONCER	(Faire pénétrer), *xóc, xóc vào*; enfoncer une porte, *phá cửa, bửa cửa*.
ENFREINDRE	la loi, *làm trái lẽ luật, sái lẽ luật*.
ENFUIR (S')	*Trốn đi*.
ENFUMER	*Xông* : sécher à la fumée, *xông khói*.
ENGAGER	Je vous engage à partir, *tôi bảo ông phải đi*; engager sa parole, *lãnh lờ*; louer un ouvrier, *mướn một người thợ*; s'engager, *buộc mình*.
ENGENDRER	*Sản, sinh sản, sinh*.
ENGLOUTIR	*Nuốt*; un liquide, *úp*.

Engourdir (S') ..	par le froid, *lạnh cuồng;* pied engourdi, *tê chơn.*
Engraisser	*Hoa bèo, hoa mập.*
Enivrer (S')	*Say rượu.*
Enlever	(Ravir), *giựt, lấy, bát;* enlever une dignité, *cất chức;* enlever la solde, *cất lộc;* enlever d'un lieu, *cất lấy.*
Ennemi	*Kẻ nghịch, người thù.*
Ennuyer	*Lờn, khuấy, làm rầu, xéo xắt;* s'ennuyer, *nhàm lờn, ngán.*
Enorgueillir (S').	*Kiêu ngạo.*
Enquérir (S') ...	*Tra, tra xét.*
Enquête	pour un procès, *tra kiện.*
Enragé	*Say máu :* chien enragé, *chó dại.*
Enregistrer	*Sổ dân;* noter, *biên kí.*
Enrhumer	*Sổ mũi, mắc ho.*
Enrichir (S') ...	*Làm giàu, nên giàu;* enrichi, *đã giàu.*
Enroué	*Nói tiếng khàng, khàng tiếng.*
Enrouler	autour, *vấn, vấn vít.*
Ensanglanter ...	*Dơ máu, dơ dáy máu.*
Enseigne	(Porte-enseigne), *lính cầm cờ;* enseigne de boutique, *cái bảng bán.*
Enseigner	*Dạy, dạy bảo.*
Ensemble	*Cùng nhau, với, đồng, đều, và.*
Ensemencer	*Giống gieo;* champ ensemencé, *ruộng đã gieo mạ.*
Ensevelir	un cadavre, *liệm xác.*
Ensuite	*Sau, đoạn, sau nữa.*
Entamé	*Lảng, không trót.*
Entasser	*Đắp, vun đắp.*
Entendre	*Nghe, thấy nói :* agréable à entendre, *êm tai;* on entend dire, *nghe tin, nghe rằng,*

nghe tiếng; comprendre, hiểu thấu, hiểu tỏ.

Enterrement ... Đi đam mà.
Enterrer ..... Chôn, cất xác; enfouir, vùi đất.
Entêté ...... Cứng cỏi, cố chấp.
Entier .... Trọn vẹn, trọn trót.
Entourer ..... Vây, vây phủ, vây quanh : entourer d'une barrière, rào giậu; entourer une maison pour la bloquer, bóp nha.
Entrailles .... Trường, ruột, ruột loan : mal d'entrailles, đau ruột; arracher les entrailles, mổ ruột.
Entraîner .... Ép đi; (séduire), dỗ, quến dụ.
Entraves ..... (Liens aux jambes), cái trang, cái cùm.
Entre .... Ở giữa, giữa, trung.
Entremetteur... de mariages, người làm mai; de débauche, kẻ làm tàu kê.
Entre-pont .... Sàn dưới tàu.
Entrepôt ..... Nhà buôn, nhà trữ hàng.
Entreprenant... Khéo làm tay.
Entreprendre... Ra tay.
Entrer .... Vào, vô, đi vô : entrer dans une société, vào họ, vô họ; entrez! vô!
Entretenir..... (Conserver), gìn giữ, coi giữ; s'entretenir avec quelqu'un, nói truyện cùng người.
Entretien ..... (Conversation), lời nói truyện.
Envahir ...... un pays, vô đánh một nước.
Enveloppe .... (En général), gói, bao; enveloppe d'une lettre, phong thơ.
Envelopper ... Cuốn bao, gói.
Envers .... Cùng; à l'envers, bề trái; mettre à l'envers, lộn trái.

Envie	Sự ghen, sự ganh : envie de voir, ghẻ mắt.
Envier	Ghen, lăm le, ganh.
Envieux	Ganh nhau, ghen nhau.
Environ	Đợ, phỏng, chừng : il y a environ vingt ans, phỏng khi hai mười năm ray; les environs, nơi xung quanh.
Envoyé	(Ambassadeur), khâm sai, quan sứ.
Envoyer	Sai, sai đi, khiển, gởi : envoyer une lettre, gởi thơ; envoyer des nouvelles, gởi tin.
Épais	Dày, đặc; dense, rậm rạp, đặc vệt; étoffes épaisses, sỏn sỏn.
Épaisseur	Bề dày.
Épanouir (S')	(Une fleur), nở đoa, hoa nở, hoa cười.
Épargner	(Ménager), tiết kiệm; épargne, tiền tiết lại.
Épaule	Vai : porter sur l'épaule, vác, gánh.
Épée	Gươm quất, gươm : tirer l'épée, tốt gươm.
Éperon	Cái thúc ngựa.
Épervier	(Oiseau), chim bà cắt, chim ưng; (filet), chài; lancer l'épervier, vãi chài.
Épi	de blé, bông lúa, chẹn lúa, gié lúa.
Épices	Đồ nấu ăn.
Épicier	Kẻ bán đồn ăn.
Épier	Ngó, ngó liếc.
Épilepsie	Động kinh, nổi kinh; épileptique, người nổi kinh.
Épiler	Cạo gọt, đẽo gọt, vọt năn.
Épine	Gai : couronne d'épines, mũ gai; épine du dos, xương sống.
Épineux	Gai góc; affaire épineuse, việc kho quá.
Épingle	Kim cúc; épingle de tête, cài tóc, trâm niả.
Épitaphe	Cái bia mả.
Épître	Thơ.

Éplucher......	des légumes, *giá đậu;* éplucher des herbes, *quợn rau.*
Éponge.......	*Giống hay thấm nước.*
Époque.......	*Kì hẹn, hẹn ngày :* à quelle époque ? *kì hẹn nào;* déterminer une époque, *toan liệu một kì.*
Épouse.......	*Vợ :* épouse légitime, *vợ lớn, vợ chính.*
Épouvanter....	*Làm cho sợ lắm;* épouvantable, *yếu sợ.*
Époux........	(Mari), *chồng;* les époux, *vợ chồng.*
Épreuve......	Faire l'épreuve, *thử, làm thử.*
Éprouver.....	(Ressentir), *thấy trong mình.*
Épuiser......	(Mettre à sec), *múc cạn, thát cạn;* épuisé, affaibli, *yếu đuối.*
Épurer.......	*Luyện :* épurer l'or, *luyện vàng.*
Équateur.....	*Đàng huình đạo.*
Équerre......	*Thước nách.*
Équilibre (En)..	*Cân cái, cân đối, trung cân.*
Équinoxe.....	*Xuân phân, thu phân.*
Équipage.....	d'un navire, *người bạn tàu.*
Équité	*Ngay thẳng, đức công bình;* équitable, *công bình.*
Équivalent....	*Như nhau, bang nhau.*
Équivoque.....	*Hai nghĩa.*
Érection......	d'une colonne, *dưng cột.*
Ériger........	une colonne, un mât, *bắn cột.*
Ermite	*Tu rừng, ẩn sĩ.*
Errant	*Xiêu lưu.*
Errer........	(Aller çà et là), *lưu lạc;* (se tromper), *lạc, lầm, làm lỗi.*
Érysipèle.....	*Xích điển.*
Estimer......	quelqu'un, *yêu chuộng;* estimer le prix, *đánh giá;* estimable, *phải yêu chuộng.*

Estomac	*Tì vị, mở ác :* estomac d'oiseau, *mề.*
Estropié	*Què, què quặt.*
Et	(Conj.) *và, vế :* toi et moi, *tôi vế anh ;* et cætera, *kì dư, đẳng vật.*
Étable	à buffles, *chuồng trâu ;* étable à cochons, *chuồng heo ;* étable à éléphants, *tàu voi.*
Établir	(Constituer), *lập, toan làm ;* s'établir, *đi ở, ở.*
Étage	*Từng, tầng.*
Étagère	*Giá.*
Étain	*Thiếc :* vase d'étain, *bình thiếc.*
Étale	de la marée, *nước wong.*
Étaler	(Étendre), *trãi, giăng ra ;* étendre à terre, *trãi dưới đất.*
Étalon	*Con ngựa đực phu.*
Étamer	*Bop thiếc, tráng thiếc.*
Étang	*Ao ;* piscine, *ao hồ.*
État	(Situation), *cách ở ;* dans quel état êtes-vous ? *anh ở thế nào ;* (condition), *thế ;* apprécier l'état d'une chose, *coi thế ;* état (royaume), *nước, nhà nước.*
Étayer	*Tháp cây.*
Été	*Mùa hè, mùa hạ.*
Éteindre	*Tắt :* éteindre le feu, *tắt lửa ;* éteindre un incendie, *chữa lửa.*
Étendre	*Banh sanh :* étendre à terre, *giơ ra ;* étendre les ailes, *giwong cánh, sè cánh ;* s'étendre en se couchant, *vươn vai ;* s'étendre (le feu, une plaie), *ăn lan ra.*
Etendue	de terre, *cuốc đất.*
Éternel	*Đời đời, vĩnh ;* éternité, *vĩnh viễn.*
Éternuer	*Nhảy mũi, hắc xơi.*

ESCABEAU...... *Ghế gỗ.*
ESCADRON...... *Tốp lính kị mã.*
ESCALIER...... *Bậc đá.*
ESCAMOTER..... *Vọt nặn.*
ESCARGOT...... *Ốc.*
ESCARMOUCHE... *Đánh ít.*
ESCARPÉ....... *Hẳm :* rivage escarpé, *bờ hẳm.*
ESCLAVE....... (Homme), *gia nô;* femme, *hế nô;* esclavage, *nô bộc.*
ESCORTE....... du roi, *hầu đức vua;* escorte d'un mandarin, *hầu ông quan.*
ESPACE....... (Étendue de lieu), *đổi;* étendue de chemin, *đoạn đàng.*
ESPAGNE....... *Nước I-pha-nho;* espagnol, *người I-pha-no.*
ESPÈCE....... *Giống, hình, món :* espèces variées, *các món, nhiều giống.*
ESPÉRANCE..... *Đức cậy.*
ESPÉRER....... *Trông, trông cậy, lòng cậy.*
ESPION........ *Kẻ đi do;* espionner, *đi do.*
ESPRIT........ vital, *lòng;* intelligence, *trí, tài trí;* Saint-Esprit, *Thánh thần;* esprit (démon), *thần, quỉ thần.*
ESSAYER....... une chose, *thử, xem thử, coi thử, ướm thử;* faire un essai, *thăm coi.*
ESSENCE....... d'une chose, *tính.*
ESSENTIEL..... *Cần.*
ESSIEU........ *Chốt xe.*
ESSOUFFLÉ..... *Bơ bải.*
ESSUYER....... *Lau, chùi :* essuyer les larmes, le sang, etc. *chặm, lọt;* essuyer la figure, *lọt mặt.*
EST.......... *Phương đông.*
ETINCELLE..... *Đóm lửa, tàn lửa.*

Étiquette.....	(Cérémonie), *lễ;* grande étiquette, *lễ lớn;* observer l'étiquette, *hành lễ.*
Étoffe.......	*Vải:* étoffe fine, *vải diển;* étoffe grossière, *vải thở;* étoffe de soie, *lụa, tơ;* étoffe de coton, *vải, vải bông;* étoffe de fil, *bố, chỉ vải;* étoffe de crêpe, *nhiễu;* étoffe de drap, *nỉ;* étoffe brodée d'or, *thêu vàng.*
Étoile.......	*Ngôi sao, tinh:* étoile polaire, *bắc thần, bắc đẩu;* ciel étoilé, *rạng trời.*
Étonner......	*Lấy làm lạ;* étonné, *bỡ ngỡ, bơ lơ;* étonnant, *kì, lạ, lạ lùng.*
Étouffer......	quelqu'un, *nghẹt cổ;* étouffer de chaleur, *nghẹt thở.*
Étourdi.......	*Lảng;* étourdissement, *bất tỉnh.*
Étranger......	*Khách, người lạ, người ngoại quốc.*
Étrangler.....	*Thắt cổ, giảo.*
Être.........	*Là, có, ở:* je suis, *tôi là;* qui êtes-vous? *anh là người nào?* où est-il? *ở đâu?* être soldat, *làm lính, ở lính.*
Étrennes......	*Của lễ đầu năm.*
Étrier........	*Chơn đưng.*
Étrille.......	*Lược sắt;* étriller un cheval, *chải lược con ngựa.*
Étroit.......	*Chật, hẹp;* esprit étroit, *hẹp lượng.*
Étudier......	*Học, học hành;* étudiant, *học trò.*
Étui.........	*Cái hộp.*
Eucharistie....	*Mình thánh:* recevoir l'Eucharistie, *rước lễ.*
Eunuque......	*Hoạn quan, nội hoạn, giám.*
Europe.......	*Phương tây;* Européen, *người tây.*
Eux..........	*Những người ấy.*
Évacuer......	*Bỏ đi.*

Évader (S').... Đi khỏi, trốn khỏi : s'évader de prison, lánh khỏi.
Évaluer....... Đánh giá.
Évangile...... Sách E-van.
Évanouir (S')... Bất tỉnh, ngơ ngẩn, ngất, ra hơi, trở màu; évanoui, đã hoại, điếng hồn.
Éveiller...... quelqu'un, thức một người; éveillez-le! thức nó dậy; s'éveiller, tánh ngủ, thức giấc.
Éventail...... Quạt : éventail en papier, quạt giấy; éventail en plumes, quạt lông; s'éventer, quạt mình.
Éventrer...... Đâm bụng.
Évêque....... Đức cha, giám mục.
Évidence...... Reconnaître l'évidence, phân minh.
Évident....... Tỏ tường, lậu, còn sờ sờ, bày lộ.
Éviter........ Lánh, khỏi, tránh : éviter l'impôt, trốn thuế.
Évocation..... ém.
Exactitude.... Ân cần, nhặt; exactement, cách ân cần.
Exagérer...... Nói thêm.
Examen....... Khoa thi; lieu des examens, trường thi; aller à l'examen, đi thi; être reçu à l'examen, trung thi.
Examiner..... Tra xét, xem xét, thẩm xét : examiner avec attention, xét nghiệm.
Exaspérer.... Làm cho rầu rĩ; exaspéré (affligé), rầu rĩ, buồn bực.
Exaucer...... les vœux, nhậm, nhậm lời.
Excéder...... Đi quá; excéder les forces, quá sức.
Excellence.... (Titre d'honneur), ông lớn.
Exceller...... Trổi hơn; excellent, cao trọng, tốt quá.
Excepter..... Chừa ra, trừ đi; excepté, trừ, trừ ra.

Excès	Thói quá, thái quá, quá phép; excessivement, quá lắm.
Exciter	Xui, gầy, giục lòng, thúc tới; exciter à la révolte, gầy loàn, giục loàn; exciter un cheval, giục ngựa; exciter un chien, xích chó; s'exciter mutuellement, quến nhau.
Exclure	Chừa ra, trừ ra; exclu, bị trừ ra.
Excommunier	Cất phép.
Excréments	Phân; excrément humain, cứt; excrément animal, phân.
Excuser	Chữa mình, nói giải : c'est une mauvaise excuse, lời chữa nầy chịu không được; je vous fais des excuses, xin cáo.
Exécrable	Xấu quá, phải ghét.
Exécuter	(Mettre à mort un condamné par décapitation), chém đầu; (par strangulation), thắt cổ.
Exemplaire	(Subst. m.) (Forme), cảo, mẫu; exemplaire d'un livre, bản sách; — (adj.) conduite exemplaire, nên gương.
Exemple	Gương : servir d'exemple, làm gương; par exemple, thí dụ, ví dụ.
Exempter	Tha : exempter de l'impôt, tha thuế.
Exercer	quelqu'un, tập, tập cho quen; bien exercé, thành thục.
Exercice	Sự tập, việc tập : exercice militaire, tập binh, luyện binh.
Exhaler	Tươm.
Exhorter	Khuyên lớn, khuyên bảo, khuyên rằn.
Exiger	Đòi : exiger une dette, đòi nợ.
Exil	Đày : lieu d'exil, chốn đày.

Exiler	*Đày;* exilé, *khách đày.*
Existence	malheureuse, *ở cực khó.*
Exister	*Ở, sống.*
Expédier	(Envoyer une personne), *sai;* (une chose), *gởi;* expédier une affaire, *làm cho xong một việc.*
Expérience	*Sự thử :* avoir de l'expérience, *từng việc, hay lắm, có trí khôn.*
Expert	(Habile), *khéo, khéo léo, làm việc.*
Expier	une faute, *đền tội.*
Expirer	*Chết, tắt hơi :* expirer (en parlant du roi), *băn hạ.*
Explication	*Nghĩa.*
Expliquer	*Cắt nghĩa.*
Exploit	*Việc anh hùng.*
Exploiter	une mine, *đạo mỏ;* exploiter une forêt, *làm cây.*
Explorer	*Đi do.*
Explosion	*Bắn.*
Exposer	par écrit, *bày tỏ;* exposer verbalement, *cung án, phân bày.*
Exposer (S')	au danger, *liều;* s'exposer à la mort, *liều mình.*
Exprès	Je le fais exprès, *tôi có ý làm vậy.*
Exprimer	sa pensée, *nói như tưởng.*
Expulser	*Đuổi.*
Extérieur	*Bề ngoài.*
Exterminer	*Giết hết, chem hết.*
Extorsion	*Ép lấy của người ta.*
Extraire	*de, kéo ra, rút.*
Extraordinaire	*Quái, lạ lùng, dị thường, kì dị :* chose extraordinaire, *sự lạ, việc lạ.*

Extrême	A l'extrême, *quá sức*.
Extrémité	(Bout), *đầu cùng, chót, mối*.

F

Fable	*Chuyện, lời truyện*.
Fabricant	*Người chủ làm việc*.
Fabrique	*Nhà làm việc, nhà làm đồ*.
Fabriquer	*Làm đồ, mần các đồ*.
Face	(Visage), *mặt*; en face, *ngang nhau*.
Fâcher (Se)	*Giận*; fâché (mécontent), *buồn, sầu*; j'en suis fâché, *tôi không bằng lòng*; nouvelle fâcheuse, *tin xấu*.
Facile	*Dễ*: caractère facile, *tính tốt*.
Façon	(Manière), *thể, cách, cách điệu, chừng*; de cette façon, *thể nọ, thể kià*; de toute façon, *hết thể, mọi cách*; à la façon européenne, *cách tây, theo phép tây*; sans façon, *không phải nhiều lễ phép*.
Faction	(Parti), *phe*; factions contraires, *chia phe*; être en faction, *canh, canh giữ*.
Factionnaire	*Quân canh, lính canh*.
Faculté	*Sức làm được*.
Fagot	*Bó củi*.
Faible	*Yếu đuối, yếu sức, nhỏ mọn*.
Faïence	*Sành*: tasse de faïence, *bát sành*.
Faillir	Il a failli tomber, *gần té xuống*; j'ai failli ne pas venir, *một lát nữa tôi không được*.
Faim	*Đói*: j'ai faim, *tôi đói bụng*; mort de faim, *chết đói*.

Fainéant	Làm biếng.
Faire	Làm, mần : fais! mần đi! cela ne fait rien, không can gì, không hề gì; que faire? mần chi! faites-moi le plaisir, xin ông làm; faire faire, biểu làm, dạy làm; faites-le parler, biểu nó nói; faites-le taire, biểu nó nín.
Faisan	Gà rừng, chim trĩ, gà loi.
Falloir	Phải : il faut, ắt phải; il faut que j'aille, tôi phải đi.
Falsificateur	Kẻ làm dối.
Falsifier	Làm dối, làm giả : falsifier une dépêche, viết dối một cong văn.
Fameux	Có danh, có tiếng, có tiếng lắm.
Familiariser (Se)	Quen, làm quen; familiarisé, quen mình, đã quen.
Familiarité	Giao hữu : familiarité inconvenante, lần lừa, làm nũng.
Familier	(Habitué), quen biết, ngãi hưu.
Famille	Bà con, gia thất.
Famine	Đói khát, mất mùa, cơ ngèo.
Fanal	Đèn.
Fanatisme	Trung nghĩa quá.
Faner (Se)	Phai, phai màu; fleur fanée, hoa rữa; étoffe fanée, vải đã phai.
Fanfaron	Người nói phách, khoe mình.
Fantasque	Người không thường, không theo phép thường.
Fantassin	Lính bộ.
Fantôme	Ma, ma thiêng : apparition de fantômes, ra ma hiện ma.
Faon	Con nai con.

Fardeau.......	(Charge d'un homme), *gánh*; (charge d'un animal), *chỡ*.
Farce........	(Comédie), *hát bội*.
Farine........	*Bột* : fleur de farine, *bún*; farine de riz, *bột gạo, bột nếp*.
Farouche......	*Bạo dữ* : bête farouche, *muông dữ*.
Fastueux......	*Người hoang đặng*.
Fatal........	*Theo số trời*; fatalité, *mạng trời, số trời*.
Fatiguer......	Se fatiguer, *nhọc công, bán chon*; fatigué, *nhọc, mỏi mê, mệt, bì lao, lao lực* : fatigué de parler, *nói mỏi miệng*; fatigant, *việc làm cho nhọc, có lao*; travail fatigant, *khó lòng*.
Faucher......	de l'herbe, *chem cỏ*.
Faucille......	*Liềm*.
Faucon.......	*Con chim mồi*.
Faufiler......	(Coudre à longs points), *may chỉ lượt*.
Fausseté.....	*Dối, sự trái*.
Faute........	(Délit), *sự lỗi, tội lỗi*; (erreur), *lỗi*; commettre une faute, *làm lỗi, phạm tội*; avouer sa faute, *xưng tội*; c'est ma faute, *tội tôi, lỗi tôi*; pris en faute, *bắt lỗi*; expier sa faute, *chịu tội*; satisfaire pour sa faute, *đền tội*; sans faute, *vô tội*; faute de pain, *không có bánh*.
Fauteuil......	*Ghế dựa* : fauteuil en rotin, *ghế mai*.
Fauve........	(Couleur), *màu sẫm*.
Faux, sse.....	(Adj.), *giả, dối trá* : or faux, *vàng giả*; — (subst.) faire un faux, *làm dối, viết thơ khế dối*.
Faux.........	à faucher (subst. f.), *liềm lớn, lưỡi hái*.
Faveur.......	(Grâce), *ân, ban ơn*; accorder une faveur,

làm ơn; attendre une faveur, trông ơn; rendre une faveur, trã ơn; séduit par des faveurs, mắc ơn.

FAVORABLE..... Xuôi : vent favorable, thuận gió, thuận buồm; jour favorable, cát nhựt; (aimable), ưng bụng.

FAVORI........ Người ông quan binh vực nó; favoris (barbe des joues), râu rìa.

FAVORISER..... Ân huệ, ân ngãi.

FÉCOND........ Femme féconde, đẻ sai, sai con.

FÉCONDER...... (Une femelle), chửa.

FEINDRE....... Làm mặt, bới bác, làm cách, giả đò, giả, làm giả.

FÉLICITÉ...... Phước : grande félicité, hồng phước; jouir d'une grande félicité, ăn phước.

FÉLICITER..... quelqu'un, vui mừng; se féliciter, mừng lòng.

FEMELLE....... d'un quadrupède, cái; d'un oiseau, mái.

FEMME......... Đờn bà, gái : eh! femme! mẹ kia! épouse, vợ; sage-femme, bà sinh, mụ ba.

FENDRE........ Sủ hai, xẻ hai : fendre du bois, bửa củi; fendre avec les mains, tách; fendre les arbres, kênh gỗ; fendu, chác, bị xẻ; bois fendu, cây có chớp.

FENÊTRE....... Cửa sổ.

FENTE......... (Ouverture), hở, hở hao, lỗ hở; (crevasse), đàng; boucher une fente, đút nhém.

FER........... Sắt, thiết : fer fondu, gang; fonte de fer, thép; fer-blanc, sắt trắng; fers d'un criminel, cái xiềng, cùm sắt; aux fers, ở cùm; fer à repasser, cái bàn ủi.

FERME......... (Adj.) (assuré), vững vàng, vững bền; qui

FRANÇAIS-ANNAMITE.   231

n'a pas peur, *cứng cát;* tenir ferme, *đánh néo;* agir fermement, *ghì mài;* — (subst. fém.) (exploitation rurale), *nhà ruộng.*

FERMENTER..... (Vin fermenté), *men rượu.*
FERMER....... *Đóng :* fermer les yeux, *nhăm, híp mắt;* fermer (hermétiquement), *đóng khít;* fermer une plaie, *híp miệng;* fermé (hermétiquement), *bịt bồng, khít.*
FERMIER....... d'opium, de jeu, *tổng thương.*
FÉROCE....... (Homme), *độc dữ;* (animal), *hung bạo.*
FÉROCITÉ..... Agir avec férocité, *làm lảy.*
FERRER....... un cheval, *bịt sắt con ngựa.*
FERTILE....... (Champ), *sai trái.*
FERVENT....... *Nóng tính, lừng lảy.*
FESSE........ *Bàn tọa, khu, mỏng trôn, bàn thổi, bàn trôn.*
FESTIN........ *Tiệc, yến :* donner un festin, *làm tiệc, làm yến.*
FÊTE......... Jour de fête, *ngày lễ;* les trois fêtes principales : 1ᵉʳ jour de l'an, *tet;* 15ᵉ jour du 1ᵉʳ mois, *ram tháng gieng;* 15ᵉ jour du 7ᵉ mois, *ram tháng mười.*
FÉTU......... de paille, *rác, rơm rác;* je m'en soucie comme d'un fétu, *xem như rác.*
FEU.......... *Lửa :* allumer le feu, *nhen lửa;* se chauffer au feu, *sưởi lửa;* — (adj.) feu mon mari, *chồng tôi chết đã.*
FEUILLE....... d'arbre, *lá;* feuille de papier, *tờ giấy;* feuille d'un livre, *tờ sách, lá sách;* feuille de cuivre, *dát đồng;* se couvrir (un arbre) de feuilles, *nở lộc.*
FÈVE......... *Đậu.*

Février........ *Tháng hai.*
Fiançailles .... *Lễ chịu lời, gá tiếng.*
Fiancé........ *Gả con.*
Fiancer (Se) ... *Chịu lời, hôn phối, kết đối.*
Ficelle....... *Dây nhỏ, dây nhợ.*
Fidèle........ *Trung tín, trung chính :* sujet fidèle, *trung thần;* fidèlement, *cách trung chính;* fidélité, *tiết ngãi.*
Fiel......... *Đãm, mặt.*
Fiente....... de bœuf, *phân bò;* fiente d'éléphant, *phân voi.*
Fier......... *Kiêu ngạo.*
Fier (Se)..... à quelqu'un, *nhờ cậy, lòng tin, tin cậy;* se fier à soi-même, *cậy mình.*
Fièvre........ *Cơn, cơn rét, bịnh rét :* accès de fièvre, *cơn rét, nóng lạnh;* symptômes avant-coureurs de la fièvre, *ớn rét.*
Figue........ *Trái vã;* banane, *trái chuối;* figuier des banians, *cây bồ đề.*
Figure....... *Mặt mũi, mặt;* (forme), *hình, hình tướng;* faire mauvaise figure, *làm mặt xấu, làm mặt giận.*
Figurer (Se)... *Tưởng.*
Fil.......... *Chỉ :* fil de soie, *chỉ tơ;* fil de coton, *chỉ vải;* (tranchant d'un instrument), *cái lưỡi.*
File......... A la file, *đi có hàng;* sur deux files, *hàng hai.*
Filer........ de la soie, *quấy tơ;* filer du coton, *quấy chỉ.*
Filet........ de pêcheur, *lưới;* jeter le filet, *bủa lưới, đánh lưới;* retirer le filet, *kéo lưới;* (lacet), *dò lưới.*

Fileur........	Thợ quây tơ.
Fille.........	Con gái; belle-fille, dâu; fille de mauvaise vie, con dĩ, dĩ thõa.
Filou........	Kẻ ăn cắp.
Fils.........	Con, con trai, tử; fils aîné, đầu lòng, đích tử; petit-fils, cháu; fils utérin, con ruột; fils d'un autre lit, con cong hệ; fils adoptif, con mày nuôi.
Filtrer.......	de l'eau, lọc nước.
Fin, e........	(Adj.), délié, non épais (fil, etc.), nhỏ; étoffe fine, vải mỏng; rusé, quỉ quyệt; — (subst. f.) extrémité, cùng, hết, đuôi, mạt; à la fin, sau hết.
Finances......	Ministère des finances, hộ bộ.
Finesse.......	d'esprit, mưu tri, sự quỉ.
Finir.........	Làm hết; fini, hết, đã rồi, xong rồi.
Fixe.........	Chắc, vững bền.
Fixer........	Chắc chắn : fixer les yeux, nhìn, ngó.
Flacon.......	Ve chai.
Flageller.....	Đánh đòn.
Flairer.......	(Chien), đánh hơi; (homme), hít.
Flamber......	(Verbe n.), có ngọn lửa.
Flamme......	Ngọn lửa; (banderole), cờ.
Flanc........	(Côté), bên, bề; sur le flanc (en parlant d'un homme), nằm nghieng; flanc d'un bâtiment, tàu nghieng.
Flatter.......	Dua, a dua, uốn lưỡi, mơn, sàm nịnh; flatter en paroles, chuốt ngọt, nói mơn.
Flatteur......	Người a dua, nịnh, gian nịnh.
Fléau........	pour porter des fardeaux, gánh, đòn gánh; fléau d'une balance, đòn cân, quơn hoành.

Flèche	Tên, sở tên : pointe de la flèche, sở tên; plumes de la flèche, vảy tên; lancer une flèche, bắn tên, lẩy tên.
Fléchir	(Courber), ghé, uốn, theo chiù, co; (émouvoir), động lòng.
Flegmatique	Vô tỉnh.
Flétrir (Se)	Phai, phai màu : fleur flétrie, hoa rữa.
Fleur	Hoa : une fleur, bông hoa; bouton de fleur, hoa búp; calice, cái cuống; pétales, khiếng hoa; étamines, cái nhị; bouquet de fleurs, chòm hoa; orné de fleurs, hoa hoắt.
Fleurir	Ra hoa, sinh hoa, hoa đơm bông.
Fleuve	Giang, sông, xuyên : grand fleuve, đại giang, sông lớn.
Flexible	Chiu, diu mềm.
Flexueux	Quanh co.
Florissant	(État), thạnh lợi, nước thạnh, long.
Flot	de la mer, sóng, sóng biển, ba đào; le flot (mer pleine), nước lớn; le temps du flot, nước lên; (jusant), nước ròng.
Flotte	Binh thủy.
Flotter	Lững đửng.
Flûte	Ống sáo.
Flux et Reflux	Nước lên, nước xuống, nước lớn, nước ròng; flux de sang, bang huyết.
Fluxion	Phùng ra.
Foi	(Croyance), tin, đức tin; (fidélité), trung tin; bonne foi, thiệt thà, bụng thiệt.
Foie	Gan.
Foin	Cỏ rác.
Foire	(Marché), chợ.

Fois	Lần, lượt, phen : une fois, một lần; cette fois, lần nầy; une autre fois, lần khác, khi khác; plusieurs fois, ghe phen; quelquefois, lần lần; toutes les fois que, hể khi nào.
Folie	Bịnh điên.
Fonction	Chức : entrer en fonction, bao chức.
Fond	de la mer, đáy biển, lòng biển; au fond, đến đáy.
Fondement	d'une maison, nền nhà; jeter les fondements, đắp nền.
Fonder	Lập làm.
Fondeur	Thợ đúc.
Fondre	du métal, đúc, rót, dong, rót đồng; fondre un canon, đúc súng; se fondre (un métal), đồng chảy; fondre en larmes, khóc ròng ròng.
Fontaine	Suối nước, khe suối.
Force	Sức, lực : de toutes ses forces, hết sức; unir ses forces, hiệp lực; au delà des forces, quá sức; se fier à ses forces, cậy sức; par force, lấy sức.
Forcer	(Contraindre), ép.
Forêt	Rừng, rừng xanh : forêt épaisse, rừng rậm; forêt clair-semée, rừng già.
Forge	Lò rèn; forger, rèn; forgeron, thợ rèn.
Format	d'un livre, bản sách.
Forme	Mẫu, hình, cách : en forme de bouteille, cách ve lọ, hình ve lọ; (apparence), trạng, hình.
Former	Làm cái hình, làm cái cách.
Formidable	Mạnh mẽ, mạnh lắm, có sức quá.

Fornication	Tà dâm; đéo (injurieux); du nhau (bas).
Fort	(Adj.), mạnh, có sức, tốt sức; (tabac, vin, etc.), ngon; — (subst. m.) forteresse, đồn, đồn lũy.
Fortification	Cái lũy, cái đồn.
Fortifier	une place, lập lũy, làm đồn; fortifié, có lũy.
Fortune	Số phận, phận mạng : bonne fortune, phước lộc, tốt số; mauvaise fortune, xấu số, phần bạc; (richesse), giàu tài, tài; faire fortune, phát giàu, phát tài.
Fosse	(Creux), hầm, hầm tỉnh, hố; (tombeau), mồ mả.
Fossé	Hào.
Fou	Điên : tu es fou! anh điên!
Foudre	Sấm, sấm sét; bruit de la foudre, sấm ran.
Foudroyé	Être foudroyé, trời đánh chết.
Fouet	Roi; fouetter, đánh roi.
Fouiller	Xét người.
Fouine	Con sóc; (instrument de pêche), cái chỉa.
Foule	Đông người ta.
Fouler	Đạp; (comprimer), chà; fouler aux pieds, giày đạp, chà.
Four	Lò, lò lửa : chauffer le four, giụm củi.
Fourbe	Quỉ quyệt, con bài, điên đảo, lòng độc, người thiểm.
Fourbir	Chùi.
Fourche	Cọc nạng.
Fourchette	européenne, cái xiên, nỉa.
Fourmi	Con kiến; fourmi ailée, kiến cánh; fourmilière, lũ kiến.
Fourneau	Lò : fourneau de forgeron, lò rèn.

Fournir.......	Bán các đồ.
Fourrage......	Cỏ khô.
Fourreau......	d'épée, vỏ gươm.
Fourrure......	Lông; habit fourré, áo lông.
Foyer........	Bếp, hỏa lò, bếp lửa.
Fracas.......	La óm, óm sòm.
Fracasser.....	Phá, phá đập, bể, bể: fracasser la tête, bể đầu.
Fracture......	Gãy xương: fracture du bras, gãy tay; fracture de la jambe, gãy chơn.
Fragile.......	Giòn: très-fragile, giòn rụm; fragilité, sự giòn.
Fragment.....	Miếng, một miếng.
Fraîcheur.....	Mát mẻ.
Frais........	Mát, tươi: air frais, gió mát; lieu frais, bóng mát; viande fraîche, thịt tươi.
Franc........	(Sincère), ngay, thiệt, thật.
France.......	Nước Phu-lang-sa; français, người Phu-lang-sa, Lang-sa, Bang-sa.
Franchir......	Nhảy qua, qua.
Frange.......	d'un vêtement, cái tũi; frange d'une ceinture, dải lưng tũy.
Frapper......	Đánh, đánh đập: frapper à coups de marteau, nên; frapper avec le bambou, đánh đòn; frapper à la porte, gõ cửa.
Fraternité.....	Tình thương anh em.
Fraude.......	Mưu kế, mớp; frauder, ăn lận, mắc mớp.
Frelon.......	Ong nghệ.
Frémir.......	Sợ kinh, sợ quá, kinh hãi.
Fréquent.....	Năng, thường thường; fréquenter quelqu'un, đi làm quen.
Frère........	Anh em: frère aîné, anh, anh cả, huinh;

frère cadet, *em trai;* germain, *anh ruọt;* consanguin, *anh ruọt;* beau-frère, *anh rể, em rể.*

FRÉTER . . . . un navire, *mướn tàu đi buôn.*
FRIAND . . . . *Kẻ ăn mĩ vị.*
FRICTIONNER . . . . *Mài.*
FRILEUX . . . . *Kẻ sợ lạnh lắm.*
FRIRE . . . . *Rán, rán mỡ;* pommes de terre frites, *khoai tây rán.*
FRISER . . . . *Quău;* cheveux frisés, *tóc quăn.*
FRISSON . . . . de la fièvre, *run en, lạnh run.*
FRISSONNER . . . . *Run sợ.*
FROID . . . . (Adj.), temps froid, *khí lạnh, trời lạnh;* cœur froid, *cứng lòng, cứng bụng;* — froid (subst. m.), *lạnh* : froid excessif, *lạnh cóng;* avoir froid, *có lạnh.*
FROMAGE . . . . . . *Bánh sữa.*
FROMAGER . . . . . (Arbre à coton), *gòn;* coton du fromager, *bông gòn.*
FROMENT . . . . . . *Lúa mì.*
FRONT . . . . *Trán, mặt mày* : de quel front? *mặt nào?*
FRONTIÈRES . . . . . *Giáp giái, bờ cõi.*
FROTTER . . . . . . *Chùi, kì mài* : frotter avec le doigt, *giạy;* frotter avec la main, *thoa;* frotter le corps (frictionner), *mài, cọ, giồi mài;* se frotter les mains, *thoa tay;* se frotter (en parlant des animaux), *cà, cọ.*
FRUGAL . . . . *Kẻ yếu ăn, kẻ ăn ít.*
FRUIT . . . . *Trái* : fruit vert, *trái xanh;* fruit mûr, *trái chín;* fruit tendre, *trái non.*
FUGITIF . . . . *Trốn khỏi, lánh.*

FRANÇAIS-ANNAMITE.

Fuir.......... Trốn, trốn lánh, đi trốn : fuir la vue de quelqu'un, chạy mặt.
Fuite........ (Mettre en), đuổi người chạy, việc chạy.
Fumée........ Khói : signal au moyen de la fumée, trái khói.
Fumer........ le tabac, hút thuốc; fumer l'opium, hút a-phiến; fumer la terre, vay phân.
Fumier....... Phân, phân phướng.
Fumigation.... Xông.
Funérailles.... Đám ma, đám xác, đi chôn.
Furieux....... Nóng nảy : animal furieux, hùm, hủ; chien furieux, chó hùm.
Furoncle...... Nhọt, mụt nhọt.
Fuseau....... Cái quay tơ.
Fusée........ de guerre, pháo tang thiên; fusée incendiaire, hỏa hổ.
Fusil........ Súng tay, súng hiệp : fusil à mèche, hỏa mai; fusil à pierre, súng có mài đá; fusil à piston, súng hột nổ; canon du fusil, cái khẩu; crosse du fusil, cái bán; chien du fusil, có mài đá; pierre, cái đá; bassinet, cái thuốc ngòi; piston, cái thang ngo; capsule, hột nổ; baguette, cái thong hong; baïonnette, cái lưỡi lê; sabre-baïonnette, cái lưỡi đong.
Futur........ Hầu lai, sau; siècle futur, đời sau.

G

Gage........ Cọc, lời hứa : donner un gage, đặt cọc,

trã đợ; prendre un gage, cầm đợ; serviteur à gages, ngưòi ở mướn.

GAGNER . . . . *Lời lãi, ăn lời.*
GAI . . . . *Vui mừng, khóai lạc.*
GAIN . . . . *Sự lời, lời lãi, ích lời.*
GALE . . . . *Ghẻ, ghẻ chóc, mụt ghẻ;* galeux, *mắc ghẻ.*
GALETTE . . . . . . *Bánh khô.*
GALON . . . . *Ren, quanh :* Ren, quanh : galon d'or, *ren vàng;* galon d'argent, *ren bặc;* galon de soie, *kim tiến tơ.*
GALOP . . . . Grand galop, *ngựa sải;* galoper, *ngựa té.*
GANGRÈNE . . . . . *Ghe lở, ghe lở lói.*
GANT . . . . *Bao tay.*
GARANT . . . . . . *Cầm đồ, của cầm.*
GARANTIR . . . . . *Binh vực :* je vous garantirai contre votre ennemi, *tôi binh vực anh kẻo người nghịch;* je vous le garantis, *tôi quyết đều nầy.*
GARÇON . . . . . . *Con trai;* (enfant, serviteur), *thằng.*
GARDE . . . . (Attention), prenez garde, *giữ mình;* corps de garde, *nhà đồ;* (sentinelle), *lính canh giữ;* garde de nuit, *tuần do;* garde du corps, *hở vệ, thị vệ.*
GARDER . . . . . . (Conserver), *gìn giữ, coi giữ.*
GARDIEN . . . . . . (Surveillant), *kẻ canh giữ, thủ;* gardien de prison, *chủ ngục, canh tù.*
GARNIR . . . . . . (Meubler), *bịt, bịt nhà, sửa soạn;* garnir d'argent, *bịt bạc.*
GARNISON . . . . . *Lính thủ.*
GARROTTER . . . . *Buộc trói;* attacher les bras par derrière, *trói ke.*
GÂTEAU . . . . . . *Bánh ngọt.*

FRANÇAIS-ANNAMITE. 241

Gâter	Hư, thối, hư hốt : fruit gâté, trái nũng; (riz, œuf), vữa; cela est gâté, cái nầy hư đi.
Gauche	(Main), tay tả, tay trái; à gauche! bên tả!
Gazette	Nhựt trinh : la gazette de Gia-dinh, Gia-dinh báo.
Gazon	Băng cỏ.
Geai	Con chim cưỡng.
Géant	Giảnh giàng.
Geler	Đông; eau gelée, nước đông lại; gelée (subst. fém.), mets gelé, bánh bột đào.
Gémir	Than thở, than khóc, than van : gémir sur son sort, phàn nàn, than thân.
Gencive	Hàm răng, nớu.
Gendarme	Lính thuộc lệ.
Gendre	Rể, ngãi rể.
Généalogie	Gia tộc.
Gêner	(Empêcher), ngăn, ngăn trở, đón ngăn; gênant, chật hẹp.
Général, e	(Adj.) (Commun), chung, thường; en général, thường thường; généralement parlant, nói chung; — (subst. m.) : général en chef, nguơn soái, quản tướng tổng; général de division, tướng quân; général de brigade, đề đốc; (en province), général commandant les troupes, chánh lãnh binh; son second, phó lãnh binh.
Génération	(Race), con cháu, hậu đại.
Généreux	Rộng rãi, bụng tốt.
Génie	(Esprit, démon), thần; (talent), trí, trí khôn.
Genou	Gối, đầu gối : à genoux, quì gối.

Gramm. 16

VOCABULAIRE

Genre . . . . (Sorte, espèce), *giống, loài;* du même genre, *một giống, một thế.*
Gens . . . . (Peuple), *dân, người ta.*
Gentil . . . . *Tốt, đẹp, mĩ.*
Géographe . . . . . *Người viết thong chỉ.*
Géographie . . . . *Sách thong chỉ.*
Geôlier . . . . *Chủ ngục, kẻ coi ngục.*
Géomètre . . . . . *Người đo đất.*
Géométrie . . . . . *Sự đo đất.*
Gerbe . . . . de riz, *bó lúa.*
Germer . . . . *Mọc, mọc mộng, nảy chồi.*
Gibet . . . . *Cái trụ thắt cổ.*
Gigot . . . . *Cái đùi.*
Gingembre . . . . . *Gừng, gừng :* confiture de gingembre, *mứt gừng.*
Girouette . . . . . *Cờ gió.*
Glace . . . . *Nước đồng lại;* (miroir), *kính, gương.*
Gland . . . . (Fruit), *đạn;* (membre viril), *đầu con cặc.*
Glande . . . . *Sưng :* maladie des glandes, *đau sưng.*
Glaner . . . . *Mót, mót hái.*
Glisser . . . . *Trơn;* terrain glissant, *trơn tru.*
Globe . . . . *Cục, bầu :* globe céleste, *bầu trời;* globe terrestre, *bầu đất, hòn đất.*
Gloire . . . . *Hiển vang :* gloire mondaine, *danh lợi;* glorieux, *người có hiển vang.*
Glousser . . . . . . *Chíp miệng, chiu chít, gà tục tác.*
Gobelet . . . . . . *Cái chén.*
Goinfre . . . . *Tham ăn.*
Golfe . . . . *Vũng, cái phá.*
Gomme . . . . *Mủ cây, nhựa.*
Gond . . . . d'une porte, *cái cốc cửa;* gond en fer, *cốc sắt.*

GONFLER	*Thổi cho phì* : se gonfler, *sưng mình;* mon pied est gonflé, *chơn tôi sưng;* joues gonflées, *trắng sưng, trắng má, sưng má;* gonflé (par les louanges), *lảng lên.*
GONORRHÉE	*Đau lạo;* fleurs blanches, *bạch đai.*
GORGE	*Hong* : mal de gorge, *đau hong;* (de la femme), *cái vú.*
GOSIER	*Họng, cổ* : feu dans le gosier, *gắt cổ.*
GOUDRON	*Chai;* goudronner, *lấp vò.*
GOUFFRE	*Vực.*
GOULU	*Tham ăn.*
GOUPILLON	*Cái rảy nước thánh.*
GOURDE	*Bầu nước.*
GOURMAND	*Ăn mĩ vị, mê ăn.*
GOURMETTE	*Cái chuyền miệng ngựa.*
GOÛT	*Mùi ngon* : qui a du goût, *ngon;* cela n'est pas de mon goût, *cái nầy tôi ăn không được;* cela a bon goût, *cái nầy ngon lành.*
GOÛTER	*Nếm, nhắm.*
GOUTTE	*Giọt* : goutte d'eau, *hớt nước;* tomber goutte à goutte, *nhỏ giọt.*
GOUTTIÈRE	*Cái máng.*
GOUVERNAIL	*Lái, bánh lái* : barre du gouvernail, *tay lái;* barre à bâbord! *bát!* barre à tribord! *cạy!*
GOUVERNER	un pays, *trị, cai trị, trị dân, quản;* un navire, *bẻ lái.*
GOUVERNEUR	(de province), *tổng đốc;* (de citadelle), *quan cai thành, trấn thủ.*
GOYAVE	(Fruit), *trái ổi.*

16.

GRÂCE .... (Faveur), *ơn, ân;* demander grâce, *xin ân, xin tha;* le roi a fait grâce, *đức vua có tha;* rendre grâces, *cám ơn, cám tạ.*

GRACIEUX ...... (Affable), *mặt vui, bụng tốt;* (joli), *nõn nà, tốt mĩ, đẹp.*

GRADE .... (Degré), *bậc;* de mandarinat, *phẩm.*

GRADIN .... *Bậc.*

GRAIN .... *Hột;* (en général, céréales, etc.), *lúa má;* grain de riz, *hột gạo;* grain de vent et pluie, *dong gió.*

GRAINE .... (Semence), *hột giống.*

GRAISSE .... *Mỡ, thịt béo, thịt mỡ:* graisse pour la cuisine, *mỡ hèo.*

GRAND .... *Lớn, cao, đại:* plus grand, *lớn hơn, cao hơn;* grand-père, *ông có nội, ông có ngoại;* grand'mère (paternelle), *bà nội;* (maternelle), *bà ngoại;* grandir, *khôn lớn, đến lớn.*

GRANDEUR ..... (Votre), *ông lớn.*

GRANIT .... *Đá tàu.*

GRAPPE .... de raisin, *chum trái nho.*

GRAS .... *Béo, mập:* (homme), *người béo mập;* (animal), *mập;* — (subst. m.), gras de la jambe, *cái báp cáng, báp chơn.*

GRATIFICATION... *Của thưởng:* donner une gratification, *thưởng cho.*

GRATIS .... *Nhưng không:* faire gratis, *làm không;* vendre gratis, *bán không, bán chịu.*

GRATTER ...... *Cào cấu:* effacer un mot, *tẩy chữ, bôi tẩy;* gratter avec un doigt, *gãi;* se gratter, *gãi.*

GRAVE .... *Nghiêm trạng, nặng, oai:* crime grave, *tội*

FRANÇAIS-ANNAMITE. 245

nặng, tội trọng; supplice grave, trọng hình; aspect grave, nặng mặt.

GRAVER	Khắc, chạm; graveur, thợ khắc.
GRAVIR	Đi lên, đi lên trên.
GRÉ	ý : à mon gré, theo ý tôi; à votre gré, mặc ý, mặc lòng; bon gré mal gré, bằng lòng hay là không.
GREFFER	Chiết cây.
GREFFIER	Thơ lại.
GRÊLE	Mưa đá.
GRELOT	Lục lạc : agiter des grelots, lắc lục lạc.
GRENADE	Trái lựu.
GRENADIER	(Arbuste), cây lựu.
GRENIER	Đụn, lẫm, lẫm lúa : grenier royal, kho, kho tàng; grenier de riz, kho gạo; intendant des greniers, để lãnh.
GRENOUILLE	ếch, ếc nhái.
GREVER	d'impôts, đóng thuế.
GRIFFE	du tigre, vút cọp, váo cọp; griffe du chat, móng mèo.
GRILLE	en fer, song sắt.
GRILLER	(au feu), cháy, rang, sao; je grille de le voir, tôi muốn lắm thấy nó.
GRILLON	Con dế.
GRIMACE	Nhăng mặt.
GRIMPER	(Herbe), leo; grimper à un arbre, trèo cây.
GRIS	Sắc tro, sắc xám, xám tro.
GRONDER	quelqu'un, quở trách, mắng mỏ.
GROS	(Épais, opposé à fin), to lớn; vendre en gros, bán sỉ.
GROSSESSE	Việc mang mển; femme grosse, đờn bà mang mển, có chửa.

Grossier...... (Commun), *thô*; étoffe grossière, *vải thô*; (injurieux), *quê mùa, phàm phu*; parole grossière, *lời thô vỗ*.
Grossir....... (Rendre gros), *làm cho lớn*; devenir gros, *lớn lên*.
Grotte....... *Hang, hang đá.*
Grouper...... *Nhóm lại, đem lại.*
Grue........ (Machine), *cần vọt.*
Gué......... *Nước cạn* : passer à gué, *lội qua.*
Guêpe....... *Ong vò vẽ* : nid de guêpes, *tổ ong vò vẽ.*
Guère....... Je ne le connais guère, *tôi biết người ấy ít lắm.*
Guérir....... *Chữa, lành* : être guéri, *lành rồi.*
Guerre....... *Giặc giã* : guerre civile, *loạn*; aller à la guerre, *đi đánh giặc.*
Guerrier..... *Người đi đánh, kẻ quen đi đánh.*
Guetter...... *Coi, xem coi.*
Gueule...... (d'animal), *mép, mồm mép.*
Gueux....... *Kẻ đi ăn mày, kẻ đi ăn xin.*
Guide....... *Kẻ đưa đàng*; guider, *đưa đàng, dam đàng.*
Guise....... A votre guise, *mặc ý*; en guise de, *thay vì.*
Guitare...... *Cái đờn kìm.*

H

Habile....... *Có tài, anh tài, khéo, liện*; habilement, *khéo lắm*; habileté, *tài, tài trí.*
Habiller (S')... *Mặc áo, xăn áo.*
Habit....... *Áo, phục* : habit de cérémonie, *áo lễ*; habit de cour, *phục triều*; habit de ministère,

bộ phục; habit de deuil, áo tang; habit de bonze, áo ca sa; habit militaire, áo mén; tailler un habit, cắt áo; coudre un habit, may áo.

HABITANT	Người bổn ở.
HABITATION	Nhà ở, chỗ ở.
HABITER	Ở : où habitez-vous ? ở đâu ?
HABITUDE	Thói quen : changer d'habitude, trở cách; il faut prendre l'habitude, phải làm quen.
HABITUER	Quen, tập cho quen; s'habituer, làm quen, quen mình; habitué, đã quen.
HACHE	à marteau, búa, riu búa; hache de charpentier, rìu, cái vời; manche de hache, sổ rìu.
HACHER	de la viande, vằm thịt; hacher (couper menu), nát bậy.
HAIE	Rào, rào giậu.
HAILLON	Giẻ rách rưới : couvert de haillons, mặc rách; habit en haillons, áo rách, rách.
HAÏR	Ghét, nhờm.
HALEINE	Thở ra : perdre haleine, đuối hơi.
HALER	une barque à terre, rán lên.
HALETER	Thở, đi mệt.
HALO	(Cercle autour de la lune), trăng có quầng.
HALTE !	Đứng !
HAMAC	Võng : cordes de hamac, ngáng võng; aller en hamac, đi võng; porteurs de hamac, đầm võng.
HAMEÇON	Lưỡi câu : agiter l'hameçon, nhảy câu; prendre à l'hameçon, câu bắt, buông câu.
HANCHE	Cái hông.

Hanter	*Làm quen :* ne hantez pas les mauvais sujets, *đừng có làm quen về thăng điếm.*
Haranguer	le peuple, *giảng cho dân, giảng dạy dân.*
Hardi	*Dạn gan;* hardiment, *cách dạn gan.*
Haricot	*Đậu :* haricot vert, *đậu xanh;* haricot blanc, *đậu trắng.*
Harnacher	un cheval, *thắng ngựa.*
Harnais	*Các đồ ngựa kéo xe.*
Hasard	*Số phận :* rencontrer par hasard, *họa gặp;* je l'ai rencontré par hasard, *may tôi có nghe.*
Hâte	A la hâte, *cho mau, cho kíp.*
Hâter (Se)	*Làm cho mau.*
Hausser	*Cất lên :* hausser la voix, *cất tiếng.*
Haut	*Cao :* en haut, *trên, lên.*
Hauteur	*Bề cao :* quelle est la hauteur? *cao mấy thước, cao bao nhiêu ?*
Hélas !	*Tiếc thay! tiếc hẽ! thương hẽ! hỡi ôi!*
Hélice	*Khoanh :* roulé en hélice, *khoanh;* bateau à hélice, *tàu có đuôi cá.*
Héméralope	*Quáng gà.*
Hémorrhoïdes	*Trĩ sang, bệnh trĩ.*
Hennir	*Hí, ngựa hí.*
Herbe	*Cỏ, thảo :* couper de l'herbe, *cắt cỏ, làm cỏ;* arracher l'herbe, *nhổ cỏ.*
Héréditaire	(Dignité), *chức viễn tử.*
Hérisser (Se)	les cheveux, *giảng tóc;* animal hérissé, *giảng gáy.*
Hérisson	*Con nhím.*
Héritage	*Gia tài, cơ đồ.*
Hériter	*Ăn gia tài, ăn cơ đồ.*
Héritier	*Kẻ ăn gia tài :* héritier du royaume, *thời tử.*

Hernie	Ruột sa.
Héron	Con cò, cò ma.
Héros	Anh hùng, tuấn sĩ; action héroïque, việc anh hùng.
Hésiter	Trắt ngại, ngại lòng : n'hésitez pas, đừng ngại lòng.
Heure	Giờ : demi-heure, nửa giờ; quart d'heure, một khắc giờ; heure et demie, một giờ rưỡi; quelle heure est-il ? giờ thứ mấy? dans une heure, sau một giờ; de bonne heure, sớm.
Heureux	Có phước, tốt phước : jour heureux, ngày tốt; heureusement, may, ngõ may, họa may, may man.
Heurter (Se) . . .	Vấp, đánh giập : je me suis heurté contre un arbre, tôi có vấp một cây.
Hibou	Chim cú, chim mèo.
Hier	Hôm qua : hier au soir, tối hôm qua.
Hiérarchie	Thứ tự trong các phẩm ông quan.
Hirondelle	Chim én : nid d'hirondelle, tổ yến, yến sào.
Hisser	un pavillon, treo cờ, kéo cờ.
Histoire	Truyện : raconter une histoire, nói truyện.
Historiographe . .	Sử thần.
Hiver	Đông, mùa đông.
Holà	Thằng kia !
Holothurie	Đột đột.
Homard	Tôm càng.
Homicide	Dân mạng, tội nhơn mạng, tội giết người, sát nhơn : homicide avec préméditation, cố giết người; homicide par imprudence, giết lầm.
Hommage	Rendre hommage, kính, kính trọng.

Homme........	*Người, nhơn* : jeune homme, *thằng, con trai;* homme de 35 à 40 ans, *đờn ông;* les hommes, le genre humain, *người ta;* brave homme, *người tốt;* quel homme? *người nào?*
Honnête......	(Décent), *có nét, thiện, thiện nhơn;* (probe), *người lành, bình an;* honnêtement, *cách hiền lành, cách làm an;* femme honnête, *đờn bà làm ăn;* mœurs honnêtes, *thiện hạnh.*
Honneur......	(Respect), *kính tôn;* (dignité), *chức, quờn, quyền;* rendre des honneurs, *kính, tôn kính.*
Honorer......	*Tôn kính, kính;* honorable, *người phải kính, kẻ đáng kính.*
Honte........	*Hổ ngươi, sỉ nhục, nhuốc* : sans honte, *vô hổ, không biết hổ;* avoir honte, *hổ ngươi, xấu hổ;* n'as-tu pas honte? *anh không biết hổ ngươi?* honteux, *thẹn mặt, sượng mặt, trên mặt, mất cỡ, nhũng mặt.*
Hôpital.......	*Nhà thương.*
Horizon......	*Vòng ngang.*
Horloge......	*Đồng hồ* : horloge à eau, *đồng hồ nước.*
Horoscope.....	*Địa bình điện, điềm.*
Horreur......	*Sự quái gở, gớm* : avoir horreur, *gớm;* cela me fait horreur, *việc nầy gớm lắm;* rejeter avec horreur, *nhờm.*
Horrible......	*Quái gở, xấu xa, gớm.*
Hors.........	*Ngoài, khỏi* : hors de la maison, *ngoài nhà.*
Hospitalité....	*Tiếp rước người khách.*
Hostie........	*Bánh lễ.*

Hostile	Nghịch, người nghịch; hostilités, việc nghịch, việc làm giặc.
Hôte	(Qui reçoit), tiếp khách; (qui est reçu), khách; aubergiste, chủ nhà quán.
Hôtel	(Auberge), quán cơm, quán xá.
Housse	d'un cheval, lá tố; les deux franges latérales de la housse, lá giạm.
Huile	Dầu : huile d'arachide, dầu phụng; huile de résine, dầu chai; arbre à huile, cây dầu.
Huiler	Bôi dầu; huilé, bị bôi dầu.
Huit	Tám; huitième, thư tám.
Huître	Con hàu.
Humain	Khoan nhơn : la nature humaine, nhơn loại, loại người ta; humain (miséricordieux), lòng nhơn, bụng thương người ta.
Humanité	(Vertu), nhơn đức, nhơn nghĩa.
Humble	Khiêm nhượng, thấp; humblement, cách khiêm nhượng.
Humecter	Ngâm nước; humecté, ngâm, đã ngâm.
Humeur	du corps, khí, tính khí; bonne humeur, tính vui; mauvaise humeur, tính xấu.
Humide	Ướt, át : le temps est humide, khí trời ướt.
Humilier	Nhiếc người ta; s'humilier, khiêm nhượng.
Humilité	Nét khiêm nhượng.
Huppe	d'oiseau, mòng chim.
Hurler	Gầm hét, kêu la : (le tigre), cọp hét, cọp kêu; (le loup), chó sói kêu; (le chien), chó tru.
Hydrophobe	Gớm nước; (animal), dại; hydrophobie, hoảng hốt.

VOCABULAIRE

Hydropique .... *Thũng, phúc trương* : devenir hydropique, *phát thũng.*
Hymne .... *Câu hát khen chúa.*
Hyperbole ..... *Lời ngoa, nói thêm.*
Hypocrite ..... *Bình bãi, giả hình, làm hạnh, làm nết.*
Hypothèse ..... *Lời thí dụ, nói ví.*

I

Ici .... *Đây, nơi đây* : viens ici, *đến đây;* jusqu'ici, *cho đến đây.*
Idée .... (Opinion), *tưởng, ý;* j'ai dans l'idée, *tôi tưởng, tôi có ý.*
Idiot .... *Mê muội, bơ vơ, dại giột.*
Idolâtre ...... *Ngoại đạo.*
Idole .... *Bụt, tượng bụt, phật.*
Ignominieux ... *Nhuốc nha, sỉ nhục, xấu hổ.*
Ignorant ...... *Dốt, dốt nát, ngây, bơ ngơ.*
Ignorer .... *Không biết, không hai.*
Il .... *Elle, người ấy, nó;* il est, *nó là.*
Île .... *Cù lao, cháu; îlot, cù lao nhỏ.*
Illégal .... *Lỗi phép;* illégalement, *trái phép.*
Illégitime .... *Trái phép, trái lẽ* : enfant illégitime, *con chơi ác.*
Illicite ...... *Chẳng nên, trái lẽ* : commerce illicite, *trai gái trái lẽ.*
Illuminer ..... *Soi sáng;* illuminé, *đã sáng soi.*
Illustre ...... *Có danh tiếng, có vinh hiển* : se rendre illustre, *nên danh.*
Image .... *Hình tượng, ảnh, ảnh giấy.*

Imagination	Trí vẽ.
Imbécile	Dại, dốt nát, lờ cờ, ngây muội, vô trí.
Imberbe	Không râu đang thì.
Imbiber	Thấm, dầm, thấm ra; être imbu (au moral), thấm.
Imiter	Bắt chước, theo đòi, học đòi: à l'imitation de, như, như thể, cách.
Immédiatement	Phút chốc, sực chốc, tức thì, tức tốc, xây.
Immense	Vô biên, bao lao, mãnh mãnh.
Immeuble	Gia tài.
Imminent	Lấm.
Immobile	Đứng sững.
Immodeste	Mất nết, chếch lệch, trắc nết.
Immonde	Ô uế, nhơ nhớp.
Immondices	Các sự nhớp, bụi nhơ.
Immoral	Trắc nết : acte immoral, việc trắc.
Immortel	Tiên : génie immortel, thần tiên.
Impair	Chếch đôi, chiếc, lẻ loi.
Imparfait	(Travail), mứa, bỏ mứa.
Impatient	Không chịu khó, chẳng phép : je suis impatient de le voir, tôi muốn lắm cho thấy nó.
Impénétrable	Chẳng thấu.
Imperfection	Việc không nên.
Impérial	Thuộc về hoàng đế, ngự.
Impertinent	Lơn mặt, kẻ xác, kẻ bậm.
Impétueux	Xông vào, tâng bâng.
Impie	Bất hiếu, thất hiếu.
Impitoyable	Người không biết thương, không có nhơn đức.
Implorer	Xin : implorer la grâce d'un coupable, xin tha kẻ có tội; implorer avec instances, kêu nài.

IMPOLI	*Bất lịch sự, vô phép, thất lễ.*
IMPORTANT	Affaire importante, *đại sự, cần kíp, việc lớn.*
IMPORTER	Il importe beaucoup, *có cần, cần lắm;* il m'importe, *phải;* peu importe, *vô can, luận chi, chẳng sá gì;* qu'importe, *sá chi!*
IMPORTUN	*Nài nĩ, kẻ kêu nài, ác dai.*
IMPOSER	(Enjoindre), *biểu, truyền;* imposer une contribution, *đóng thuế.*
IMPOSSIBLE	*Chi được, khôn được, không đặng.*
IMPOSTEUR	*Kẻ nói láo, kẻ nói dối.*
IMPÔT	*Thuế :* lever l'impôt, *đánh thuế;* payer l'impôt, *nộp thuế;* impôt foncier, *thuế điền tô;* impôt personnel, *thuế thân;* collecteur de l'impôt, *áp thuế.*
IMPRÉCATIONS	*Lời chưởi, tiếng chưởi.*
IMPRÉGNÉ	*Nhiễm :* imprégné de mauvais air, *nhiễm khí độc.*
IMPRIMER	*In :* livre imprimé, *sách in.*
IMPROVISTE	(A l'), *không ngờ, tức thì.*
IMPRUDENT	*Vô ý, mặt dày may dạn.*
IMPUDENT	*Người bợm, mặt đe, lảy đảy, già miệng, vô.*
IMPUDIQUE	*Sa đắm, mê dâm dục;* impudicité, *việc sa đắm, lòng mê dâm.*
IMPUNÉMENT	*Không sợ chịu phạt.*
IMPUR	*Dơ dáy, nhớp;* impureté, *việc dơ dáy, cách xấu.*
IMPUTER	*Cao một người.*
INACCESSIBLE	Lieu inaccessible, *khuẩn.*
INATTENDU	*Tức thì, không ngờ.*
INATTENTION	*Vô ý, bắt ý, lếch lác :* agir avec inattention,

lắt lơ, ngắt ngơ; parler avec inattention, sảy miệng.

INCAPABLE...... (Inepte), bất tài; j'en suis incapable, tôi làm việc nầy không đặng.
INCARCÉRER..... Cầm tù, cầm ngục.
INCARNATION.... Giáng sinh.
INCARNER (S')... Giáng thể, ra đời.
INCENDIE....... Nhà cháy, lửa đốt, hỏa tai; incendier, đốt.
INCERTAIN...... Không quyết, có hồ nghi, lao đao.
INCESSAMMENT... Luông luống, oai oai.
INCESTE........ Tội lộn đầu dây, tội lộn ngóng.
INCITER........ à la révolte, xui giục.
INCIVIL........ Lờn mặt, lờn ngơn.
INCLINATION.... (de tête), ngúc đầu; profonde inclination, cấu đầu, cấu.
INCLINER....... Dốc, cúi xuống : ce mât est incliné, cột nầy xiêu; incliné (navire), xiêu; le toit est trop incliné, mai nhà dốc nhiều; s'incliner (par respect), phủ phục; s'incliner (sous le vent), rạp xuống; s'incliner (pour éviter un coup), nghiêng mình.
INCOMMODE..... Không vừa, không tiện.
INCOMPLET..... Chưa trọn.
INCONNU....... (Homme), kẻ lạ, lạ mặt; (chose), việc chưa biết.
INCONSOLABLE... Rầu rĩ quá, không nghe lời an ủi.
INCONSTANT..... Lăng quăng.
INCONVENANT.... Không khá, không nên, quấy.
INCONVÉNIENT.... Trở, ngan trở, trái.
INCORRIGIBLE.... Chừa mình không được.
INCRÉDULE...... Không tin gì hết.
INCULTE....... (Champ), ruộng hoang.

INCURABLE......	*Lành không được.*
INDE.........	*Nước Thiên trước, Tiểu Tay giang.*
INDÉCENT......	*Kẻ chơi ác* : parole indécente, *nói lắt léo, nói hoa tình;* jeu indécent, *chơi ác, phá.*
INDÉCISION.....	*Mắt nét, trắt ngại.*
INDEMNISER.....	*Bồi thường.*
INDEMNITÉ......	de guerre, *bồi thường quân;* indemnité (en général), *của bồi thường.*
INDÉPENDANT....	*Ngang, không chịu phép;* royaume indépendant, *nước ngang.*
INDEX.........	(Doigt), *ngón trỏ.*
INDIGÈNE.......	*Người bổn quốc.*
INDIGENT......	*Cùng khốn, nghèo, kẻ ăn khó.*
INDIGESTION....	*Đau no đầy.*
INDIGNE.......	*Chẳng đáng, trái lẽ.*
INDIGNER (S')...	*Nổi giận, tức giận.*
INDIGO........	*Chàm* : couleur d'indigo, *màu chàm.*
INDIQUER......	*Chỉ, chỉ dẫn, chỉ trỏ* : indiquez-moi la route, *xin chỉ đường đi đâu, biểu đường đi đâu.*
INDISCRÉTION....	Regarder avec indiscrétion, *lắc láo, lục tặc, trồng họng.*
INDISPENSABLE...	*Cần lắm.*
INDISPOSÉ......	*Nhứt đau, se mình.*
INDISTINCTEMENT..	*Bắt luận.*
INDIVIDU.......	*Một người.*
INDOCILE......	*Khó biểu, khó bảo;* sans retenue, *lung lăng.*
INDULGENCE.....	plénière, *đại xá.*
INDULGENT......	*Tha cho, biết tha.*
INDUSTRIE......	*Tài trí, tài năng;* industrieux, *kẻ có tài, anh tài.*
INÉBRANLABLE....	*Chắc lắm, lạc không được, vững bền.*

Inepte	*Ngu muội, mắt bư, bưng mặt, bất tài.*
Inévitable	*Lánh không được.*
Infâme	*Quái gở, xấu qua.*
Infanterie	*Binh bộ.*
Infatigable	*Khoe mạnh, không biết nhọc.*
Infect	*Thuối, thuối nhợp;* infection, *sự thuối.*
Inférieur, e	(Adj.) *Hạ;* — (Subst. m.), inférieur d'une personne, *thủ hạ.*
Infidèle	*Lỗi ngãi, thất trung.*
Infime	*Mạt hạ, hèn hạ.*
Infini	*Vô cùng, vô chung.*
Infirme	*Yếu đuối, yếu sức :* être infirme, *yếu liệt.*
Inflammation	*Bịnh nóng nảy.*
Influence	(Avoir de l'), *có thần.*
Informer	sur une affaire, *xem xét một việc;* prendre des informations, *hỏi dọ.*
Infortune	*Ách nạn, tai, wong ách, rủi;* infortuné, *xấu phước.*
Ingénieur	*Quản các thợ.*
Ingénieux	*Tài trí, mưu trí.*
Ingrat	*Vô ơn, vô nhơn, trở mặt, bất nhơn nghĩa, bất ngãi tệ.*
Inhabité	*Nơi vắng, nơi hoang.*
Inhumain	*Bất nhơn.*
Inimitié	*Sự nghịch, việc ghét nhau.*
Inique	*Gian ngược, gian tà, tai ngược, oan;* supporter l'iniquité, *chịu oan.*
Injure	*Sỉ nhục;* injurier, *nói sỉ nhục.*
Injuste	*Gian, chẳng công bình, oan :* condamné injustement à mort, *chết oan;* accuser injustement, *cáo gian, oan.*
Innocent	*Sạch tội, sạch mình, vô tội.*

Innombrable	Vô số, đếm không được, đếm chẳng xiết.
Inoccupé	Thong dong.
Inonder	Nước lụt; inondation, lở, nước lụt.
Inopiné	Bất kì, hở cơ, wu lữ.
Inquiet	Bồn chồn, lao đao : je suis inquiet, tôi láu đáu; très-inquiet, lo nát gan; inquiétude, khốn khổ.
Insalubre	Climat insalubre, nước trời xấu.
Inscription	Thích đề; inscrire, thích chữ.
Insecte	Con trùng.
Insensé	Dại, bịnh trí, điên.
Insensible	Không biết đau, không lò gì.
Insigne	(Adj.) Vaurien insigne, lờm lắm.
Insignes	(Subst. m. pl.) Bằng thị.
Insipide	Lạt, lạt lẻo.
Insolent	Vô phép, người bãm; dire et faire des insolences, bãm ăn, bãm nói.
Inspecteur	Giám đốc : inspecteur des examens, giám khảo.
Instant	Lát, buổi : à l'instant, dans un instant, một lát nữa; j'aurai fini dans un instant, một chút nữa hết rồi.
Instar (A l')	Cách, mĩa dạng.
Instigation	Quến dỗ, xui giục : instigation au mal, xui mưu.
Instituer	Lập, đặt.
Instruire	Dạy, dạy bảo, biểu; instruit, người hay nhiều; instruction, dạy học.
Instrument	(Outil), đồ dung; instrument de musique, đờn, cổ nhạc.
Insu	(A son), lanh.
Insulter	Nhiếc nhóc, chê, chê bai, chê trách.

FRANÇAIS-ANNAMITE.

Insupportable...	Chịu không được.
Insurrection....	Việc dấy loàn; s'insurger, dấy loàn, nổi dậy.
Intact........	Chẳng đứng, chỉ hẳn, nguyên, trọn vẹn : cela est intact, của nầy trọn cả.
Intelligence....	Sự hiểu, trí, giỏi : vivre en bonne intelligence, ở chung tốt, ở hiệp lòng; intelligent, kẻ hiểu, giỏi, thông minh, có trí.
Intempérant....	Tham ăn uống.
Intendant......	Kẻ giữ của, người coi cả trong nhà.
Intention......	ý, ý chỉ, chí, lòng dạ : bonne intention, ý tốt; mauvaise intention, ý trái; quelle est votre intention ? có ý nào ?
Intercalaire....	Année intercalaire, năm nhuận; mois intercalaire, nhuận, tháng nhuận.
Intercéder.....	Giúp lời.
Interdire......	(Défendre), cấm.
Intérêt.......	Cela est dans ton intérêt, việc nầy có ích về anh; cupidité, sự tham; intérêt du capital, lời.
Intérieur......	Trong, ở trong.
Interprète.....	Thông ngôn; interpréter, làm thông ngôn.
Interroger.....	Hỏi, tra khảo : interroger sur un délit, hỏi tội.
Interrompre....	Giãn việc : interrompre son sommeil, dứt mình.
Intervalle.....	de temps, kì hẹn, khoản : intervalle entre les doigts, kẽ tay, kẽ chơn.
Intervenir.....	Cang ra; (pour aider), giúp.
Intestins......	Ruột, ruột loan : intestins des animaux, lòng.
Intime........	(Ami), bạn hữu thương lắm.
Intimider......	Làm cho sợ.

Intonation	dans le chant, *nhịp;* observer l'intonation et la mesure, *ăn nhịp.*
Intrépide	*Chắc gan, sán swớt* : agir avec intrépidité, *làm swớt.*
Intrigue	(Cabale), *lo mưu.*
Introduire	*Đun, đút, giát vào, luồn vào, tron vào, kế vào, lỏng vào* : introduire par force, *nhận vào;* introduire la main, *tron tay vào;* s'introduire, *xen vào.*
Inutile	*Vỏ ích, vó dụng, bát dụng* : c'est inutile, *ích chi, dụng gì;* inutilement, *vỏ dụng.*
Inventaire	*Tịch ki, biên ki.*
Inventer	*Tìm được;* inventeur, *kẻ có tìm.*
Inverse	*Ngược.*
Investir	(Bloquer), *bộp, vây;* investissement, *tàu vây.*
Invincible	*Không biết thua, anh hùng.*
Inviter	quelqu'un, *mời* : inviter un hôte, *mời khách;* inviter à dîner, *mời ăn;* inviter à s'asseoir, *mời ngồi.*
Invoquer	le ciel, *kêu trời, vái trời;* invoquer la mémoire de son père, *vái cha.*
Ironique	(Parole), *lời cười nhiếc, lời cười chế.*
Irréligieux	*Không có đạo gì, không theo đạo.*
Irrévérent	*Bèo trẹt, lang ben, bợt chợt.*
Irriter	quelqu'un, *chọc gan, gây;* s'irriter, *giận;* irriter un animal, *gây mọc.*
Irruption	(Faire), *chồm, nhảy chồm.*
Isolé	Lieu isolé, *chỗ hoang;* être isolé, *ở hoang, ở một mình.*
Issue	(Sortie), *cửa, lỗ song;* quelle sera l'issue de cette affaire ? *việc nầy toan làm sao?*

FRANÇAIS-ANNAMITE.   261

Ivoire . . . .   Ngà, ngà voi, nha tượng : bâtonnets d'ivoire, đũa ngà; bâton d'ivoire que portent les grands mandarins, cái hốt.
Ivre . . . .   Say rượu; ivrogne, mê rượu.

J

Jachère . . . .   Champ en jachère, ruộng hoang.
Jacquier . . . . . .   (Arbre), cây mít; (fruit), trái mít.
Jadis . . . .   Xưa, thủơ, ngày trước.
Jaillir . . . .   une source, nhảy vọt; l'eau jaillit, nước vọt.
Jalousie . . . . . .   (Fenêtre), cửa sổ quạt.
Jaloux . . . .   Ghen, ghen ghét.
Jamais . . . .   Chẳng hề, chẳng từng, chi từng.
Jambe . . . .   Trái chơn, ống chơn : gras de la jambe, bắp chơn.
Jambon . . . . . .   Đùi heo.
Janvier . . . .   Tháng giêng.
Japon . . . .   Nước Nhựt bổn.
Jardin . . . .   Vườn, viên : terres plantées en jardin, điền viên; jardinier, kẻ lập vườn.
Jarre . . . .   de terre, vò, bình lớn, lu.
Jarret . . . .   Kế háng.
Jarretière . . . . .   Dây tất.
Jaser . . . .   Nói, nói truyện, nói chuyện.
Jaspe . . . .   Mã não.
Jauger . . . .   un navire, đo một tàu; jauger une barque, đo một ghe.
Jaune . . . .   Vàng, sắc vàng; jaunir (verbe n.), vàng ảng, úa.

Javelot	*Lao :* lancer le javelot, *phóng lao.*
Jésus-Christ	*Đức chúa Gi-Giu, Da-Tô.*
Jeter	*Ném, bỏ :* jeter une pierre, *ném đá;* se jeter (dans l'eau), *trầm;* jeter quelqu'un à l'eau, *trầm nước;* un chien s'est jeté sur moi, *con chó nhảy trên tôi.*
Jeu	(Amusement), *chơi, chơi bời;* maison de jeu, *nhà hốt mẹ.*
Jeudi	*Ngày thứ năm.*
Jeune	*Đang thì, tre :* jeune homme, *thằng, người trai;* jeune fille, *con gái.*
Jeûne	*Sự ăn chay :* rompre le jeûne, *phá chay;* jeûner, *ăn chay.*
Jeunesse	*Sự đang thì, đang trai, tuổi tre, tuổi xanh.*
Joaillier	*Thợ bạc.*
Joie	*Vui mừng, sự vui :* éprouver de la joie, *làm vui.*
Joindre	*Nối, lắp, chắp, kề, kết;* joint, *nối lại;* mains jointes, *chắp tay;* jointure, *kẽ.*
Joli	*Đẹp đẽ, mĩ, mĩ miều.*
Jonc	*Lác :* nattes de jonc, *chiếu lác.*
Jongleur	*Kẻ múa gậy.*
Jonque	*Ghe tàu, ghe bầu.*
Joue	*Má :* enfler les joues, *phùng má.*
Jouer	*Chơi;* s'amuser, *chơi, giễu;* jouer aux cartes, *đánh bài;* jouer de l'argent, *đánh bạc, hốt mẹ;* jouer d'un instrument, *đánh đờn, kêu đờn;* jouer d'un instrument de musique avec les doigts, *cát ngón.*
Joug	*Cái ach.*
Jouir	*Vui mừng, sướng :* jouir d'un bien, *hưởng;*

jouir du bonheur, *hưởng phước;* jouissance des sens, *vui sướng xác thịt.*

Jour.......... *Ngày, bữa :* point du jour, *sáng ngày, rạng ngày;* il fait jour, *đã sáng;* tout le jour, *ngày thẳng, tối ngày;* en ce jour, *hom nay;* ces jours-ci, *ngày rày;* quelques jours, *một hai bữa;* quel jour ? *ngày nào ?* tous les jours, *hàng ngày.*

Journal....... *Nhựt trình, báo.*

Journée....... *Một ngày :* journée de marche, *đi một ngày;* journellement, *hàng ngày.*

Juge.......... *Quan xét :* grand juge criminel, *án sát;* se plaindre au juge, *kêu cho quan xét;* juger, *đoán, xem xét, thẩm đoán;* rendre un jugement, *phân đoán, xét đoán.*

Juillet....... *Tháng bảy.*

Juin.......... *Tháng sáu.*

Jujube........ *Táo;* jujubier, *cây kim táo.*

Jumeaux....... *Con sinh đôi :* accoucher de deux jumeaux, *đẻ sinh đôi.*

Jument........ *Ngựa cái.*

Jurer......... *Thề, thề nguyền;* blasphémer, *chưởi rủa;* faire jurer, *bắt thề.*

Jus........... *Canh, canh riêu :* jus d'herbes, *canh rau.*

Jusque........ *Cho đến, tới :* jusqu'à ce moment, *đến nay;* jusqu'alors, *đến khi ấy;* jusqu'à quand ? *đến đỗi nào ? đến khi nao ?*

Juste......... *Công bình, phải ngãy :* homme juste, *người ngay.*

Justice....... *Sự công bình, ngãi :* mandarin chef de la justice, *án sát, quan án.*

L

Là . . . . *Đó, đấy:* qui est là? *ai ở đó?* qui va là? *ai đi đó?*
Laborieux . . . . . *Siêng, kẻ cần.*
Labourer . . . . . . *Cày, cày bừa, cày ruộng:* terre labourée, *đất cày;* laboureur, *kẻ cày ruộng.*
Lac . . . . *Hồ:* le grand lac (Cambodge), *biển hồ.*
Lacérer . . . . . . *Xé, rách.*
Lacet . . . . *Bẩy:* tendre un lacet, *gài bẩy;* jeter le lacet, *đánh bẩy;* pris au lacet, *mắc bẩy.*
Lâche . . . . (Qui n'est pas tendu), *lỏng;* (poltron), *nhát, nhát sít.*
Lâcher . . . . . . (Laisser aller), *tháo ra.*
Ladre . . . . (Lépreux), *người bịnh phong, đau tật phong.*
Laid . . . . *Xấu, mặt mũi xấu.*
Laine . . . . *Lông chiên:* habit de laine, *áo nỉ.*
Laisser . . . . . . *Bỏ, để:* laisser une chose à quelqu'un, *để tại;* laissez cela! *bỏ cái này!*
Lait . . . . *Sữa.*
Lambeau . . . . . d'étoffe, *miếng vấy;* habit en lambeaux, *áo rách.*
Lame . . . . d'un couteau, *lưỡi doa, thanh dao;* lame d'un sabre, *lưỡi gươm;* dos de la lame, *cái sống;* tranchant, *cái lưỡi;* lame de la mer, *sóng.*
Lamenter (Se) . . *Khóc kể, than khóc, rầu rĩ.*

Lampe	Đèn, đèn dầu : lampe en terre (annamite), cái chơn đèn đất.
Lance	Giáo, đòng : lance (Cambodge), cha-gát.
Lancer	(Jeter), quăng, quăng đi; lancer en l'air, lên, ném; lancer un javelot, đâm lao; lancer une flèche, bắn giàng, bắn tên; lancer et atteindre, xuống phải.
Langage	Tiếng, tiếng nói.
Lange	d'enfant, tã.
Langouti	(annamite), khô; (cambodgien), chăn; langouti très-étroit, nịt; mettre le langouti, đóng nịt.
Langue	Lưỡi : langue de bœuf, lưỡi bò; la langue annamite, tiếng An-nam.
Languir	Lướt bướt, ở buồn; languissant, chệ, lướt bướt.
Lanière	de cuir, cái dây da.
Lanterne	Lồng đèn : lanterne chinoise, máy rói.
Laos	(Royaume), Nước lào.
Lao-sse	(Philosophe chinois), Lão-tử.
Lapin	Con thỏ.
Larcin	Việc ăn cắp.
Lard	Thịt mỡ.
Large	Rộng; largeur, bề rộng.
Largesse	Rộng rãi.
Larme	Nước mắt : verser des larmes, đổ nước mắt, nước mắt nhỏ sa.
Larve	Mặt mạc.
Las	(Fatigué), nhọc, mệt : je suis très-las, tôi xoai lắm, nhọc quá; être lassé, être ennuyé par des paroles, nhàm tai, nghe nhàm; las de manger, nhàm.

Lascif.......	*Lòng dục, sắc dục, máu dê* (vulgaire).
Latin	*La-tinh;* langue latine, *tiếng la-tinh.*
Latitude......	*Bề-ngang.*
Latrines	*Nhà tiểu, nhà vĩ, nhà xí.*
Lavement......	*Ống khoan :* prendre un lavement, *thục ống khoan.*
Laver........	*Rửa;* (linge), *giặt;* se laver la tête, *gội đầu;* se laver la figure, *rửa mặt;* se laver les mains, *rửa tay;* se laver le corps, *tắm mình;* laver du linge, *giặt áo;* laver de l'or, *chuyến vàng.*
Lécher	*Liếm, liếm láp.*
Leçon	*Bài học :* donner une leçon, *dạy, dạy biểu;* apprendre une leçon, *học.*
Légal	*Theo phép.*
Légat	(Envoyé royal), *quan sứ, khâm sai;* légation, *sự sứ.*
Léger	*Nhẹ, trơn :* léger à la course, *nhẹ chơn;* très-léger, *nhẹ phới;* léger de caractère, *bá lơ, bạ ăn, bạ nói.*
Législation	*Lệ luật.*
Légitime	*Phải phép :* enfant légitime, *con thiệt;* épouse légitime, *vợ chính, vợ lớn;* légitimer, *nuôi làm con thiệt.*
Legs	*Của trối;* léguer, *trối, nói trối.*
Légume	*Rau :* légumes secs, *rau khô.*
Lendemain	*Mày, ngày mày.*
Lent	*Khoan thai, trể tràng;* lentement, *thủng thẳng;* marcher lentement, *chậm chơn;* parlez lentement, *nói chậm chạp, nói khoan;* parler, aller lentement, *sẽ sẽ.*
Lente	de pou, *trứng chi.*

FRANÇAIS-ANNAMITE. 267

Lèpre	Tật phong, đơn, phung; lépreux, kẻ đau tật phong.
Lequel	Laquelle, kẻ nào, nào, sự nào.
Léser	Làm hại, làm hư.
Lest	Của giàn tàu; lester un bâtiment, giàn tàu.
Leste	(Prompt), kẻ mau mẩn, người giỏi.
Lettre	(Caractère), chữ; (missive), thơ, tơ : envoyer une lettre, gởi thơ.
Lettré	Nhu sĩ, ký lục.
Leur	Nó : dis-leur, nói về các người nầy.
Levain	Men : le levain fermenté, men lên.
Levant	Bên đong, phương đong.
Lever	Lên; soulever, dở lên; se lever (étant assis), dậy, đứng; (étant couché), thức dậy; lève-toi! đi dậy! đứng! — lever (subst. m.) du soleil, mặt trời mọc; lever de la lune, trăng mọc.
Lèvre	Môi, môi miếng : serrer les lèvres, mím môi; se mordre les lèvres, bặm môi; grandes lèvres, thệp (bas).
Lexique	Tự vị : lexique annamite, tự vị Annam.
Lézard	Con thần lằn.
Li	(Mesure, dixième partie de la lieue), dặm.
Libéral	Thảo lảo, rộng rãi, khoan dong.
Libérer	un prisonnier, tha một người tù.
Liberté	(Opposition à l'esclavage), thong dong, thong thả; rendre à la liberté, buông thả, thả ra; mettre en liberté un animal, thả; vous avez la liberté de faire, anh có phép.
Libertin	Mê dâm dục, kẻ chơi ác.
Libraire	Kẻ bán sách.

Libre	*Thong dong, thong thả, thảnh thơi.*
Licence	(Permis de vendre), *giào thể.*
Licencier	*Tha, tha đi.*
Lie	de vin, *cặn rượu.*
Liége	*Phao :* liége d'hameçon, *phao câu.*
Lien	*Trăng trói;* attache, *trói;* lien du mariage, *nhơn duyên.*
Lier	(Attacher), *trói, buộc, buộc trói, bó;* on l'amène les pieds et les mains liés, *có đem nó tay chơn còn trói;* lié en faisceau, *bó;* se lier d'amitié, *kết bạn.*
Lieu	*Nơi, chỗ, chốn :* en tout lieu, *khắp nơi, chốn chốn;* au lieu de, *thay vì;* lieux d'aisances, *nhà tiêu.*
Lieue	(Vaut 10 lis), *mười dặm.*
Lieutenant	*Phó, phú, phó vừ.*
Lièvre	*Thỏ :* poltron comme un lièvre, *nhát như thỏ.*
Ligature	(Enfilade de deniers annamites), *quan tiền;* dixième de ligature, *tiền, một tiền.*
Ligne	*Hàng :* tracer une ligne, *ve một cai, gạch một cai;* une ligne d'écriture, *một câu;* ligne de batterie, *một sản;* en ligne, *đao một hàng;* ligne de pêche, *nhợ câu;* la canne de la ligne, *cần trúc, cần câu.*
Ligue	(Conspiration), *việc ăn thể.*
Limaçon	*Con ốc.*
Limaille	*Mạt cưa.*
Limbes	*Lâm bô.*
Lime	*Giũa, dao cưa;* limer, *giũa.*
Limite	*Giáp giái, bờ cõi, giái hạn;* limite d'un champ, *bờ ruộng;* limité, *có bờ cõi.*

Limpide	Trong, trong sạch : eau limpide, nước trong; très-limpide, trong vắt.
Lin	Vải gai.
Linceul	Vải : mettre dans un linceul, lim vải.
Linge	Vải, khăn.
Lingot	d'or, nén vàng, thoi vàng; lingot d'argent, nén bạc.
Lion	Con sư tử.
Liquéfier	Thang, thang lại.
Liquide	Lỏng.
Lire	Đọc, coi sách.
Lisse	Bằng hết; lisser les cheveux, làm tóc cho láng.
Liste	Giấy biên kí.
Lit	Giường, chõng : lit d'un fleuve, lòng sông.
Littérature	Văn, nghề văn.
Livide	Bầm : devenir livide, giợt giạt.
Livre	Sách : livre imprimé, sách in; livre manuscrit, sách chép; les cinq livres canoniques, ngủ kinh; les quatre livres classiques, tứ thơ; livre (poids), cấm.
Loger	(Verbe n.) ở, trú; logis, nơi ở, nhà ở.
Loi	Lề luật, phép : les lois d'un royaume, luật nước; le lien de la loi, dây luật.
Loin	Xa, xa ngái : de loin, xa.
Long	Dài, trường : tu as été long à venir, có ở lâu; longtemps, lâu; je ne l'ai pas vu depuis longtemps, đã lâu tôi không thấy nó; longueur, bề dài.
Longitude	Bề dài, bề dọc, bề trường.
Longue-vue	Ống dòm.
Loquet	Chốc cửa.

Lorsque	*Khi, khi ấy, đang;* (au passé), *bao giờ.*
Louche	*Con mắt lác.*
Louer	(Donner des éloges), *khen, ngợi;* louable, *khá khen, đáng khen;* louer une maison, donner à loyer, *cho mướn;* prendre à loyer, *thuê mướn một nha.*
Loup	*Chó sói, sài lang, muông sói, sói rừng.*
Lourd	*Nặng, gánh nặng :* tête lourde, *nặng đầu;* main lourde, *nặng tay.*
Loutre	*Con rái.*
Loyal	*Người thiệt thà, có bụng tốt.*
Lui, le	*Nó, người ấy :* le voilà, *ấy nó;* c'est lui, *nó là.*
Luire	*Sáng ngời, sáng láng, tỏ rạng.*
Lumière	*Ngời, sáng :* lumière d'un canon, *ngời súng;* lumineux, *sáng ngời, sáng láng.*
Lundi	*Ngày thứ hai.*
Lune	*Mặt trăng, nguyệt :* pleine lune, *trăng tròn, trăng rằm, mãn nguyệt;* nouvelle lune, *mới có trăng;* 1er quartier de la lune, *trăng khuyết;* 2e quartier, *idem;* coucher de la lune, *trăng lặn;* clair de lune, *sáng trăng.*
Lunettes	*Nhận kính.*
Lutter	de forces, *đua sức, đua vật;* lutter d'industrie, *đua tài;* lutter de savoir, *đua trí.*
Luxation	*Lọi, sái, trặc :* bras luxé, *sái cánh;* pied luxé, *sái chơn trặc tay.*
Luxe	*Mé đều cao trọng, việc trọng thể.*
Luxure	*Tà dâm;* luxurieux, *dâm dục.*

M

Macérer	dans l'eau, *tẩm, nhồi, ngâm;* macérer (par mortification), *hãm mình.*
Mâcher	*Nhai.*
Machination	*Mưu kế*: tramer des machinations, *làm kế, luận mưu.*
Machine	*Máy*: monter une machine, *gài máy;* faire aller une machine, *giật máy.*
Mâchoire	*Hàm, hàm răng.*
Maçon	*Thợ ngói.*
Madame	*Bà, nhà bà.*
Mademoiselle	(Fille de mandarin), *cô.*
Madrépore	*Hô, san hô.*
Magasin	*Phố, nhà phố, hàng, nhà hàng;* magasin de l'État, *kho.*
Magie	*Phép thuật;* magicien, *thầy pháp, phù thủy.*
Magistrat	(Juge), *quan xét, quan xét đoán.*
Mahométan	*Hồi-hồi.*
Mai	*Tháng năm.*
Maigre	*Ốm, gầy guộc*: épi maigre, *lúa lép;* faire maigre, *khiêng thịt;* maigrir, *gầy mòn, úa rữa.*
Maillet	de fer, *đùi đục;* maillet de bois, *đùi vồ.*
Main	*Tay*: le dessus de la main, *trên tay;* la paume de la main, *cái bàn tay;* main droite, *tay mặt;* main gauche, *tay trái;* main fermée, *nắm tay;* mains jointes, *lượm tay, chấp tay;* de main en main,

giao tay; chuyến tay; se servir de la main, ra tay; appeler de la main, ngoắt lại; faire signe de la main, ngoắt.

Maintenant .... Bây giờ, nay, rày : jusqu'à maintenant, xưa nay, đến nay, đến rày.

Maire .... Xã trưởng, ông xã : adjoint du maire, lý trưởng.

Mais .... Nhưng mà, mà, vã.

Maïs .... Bắp.

Maison .... Nhà, gia : maison en chaume, nhà lá, nhà tranh; dépendances de la maison, nhà lều; famille, gia, nhà.

Maître .... (Qui possède), chủ; professeur, thầy, ông thầy, tôn sư; maîtresse, bà thầy.

Majesté ...... (Gravité), oai nghi; déployer de la majesté, ra oai; titre du roi, bệ hạ; Sa Majesté, tâu vua.

Mal .... (Opposé à bien), xấu; mal (douleur), đau; mal de tête, đau đầu; mal de ventre, đau bụng; cela me fait mal, cái nầy làm đau về tôi; où as-tu mal? có đau ở đâu? (dommage), hại; faire du mal (nuire), làm hại.

Malade .... Đau, có đau, mắc bịnh : être malade, ở đau, mắc bịnh; tomber malade, liệt lào, nhuốm bịnh.

Maladie ...... Bịnh, tật, đau, bệnh : maladie grave, bịnh nặng, tật ngặt.

Malais .... Chà-và.

Mâle .... (Homme), trai; (quadrupède), đực; (oiseau), trống.

Malédiction ... Chưởi, lời chưởi.

Malfaiteur....	*Xấu lòng, kẻ đi cướp.*
Malgré.......	*Trái, nghịch* : je l'ai fait malgré moi, *tôi làm việc nầy trái ý tôi.*
Malheur......	*Vô phước, tai nạn;* malheureux, *khốn khó, mắc ách;* devenir malheureux, *mắc nghèo;* malheureusement, *chẳng may, rủi.*
Malhonnête....	*Kẻ có bụng xấu.*
Malin.......	*Bẻ bai, quỉ quyệt.*
Malle.......	*Rương, hòm.*
Malsain......	*Độc khí* : eau malsaine, *nước độc;* climat malsain, *nước trời xấu.*
Maltraiter....	*Giần thúc, đày xát.*
Malveillant....	*Kẻ có ý xấu, kẻ nói dem chẻ.*
Mamelle......	*Vú* : bout de la mamelle, *vú sữa.*
Manche.......	(Subst. f.) de vêtement, *tay áo;* manche (subst. m.) d'outil, *cán.*
Manchot......	*Cụt tay.*
Mandarin......	*Quan, ông quan* : être mandarin, *làm quan;* mandarin civil, *quan văn;* mandarin militaire, *quan võ;* mandarinat, *chức quan;* mandarine (orange), *trái quít.*
Mander.......	*Đòi, vời, vời lại.*
Manger.......	*Ăn* : donner à manger, *cho ăn;* mangeoire, *chuồng.*
Mangoustan....	*Trái màn cụt.*
Mangue.......	*Trái xoài.*
Manie.......	(Folie), *bịnh điên, tật điên.*
Manier.......	*Dùng đồ* : manier les affaires, *làm việc;* manier les affaires de l'État, *làm việc quan.*
Manière......	*Cách, thể, tuồng;* de cette manière, *thể nầy;* manière d'être, *cách ăn ở, thể ăn ở.*

274 VOCABULAIRE

MANIFESTATION... (Apparition), *sự hiện ra.*
MANOEUVRE..... (Exercice), *việc tập lính;* cordage (marine), *chẳng tàu.*
MANQUER...... Faire défaut : il manque, *thiếu, mút mát, tiệt;* avoir besoin, *thốn thiếu;* je manque de tout, *tôi thiếu cả;* il s'en est manqué de peu que je ne tombasse, *một chút nữa mà tôi ngã xuống.*
MANTEAU...... (Contre la pluie), *áo tơi.*
MANUFACTURE... *Nhà làm các đồ.*
MARAIS....... *Bưng, lầy, bùn nẩy, rộc.*
MARBRE....... *Đá cẩm thạch.*
MARCHAND..... *Kẻ buôn bán, con buôn;* marchandise, *đồ buôn, hàng họ.*
MARCHÉ....... *Chợ :* se réunir au marché, *họp chợ;* faire un marché, *giao thờ khế mua bán;* conclure un marché, *giao cùng;* bon marché, *rẻ.*
MARCHER...... *Đi, đi dạo;* marcher doucement, *đi thỏng thảng;* marcher vite, *đi cho mau.*
MARDI........ *Ngày thứ ba.*
MARE......... *Bàu.*
MARÉCHAL..... ferrant, *thợ bịt móng ngựa.*
MARÉE........ (Flux et reflux), *triu;* flux, *nước lớn;* reflux, *nước xuống, nước ròng.*
MARI......... (Époux), *chồng;* prendre un mari, *lấy chồng;* [prendre une femme, *lấy vợ*].
MARIAGE...... *Phép cưới, hôn nhơn :* les six rites du mariage, *sáu lễ cưới vợ.*
MARIER (SE)... *Cưới vợ, ăn cưới, kết bạn, kết hôn.*
MARIN, MARINIER.. *Bạn tàu.*
MARINE....... *Binh thủy.*

FRANÇAIS-ANNAMITE. 275

MARMITE . . . . . . Nồi, bình ấm, bùng : marmite en terre, nồi đất; marmite en cuivre, nồi đồng.
MARQUE . . . . Dấu, tích : marque distinctive, bằng thị; marques de coups, lằn roi.
MARQUER . . . . . . (Faire une marque), làm một dấu; marquer un forçat, tích chữ.
MARS . . . . (Mois), tháng ba; le dieu Mars, quan vũ; la planète Mars, hỏa tinh.
MARSOUIN . . . . . . Cá nược.
MARTEAU . . . . . . Búa : marteau de forge, búa rèn; marteau et hachette, cái búa; erminette, cái với.
MARTYR . . . . Tử đạo : souffrir le martyre, chịu tử đạo.
MASQUER . . . . . . Che, che kín : batterie masquée, đồn che súng.
MASSACRER . . . . . Chém giết hết, chém oài.
MASSUE . . . . Dui, dui vồ.
MASTIC . . . . de jonque, chai lấp vò; mastiquer les coutures d'une jonque, lấp vò.
MÂT . . . . Cột, cột buồm : grand mât, cột lòng; mât de misaine, cột mũi; mât de beaupré, cột mũi nam xieng ra; mât d'artimon, cột lái.
MATELAS . . . . . . Nệm, nệm gấm.
MATÉRIAUX . . . . . de construction, nếp nhà.
MATÉRIEL . . . . . . Grossier (homme), mê ăn uống, quê mùa.
MATERNEL . . . . . . (Amour), việc mẹ thương con.
MATIÈRE . . . . (Substance), thể, thứ; de quelle matière cela est-il fait? làm cái nầy có dùng thể gì?
MATIN . . . . Buổi sớm : de bon matin, sớm lắm; ce matin, mai nay, sớm mai; étoile du matin, sao mai; matinal, sớm.

MATRICE.......	(Organe sexuel), *lòng mẹ*.
MAUDIRE.......	*Chưởi, chưởi mắng, trù ẻo, chưởi rủa;* maudit, *bị chưởi*.
MAUSOLÉE......	*Mồ mả, nhà mồ*.
MAUVAIS, E.....	(Chose), *xấu, ác, tà;* (personne), *người xấu;* mauvais cœur, *lòng tà*.
MÉCHANT, E....	(Homme), *dữ, xấu bụng;* (animal), *dữ, hùm*.
MÈCHE........	de la lampe, *tiếm đèn;* mèche de canon, *hỏa mai*.
MÉCONTENT, E...	*Kẻ không có bằng lòng, không ưng*.
MÉDAILLE......	*ảnh bạc, ảnh đồng*.
MÉDECIN.......	*Thầy thuốc* : appeler un médecin, *mời thầy*.
MÉDECINE......	(Art), *y, y học;* livres de médecine, *sách thuốc;* (drogue), *thuốc, thuốc thang;* médecine chinoise, *thuốc bắc*.
MÉDIOCRE......	*Vừa;* de peu de valeur, *có ít giá;* médiocrement, *vừa vừa*.
MÉDIRE.......	*Nhạo chế, gièm chế, nói ghẻ mói*.
MÉDITER......	*Gẫm, tưởng gẫm, mảng toan, nghị luận, suy gẫm;* méditation, *nguyện gẫm*.
MÉDUSE.......	*Sứa*.
MÉFIER (SE)....	*Hồ nghi :* je me méfie de toi, *tôi hồ nghi anh, tôi không tin anh*.
MÉGARDE......	(Par), *vô ý*.
MEILLEUR......	*Tốt hơn, thà hơn*.
MÉLANCOLIQUE...	*Kẻ buồn, sầu, buồn sầu*.
MÉLANGE......	*Trộn lại*.
MÊLER........	*Lộn, đỗ lộn, trộn;* mêlé, *lộn lạo, lộn bậy;* mêler des liquides, *pha;* je ne veux pas me mêler de cela, *không muốn tranh*

	việc nầy; mêle-toi de tes affaires, *đi coi việc mình.*
Mélodie......	*Hát thanh bai.*
Melon.......	*Cà, dưa gang;* courge, etc. *qua, trái bí.*
Membre......	*Hài cốt:* membre viril, *thân thể, ngọc hành, con cặc* (bas).
Même........	La même chose, *cũng một, như nhau;* de même, *cũng như nhau.*
Mémoire.....	*Trí nhớ, trí sáng;* avoir en mémoire, *chữ lời;* avoir bonne mémoire, *sáng dạ;* retrouver la mémoire, *nhắc lại.*
Menacer.....	*Giọa, đe, xĩ;* air menaçant, *mũi mặt hùm.*
Ménage (En)...	*Vợ chồng ở một nhà.*
Mendier......	*Ăn mày, ăn xin;* mendiant, *kẻ ăn mày, kẻ đi xin.*
Mener.......	*Đưa, đem về:* mener une voiture, *đưa xe.*
Menottes.....	*Cái xiềng trói tay.*
Mensonge.....	*Dối trá.*
Menstrues....	*Kinh nguyệt, máu tháng.*
Mentir.......	*Nói láo, nói dối, nói trớ;* menteur, *kẻ nói láo, nói huyễn.*
Menton.......	*Cằm.*
Mentonnière....	(Chapeau à), *quai nón.*
Menuisier.....	*Thợ mộc.*
Méprendre (Se)..	*Lầm, làm lạc.*
Mépriser......	*Khinh dể, chê, khinh mạn;* méprisable (chose), *của quái.*
Mer.........	*Biển:* mer tranquille, *biển thanh;* gagner la pleine mer, *lên vời;* en pleine mer, *khơi biển.*
Merci........	(Remercîment), *giã ơn, trã ơn;* (grâce!) *xin tha!*

Mercredi......	*Ngày thứ bốn.*
Mercure......	(Vif-argent), *thủy ngân;* planète, *sao thủy.*
Merde.......	*Cứt, phân.*
Mère........	*Mẹ:* grand'mère (paternelle), *bà nội;* (maternelle), *bà ngoại;* marâtre, *dì ghẻ, mẹ ghẻ.*
Méridien.....	*Chính ngọ.*
Mérite......	Avoir des mérites, *đặng công;* tu as beaucoup de mérites, *anh có công nghiệp lắm.*
Mériter......	*Đáng* : tu l'as mérité (injure), *đã đáng.*
Merle.......	*Con sáo :* merle parleur, *con nhồn.*
Merveille....	*Sự quái, của quí, việc làm lạ.*
Messager.....	*Kẻ đem tin.*
Messe.......	*Lễ :* célébrer la messe, *làm lễ;* entendre la messe, *xem lễ.*
Mesure......	(Pied), *thước;* de dix pieds, *trượng.*
Mesurer.....	*Đo, đo đắn, lượng :* mesurer du riz, *đong;* mesurer des liquides, *đong lượng.*
Métal.......	*Loài kim.*
Métaphore....	*Tá dũ.*
Métempsycose...	des Bouddhistes, *luân hồi.*
Méthode.....	*Phép học.*
Métier......	*Nghề :* faire son métier, *làm nghề;* apprendre un métier, *tập nghề;* quel est ton métier ? *anh làm nghề nào?* machine à tisser, *khong dệt vãy.*
Mets........	*Món ăn.*
Mettre......	(Placer), *để, đặt, bỏ;* mis, *đã đặt;* mettre un habit, *mặc;* mettre un chapeau, *đội;* mettre des souliers, *mang giày;* se mettre à (commencer), *ra tay, bắt tay làm, đầu tay;* mettre bas (accoucher), *đẻ.*

MEUBLE.......	d'une maison, *đồ nhà;* meubler, *đặt các đồ trong nhà.*
MEULE........	à écraser le grain, *cối xay, cối đá;* pierre à aiguiser, *đá mài dao;* meule de foin, *đụn rơm;* meule de riz, *đụn lúa.*
MEURTRE......	*Việc chem người ta;* meurtrier, *ăn cướp, cướp người ta.*
MEURTRIR.....	*Sượn;* meurtri, *bị sượn, sượn máu.*
MIAULER......	*Kéú như con mèo.*
MIDI.........	*Trưa, chính ngọ, đứng bóng, nửa ngày:* après-midi, *xế, xế chiều, chiều.*
MIE..........	du pain, *ruột bánh;* [croûte du pain, *da bánh*].
MIEL.........	*Mật, mật ong:* rayon de miel, *sáp mật.*
MIEUX........	*Tốt hơn:* j'aime mieux, *tha ở nhà đi chơi;* il vaut mieux, *nào tày, tha;* tant mieux, *chi tày.*
MIGRAINE.....	*Nhứt đau, đau đầu.*
MILAN........	*Chim bồ cát.*
MILICE.......	*Hương đồng:* milice (en guerre), *hương ngãi;* lever des milices, *mộ binh, mộ hương ngãi.*
MILIEU.......	*Giữa, trung:* le milieu d'un voyage, *giữa đàng, nửa đàng.*
MILITAIRE....	*Võ, lính, quân:* art militaire, *nghệ vũ, võ.*
MILLE........	*Ngàn, thiên;* dix mille, *muôn, vạn.*
MILLET.......	*Bong cỏ.*
MILLION......	*Một triệu;* dix millions, *một hức.*
MINCE........	*Mỏng, ốm, mảnh hình:* très-mince, *mỏng tăng;* rendre mince, *làm cho mỏng, bớt cho mỏng.*
MINE.........	*Mỏ:* mine d'or, *mỏ vàng;* mine d'argent,

	mỏ bạc; mine de guerre, *hầm thuốc súng;* mine (apparence), bonne, mauvaise mine (au figuré), *mặt mũi tốt, mặt mũi xấu.*
Ministre......	*Quan triều, bộ thượng thư;* les six ministères, *lục bộ* : guerre, *binh bộ;* justice, *hình bộ;* rites, *lễ bộ;* travaux publics, *công bộ;* finances, *hộ bộ;* intérieur, *lại bộ.*
Minium......	*Chậu sa.*
Minuit.......	*Nửa đêm.*
Minute......	*Phút.*
Miracle......	*Phép lạ.*
Miroir.......	*Mặt kính, gương* : se regarder au miroir, *soi gương, soi mặt.*
Misérable.....	(Pauvre), *khốn cực, hắt hẻo, nghèo.*
Misère.......	*Khốn, cực, eo nghèo* : tomber dans la misère, *mắc nạn, phải nạn;* supporter la misère, *chịu nạn.*
Miséricordieux..	*Lòng từ bi, lòng lành, lòng nhơn.*
Missionnaire....	*Ông cố, đạo trưởng* : missionnaire annamite, *ông cậu.*
Mitiger.......	*Bớt, giảm.*
Mitre........	d'évêque, *cái mũ đức cha.*
Mobile.......	*Của đi lạc, không bền.*
Mode........	*Thể* : suivre la mode, *theo thể.*
Modèle......	*Dáng chữ tốt* : servir de modèle, *ở cho dáng.*
Modérer.....	*Điều, nói ngọt lạt;* modère ta colère, *điều giận, bớt giận.*
Moderne.....	*Mới.*
Modeste.....	*Có nết;* modestie, *đức hạnh, nết na.*

FRANÇAIS-ANNAMITE. 281

MOELLE . . . . des os, *tủy, cốt tủy.*
MŒURS . . . . (Coutumes), *phong tục, thói phép, phong hóa;* bonnes mœurs, *nét, có nét, tốt nét;* mauvaises mœurs, *hoang, hoang hủy, trắc nét;* corriger ses mœurs, *sửa mình, thìn nét.*
MOI . . . . *Tôi :* dis-moi, *nói cùng tôi;* cela est à moi, *cái nầy là của tôi;* avec moi, *cùng tôi, về tôi;* moi (le roi), *trẫm;* (un mandarin), *ta.*
MOINDRE . . . . . . *Nhỏ hơn, kém hơn.*
MOINE . . . . *Thầy dòng, ẩn tu.*
MOINEAU . . . . *Chim sẻ.*
MOINS . . . . *Kém hơn :* moins que, *kém hơn.*
MOIS . . . . *Tháng, nguyệt :* le commencement du mois, *đầu tháng;* la fin du mois, *cuối tháng;* mois complet, *tháng đủ;* mois incomplet, *tháng thiếu;* le 1ᵉʳ mois, *tháng giêng;* le 2ᵉ, *tháng hai;* le 12ᵉ, *tháng chạp;* le mois intercalaire, *tháng nhuận.*
MOISIR . . . . *Móc, móc meo :* très-moisi, *móc xì;* moisi (riz), *hẩm hút, móc meo.*
MOISSON . . . . . . (Récolte), *mùa lúa;* bonne moisson, *được mùa;* mauvaise moisson, *mất mùa;* moissonner, *gặt lúa.*
MOITIÉ . . . . *Nửa, hai phần một phần.*
MOLESTER . . . . . . *Khuấy khỏa.*
MOLLET . . . . (Gras de la jambe), *trái chơn.*
MOLLIR . . . . (Ne pas résister), *xỏ, xỏ ngã.*
MOMENT . . . . *Phút, lát, giây :* dans un moment, *một lát nửa, một chúc nửa;* au moment de la mort, *gần chết.*

Mon, ma	Mon cheval, *ngựa tôi;* ma maison, *nhà tôi.*
Monarque	*Vua, ôn vua, đức vua, đức hoàng đế.*
Monastère	*Nhà dòng, nhà tu.*
Monceau	*Đong* : monceau de fumier, *đong phân.*
Monde	*Thế gian, thế giái, thiên hạ, bốn biển, đời* : dans le monde, *trên đời;* venir au monde, *ra đời;* fin du monde, *tận thế.*
Monnaie	*Đồng tiền* : fausse monnaie, *bạc giả, vàng giả;* monnaie de papier, *giấy tiền;* changer de la monnaie, *đổi tiền.*
Monsieur	*Ông, nhà ông;* Messieurs! *phô ông.*
Monstre	(Mauvais présage), *yêu.*
Monstrueux	*Quái gở.*
Montagne	*Núi, núi non, sơn, non xanh* : la cime, *chót núi;* le côté, la pente, *dốc núi;* le pied, *chơn núi.*
Monter	*Lên, lên trên, thăng* : monter sur le trône, *lên ngôi, tức vị;* monter au ciel, *lên trời;* monter à cheval, *cỡi ngựa;* monter à éléphant, *cỡi voi;* le prix monte, *thăng giá.*
Monticule	*Ngàn, giồng, gò.*
Montre	*Đồng hồ trái quít* : cadran de montre, *miệng trăng đồng hồ.*
Montrer	*Chỉ, chỉ trỏ, tỏ* : montrer la route, *dẫn đàng, chỉ đàng;* montrez-moi la route? *biểu đường cho tôi?* montrer son savoir, *ra tài.*
Moquer (Se)	*Nhạo cười, cười, nhạo báng, tiếu, cười reo.*
Moral	*Có nết, có nến;* moralité, *nết ăn ở tốt.*

Morceau ...... (Bois, pierre, poisson), *khúc, tấm;* morceau de papier, *tấm giấy;* morceau de viande, *tấm thịt, thỏi thịt;* un petit morceau, *một mẩy;* manger un morceau, *ăn một miếng.*
Mordre .... *Cắn :* ce chien m'a mordu, *con chó nầy có cắn tôi.*
More .... *Người đen.*
Mors .... de bride, *khớp ngựa, hàm thiết.*
Mort .... (Subst. fém.), *sự chết;* mort subite, *chết tươi;* mort violente, *tuyệt mạng.*
Mort, e .... (Adjectif verbal), homme mort, *người chết.*
Mortel .... Tout homme est mortel, *mấy người phải chết.*
Mortier ...... pour piler, *cối đâm;* mortier de pierre, *cối đá;* [le pilon, *cái chài*].
Morve .... *Mũi dãi.*
Mot .... (Parole), *tiếng, lời;* en peu de mots, *ít lời.*
Motif .... (Cause), *cớ;* quel motif vous fait agir? *làm vậy có cớ nào;* sans motif, *vô cớ.*
Mou .... *Mềm :* devenir mou, *thành mềm, hoa mềm;* rendre mou, *làm cho mềm.*
Mouche .... *Ruồi :* mouche luisante, *đom đóm.*
Moucher (Se)... *Hỉ mũi;* moucher une lampe, *bớt tiêm đèn.*
Mouchoir ..... *Khăn mũi, sổ mũi :* mouchoir pour entourer la tête (en crépon), *khăn nhiễu.*
Moudre .... du grain, *xay, xay lúa.*
Mouiller ...... *Ra wớt, wớt dầm;* mouillé, *wớt;* entièrement mouillé, *wớt mềm;* ce bâtiment est mouillé, *tàu nầy đã bỏ neo rồi;* se mouiller, *wớt mình.*

Moule........ (Forme), *cái khuông, cái mẫu;* moule à canon, *cái khuông đúc súng.*
Moulin....... à moudre le riz, *cối xay.*
Mourir....... *Chết, qua đời, mất đi, tắt hơi :* (le roi), *băng hạ;* mourir dans un combat, *tử trận;* mourir en prison, *tử tù.*
Mousse....... *Bọt;* mousser, *có bọ.*
Moustache..... *Râu mép.*
Moustique..... *Muỗi, muỗi mòng,* moustiquaire, *cái mùng.*
Mouton....... *Chiên;* la mer moutonne, *biển có sóng.*
Mouvoir...... *Động, làm cho động;* se mouvoir, *động mình.*
Moyen........ *Cách, thể :* il n'y a pas d'autre moyen, *không có thể khác;* j'en ai les moyens, *tôi làm được.*
Muet .... *Câm :* demeurer muet, *ngậm câm lại;* sourd-muet de naissance, *người câm.*
Mugir .... (Le bœuf), *bò rống;* (l'éléphant), *voi rống.*
Mule......... (Chaussure annamite sans quartier), *giày hàm ét.*
Mulet........ (Zoologie), *con loa.*
Multiplier (Se).. *Sinh sản;* multiplier (opération de calcul), *thêm.*
Multitude..... *Lũ đông, bọn nhộn, đồ hội, đông mặt, đông người ta.*
Munir (Se) .... *Sam sửa mình.*
Munition...... de guerre, *đồ đánh giặc;* munition de bouche, *đồ ăn.*
Mur .... *Vách, tường nhà :* mur d'une citadelle, *lũy thành.*
Mûr, e .... (Adj.), *vách thành :* trop mûr, *chín muồi, trái lũng;* fruit mûr, *trái chín;* mûrir, *hoa chín, gần chín.*

FRANÇAIS-ANNAMITE. 285

Mûre	(Subst. f.), vin de mûres, *rượu dâu;* mûrier, *cây dâu.*
Murmurer	à voix basse, *nói thầm;* se plaindre, *nói lằm bằm, nói vụng, nói lùng bùng, hở hé.*
Musc	*Xạ, xạ hương;* rat musqué, *chuột xạ.*
Musique	*Nhạt :* instrument de musique, *đờn;* faire de la musique, *ca nhạt;* musicien, *người ca nhạt.*
Musulman	*Kẻ theo đạo hồi hồi.*
Mutiler	*Cắt, cắt chơn, cắt tay.*
Mutuel	*Nhau :* amour mutuel, *thương nhau.*
Myope	*Người cận thị.*
Mystère	*Nhiệm;* mystérieux, *sâu nhiệm.*

N

Nacelle	*Đò, ghe nhỏ.*
Nacre	*Xa cừ :* coquille de nacre, *ốc xa cừ;* incrustation de nacre, *hộp xa cừ, việc xa cừ.*
Nager	*Lội, lội sông;* (poisson), *lội vơn vơ;* nager au-dessus de l'eau, *phao lội;* nager sous l'eau, *lội ngầm.*
Naïf	*Người ít trí.*
Nain	*Người lùn.*
Naissance	Jour de naissance du roi, *vạn thọ, thánh mạng, thánh thọ.*
Naître	*Sinh, sinh ra, đẻ :* premier né, *đầu lòng, đích tôn;* où es-tu né ? *có đẻ ở đâu? có sinh ra ở đâu?*

NAPPE	de table, *khăn bàn;* nappe d'autel, *khăn bàn thờ.*
NARINE	*Lỗ mũi.*
NARRER	*Nói truyện, nói chuyện.*
NASSE	de pêche, *nò, nơm.*
NATAL	Pays natal, *chỗ nhà quê, chỗ sinh ra.*
NATION	*Nhà nước, nước, quốc.*
NATTE	*Chiếu :* natte en rotin, *chiếu mây;* étendre des nattes, *trải chiếu.*
NATURE	(Tempérament), *tính, tính nết;* (naturel), *tự nhiên;* la nature, *muôn vật.*
NATURELLEMENT	(De soi), *tự nhiên.*
NAUFRAGE	(Faire), *đắm thuyền, xiêu đắm, phải tàu.*
NAUSÉE	*Muốn mửa.*
NAVETTE	de tisserand, *thoi cửi.*
NAVIGUER	*Vượt biển;* navigateur, *kẻ vượt biển.*
NAVIRE	*Tàu :* construire un navire, *đóng tàu;* capitaine de navire, *chủ tàu.*
NE	*Không, chẳng :* ne dites pas, *đừng có nói;* n'allez pas, *chớ đi;* je ne veux pas, *tôi không muốn;* veuillez ne pas faire, *đừng làm;* il n'importe, *không can gì, không hề gì.*
NÉANT	*Không.*
NÉCESSAIRE	*Cần :* cela est nécessaire, *việc nầy rất cần.*
NÉCESSITÉ	*Việc cần, việc phải;* (indigence), *sự nghèo, sự thiếu thốn.*
NÉGLIGENT	*Trễ việc;* négliger, *trễ, trễ nải;* agir avec négligence, *làm tắt hút.*
NÉGOCIANT	*Kẻ buôn bán, có nhà hàng;* négocier (faire le commerce), *buôn bán.*

FRANÇAIS-ANNAMITE.   287

Négociateur.... pour la paix, *quan coi việc giao hòa, quan bàn luận việc giao hòa.*
Nègre........ *Người đen, quân mỏ hóng.*
Neige........ *Tuyết, sương tuyết :* il neige, *tuyết.*
Néophyte...... *Kẻ bổn đạo mới.*
Net.......... (Propre), *sạch, sạch sẽ.*
Nettoyer...... *Chùi, lau đi, san :* nettoyer une lampe, *khêu đèn, chùi đèn.*
Neuf, ve...... (Adj.) (nouveau), *mới;* — (subst. m.) (nombre), *chín, cửu.*
Neveu........ *Cháu :* neveu paternel, *cháu nội;* maternel, *cháu ngoại;* nièce, *cháu gái.*
Nez.......... *Mũi :* nez bouché, *chạt mũi, nghẹt mũi;* épine du nez, *sống mũi;* se nettoyer le nez, *hỉ mũi.*
Ni........... Ni bien ni mal, *không tốt không xấu, khá, khá khá, vừa vừa.*
Niais........ *Dại, ngũ dại, không có trí.*
Niche........ d'idoles, *cái trang thờ.*
Nid.......... *Tổ, tổ chim, ổ chim;* nicher, *chim ở ổ.*
Nier......... *Chối;* (récuser), *chối cãi;* nier sa foi, *chối đạo.*
Noble........ *Sang trọng, quí tốn :* personne noble, *phụ nhơn;* noble royaume, *quí quốc.*
Noce......... *Tiệc cưới :* cadeaux de noce, *của lễ cưới.*
Noël......... *Lễ sinh nhựt.*
Nœud........ *Gút :* faire un nœud, *thắt, gút dây.*
Noir......... *Đen, ô :* très-noir, *đen địch;* poule noire, *gà ô;* cheval noir, *ngựa ô;* rendre noir, *làm cho đen, sơn cho đen.*
Noliser...... un navire, *mướn tàu.*
Nom......... *Tên, họ :* nom de baptême, *tên thánh;* sur-

nom, *tên gọi;* donner un nom, *đặt tên;* quel est ton nom et ton prénom? *anh có tên họ gì, tên gì ho gì?* au nom de, *nhơn danh;* parler au nom de quelqu'un, *mượn lời.*

NOMBRE........ *Sỏ* : sans nombre, *vở sỏ, chẳng xiết;* nombreux, *đông, bộn bề, nhiều.*
NOMBRIL....... *Rún.*
NOMMER....... (Donner un nom), *đặt tên;* nommer à un emploi, *đặt chức, phong chức.*
NON........ *Không, chẳng* : ne pas, *vở, chẳng, không.*
NONCHALANT.... *Làm biếng.*
NORD........ *Phương bắc, bắc* : nord-est, *đông bắc;* nord-ouest, *tay bắc.*
NOTABLE...... *Kẻ có chức* : les notables d'un village, *các chức trong làng, ông hương, trị sự, trị lý.*
NOTER........ (Prendre note), *biên kí, ghi chép.*
NOTIFIER...... (Signifier), *biểu cho rõ, biểu cho người ta hay.*
NOTRE........ *Vẻ chúng tôi* : notre maison, *nhà chúng tôi.*
NOUER........ *Kết, thắt gút, buộc thắt;* noué, *thắt rồi;* enfant noué, *căng cỏi;* nouer deux bouts ensemble, *kết mối;* noueux (bâton), *mắt cây.*
NOURRICE...... *Mẹ nuôi, dưỡng mẫu, vú nuôi.*
NOURRIR....... *Nuôi, nuôi nấng, dưỡng;* nourrisson, *con nhỏ bú, con trẻ bú;* nourriture, *các đồ ăn.*
NOUS......... *Chúng tôi, chúng ta;* (terme usité par les supérieurs), *ta.*
NOUVEAU...... *Mới* : rien de nouveau, *bặt tin;* de nouveau, *lại, phục, tái.*

Nouvelle......	Tin, thơ tin, tin tức : quelle nouvelle? lai tin nào? la nouvelle est venue, ra tin, thấu tin; chercher des nouvelles, thăm tin.
Novembre......	Tháng mười một.
Novice.......	Người chưa tập quen.
Noyau........	Hột, hột trái.
Noyer........	quelqu'un, trần nước cho chết; se noyer, chết trôi; (suicide), trầm mình, chết trầm mình.
Nu, e........	Trần truồng, mình trần : nu jusqu'à la ceinture, trần, ở trần; complétement nu, trần truồng, ở lỗ; mettre nu, lột trần.
Nuage........	Mây : les nuages montent, mây mọc; temps nuageux, trời có mây, trời ảm cang.
Nuire........	Làm hại, hại nát, phá hại, tàn hại, tổn hại; nuisible, có hại.
Nuit.........	Ban đêm : il fait nuit, đã khuya; nuit noire, đêm khuya; passer la nuit, ở một đêm.
Nul, le.......	(Aucun), chẳng có ai; (sans valeur), không đáng tiền, vô dùng, vô ích.
Numéro.......	Số.
Nuque........	Cái óc.
Nymphéa......	Liên, liên họa, hoa sen.

O

O............	(Interjection), ơ! ô!
Obéir........	Vưng lời, phượng lệnh, vâng mạng; obéissant, chịu phép, vâng theo, thuận.

Obéré........ *Mắc nợ, mắc nợ quá.*
Obèse........ *Bụng bang bang, bậm bạp, béo mảm.*
Objecter...... *Nói cãi, nói trái.*
Objet........ (Chose), *của, đồ, việc;* occupez-vous de cet objet, *coi việc nầy.*
Obligation..... (Contrat), *sự buộc, việc giao, kết giao, phải làm.*
Obliger....... (Contraindre), *ép, biểu ép;* (rendre service), *giúp;* je suis bien obligé, *giã ơn, cam ơn lắm;* obligeant, *kẻ biết giúp.*
Oblique....... *Giãi:* rayons obliques du soleil, *nắng giại.*
Obscène...... (Parole), *dâm từ, tục, nhớp;* dire des obscénités, *nói nhớp, nói tục.*
Obscur....... *Mù mịt, tối mù, lờ lết, mọi, muọi, uám:* temps obscur, *tối trời, trời ám can;* obscurcir, *lờ;* obscurité, *tối tăm;* obscurité profonde, *tối thảm.*
Obsèques...... *Đi chôn, đi mả.*
Observer...... un précepte, *giữ đạo, tuân lệnh, vâng giữ;* observer les lois, *giữ phép, tuân phép, theo phép;* s'observer, *giữ lời, giữ lòng, ngỏ miệng.*
Obstacle...... *Trở, ngăn trở, ngại:* quel obstacle y a-t-il? *có ngại gì?*
Obstiner (S')... *Cang cường, cháp nê;* obstiné, *có chấp, cứng cỏi, ngang cổ.*
Obstruer...... *Bí.*
Obtenir....... *Lấy được:* je l'ai obtenu, *tôi có lấy rồi.*
Obus......... *Trái phá.*
Occasion..... *Lục, dịp, tiện phương:* profiter de l'occasion, *gặp thị, gặp lục, thừa thì, mặc dời;* perdre l'occasion, *mất lục.*

FRANÇAIS-ANNAMITE. 291

Occident ...... *Phương tây, bên tây.*
Occuper ...... un lieu, *soán đát;* un emploi, *có chức;* occupé, *giặng việc, mắc việc;* très-occupé, *rối tay;* je suis très-occupé, *tôi mắc việc lắm;* peu occupé, *rảnh việc;* être occupé d'une chose, *mắc, mắc tay, trở tay.*
Océan .... *Biển lớn, dại hải.*
Octobre ...... *Tháng mười.*
Odeur .... *Mùi :* bonne odeur, *mùi thơm;* mauvaise odeur, *mùi thúi;* odeur de brûlé, *khét khao.*
Odieux .... *Đáng ghét, phải ghét.*
OEil .... *Con mắt :* le coin de l'œil, *chang mày;* œil menaçant, *trừng con mắt;* fatigue des yeux, *nhặm mắt;* yeux appesantis, *mắt lườm lườm;* fermer les yeux, *nhắm mắt;* yeux à demi fermés, *mắt lem nhem;* coup d'œil, *liếc mắt.*
OEuf .... *Trứng :* la coque, *vỏ trứng;* le blanc, *tròng trắng;* le jaune, *tròng đỏ.*
OEuvre .... (Action), *việc, sự;* bonne œuvre, *việc tốt, sự tốt;* bonnes œuvres (charité), *việc giúp thương người ta.*
Offense .... *Lời mất lòng, chọt ý;* offenser, *mất lòng, nặng lòng, phạm đến.*
Office .... (Charge de mandarin), *việc quan, chức quan.*
Officier ...... *Ông quan, quan.*
Offrir .... un cadeau, *dâng, dâng lễ, mảng;* offrir un prix, *nói một giá;* présenter aux idoles, *cúng cấp.*
Oie .... *Ngỗng :* oie mâle, *ngỗng đực.*
Oignon .... *Hành.*

19.

Oindre . . . . *Giỏi mài, xức, đồ thuốc, vã;* oint d'huile, *tắm dầu, xức dầu;* oindre la tête, *vã đầu.*

Oiseau . . . . *Chim, con chim :* oiseau de proie, *chim ăn thịt.*

Oisif . . . . (Inoccupé), *nhàn sự, rồi tay;* (fainéant), *làm biếng;* être oisif, *ở không, ở nhưng, xong tay.*

Ombrage . . . . . . *Che bóng.*

Ombre . . . . *Bóng;* (fantôme), *ma;* (apparition), *ra ma.*

Omelette . . . . . . *Trứng kieng.*

Omettre . . . . . . *Bỏ sót :* omettre en écrivant, *viết sót.*

Omoplate . . . . . *Chả vai.*

On . . . . *Người ta :* on dit, *người ta nói, nghe rằng.*

Onanisme . . . . . *Vọt sương, vọt mình.*

Once . . . . (Poids), *một lượng.*

Oncle . . . . paternel, *bác chú;* maternel, *cậu.*

Onction . . . . . . Extrême-onction (sacrement), *phép xức dầu.*

Onéreux . . . . . . *Mắt, tốn lắm.*

Ongle . . . . *Móng :* ongle de la main, *móng tay;* ongle du pied, *móng chơn;* griffe, *véo;* griffe du tigre, *véo cọp.*

Onguent . . . . . . *Thuốc dán.*

Onze . . . . *Mươi một.*

Opaque . . . . *Đục.*

Ophthalmie . . . . *Nhặm mắt, đau con mắt.*

Opiner . . . . (Donner son avis), *ngỡ, tưởng là;* j'opine que, *tôi ngỡ là;* opinion, *ý, sự tưởng.*

Opiniâtre . . . . . . *Chấp nhất, cố chấp.*

Opium . . . . *A-phiện :* fumer l'opium, *hút a-phiện.*

Opportun...... Mặc đời, tiện, phải thì, kịp thì : affaire opportune, tiện việc.
Opposer ...... Chống trả, ngăn đón, đón đàng; opposé (contraire), trái, nghịch.
Oppresser..... Ép, tức : respiration oppressée, tức ngực, tức thở không được.
Opprimer...... Ăn hiếp, đè, ép lòng, hà hiếp : opprimer le peuple (les mandarins), ép dân; oppresseur, kẻ ăn hiếp, hung hiếp.
Opprobre...... Sỉ nhục : couvert d'opprobre, ăn sỉ nhục.
Opulence...... Tài, gia tài, tiền bạc.
Or.......... (Métal), vàng, kim; mine d'or, mỏ vàng; or pur, vàng ròng; or faux, vàng reo; fil d'or, chỉ vàng; dorer, mạ vàng.
Oracle....... Thày bói : rendre un oracle, biết trước.
Orage....... Mưa luông, mưa lớn, dông gió : le temps est à l'orage, trời muốn mưa luông.
Orange....... Cam, trái cam; mandarine, trái quít.
Orbite....... de la terre, bầu đất.
Ordinaire...... Thường, chung; affaire ordinaire, việc thường, việc chung; ordinairement, thường thường, thường lệ.
Ordination..... Phép truyền chức.
Ordonner...... Giải, truyền, khiến, răn, chỉ truyền, cai trị, sai khiến, sai sử, mạng; ordonnance, giải, khiến.
Ordre........ (Arrangement), thứ tự, thứ tế; mettre en ordre, sắp lại; (classe, rang), phẩm, bực; (injonction), dạy, giải, lịnh, lệnh, nầy khiến, truyền; ordre du roi, phán dạy mạng, lệnh.
Ordure....... Phân, cứt, ô uế.

294 VOCABULAIRE

OREILLE .... *Tai, lỗ tai* : lobe de l'oreille, *mép tai, trái tai;* dur d'oreille, *nặng tai;* dire à l'oreille, *nói thầng;* écorcher les oreilles, *ngáy tai, rõ tai;* pendant d'oreilles, *hoa tai;* cure-oreille, *váy tai.*

OREILLER ...... *Gối* : s'appuyer la tête sur l'oreiller, *gối đầu.*

ORFÉVRE ...... *Thợ vàng, thợ bạc.*

ORGANE .... (Instrument), *đờn, đờn phong.*

ORGANISER .... *Lập cho tử tế, sắp lại.*

ORGUEIL .... *Kiêu ngạo;* orgueilleux, *có kiêu ngạo.*

ORIENT .... *Phương đông, bên đông;* oriental, *người bên đông.*

ORIGINE .... *Bổn, mạch, nguồn trước, nguồn.*

ORNEMENT ...... de toilette, *các đồ làm điểm, các đồ lịch sự.*

ORNER .... *Trau chuốt, trau, giồi* : orner magnifiquement, *rõ ràng;* ornée, parée (femme), *hoa mĩ, điệu trác.*

ORPHELIN ...... *Cô, cô độc, mồ côi* : devenir orphelin, *ở mồ côi.*

Os .... *Xương, xương hóc* : os du bras, de la jambe, *xương ống;* ronger des os, *gặm xương.*

OSER .... *Dám* : je n'ose pas, *không dám;* qui oserait? *ai dám? có dám ở đâu?*

OSIER .... *Mây.*

OSTENSOIR ..... *Đĩa bạc.*

OTAGE .... *Cố* : se donner en otage, *cố mình, đợ mình.*

OTER .... *Cất* : ôter son chapeau, *cất nón;* ôter son habit, *khởi áo.*

OU .... Ou bien, *hay là;* toi ou moi, *anh hay là tôi.*

OÙ .... *Đâu, nơi nào* : où vas-tu? *đi đâu;* où est-

FRANÇAIS-ANNAMITE. 295

tu? ở đâu? d'où viens-tu? bởi đâu mà đến? ở đâu ra đây? où donc? nào là?

OUBLIER....... Quên, quên đi; (laisser en oubli), làm khuậy, bỏ quên; je ne vous oublie pas, tôi nhớ anh; (omettre), bỏ sót; oublier complétement, quên lửng.
OUEST........ Phương tây, bên tây : vent d'ouest, gió tây.
OUI.......... Phải, dạ.
OURAGAN..... Bảo bùng, đại phong.
OURDIR....... (Tramer), làm mưu, lập mưu kế.
OURLER....... Mai gấp : ourler un habit, mai gấp áo.
OURS......... Gấu, con gấu.
OURSE........ Grande Ourse (constellation), bắc đẩu; petite Ourse, tiểu đẩu.
OUTIL........ Đồ, các đồ làm việc.
OUTRAGE...... Việc chê, lời chê; outrager, chê, chê trách.
OUTRE........ (Sac en peau), bầu da.
OUTRE........ (Adv.), au delà, quá; outre mesure, quá độ, quá sức; en outre, nữa.
OUVERTURE.... Lỗ, chỗ hở, hở hao.
OUVRAGE..... Việc.
OUVRIER....... Thợ, kẻ làm việc.
OUVRIR....... Mở; ouvert, đã mở, mở rồi, ngỏ ra; ouvert au vent, à la pluie, xan gió, xan mưa; ouvertement, tỏ lộ.
OVALE........ Giẹp : de forme ovale, hình giẹp.

P

PACIFIER....... Chiêu an, đặt an, đặt bình; pacification, an nhàn, bình an.

Pacte	*Thơ giao :* faire un pacte, *kết giao.*
Page	d'un livre, *thơ, trang sách, trương sách.*
Pagode	*Chùa :* petite pagode, *miếu;* pagode des ancêtres, *tông miếu;* pagode des esprits, *miếu thần, cái đình.*
Païen	*Kẻ ngoại đạo.*
Paille	*Rơm, rơm rạ :* chapeau de paille funèbre, *mũ rơm;* chapeau de paille européen, *nón rơm.*
Pain	*Bánh, bánh mì :* mie du pain, *ruột bánh;* croûte du pain, *da bánh.*
Pair	*Đôi, cặp.*
Paire	*Một đôi, một cặp.*
Paisible	*Bằng yên, bằng an, làm ăn, an yên.*
Paître	*Ăn cỏ :* faire paître, *chăn, mục.*
Paix	*Bằng an, an, bình, yên :* faire la paix, *giao hòa;* traité de paix, *sách giao hòa.*
Palais	du roi, *đến vua, cung điện, đến đài;* partie supérieure de la bouche, *be miệng nóu.*
Palanquin	*Cái kiệu :* aller en palanquin, *đi kiệu.*
Pâle	*Tái, mét, xanh, xanh xao :* pâle de peur, *sợ mét;* très-pâle, *tái lét, mét xanh;* couleur pâle, *lợt màu.*
Palefrenier	*Kẻ giữ ngựa, kẻ coi ngựa.*
Palétuvier	*Cây đước, cây su :* forêt de palétuviers, *rừng sác.*
Pâlir	*Tái mặt, thất sắc, xanh xao.*
Palissade	*Hàng rào, rào.*
Palpitation	*Tức ngực.*
Palpiter	*Nhảy ngực.*
Pan	(Mesure), *một gang;* le pan vaut cinq pouces, *một gang được năm tấc.*

Panier.......	*Thúng, thúng mủng :* petit panier pour le riz, *rá cơm.*
Panser.......	une plaie, *thuốc hàn, rịt thuốc;* panser un cheval, *chải gỡ con ngựa.*
Pantalon.....	*Quần, quần chơn :* mettre un pantalon, *bận quần, xăn quần.*
Panthère.....	*Con beo.*
Pantoufles....	*Giày ở nhà.*
Paon........	*Con công.*
Pape........	*Đức thánh pha-pha.*
Papier.......	*Giấy :* papier à cigarette, *giấy vấn thuốc;* papier d'or et d'argent pour les funérailles, *giấy vàng bạc;* tendre du papier, *nghè giấy;* papier chinois, *giấy tàu;* chevaux, barques en papier pour les sacrifices, *thợ mã.*
Papillon.....	*Con bướm, con bìm bìm.*
Paquebot.....	*Tàu đò.*
Pâques......	*Lễ phục sinh.*
Paquet......	*Bó, gói :* petit paquet, *gói nhỏ.*
Par.........	*Qua :* aller par mer, *đi biển;* aller par terre, *dưới đất;* par force, *bị ép;* agir par force, *làm việc bị ép;* partout, *khắp mọi nơi, đâu đó, gần xa.*
Parabole.....	*Thí dụ :* parler en paraboles, *nói thí dụ.*
Paradis......	(Chrétien), *thiên đàng;* (païen), *trên trời.*
Paraître.....	*Hiện ra :* paraître en public, *ra mặt;* cela me paraît bon, *tôi tưởng việc nầy tốt.*
Parallèle....	*Theo nhau.*
Paralysie.....	*Tật bại, oải;* paralytique, *có chứng bất nhơn, oải, bại.*
Parapluie.....	*Dù, cái dù, ô.*

Parasol.......	de mandarin, *lọng;* porteur de parasol, *bả du, lính cầm lọng.*
Parc........	*Chỗ có bờ rào, chỗ có hàng rào.*
Parce que.....	*Bởi vì.*
Parcimonieux...	*Hạ tiện, rít.*
Parcourir.....	un pays, *đi qua một nước, đi qua đi lại.*
Pardon.......	Demander pardon, *xin tha, làm lành;* pardonner, *tha, dung cho;* pardonner une faute, *tha lỗi;* pardonne-moi (politesse), *xin cau.*
Pareil.......	*Như nhau, bằng nhau* : sans pareil, *không đồng nhau.*
Parents.......	*Cha mẹ, họ hàng, bà con, song thân, phụ mẫu* : parents paternels, *họ nội;* parents maternels, *họ ngoại;* les cinq degrés de parenté, *năm bực để tang* : 1er, *ba năm;* 2e, *hai năm;* 3e, *một năm;* 4e, *chín tháng;* 5e, *sáu tháng;* cousins, *thân quyến, thân thích;* parents du roi, *công tộc.*
Parer........	(Embellir), *trau chuốt;* paré (orné), *văn thể, trang điểm.*
Paresseux.....	*Làm biếng, hay ở không.*
Parfait.......	(Complet), *trọn, trọn vẹn;* (excellent), *trọn công, trọn việc.*
Parfum.......	*Mùi tốt, hương thơm* : brûler des parfums, *xông hương;* brûle-parfum, *bình hương.*
Parfumer......	*Làm cho thơm.*
Pari........	(Enjeu), *cọc;* parier, *đánh cuộc, đặc cọc.*
Parjurer (Se)..	*Thề dối, thề giả.*
Parler	*Nói* : parler avec difficulté, *biếng nói;* parler ensemble, *nói truyện, đều nói;* parler

FRANÇAIS-ANNAMITE. 299

annamite, *nói tiếng an-nam;* envie de parler, *ngứa miệng*.

PARMI	*Trong.*
PAROLE	*Tiếng, lời, lời nói, đều :* paroles douces, *lời ngọt;* paroles acerbes, *lời chế;* paroles absurdes, *nói ngang, nói quấy;* couper la parole, *nói hớt.*
PARRICIDE	*Tội giết cha.*
PARSEMER	*Bỏ bậy.*
PART	(Portion), *phần;* part de champ, de jardin, *đám;* je prends part à vos peines, *tôi thương tiếc anh;* mettre à part, *lật, lượm lật.*
PARTAGER	*Chia ra, phân ra;* partagé, *việc chia ra.*
PARTICIPER	*Thuộc về, về, theo.*
PARTICULE	*Hư tờ.*
PARTICULIER	*Riêng :* agir en particulier, *làm riêng.*
PARTIE	interne, *bề trong;* partie externe, *bề ngoài;* partie d'un traité, *khoản;* parties honteuses, *chỗ dơ dáy, thân thể, của xấu xa;* blessure aux parties génitales, *lậu tinh.*
PARTIR	*Trẩy đi, ra đi, dời bước :* il est parti, *đã dời chơn;* partir à pied, *trẩy bộ.*
PARTISAN	*Kẻ theo giúp.*
PARTOUT	*Đâu đó, gần xa, khắp mọi nơi.*
PARURE	*Trau chuốt, sự điểm.*
PARVENIR	*Kịp, thấu đến, tới, trải tới :* parvenir à temps, *kịp thì.*
PAS	(Subst. m.), *bước :* faire les cent pas (se promener), *đi trăm bước;* pas à pas, *đi chậm;* aller à grands pas, *đi chờn vờn.*
PAS	(Négation), *không, chẳng.*

Passage	*Đường qua;* (défilé), *truông, đường truông.*
Passager	*Qua giang, kẻ qua biển.*
Passant	Les passants, *người đi qua đi lại.*
Passe-port	*Tờ thông hành, phải thông hành.*
Passer	(Traverser), *đi qua, qua;* le temps passe, *ngày giờ qua;* passer de main en main, *đưa chuyến;* il passe pour un voleur, *người ta nói nó là ăn cắp.*
Passion	*Tám tình, tình, tình mánh :* dompter les passions, *chừa tình;* passionné, *sốt tình, nóng tính.*
Pastèque	*Trái dưa hấu.*
Pasteur	*Kẻ chăn, mục đồng :* pasteur des âmes, *linh mục.*
Pâte	de farine, *nhồi bột.*
Pâté	*Bánh có thịt.*
Patente	de marchand, *giáo thể.*
Patiemment	Supporter patiemment, *nhịn nhục.*
Patience	*Nhịn nhục :* prends patience, *nhịn nhục;* il faut avoir patience, *phải nhịn nhục.*
Patient	*Hay nhịn nhục, hay chịu :* patient (qui souffre), *nhịn, chịu.*
Pâtir	(Souffrir), *chịu, chịu đau, có đau.*
Pâtissier	*Kẻ làm bánh ngọt;* pâtisserie, *bánh ngọt.*
Patrie	*Quê hương, quê nhà, bổn quán, đất nước miền cũ.*
Patrimoine	*Gia sản, của cái, tiền tài, gia tài.*
Patriote	*Có trung về nước, liều mình.*
Patron	*Bổn mạng;* avocat, défenseur, *quan thầy;* maître ouvrier, *thầy thợ.*
Patte	*Chơn :* patte de chien, *chơn chó.*
Pâturage	*Chỗ có cỏ.*

	FRANÇAIS-ANNAMITE. 301
Pâture	Chỗ con thú đi ăn.
Paume	de la main, bàn tay, cùi tay, náng tay.
Paupière	Mí con mắt.
Pauvre	Khó khăn, nghèo : famille pauvre, nhà khó, nhà nghèo; pauvreté, khốn khó.
Pavé	Nền.
Paver	une rue, lát đá; une maison, lát gạch.
Pavillon	d'un navire, cờ; hisser le pavillon, treo cờ; amener le pavillon, xuống cờ, hạ cờ.
Pavot	Muồng, ngu mĩ.
Paye	(Solde), bổn lộc, tiền công.
Payer	Trả tiền, trả công, báo : payer ses dettes, trả nợ; je vous ai payé, tôi đã trả tiền.
Pays	Xứ, nước, phương.
Paysan	Kẻ quê, quê mùa.
Péage	Thuế qua thủ.
Peau	Da : peau du buffle, da trâu; peau de rhinocéros (mets), da tây; enlever la peau de la viande, tróc ra.
Péché	Tội, tội lỗi : les sept péchés capitaux, bảy mối tội đầu; pécher, có tội, phạm tội; pécheur, phạm tội.
Pêcher	Câu cá, làm cá : pêcher au filet, lưới cá; pêcher à l'hameçon, câu; pêcheur, ngư ông, kẻ làm cá.
Pédérastie	Tội lấp đít (bas).
Pégou	Nước mon.
Peigne	Cái lược.
Peigner (Se)	Chải lược mình, chải đầu, gỡ đầu.
Peindre	Vẽ, họa ảnh : peindre avec les couleurs, đồ thuốc; peintre, thợ vẽ.
Peine	(Punition), hình phạt, vạ; remettre une

	peine, *tha vạ;* chagrin, *sự buồn, việc sầu;* peine (difficulté), *khó nhọc;* je t'ai à peine vu, *tôi có thấy anh ít lắm.*
Pêle-mêle	*Cách trộn lộn, bậy bạ.*
Peler	un fruit, *gọt, cạo, gọt vỏ;* peler un fruit avec les ongles, *ngắt trái.*
Pélican	*Con dăng nga.*
Pelle	*Cái vá :* pelle en fer, *cái vá sắt;* pelletée de terre, *cái vá đất.*
Peloton	de fil, *bả tơ, lộn chỉ;* peloton de soldats, *một thập lính.*
Penchant	(Inclination), *tính, tính mê.*
Pencher	(Incliner), *xiêu, xiêu ngã, dốc;* se pencher, *cúi xuống;* penché, *xiên xẹo.*
Pendant	(Conj.) que, *những, vừa;* pendant trois jours, *kì ba ngày, trong ba ngày;* pendant que je parlais, *những tôi nói.*
Pendant	(Subst. masc.) d'oreilles, *hoa tai.*
Pendre	(Suspendre), *treo;* pendre au cou, *đeo, mang;* (supplice), *thắt cổ;* laisser pendre, *xủ;* laisser pendre ses mains, *xủ tay;* oreilles pendantes, *xủ tai;* se pendre (suicide), *chét thắt cổ, chét treo mình.*
Pendule	*Đồng hồ lớn.*
Pénétrer	(Entrer dans), *thấu qua, thấu vào;* comprendre, *thấu, thông biết, thấu suốt, suốt biết.*
Pénible	*Khó, quá sức :* travail pénible, *việc khó.*
Pénitence	(Repentir), *ăn năn;* faire pénitence, *ăn năn tội.*
Penser	(Réfléchir), *tưởng, nghi, lo toan; suy tính;* j'ai pensé à vous, *tôi nhớ ông;* il a

	pensé mourir, *trước ở gần chét;* (supposer), *ngờ*.
Pension	(École), *nhà trường;* (rente), *tiến lợi lãi*.
Pente	Route en pente, *dàng dốc;* pente d'une colline, *bề dốc núi*.
Pepin	de fruit, *múi;* pepin d'orange, *múi cam*.
Percer	(Trouer), *khoan lỗ;* percer avec une vrille, *sùng đục;* percer les oreilles, *xỏ tai*.
Percevoir	l'impôt, *lấy thuế, thâu thuế*.
Perdre	*Mất, lỗ, thất :* perdre de l'argent au jeu, *thua tiển, thua bạc;* perdu (égaré), *mất rồi, thất rồi;* perdu de mœurs, *hoang*.
Perdrix	*Chim đa đa*.
Père	*Cha, phụ :* père d'adoption, *cha nuôi;* grand-père paternel, *ông nội;* grand-père maternel, *ông ngoại;* beau-père, *ông gia;* [parrain, *cha ghẻ*].
Perfectionner	*Làm trọn lành; làm tốt hơn*.
Perfide	*Thất tín, không có thiệt thà, quí quái*.
Péril	*Hiểm nghèo :* s'exposer au péril, *liều mình;* périlleux, *việc hiểm nghèo*.
Périr	*Chết, hư mất, mất đi*.
Perle	*Hột trai, châu báu, hột chua, châu ngọc, trân châu*.
Permettre	*Cho phép, để cho, nỡ;* permis (licite), *nên*.
Permission	*Phép*.
Perpétuel	*Luôn luôn, hoài hoài*.
Perroquet	*Con kéc :* perroquet rouge, *con keo;* voile de navire, *buồm hạc*.
Persécuter	*Ép người ta, đánh hiệp*.
Persécution	des chrétiens, *bắt đạo*.
Persévérer	*Bền lòng, bền đỗ, đậu*.

Personne	(Individu), *một người, ngôi, vị;* il n'y a personne, *không có ai.*
Perspicace	*Sáng ý, trí huệ.*
Persuader	*Dỗ, khuyên bảo*: j'en suis persuadé, *tôi đã tin.*
Perte	(Dommage), *hại, tổn, thiệt hại;* éprouver des pertes, *chịu hại;* pertes séminales, *bịnh di tinh.*
Pervers	*Tà, xấu*: religion perverse, *tà đạo.*
Pervertir	*Dỗ tính làm xấu.*
Peser	*Cân, nhắc cân;* pesant, *nặng, trọng.*
Peste	*Dịch, bịnh dịch, ôn dịch*: mort de la peste (animal), *chết toi.*
Pestilentiel	(Air), *dịch khí.*
Pet	*Địt;* péter, *địt.*
Pétard	*Pháo.*
Pétiller	Le feu, *lửa cháy nổ;* le vin, *bọt rượu.*
Petit, e	(Adj.), *nhỏ, bé, mọn, tiểu*: petit-fils, *cháu;* (faible), *mọn, nhỏ mọn.*
Petit	(Subst. m.) d'animal, *con, muống.*
Pétition	*Bẩm, cầu bẩm, quì đơn.*
Pétrin	*Cái máng nhồi bột.*
Pétrir	*Mảng bánh, làm bánh.*
Peu	*Ít, chút, thiểu*: un peu, *một ít, một chút;* un peu plus, *ít nữa;* peu à peu, *thong thảng;* dans peu de jours, *một ít ngày nữa;* en peu de mots, *ít lời.*
Peuple	*Dân, dân sự, thứ dân*: régir le peuple, *trị dân, quản dân.*
Peuplé	*Có dân, đông dân.*
Peur	*Sợ, sợ hãi*: avoir peur, *sợ, sợ hãi;* faire peur, *làm cho sợ;* de peur que, *kẻo, kẻo mà.*

FRANÇAIS-ANNAMITE. 305

Peureux.......... *Nhát gan, hay sợ, nhát.*
Peut-être...... *Hoặc là, hoặc co, có khi, âu là, họa là;* peut-être oui, peut-être non, *phong khi có, phong khi không.*
Phalange....... *Lóng tay.*
Philosophe..... *Kẻ hay cách vật, quân tử;* (sage), *hiền nhơn;* — philosophie, *cách vật.*
Phrase......... *Câu.*
Phthisie....... *Bịnh ho lao;* phthisique, *có bịnh ho lao.*
Piastre........ *Đồng bạc:* piastre marquée, *đồng bạc có dấu.*
Picul.......... (100 livres annamites ou 60 kilog.), *tạ;* demi-picul, *một vuông.*
Pie............ *Chim sáo, ắc là.*
Pièce.......... (Partie), *miếng, tấm, phần:* pièce d'étoffe, *một miếng vãi, một tấm vãi.*
Pied........... *Chơn:* pied fourchu, *hai cái mong chơn;* frapper du pied, *giậm chơn;* aller à pied, *đi bộ;* aller nu-pieds, *đi chơn;* le coude-pied, *cổ chơn;* pied d'un arbre, *gốc cây;* pied (mesure), *thước;* 5 pieds, *một tầm.*
Piège.......... à prendre les animaux, *lỗ hầm, cái bẫy, rò;* piège à tigres, *rọ hùm;* tendre un piège, *gài bẫy;* (embûche), *mưu kế.*
Pierre......... *Đá, hòn đá, thạch:* pierre précieuse, *ngọc, ngọc đá;* pierre à aiguiser, *đá mài;* pierre à feu, *đà lửa;* maladie de la pierre, *trái ké.*
Piété.......... filiale, *hiếu, hiếu kính, thảo;* — pieux, *chín đạo, khoan nhơn.*
Pieu........... de barrière, *nọc giậu;* planter un pieu, *đóng nọc.*

Gramm.   20

Pigeon	Bồ câu; pigeonnier, chuồng bồ câu.
Piler	Đạp, nghiền : piler des substances molles, quết.
Piller	Ăn cướp, phá nhà; pillage, việc ăn cướp; pillard, kẻ ăn cướp.
Pilon	Chày : pilon mû avec le pied, chày đạp.
Pilote	Người hoa tiêu; piloter, chỉ đường tàu đi.
Pilule	Thuốc viên, thuốc hoàn.
Piment	Ớt.
Pin	(Arbre), sam mộc, tòng.
Pinceau	Cái bút : pinceau à écrire, cây viết; manche du pinceau, quản viết; poils du pinceau, ngòi viết.
Pincer	Véo, cắn húc, ngắt véo.
Pincettes	Kẹm, nhíp.
Pioche	Cuốc, xuổng; piocher, cuốc, xắn đất.
Pipe	Điếu, ống điếu : pipe à opium, điếu a-phiến; porte-pipe (serviteur), hầu điếu, cầm đẩy.
Pique	(Arme), cái giáo.
Piquer	Chấm, chích, đâm, xáy, xốn; piqûre de moustique, đắt, chích.
Pirate	Kẻ ăn cướp biển, người ăn cướp sông.
Piscine	Đìa.
Pisser	Đái, tiểu.
Piste	Se mettre à la piste de quelqu'un, moi móc.
Pistolet	Súng tay nhỏ.
Pitié	Sự thương xót : avoir pitié, thương xót, tuất, cám cảnh, đoái thương.
Pivot	Chốt : pivot d'une roue, chốt bánh xe.
Place	(Lieu), nơi, chỗ; n'être pas à sa place, sai đi; vas-y à ma place, đi đó thay mặt tôi;

FRANÇAIS-ANNAMITE. 307

      à la place de quelqu'un, *thay mặt, thay vì, thể vì;* (emploi), *chức.*
PLACENTA...... *Bánh da.*
PLACER....... *Đặt, để.*
PLAFOND....... *Gác nhà.*
PLAIDER....... *Kiện;* plaideur, *đi kiện.*
PLAIE......... (Blessure), *dấu tích;* (ulcère), *ghẻ, chóc;* large plaie, *ghẻ hờm.*
PLAINDRE...... quelqu'un, *thương, thương tiếc;* se plaindre, *kêu, kêu rêu, tiếc việc, trách, khóc tủi;* se plaindre au juge, *kêu, cung án, lời cung.*
PLAINE........ *Đồng bằng.*
PLAINTE....... (Gémissement), *kêu khóc;* (doléance), *kêu oan;* plainte en justice, *kêu, đi kêu.*
PLAIRE........ *Đẹp lòng, ưng, êm lòng, ưa*: cela me plaît, *cái nầy ưng tôi, thích đẹp;* s'il vous plaît, *nếu muốn;* plût à Dieu! *no nao!*
PLAISANTER.... *Giễu cợt, nói cười, nói xược;* plaisanterie, *sự cắc cớ, nói chơi;* plaisant (bouffon), *xược láo.*
PLAISIR....... *Việc vui, việc bằng lòng:* avoir du plaisir, *có vui, vui sướng;* avec plaisir, *ưng lắm.*
PLAN......... (Subst. m.) (dessin), *bản đồ;* combiner un plan, *bày mưu, lập mưu;* — (adj.), plan, uni, *bằng, bằng thẳng.*
PLANCHE....... *Tấm ván.*
PLANCHER...... *Nơi lót ván.*
PLANER....... (Un oiseau) (verbe neutre), *liệng.*
PLANÈTE....... *Ngôi sao*: Vénus, *sao kim;* Jupiter, *sao mộc;* Mercure, *sao thủy;* Saturne, *sao thổ;* Mars, *sao hỏa.*

20.

PLANTE	(Botanique) *cây;* plante des pieds, *bàn chơn, náng chơn, dạng chơn.*
PLANTER	*Trồng, cặm, gặm :* planter un arbre, *cặm cây, trồng cây;* planter une haie, *cặm rào.*
PLASTRON	d'un mandarin ou d'un soldat, *bố tử.*
PLAT	(Adj.) (égal), *bằng;* — (subst. m.) (vaisselle), *diã;* (mets), *món ăn.*
PLATEAU	de balance, *diã cán;* plateau en cuivre pour servir les mets, *mâm thau;* plateau en bois, *mâm mộc.*
PLÂTRE	*Với trét.*
PLEIN, E	*Đầy, đầy dãy :* pleine mer, *nước dãy;* pleine (bête), *có chửa, mang mển.*
PLÉNIPOTENTIAIRE	*Khâm sai đại thần, tuyển quyền.*
PLEURER	*Khóc :* qui pleure aisément, *mũi khóc;* pleurer à sanglots, *kêu khóc;* pleurer à chaudes larmes, *khóc dọi dọi.*
PLEUVOIR	*Mưa :* il pleut à verse, *mưa lớn.*
PLI	d'un habit, *bào nhao.*
PLIER	du papier, *xếp, xấp, uốn;* plier du linge, *xếp vãi, xếp áo;* (courber), *ghé;* plier en deux, *xếp đôi;* plier en trois, *xếp ba;* se plier à la volonté d'autrui, *chìu lòng.*
PLOMB	(Métal), *chì;* plomber, *để chì.*
PLONGER	*Lặn lội;* (immerger), *nhận nước, trầm nịch;* plongeur, *kẻ lặn.*
PLUIE	inopportune, *mưa dông;* pluie favorable, *mưa nhơn;* pluie fine, *mưa bay, phấy phấy;* pluie continuelle, *mưa dầu, mưa dầm;* la pluie cesse, *tạnh mưa.*

Plume........	d'oiseau, *lông*; plume à écrire, *cái viết, viết lông*.
Plumer.......	un oiseau, *phứt lông*.
Plus.........	*Hơn, càng* : faire plus, *làm thêm*; donner plus, *cho thêm*; plus beau que moi, *tốt hơn tôi*; je l'aime plus que toi, *tôi thương nó hơn anh*; un peu plus, *ít hơn*; plus il y en a, mieux cela vaut, *càng có càng tốt*.
Plusieurs.....	*Nhiều, ghe, những*: plusieurs fois, *nhiều lần*.
Plus tard.....	*Sau hơn*; plus tôt, *mau hơn, cho kíp hơn*.
Pluvieux......	(Temps), *trời muốn mưa, trời âm y*.
Poche........	*Bao, bao áo*.
Poêle........	à frire, *chảo, chảo đụn, vạc dầu*.
Poésie........	*Thơ văn, văn, thi*; poëte, *kẻ làm thơ văn, thi nhơn*.
Poids........	*Trái cân*; once, *lương*; livre, *cân*; demi-picul, *một vuông*; picul, *tạ*.
Poignard......	*Dao đâm, dao bảy, dao chín*.
Poignée.......	de riz, *mớ gạo, nhắm gạo*; une poignée, *một nắm, một vốc*; poignée d'un sabre, *cán gươm, lõm gươm*; une poignée d'hommes, *một hai thập người*.
Poignet.......	*Cổ tay*.
Poil..........	*Lông* : couvert de poils (velu), *có nhiều lông, rậm lông*.
Poing........	*Nắm, nhắm* : faire le coup de poing, *nắm tay, nhắm tay*.
Point........	(Adv. de négation), *không, chẳng*; — (subst. m.), *chấm*.
Pointe........	*Mũi nhọn* : pointe d'un couteau, *mũi dao*; pointu, *nhọn*; rendre pointu, *tiêm*.

Poire	*Trái lê.*
Poireau	*Củ hẹ.*
Pois	*Đậu xanh* : petits pois, *đậu xanh nhỏ.*
Poison	*Thuốc độc, độc dược.*
Poisson	*Cá* : poissons gardés dans un bassin, *cá nươm;* poissons qui se combattent, *cá thia thia;* petits poissons (nouvellement éclos), *cá mới rạy;* poisson volant, *cá chuồn;* poisson conservé, *mắm;* poisson séché, *cá khô;* condiment fait avec du poisson, *nước mắm.*
Poissonneux	*Chỗ có nhiều cá.*
Poitrine	*Ngực, wớm :* os de la poitrine, *xương o;* malade de la poitrine, *tức ngực.*
Poivre	*Hồ tiêu* : poivre rouge, *tiêu hỏi;* poivre blanc, *tiêu sọ.*
Poix	*Địa bàn, chai* : enduire de poix, *trét chai, lấp vỏ.*
Polaire	(Étoile), *tinh thần.*
Pôle	*Cực* : pôle méridional, *nam cực;* pôle septentrional, *bắc cực.*
Police	(Agent de), *mà-tà, thuộc lệ.*
Polir	(Unir), *đẽo, giồi, đieu trác;* rendre brillant, *mài;* poli (uni), *bằng giồi;* poli (bien élevé), *lịch lãm, lịch sự, có phép.*
Polisson	*Thàng điếm, cho điếm, lắc hắc, lắc lở, xắc lắm.*
Politesse	*Việc lịch sự, lễ ngãi, phải phép.*
Politique	(Affaires), *việc nhà nước, việc công.*
Pollution	*Xuất khí ra;* maladie (perte), *bịnh di tinh.*
Poltron	*Nhát, nhát gan, nhát sít.*
Polype	*Con sứa.*

	FRANÇAIS-ANNAMITE. 311
Pommade......	(Onguent), *thuốc dan;* pommade pour les cheveux, *dầu dừa.*
Pomme........	*Trái đào* : pomme de terre, *khoai tây, củ tây;* pomme de terre douce (patate), *khoai lang.*
Pompe........	*Ống thụt;* pomper, *thụt nước.*
Ponctuer.....	*Chấm* : ponctuer un livre, *chấm sách.*
Pondre.......	*Đẻ trứng;* poule pondeuse, *gà đẻ.*
Pont.........	*Cầu* : établir un pont, *bắc cầu, lập cầu;* assises d'un pont, *nhịp cầu.*
Populace.....	*Dân sự.*
Population....	*Dân :* registre de population, *sổ dân, sô dân.*
Populeux, se...	*Đông dân.*
Porc.........	*Heo, lợn.*
Porcelaine....	*Đồ sứ, từ kí* : tasse de porcelaine, *chén từ kí;* porcelaine annamite (commune), *sanh.*
Port.........	de mer, *cửa biển.*
Porte........	*Cửa* : grande porte, *cửa chái, cửa lớn, đại môn.*
Portée.......	d'un canon, *làn súng;* portée d'une flèche, *làn tên.*
Portefaix....	*Kẻ gánh, đi khiêng đi gánh.*
Porter.......	*Đem, chở* : porter sur la tête, *đội;* porter sur l'épaule, *gánh;* porter à deux, *khiêng;* porter autour du cou, *mang, đeo;* porter sous le bras, *cắp nách;* porter avec les mains, *bâng;* comment vous portez-vous? *có mạnh? có sức khoẻ?* porter (une femme enceinte), *mang mển.*
Portier......	*Kẻ giữ cửa.*

Portion	*Một phần, phần.*
Portrait	*Hình, hình tượng, bức tượng, đồ hình:* ce portrait te ressemble, *hình tượng nầy giống anh.*
Poser	(Placer), *đặt, để;* superposer, *đặt lên.*
Positif	(Certain), *thật, thiệt;* cela est positif, *việc nầy thiệt.*
Position	(Situation), *bổn phận, cách ăn ở;* dans quelle position es-tu? *có ăn ở làm sao?*
Posséder	*Có, là chủ.*
Possessions	(Biens), *gia tài, gia nghiệp.*
Possible	*Được, đặng:* cela n'est pas possible, *việc nầy không được.*
Poste	(Emploi), *Chức, quờn;* poste de surveillance et de douane, *tuần thủ;* maison de poste, *trạm.*
Postérieur	(Opposé à antérieur), *hậu, sau.*
Postérité	*Hậu tự, hậu đại, con cháu.*
Pot	*Bình:* pot de terre, *bình đất;* pot de fleurs, *bình hoa.*
Potage	*Cháo.*
Potence	*Cái trụ thắt cổ.*
Potier	*Thợ gốm:* four de potier, *lò gốm;* poterie, *nhà lò gốm.*
Pou	*Chí, chấy:* pou d'habit (vermine), *rận;* pou de bois, *mối;* nid de poux de bois, *gò mối;* rongé par les poux de bois, *mối đục.*
Pouce	*Ngón tay cái;* (mesure), *tắc, một tắc.*
Poudre	à canon, *thuốc súng;* (poussière), *bụi đất;* mettre en poudre, *tán mạt.*
Poulailler	*Chuồng gà.*

Poulain.......	*Con ngựa con.*
Poule........	*Gà, gà mái :* poule couveuse, *gà dẻ;* poule à chair noire, *gà ác;* poule d'eau, *chim trích;* [poulet, *gà tơ*].
Poulie.......	*Róc rách.*
Pouls........	*Mạch, mạch lạc :* tâter le pouls, *coi mạch, bắt mạch, án mạch.*
Poumon.......	*Phổi, phế :* maladie des poumons, *ho lao.*
Poupe........	d'un navire, *lái, đốc;* vent en poupe, *gió xuôi.*
Pour.........	(A cause de), *vì, cho được, cho, mà;* pour moi, *cho tôi;* pour voir, *cho được thấy, nhơn thấy.*
Pourpre......	*Sắc điều.*
Pourquoi.....	*Làm sao, cớ nào, vì ý nào, nhơn sao, vì sao :* c'est pourquoi, *cho nên, bởi vì.*
Pourrir (Se)...	*Hư tanh hôi;* pourri, *hôi hám, tanh hôi;* (bois, livres, etc.) pourris, *mục.*
Pourriture....	de plaie, *lở lói;* pourriture du bois, *mọt.*
Poursuivre....	*Đi theo, đuổi theo;* poursuivi, *đeo đuổi, tùy theo.*
Pourvu.......	que, *miễn là.*
Pousser......	(V. act.) la porte, *khép cửa;* — (v. n.) (arbres, plantes, feuilles), *mọc.*
Poussière.....	*Bụi, trần;* (atome), *trần ai.*
Poutre.......	*Thượng lương.*
Pouvoir......	(V. n.), *được, đặng :* je ne peux pas faire cela, *tôi làm việc nầy không được;* — (subst. m.), pouvoir (autorité), *phép, quờn;* occuper le pouvoir, *cầm quờn;* usurper le pouvoir, *cướp quờn.*
Prairie.......	*Đồng cỏ.*

Pratiquer . . . . . (Exercer), *làm nghể;* avoir la pratique, *có quem, tạp quen rồi;* fréquenter, *làm quen.*

Précaution. . . . . *Việc coi giữ :* agir avec précaution, *làm việc phải coi giữ.*

Précédent . . . . . *Tiến, ở trước;* précédemment, *trước, khi nãy, bưa xưa.*

Précepte . . . . . . (Ordre), *lời răn, lời truyền;* (lois), *phép;* divins préceptes, *giái.*

Prêcher . . . . *Giảng đạo.*

Précieux . . . . . . *Châu, báu, quí, trọng :* chose précieuse, *của báu, chua báu, của quí.*

Précipice . . . . . . *Vực, vực sâu.*

Précipiter . . . . . *Xô xuống :* se précipiter, *nhao mình xuống;* agir avec précipitation, *làm bất tử.*

Précis . . . . (Certain), *thật, thiệt.*

Précoce . . . . . . *Sớm :* rizière précoce, *ruộng sớm.*

Prédécesseur . . . (Mandarin), *quan cũ, quan trước.*

Prédicateur . . . . *Kẻ giảng đạo.*

Prédire . . . . *Nói trước;* je te l'ai prédit, *tôi đã nói trước.*

Préface . . . . d'un livre, *tự.*

Préfecture . . . . . *Phủ;* [sous-préfecture, *huyện*].

Préférer . . . . . . *Lấy làm hơn :* je préfère de beaucoup, *tôi muốn nhiều hơn;* préférable, *thà.*

Préfet . . . . *Quan phủ, trị phủ;* [sous-préfet, *quan huyện, trị huyện*].

Préjudice . . . . . . *Hại, thiệt, tốn :* causer du préjudice, *làm hại, làm tốn, làm thiệt.*

Premier . . . . *Thứ nhứt :* le premier de tous, *trước hết;* le premier du mois, *mồng một;* premièrement, *nhứt là.*

Prendre . . . . *Bắt, lấy, cầm;* pris, *bị bắt;* prenez, *cất, lấy*

FRANÇAIS-ANNAMITE.   315

đi; prendre avec des bâtonnets, gắp; prendre vivant, sinh cầm; prendre pour, lấy làm.

Prénom	Họ.
Préoccupé	Rối; esprit préoccupé, rối trí, rối lòng.
Préparer	Dọn, sắm sửa; préparé, sắm sẵn; se préparer, dọn mình, sắm sửa mình.
Prépuce	Da cặc (bas).
Près	(Proche), gần; près de moi, gần tôi, bên tôi; près de mourir, gần chết; naviguer au plus près (marine), chạy vát.
Prescrire	(Ordonner), truyền, dạy, biểu, biểu bảo.
Présence	Có mặt ở đây : amenez-le en ma présence, đem về nó trước mặt tôi.
Présent, e	(Adj.), có mặt, đây : tous présents, khắp mặt; — présent (subst. m.) (cadeau), của lễ.
Présenter	(Offrir), dâng; se présenter, ra mặt.
Préserver	(Protéger), binh vực; préserver du soleil, ẩn nắng, che nắng.
Président	Quan giám án; [assesseur, tham án].
Présider	Làm đầu, làm giám án.
Presque	Gần : il est presque jour, gần ngày; presque fini, gần hết.
Presse	à imprimer, cái kẹp; (foule), đông người ta lắm.
Presser	(Serrer), bóp ép, xóp đi; (hâter), biểu làm cho mau; prier avec instances, kêu nài; affaire pressée, việc kíp, việc cần kíp.
Pressurer	le peuple, ép dân, ăn của dân, ăn dân.
Prêt	Đã sẵn, dọn rồi, sắm sửa rồi : prêt à servir, sẵn dùng; es-tu prêt? sẵn chưa?

Prétendre . . . . . *Tưởng, nghĩ, nghĩ toan.*
Prêter . . . . sans intérêt, *cho mượn;* prêter avec intérêt, *cho vay.*
Prétexte . . . . . . *Lời chối :* ce prétexte ne peut être admis, *lời chối nầy nghe không được.*
Prêtre . . . . *Linh mục, dạo trưởng, ông cố;* (annamite), *ông cầu.*
Preuve . . . . *Việc làm chứng :* donne-m'en la preuve, *phải làm chứng.*
Prévarication . . . *Làm tặng, tội ăn của dân :* preuves de prévarication, *tặng.*
Prévenir . . . . . . (Donner avis), *bảo trước, biểu trước.*
Prévoir . . . . *Biết trước :* je l'ai prévu, *tôi đã phỏng qua;* — prévoyance, *phòng hậu, quan phòng.*
Prier . . . . quelqu'un, *xin, xin cùng;* (demander), *nguyện, xin;* dire des prières, *cầu nguyện, tụng kinh, đọc kinh.*
Prière . . . . à Dieu, *kinh, cầu nguyện, cầu chưa;* prière à la sainte Vierge, *cầu bà;* prière pour les morts (chrétiens), *cầu lễ linh hồn;* prière aux esprits, *kì thần;* prière à Bouddha, *kinh kệ, niem phạt.*
Prince . . . . *Đức ông, vương :* prince héréditaire, *hoàng tử;* princesse, *công chúa, đức bà.*
Principalement . . *Nhứt là.*
Principe . . . . . . (Origine), *bổn, đầu, nguồn, gốc;* en principe, *vốn.*
Printemps . . . . . *Mùa xuân.*
Prise . . . . (Butin), *của lính lấy;* une prise de tabac, *một véo thuốc.*
Priser . . . . du tabac, *hít thuốc.*

Prison........	Ngục, tù lao : prison obscure, hạ ngục; mettre en prison, cầm tù; être en prison, ở tù.
Prisonnier.....	Tù, phải bắt; prisonnier de guerre, lính bị bắt.
Priver (Se)....	(S'abstenir), khiếng; affaire privée, việc riêng, tư sự.
Privilége......	Ơn riêng, ơn tư.
Prix.........	(Valeur), giá; prix élevé, mắt giá; prix moyen, giá trung; vil prix, giá hạ, rẻ; quel en est le prix? cái nải giá bao nhiêu? diminuer de prix, hạ giá; augmenter de prix, lên giá; mettre un prix, đánh giá.
Probable......	Có lẽ, phỏng, bán tín bán nghi.
Probe........	Công chính, có thiệt thà.
Procès.......	Kiện : intenter un procès, kiện cáo; juger un procès, đoan kiện.
Procession....	Kiệu ảnh.
Prochain......	L'année prochaine, nam sau; prochainement, ít lâu, một ít nữa, sau ít ngày.
Proche.......	Gần : proche parent, bà con nội.
Proclamation...	Tờ dụ : publier une proclamation, ra tờ dụ; afficher une proclamation, gian tờ dụ.
Procurer......	une chose, kiếm cho.
Procureur.....	(Agent), kẻ giữ việc, mối việc.
Prodige.......	Việc lạ, việc quái, sự kì.
Prodigue......	Kẻ phá của mình; prodiguer, phá của, phí của.
Produire......	(La terre), hóa sinh.
Profaner......	Phá : profaner une sépulture, phá mồ mả.

Professer	(Instruire), *dậy, biểu;* professeur, *thầy, ông thầy.*
Profession	*Bổn phản, nghệ.*
Profit	(Gain), *lời lãi, lợi;* profiter (user de), *dụng;* profiter de l'occasion, *theo lúc.*
Profond	*Sâu, thẳm :* raisonnement profond, *sâu sắc, trí sắc;* secret profond, *thẳm sâu.*
Profondeur	Combien de profondeur? *sâu bao nhiêu?* profondeur de la pleine mer, *biển thẳm.*
Progrès	*Tấn tới :* je fais des progrès dans l'annamite, *tôi học tiếng an nam làm tấn tới.*
Prohiber	*Cấm;* prohibé, *cấm, việc cấm.*
Proie	*Đồ bắt mồi.*
Projet	*Việc có ý làm nó;* projeter, *có ý làm, nghi làm.*
Prolonger	*Làm cho dài hơn.*
Promener (Se)	*Đi bách bộ, đi dạo.*
Promettre	*Hứa, nói hứa;* promesse, *lời hứa.*
Promontoire	*Mũi biển.*
Prompt	*Nhạy, vội, cuống;* agir promptement, *nhạy tay, làm triển tay.*
Promulguer	*Bia truyền :* promulguer un édit, *rao truyền, ban bố.*
Prononcer	*Nói, nói rằng :* la prononciation de l'annamite est très-difficile, *khẩu âm an nam khó lắm.*
Pronostic	*Điềm :* bon pronostic, *điềm lành;* mauvais pronostic, *điềm dữ.*
Propager	sa race, *nối dòng;* le feu se propage, *lửa chạy đi.*
Prophète	*Kẻ nói tiện tri.*
Propice	*Lúc tốt, lúc nên;* époque propice, *kì tốt.*

FRANÇAIS-ANNAMITE. 319

PROPORTION .... Je dépense en proportion de ma richesse, *tôi có gia tài bao nhiêu, thì phí tổn bấy nhiêu.*
PROPOSER...... *Hỏi thử;* se proposer, *dốc lòng.*
PROPOSITION.... de paix, *hỏi việc giao hoa ưng không.*
PROPRE....... (Net), *láng, sạch, sạch sẽ;* volonté propre, *ý riêng;* propre à faire, *hay làm, làm được.*
PROPRIÉTAIRE.... *Chủ, kẻ chủ.*
PROPRIÉTÉ..... (État d'une chose), *thể;* cela est ma propriété, *của nầy là của tôi, thuộc về tôi.*
PROSE........ *Văn.*
PROSPÉRER..... *Làm cho phước.*
PROSPÉRITÉ..... *Phước, may phước.*
PROSTERNER (SE). (A l'annamite), *lạy, sấp mình, cúi đầu.*
PROSTITUÉE..... *Con đĩ, đĩ thoa, hoa nương;* se prostituer, *đi làm đĩ;* maison de prostitution, *nhà đĩ.*
PROTÉGER...... (Défendre), *binh vực, che chở, phù hộ, giúp đỡ, ân nhẫn;* (en parlant de Dieu), *bảo hộ, phù hộ;* (en parlant des esprits), *hộ trì;* se mettre sous la protection de quelqu'un, *nương bóng.*
PROTESTER..... *Chối, chối quyết.*
PROUE........ d'un navire, *xĩ lỗ, mũi tàu, mũi ghe.*
PROUVER...... *Làm chứng:* prouvez-le! *phải làm chứng! việc nầy thiệt.*
PROVENIR...... *Ra:* d'où cela provient-il? *cái nầy bởi đâu mà ra?*
PROVERBE...... *Lời nói ví.*
PROVIDENCE..... *Phù hộ, trời phù hộ.*
PROVINCE...... *Tỉnh, trấn, xứ:* commandant de province, *quan trị tỉnh, tuần phủ.*

Provision	de bouche, *của ăn, đồ ăn;* provision de guerre, *các đồ dùng đi đánh giặc.*
Provisoire	*Tạm, tạm vậy.*
Provoquer	au combat, *trêu chọc, khêu chọc.*
Prudence	(Agir avec), *làm cho khéo;* prudent, *khôn khéo, khôn ngoan, trí khôn.*
Prune	*Trái lý, trái mận.*
Prunelle	de l'œil, *con ngươi, tròng con mắt.*
Puberté	*Tuổi khôn;* fille pubère, *con gái mới lớn mình.*
Public	(Apparent), *lộ, rõ tỏ;* public, commun, *chung;* publiquement, *cách tỏ rõ, lộ.*
Publier	*Dán ra, rao truyền, ra chỉ.*
Puce	*Bọ chét.*
Pucelle	*Đồng, đồng trinh, trinh nữ.*
Pudeur	*Hổ ngươi, nhục.*
Puer	*Hôi thối, hôi, thúi;* puant, *hôi hám, thối tha;* puanteur insupportable, *thúi nặc.*
Puéril	*Cách con nít;* agir puérilement, *làm như con nít.*
Puis	*Sau, đoạn.*
Puiser	de l'eau, *múc nước, tát nước;* puiser avec la main, *vốc, vục.*
Puisque	Puisque tu le veux, vas-y! *anh có muốn vậy, thì đi được!*
Puissance	*Phép tắc.*
Puissant	*Có phép, phép tắc, cao tay;* tout-puissant, *phép tắc vô cùng.*
Puits	*Giếng.*
Pulvériser	*Đạm như bọt, nát.*
Punaise	*Rệp.*
Punir	*Phạt, trách phạt;* — punition, *phạt tội.*

Pupitre	Giá, giá sách, yên sách.
Pur	(Clair, net), sạch, trong sạch; eau pure, nước lã, nước trong; or pur, vàng ròng; ciel pur, trời thanh; (au moral), thanh sạch, vẹn, tinh.
Purée	Cháo.
Pureté	Trong sạch, sạch sẽ.
Purgatif	(Remède), thuốc xổ, thuốc tẩy; se purger, xổ ra.
Purgatoire	Lửa luyện tội, nơi luyện tội.
Purifier	Luyện : purifier l'or, l'argent, phi vàng, bạc; thét vàng, bạc; se purifier, làm cho sạch.
Pus	Mủ; sanie, máu mủ.
Pustule	Cương mủ.
Putréfier (Se) . .	Thúi hư; putréfié, thúi hư rồi.

Q

Quadrupède	Loài thú, loài lục súc.
Quai	Bờ sông, mẹ sông.
Qualité	Bổn tính, thể : qualité morale, thể lòng, thể tính; bonne qualité, tốt thể; mauvaise qualité, xấu thể.
Quand	Khi nao, no nao : quand viendras-tu? ra đây khi nào? khi nào đến đây? (au passé), quand je te vis, khi tôi thấy anh; depuis quand? mấy bữa?
Quant	à moi, je pense ainsi, tôi tưởng vậy.
Quantième	Quel est le quantième? hôm nay ngày nào? hôm nay ngày thứ mấy?

Quantité	*Ngần, bao nhiêu.*
Quart	*Phần thứ bốn, một trong bốn* : quart d'heure, *khắc giờ, khắc.*
Quartier	de viande, *đùi thịt;* quartier de ville, *lý trong làng;* chef de quartier, *lý trưởng.*
Quatre	*Bốn, tứ* : les quatre saisons, *bốn mùa, tứ mùa;* quatre-vingts, *bốn mười.*
Quatrième	*Thứ bốn, thứ tư* : quatrième veille, *canh tư.*
Que	(Conj.), il faut que j'y aille, *tôi phải đi đó;* — (pron. int.), quelle chose? *sự gì? việc gì?* que voulez-vous? *muốn gì? muốn sự gì?* qu'importe! *không can gì!*
Quel, le	*Kẻ nào;* lequel? qui? *nào ai?* quel jour? *ngày nào? bữa nào?* quelle heure est-il? *giờ thứ mấy?* quel que ce soit, *hễ là.*
Quelque	*Một hai, vài, vài cái;* quelqu'un, *ai nấy;* quelquefois, *có khi.*
Quenouille	*Con quay.*
Querelle	*Cãi lẫy, khắc bắc, lời trách;* se quereller, *cãi lẫy nhau;* (se battre); *đánh lộn nhau.*
Question	*Lời hỏi;* mettre à la question, *hỏi khảo, tra khảo.*
Questionner	*Hỏi.*
Queue	d'animal, *đuôi;* remuer la queue, *ngoắt đuôi, vẫy đuôi;* queue de Chinois, *đuôi Chệt;* à la queue, *đầu đuôi.*
Qui	*Ai, kẻ nào* : qui est là? *ai đấy?*
Quiconque	*Hễ là.*
Quille	(Carène), *lươn ghe.*
Quittance	*Văn khế* : donner quittance, *trả văn khế.*

FRANÇAIS-ANNAMITE. 323

Quitter....... Bỏ, để : nous sommes quittes, tôi về ông hết nợ, tôi khỏi nợ cùng ông.
Quoi......... Quelle chose, sự nào, chi, gì, đều chi, làm gì, việc gì; à quoi bon? nào phải?
Quoique...... Dầu mà, tuy là : quoique je sois ton ami, je te gronderai, dầu mà tôi thương anh, tôi phải mắng mỏ.
Quotidien..... Hằng ngày.

R

Rabais........ Bớt giá, kém giá : acheter au rabais, mua kém giá, mua rẻ.
Rabaisser...... un mât, hạ cột; rabaisser un prix, kém giá; se rabaisser (au moral), làm mình hèn.
Rabot........ Cái bào; raboter, bào; bois raboté, cây bào; raboteux (rude), lem luốc, rít.
Raccommoder... Sửa lại, chữa : raccommoder du linge, vá áo, chữa lại, vá lại; (rapiécer), kết vào, khâu.
Raccourcir.... Bớt cho vắn tắt; raccourci, đã bớt cho vắn tắt.
Race......... Dòng họ; (lignée), tông thân, tông tộc.
Rachat....... des peines, thục, lai thục.
Racheter...... Chuộc : racheter sa faute, chuộc tội.
Racine........ d'arbre, cội rễ.
Racler........ Cào, cào cấu : racler avec un couteau, rót.
Raconter...... Nói truyện, kể truyện.
Rade......... (Golfe), vũng.

21.

Radeau . . . . Cái bè; train de bois, bè cây.
Radis . . . . Củ cải.
Radoter . . . . . . (Un vieillard), nói lảm; (un jeune homme), nói bậy.
Radouber. . . . . . un navire, sửa trét lại.
Raffermir. . . . . . Làm cho chac, làm cho bèn; raffermi, đã bền rồi, chác rồi, vững bền.
Rafraîchir . . . . Faire rafraîchir de l'eau, làm cho lạnh, làm cho nguội; se rafraîchir à l'air, hóng gió.
Rage . . . . (Colère), bảng gan, giậm lớn; chien enragé, chó dại, chó hoảng hốt.
Ragoût . . . . (Plat), món ăn; faire cuire un ragoût, nấu một món ăn.
Raie . . . . (Ligne tracée), vạch hàng; raie de batterie, sơn tàu; (poisson), cá đuối.
Raisin . . . . Trái nho, bồ đào.
Raison . . . . (Motif), lẽ, lý lẽ, nỗi; quelle raison? nỗi gì? lẽ gì? pour quelle raison? lẽ nào? à plus forte raison, huống chi; tu as raison, anh nói phải, nói nhằm; conforme à la raison, theo lẽ, phải lẽ; contraire à la raison, trái lẽ, nghịch lẽ.
Raisonnable . . . . Có lẽ, phải lẽ.
Raisonner . . . . . . (Discuter), bàn luận; (murmurer), nói lầm bầm.
Râle . . . . de la mort, thở ra gần chết.
Ralentir . . . . . . Đi thong thảng, làm chậm chạp: ralentir son ardeur, cầm tính, cầm tính mình.
Rallumer . . . . . . Thắp lại.
Ramasser . . . . . . Lấy, lặt, thâu góp.
Rame . . . . (Aviron), cái chèo : lever les rames, ngong

	chèo, cầm chèo; ramer, chèo ghe; rameur, kẻ chèo.
Rameau........	Nhánh, chành cây, chùm.
Ramener.......	Đưa lại, đem về lại : ramener à la raison, cầm người cho theo lẽ.
Ramollir......	Làm cho mềm; ramolli, làm cho mềm rồi, đã mềm.
Ramper........	Lan, bò đi, trườn đi : ramper sur les mains et le derrière, lết lát; (le serpent), rắn trườn; rampant, a dua; (vil), hèn hạ.
Rançon........	Giá chuộc, tiền chuộc.
Rancune.......	Cừu, giận cừu : garder rancune, cừu trong bụng.
Rang..........	(Ordre), phẩm, bực; (soldats), hàng; les neuf rangs du mandarinat, chín phẩm quan.
Ranger........	(Mettre en ordre), làm cho thứ tự, làm cho tử tế; se ranger (s'amender), chữa mình, sửa mình.
Ranimer.......	(Rappeler à la vie), làm cho sống lại, làm cho có sức lại.
Rapace........	Kẻ hay lấy, tham lấy : bête rapace, loài vật tham ăn.
Rapetisser....	Bớt cho nhỏ, làm cho nhỏ.
Rapide........	(Adj.), chạy mau lắm, hay mau quá; — (subst.), rapide d'un fleuve, đá hàn.
Rapine........	Việc ăn cướp ăn trộm.
Rappeler......	quelqu'un, đòi về; se rappeler, nhớ lại, nhắc.
Rapport.......	(Écrit), thơ bẩm; rapport au roi, tâu đức vua.
Rapporter.....	(Apporter de nouveau), đem lại, đem về lại; (raconter), nói truyện; combien ce

champ rapporte-t-il? *ruộng nầy một năm, có lời lãi bao nhiêu?* je m'en rapporte à toi, *tôi cậy anh.*

RAPPROCHER (SE). *Lại cho gần, đến cho gần* : se rapprocher l'un de l'autre, *lại gần nhau.*

RARE......... (Difficile à trouver), *ít, rời rác;* (curieux), *của lạ;* rarement, *mấy khi, ít.*

RASER........ *Cạo;* rasé, *cạo gọt, gọt râu;* rasoir, *dao cạo.*

RASSASIER (SE).. *Ăn no, ăn phỉ;* rassasié, *phỉ chí, no rồi, no.*

RASSEMBLER.... *Tém lại;* se rassembler, *nhóm lại.*

RASSURER...... *Nói cho hết sợ :* rassure-toi! *đừng sợ! ở lặng!*

RAT.......... *Chuột :* rat musqué, *chuột xạ, chuột hôi.*

RATE......... *Lá lách.*

RÂTEAU....... *Cái trang.*

RÂTELIER...... de cheval, *máng ngựa :* râtelier d'armes, *giá súng.*

RATIFIER...... *Làm cho chắc :* ratifier un traité, *làm giao hòa cho chắc;* échange de ratifications, *ho nhau giao hòa.*

RATION....... de soldat, *lương;* distribuer la ration, *phát lương;* recevoir la ration, *chịu lương.*

RATISSER..... *Kéo cỏ, kéo đất.*

RAVAGER...... *Hoang, phá, phá phách.*

RAVE......... *Cải củ.*

RAVIR........ (Enlever par force), *đoạt, giành, cướp lấy, chiếm đoạt;* ravi de joie, *bơ vơ.*

RAYER........ (Faire une raie), *vạch một hàng;* (effacer), *bôi một chữ.*

RAYON........ de roue, *căm xe;* rayon de soleil, *anh mặt trời;* rayon de miel, *sáp mật.*

FRANÇAIS-ANNAMITE. 327

Rebelle....... *Kẻ làm loạn, nghịch tặc, ngụy, phản nghịch, ngụy tặc;* exciter à la rébellion, *dấy ngụy, dấy loạn.*
Rebours...... Au rebours, *ngược.*
Recensement.... Soát, *tịch* : recensement pour les impôts, *soát thuế.*
Récent....... *Mới;* récemment, *mới, ngày xưa.*
Recevoir...... *Lấy, chịu :* recevoir l'impôt, *thâu thuế;* recevoir sa ration, sa solde, *lãnh lương;* (donner un reçu), *trả văn khế;* recevoir un hôte, *rước, rước khách;* aller au-devant d'un hôte, *tiếp rước;* bien recevoir, *đãy khách, tiếp lễ.*
Réchaud...... *Của hâm lại.*
Réchauffer.... *Hâm lại, thang lại, thang lên;* se réchauffer, *hâm mình, ho mình.*
Rechercher.... *Kiếm, tìm :* faire des recherches, *tìm nát;* (perquisition), *tìm kiếm, rao tìm.*
Rechute...... dans la maladie, *hầu bịnh.*
Réciproque.... *Nhau :* secours réciproque, *giúp nhau;* réciproquement, *nhau.*
Réciter....... *Đọc :* réciter par cœur, *đọc chường, đọc thuộc lòng.*
Réclamer...... *Kêu :* réclamer avec instance, *kêu nài;* réclamation (pétition), *thờ bẩm.*
Récolte...... *Mùa gặt :* bonne récolte, *đặng mùa;* mauvaise récolte, *mất mùa;* première récolte, *mùa mùa;* deuxième récolte, *mùa trái.*
Récolter...... *Gặt, gặt lúa.*
Recommander... une chose à quelqu'un, *giàn việc vế người, biểu gìn giữ;* recommander quelqu'un,

gởi một người; lettre de recommanda-
tion, thơ gởi.
RECOMMENCER... Làm lại, làm nữa.
RÉCOMPENSE.... Của thưởng; récompenser, thưởng cho.
RÉCONCILIER (SE). Huế nhau, hết giận về nhau.
RECONDUIRE.... Đưa lại : reconduire en prison, đem về
lại tù.
RECONNAISSANT... d'un bienfait, biết ơn, biết nghĩa, có nghĩa,
thảo ngay, báo hiếu, hiếu.
RECONNAÎTRE.... quelqu'un, biết lại, nhắc lại; se recon-
naître, biết lại nhau.
RECONSTRUIRE... Mảng lại, làm lại.
RECOURBÉ...... Co quắp, có quằn; [courber du bois, uốn
cây].
RECOURS ...... (Avoir), chúc nguyện; j'ai recours à vous,
tôi chúc nguyện ông, tôi xin ông giúp
tôi.
RECOUVRER..... la santé, mạnh lại, sức khỏe lại, lành rồi.
RÉCRÉER (SE)... (S'amuser), chơi, vui, đi chơi, đi vui.
RECRUE....... (Soldat), lính mới điền; lever des recrues,
cắt bính, lập lính, mộ bính.
RECTIFIER...... Làm cho tốt, sửa lại.
RECUEIL....... d'édits, thâu góp thượng dụ.
RECUEILLIR..... Thâu góp, thu thập, tích tụ : recueillir les
contributions, góp, góp lại, thu thập,
thâu thuế; (réunir), nhóm lại.
RECULER....... Lui, trở lui, lui ra : reculer peu à peu,
thụt lui.
RÉDEMPTION.... Sự cứu chuộc.
REDOUBLER..... d'efforts, gắng sức lại, ra sức lại.
REDOUTER...... Sợ lắm, kinh hãi lắm; redoutable, phải sợ
lắm, nghiêm quá.

FRANÇAIS-ANNAMITE. 329

REDRESSER..... (Rendre droit), sửa ngay lại; redresser un tort, sửa hại.
RÉEL......... Thật, thiệt, quyết thật.
RÉFLÉCHIR..... Suy gẫm, gẫm lại, nghĩ lại, liệu, nghị; réfléchir de nouveau, lương lại, nghị lại.
REFLUX....... Nước xuống, nước ròng.
RÉFORMER...... Sửa lại : réformer les mœurs, chửa tính người ta.
REFROIDIR...... (Rendre froid), để cho nguôi, làm cho lạnh; refroidir son cœur (amour, colère), nguôi lòng.
REFUGE....... Chỗ ẩn mình.
RÉFUGIER (SE)... Trốn ẩn mình.
REFUSER....... Không muốn.
RÉFUTER....... Chối, chối cãi.
REGARDER...... Coi, xem, ngó, nhìn, dòm : regarde! coi! coi mà! regarde-moi! coi tôi! regarder derrière soi, đoái, nhịn đoái, đoái xem; se regarder, nhăm; regarder sans attention, xem lác; est-ce que cela te regarde? mắc chi mầy?
RÉGIME....... de bananes, buồng chuối; régime d'arecs, buồng cau.
RÉGIMENT...... de 5oo hommes, cơ, cơ quân; régiment royal, vệ; régiment de marine, vệ thủy.
RÉGION....... Phương : région du Nord, phương bắc; région de l'Orient, phương đông.
REGISTRE...... Bộ, sổ : registre de la population, bộ đinh, sổ dân; registre des terres, bộ điền.
RÈGLE........ (Principe, loi), lề luật, pháp, phép; règle à suivre, mực mẹo; règle à rayer le

papier, *thước;* règles des femmes, *kinh nguyệt, làm mình.*

Règlement..... *Lề;* (loi), *lề luật.*
Régler....... (décider), *toan định, liệu định, định;* c'est une affaire réglée, *việc nầy đã định tốt rồi.*
Réglisse...... *Cam thảo, quốc lão.*
Régner....... *Trị, trị nước, trị vì, làm vua;* règne, *tưc vị;* régner en paix, *bình trị.*
Regret (A).... *Trảy ý, không có ưng.*
Regretter..... un ami, *nhớ bạn hữu;* regretter une faute, *phàn nàn tội.*
Régulier...... *Theo lề, việc phải, việc nhằm.*
Rein......... *Trái cật.*
Reine........ *Bà hoàng hậu, đức hoàng hậu, chính cung.*
Réitérer...... *Phúc lại, làm lại.*
Rejeter....... *Trừ, để.*
Rejeton....... *Mụt;* pousses de canne à sucre, *mậm mía.*
Rejoindre..... quelqu'un, *theo kịp.*
Réjouir (Se)... *Vui mảng, vui cười, vui lòng.*
Relâcher...... *Giạc ra :* relâcher des liens, *nới ra;* relâché, *mou, giạc;* relâché du ventre, *tháo dạ.*
Relais........ de poste, *trạm;* maison de relais, *nhà trạm.*
Relation...... Ceci n'a aucune relation avec cela, *việc nầy khắc, việc kia khắc;* relations commerciales, *vãng lai.*
Relever....... *Đỡ lên :* relève-toi, *đứng lên.*
Relier........ un livre, *đóng bìa;* relieur, *thợ đong bìa.*
Religieux, se... (Adj.), qui a de la religion, *chín đạo, sốt sáng;* — religieux (subst. m.) : couvent

de religieux, *nhà phước*. — Religieuse (subst. f.), *bà nhà phước, bà phước*.

RELIGION ...... *Đạo* : religion chrétienne, *đạo thiên chua*; religion de Bouddha, *đạo phật*.
RELIQUE .... de saints, *xương thánh, dấu thánh*.
REMARIER (SE)... *Cưới vợ lại, lấy chồng lại*.
REMARQUER..... (Observer), *coi biên kí;* remarquable, *việc quay, việc lạ*.
REMBOURSER.... une somme due, *trã nợ, trã tiền*.
REMÈDE .... *Thuốc, dược* : remède chinois, *thuốc bắc;* remède annamite, *thuốc nam;* remédier, *sửa lại, chữa lại*.
REMERCIER ..... *Giã ơn, lạy ơn, cảm ơn, đội ơn* : je vous remercie, *tôi cám ơn ông*.
REMETTRE ...... (Consigner), *trao, trao tay;* remettre une chose à sa place, *đem của chỗ nó;* (différer), *giãn, chờ đợi;* se remettre (se rétablir), *mạnh lại, lành rồi*.
REMISE .... (Délai), *giãn kì hẹn*.
REMONTER...... le courant d'un fleuve, *đi ngược nước*.
REMORDS ...... (Éprouver des), *phàn nàn tội mình, ăn năn tội*.
REMORQUER..... *Dắc, dắc tàu*.
REMPART .... *Lũy, thành lũy* : rempart en pierre, *lũy đá;* rempart en terre, *lũy đất;* rempart en bambous, *lũy tre*.
REMPLACER..... une chose par une autre, *đặt một của thay vì của kia;* remplacer un mandarin par un autre, *đặt ông quan khác thay vì ông quan kia*.
REMPLIR....... *Làm cho đầy;* entièrement rempli, *đầy dẫy, đầy phê phê*.

Remuer	Động, làm cho động : ne remuez pas! đừng động, đừng có lúc lắc.
Renard	Con cáo.
Renchérir	(Verbe n.), cao giá, lên giá.
Rencontrer	Gặp : se rencontrer, gặp nhau; aller à la rencontre d'un hôte, đi rước, đi tiếp rước.
Rendez-vous	Chỗ nhóm lại.
Rendre	(Restituer), trả, trả lại, nộp; rendre amour pour amour, trả ngãi; rendre grâces, báo ân; cela me rend heureux, việc nầy làm cho tôi bằng lòng; se rendre (à l'ennemi), nộp mình, phú mình, đầu mình.
Renégat	Bỏ đạo, chối đạo.
Rênes	Dây khớp.
Renfermer	Cất : renfermer dans une caisse, cất trong hòm.
Renier	Chối, bỏ : renier la religion, chối đạo, bỏ đạo; renier un serment, bỏ lời thề.
Renommée	(Gloire), công danh, thanh danh; avoir de la renommée, có danh, danh tiếng, có tiếng; (bonne réputation), danh vọng, văn danh, tốt tiếng; mauvaise renommée, xấu danh; compromettre sa renommée, mất tiếng xấu, xấu tiếng.
Renoncer	Tư bỏ, để.
Renouveler	Làm lại : renouveler une demande, kêu lại, xin lại.
Renseignements	(Prendre des), hỏi dò, biên dò.
Rente	(Intérêt du capital), tiền lợi.
Renverser	des corps solides, té xuống, ngã, bể; renverser des liquides, đổ ra; renverser

FRANÇAIS-ANNAMITE. 333

       sens dessus dessous, *trở;* se renverser, *té ngửa.*
RENVOYER...... *Đuổi đi.*
RÉPANDRE...... *Xối :* répandre de l'eau, *xối nước;* le bruit se répand, *tiếng đồn đi.*
REPARAÎTRE..... *Hiện lại.*
RÉPARER........ un objet, *sửa lại;* réparer un tort, *chữa hại, đến.*
RÉPARTIR...... *Chia phần, chia ra.*
REPAS......... *Bữa;* (festin), *tiệc, yến, yến diên;* préparer un repas, *làm bữa.*
REPASSER...... du linge, *ủi là, là aó;* fer à repasser, *bàn ủi.*
REPENTIR (SE)... *Phàn nàn, ăn năn, thống hối, hối tội, khốn chửa.*
RÉPÉTER....... *Nói lại.*
RÉPLIQUER..... *Thưa lại.*
RÉPONDRE...... en paroles, *trả lời, thưa;* répondre à une lettre, *trả lời, viết lại;* répondre de quelqu'un, *lãnh một người.*
REPOS......... Jour de repos, *ngày rỗi.*
REPOSER (SE)... *Nghỉ, nghỉ ngơi;* (se confier), *nương dựa, cậy;* je me repose sur toi, *tôi cậy anh.*
REPOUSSER..... (Verbe actif) l'ennemi, *đưa đi, đuổi đi;* — (verbe n.) (plantes), *mọc lại, mọc mụt.*
REPRÉSAILLES.... *Báo thù, làm thù.*
REPRÉSENTER.... (Exposer), *bẩm, thưa;* représentant : fais cela à titre de mon représentant, *làm việc nầy vì tôi.*
RÉPRIMANDE..... *Nhiếc nhóc, lời trách;* réprimander, *quở mắng, mắng, trách, quở phạt.*
RÉPRIMER...... *Át, dẹp :* réprimer une sédition, *dẹp loàn;*

réprimer son caractère, *dẹp tính, thin tính;* réprimer sa colère, *bớt giận.*

Reptile....... *Loài con trùng.*
Repu, e....... *No, đã no, đã thèm.*
Répudier...... sa femme, *để bỏ, phản li, bỏ rãy;* femme répudiéc, *vợ đã để.*
Répugner...... Cela me répugne, *việc nầy không ưng lòng tôi, không đành lòng tôi.*
Réputation..... *Danh tiếng.* (Voy. Renommée.)
Requête....... *Thơ bẩm, quì đơn.*
Requin....... *Cá mập.*
Réquisition.... (Mettre en), *cấp, cần lấy.*
Réserver...... *Giữ lấy, cất đi, trữ lấy, gìn giữ.*
Réservoir..... d'eau, *trữ nước.*
Résider....... *Ở;* résidence de mandarin, *đình ông quan ở.*
Résidu........ *Dư, dôi mót, sót tay.*
Résigner (Se)... *Chịu:* se résigner au malheur, *chịu thiệt, chịu khốn khó.*
Résine........ *Chai, hàn the.*
Résister...... à un ordre, *chống, cãi trả, đoạt lòng;* résister à l'ennemi, *chống trả, ngăn giặc, ngự tặc.*
Résolu, e..... *Nhứt định;* résolution (décision), *định, toan định, định liệu.*
Résonner...... *Kêu, tiếng kêu.*
Résoudre...... (Décider), *phán xử, xử đoán;* se résoudre, *xử kỉ.*
Respect....... *Kính, tôn kính;* respecter, *kính, kính dái, kính nể;* respectable, *đáng kính;* respectueux, *kẻ biết kính;* respectueusement, *cách kính.*

FRANÇAIS-ANNAMITE. 335

Respirer	Thở hơi.
Resplendissant, e.	Chói lói, sáng loa, sáng láng.
Responsable	Le père est responsable des fautes commises par son fils, con phạm tội thì cha phải chịu.
Ressembler	Giống dạng, giống : ce portrait te ressemble, bức tượng nầy giống anh.
Ressort	d'une machine, đồ động máy.
Ressusciter	Sống lại, phục sinh.
Reste	Dôi mót : manger les restes, ăn mót.
Rester	(Être de reste), dư, dư đặt; combien reste-t-il? có dư bao nhiêu? (demeurer), ở.
Restituer	Đền, bắt đền, trả lại, thường lại; (livrer), nộp.
Résulter	(S'ensuivre), việc theo.
Résumer	Tóm lại.
Résurrection	(Fête de la), lễ phục sinh.
Rétablir	(Remettre en état), sửa lại, chữa lại, lập lại; se rétablir (santé), lành đã, mạnh lại.
Retard	Trễ; retarder, làm trễ, đi chậm chạp.
Retenir	Cầm, cầm lại : retenir un cheval, hãm khớp; retenir sa langue, bớt lời, sửa lưới; se retenir, sửa lòng.
Rétention	d'urine, bí tiểu biện.
Retentir	Tiếng vang, vang dậy, tiếng ra.
Retirer	(Extraire), kéo ra, kéo lên; se retirer, lui ra, ra về; se retirer (se raccourcir), thu lại.
Retourner	la tête (regarder en arrière), ngoái đầu; retourner chez soi, về nhà; retourner sens dessus dessous, trở, trở ngược;

	se retourner étant couché, *lật sấp;* s'en retourner, *trở lại, đi về.*
RETRAITE	Vivre dans la retraite, *ăn ở sĩ;* battre en retraite, *lui về, trốn đi.*
RETRANCHER	(Oter), *trư ra, bớt ra;* retranchement, *việc bớt ra.*
RÉTRÉCIR	*Làm cho thu lại.*
RÉUNIR	*Nhóm lại, giụm :* se réunir, *nhóm nhau, vầy hiệp;* (s'associer), *nhóm họ.*
RÉUSSIR	*Có tốt phước.*
RÊVE	*Mộng, chiêm mộng, chiêm bao :* expliquer un rêve, *bàn chiêm mộng;* rêver, *mơ mòng, thấy chiêm bao;* parler en rêvant, *nói mộng mị.*
RÉVEILLER	quelqu'un, *thức người dạy;* se réveiller, *thức dậy.*
REVENANT	(Ombre), *ma, ma quỉ;* apparition de revenants, *ra ma ma hiện.*
REVENDEUR	*Mua sỉ ban lẽ.*
REVENIR	sur ses pas, *trở về, tái hồi;* revenir chez soi, *về, đi về;* revenir à soi (rentrer en soi-même), *tỉnh lại.*
REVENU	d'une propriété, *lợi nhà, lợi ruộng.*
RÉVÉRER	*Tôn kính, kính nhường.*
REVERS	(Infortune), *vô phước, ăn nghèo, chịu hại, chịu khó, ăn cực.*
REVÊTIR	*Mặc :* revêtir un habit, *mặc áo.*
RÉVOLTE	*Loạn, ngụy :* tramer une révolte, *mống loạn;* se révolter, *làm ngụy, làm loạn; làm nghịch, trở lòng, tác loạn.*
RÉVOQUER	(Annuler), *bỏ, đòi lại;* révoquer un édit, *đòi lại thượng dụ.*

Revue........	de troupes, *coi lính, coi bính;* passer en revue, *coi xét.*
Rhinocéros....	*Con tây.*
Rhubarbe......	*Đại hoàng.*
Rhumatisme....	*Đau bại.*
Rhume........	*Đau ho:* rhume de cerveau, *sổ mũi, ngạt mũi;* s'enrhumer, *chịu ho;* enrhumé, *bị đau ho.*
Riche........	*Giàu, phú, phú quí:* riche et noble, *giàu sang;* devenir riche, *phát tài, làm giàu.*
Richesse......	*Tài, tài vật, tiền tài, hào phú.*
Ride.........	*Giun da, nhăn;* se rider, *giun lại, nhăn;* ridé, *nhăn da, nhăn mặt.*
Rideau........	*Màn, màn cháng, mùng cháng, màn trướng.*
Ridicule......	*Cới trêu, trêu tật;* dire des choses ridicules, *nói trêu.*
Rien.........	*Không:* il n'y a rien, *không có gì sốt;* dire des riens, *nói vặt;* se venger pour un rien, *thù vặ.*
Rigole.......	*Cái mương.*
Rigoureux, se...	(Au moral), *nghiêm, nghiêm nhặc;* froid rigoureux, *lạnh lắm.*
Rincer........	*Súc:* se rincer la bouche, *súc miệng.*
Rire.........	*Cười:* rire aux éclats, *cười lả;* envie de rire, *tức cười;* rire sans motif, *cười lạt.*
Risquer.......	*Liều mình.*
Rites	(Cérémonies), *lễ, lễ phép;* tribunal des rites, *bộ lễ.*
Rivage........	de la mer, *bãi biển.*
Rive.........	d'un fleuve, *bờ sông.*
Rivière	*Sóng, giang.*
Riz..........	en herbe, *lúa;* riz en semis, *mạ;* riz avec

la balle, *lúa;* riz écossé, *gạo;* riz cuit, *cơm;* repiquer le riz, *cấy lại;* battre le riz, *lúa trỗ;* rizière, *ruộng lúa.*

Robe .... *Aó dài :* robe de mandarin, *aó rộng;* robe de femme européenne, *cái váy.*

Robinet .... *Cái vòi.*

Robuste ...... *Chắc chắn, mạnh, mạnh mẽ, tráng.*

Rocher .... *Đá mài, hòn đá.*

Rogne .... *Đau ghẻ;* rogneux, *bị đau ghẻ, mắc ghẻ.*

Rognon .... *Trái cật.*

Roi .... *Vua, nhà vua, đức vua, đức hoàng đế;* être roi, *làm vua;* reine, *hoàng hậu;* [race royale, *dòng vương*].

Rôle .... (Liste), *thơ biên các tên.*

Romaine .... pour peser, *cái cân.*

Rompre .... *Bẻ, phá, đứt;* corde rompue, *đứt dây, rựt dây.*

Ronces .... *Bụi gai, cụm cây.*

Rond, e .... *Vòng tròn, tròn, viên.*

Ronde .... de nuit, *lính đi do, đi tuần.*

Ronfler .... *Ngáy, ngáy pho pho.*

Ronger .... Moi : ronger avec les dents, *cắn rúc;* ronger un os, *gặm xương;* ronger comme les rats, *chuột khới, cắn;* (les vers), *rúc, đục.*

Rosaire .... (Chapelet), *chuỗi :* dire le rosaire, *lần chuỗi.*

Rose .... (Fleur), *hoa hồng;* couleur de rose, *hồng hồng.*

Roseau .... *Cây trúc, trước.*

Rosée .... *Sương sa, sương móc, mù sương.*

Rosse .... (Mauvais cheval), *ngựa hư.*

Rot	ợ; roter, ợ, ấp ợ.
Rotin	Mây.
Rôtir	Nướng, mung nướng; un rôti, thịt nướng.
Roucouler	Con cú kêu, kêu như chim cú.
Roue	Bánh xe : rayon de roue, căm xe; moyeu de roue, tum xe.
Rouge	Màu đỏ, đỏ, xích; pourpre, điều; rouge vif, đỏ lòm.
Rougir	de honte, thẹn thuồng, hỗ hang, hỗ ngươi.
Rouille	Rét, dét; se rouiller, có rét.
Rouleau	de bois (pour transporter des fardeaux), né; placer le rouleau, đặt né; rouleau de papier, cuốn giấy.
Rouler	(Verbe act.) un papier, cuốn; rouler en boule, vò viên; — (verbe n.), rouler comme une roue, xe đi; se rouler, trăn, đăm, nằm lăn; s'enrouler, lăn; se dérouler, lăn lóc.
Route	Đàng, đường; route royale, đàng xứ, đàng quan; faire route, đi đàng.
Roux	Màu dà, dà.
Royaume	Nhà nước, nước, quốc : le royaume d'Annam, nhà nước An nam.
Ruban	Cái dây áo : ruban de soie, dây lụa.
Rubis	Ngọc đỏ.
Ruche	d'abeilles, tàng ong, tổ ong.
Rude	au toucher, nhám, nhám sì; caractère rude, kẻ có tính nghiệm.
Rue	Đàng.
Rugir	Hộc, rên : rugir comme le tigre, hum hộc, hum rên; rugir comme le sanglier, heo hộc.

Ruiner	(Détruire), *phá, phá phách, hư nát;* se ruiner, *ăn phá của mình.*
Ruines	*Ngã, hư nát, nhà hư* : ruines d'un monument, *cưu tích, dấu tích.*
Ruisseau	*Sui, rạch nhỏ* : petit ruisseau, *hói;* ruisseau de jardin, *mương.*
Rumeur	*Tiếng đồn.*
Ruminer	*Nhơi;* (le buffle), *trâu nhơi.*
Rupture	(Fracture), *gãy* : rupture d'os, *gãy xương;* rupture de la paix, *phá việc giao hoạ.*
Ruse	*Mưu kế, chước* : tramer une ruse, *làm chước, bày mưu kế.*
Rustre	*Quê mùa.*

S

Sable	*Cát;* sablonneux, *chỗ có cát.*
Sablier	*Hộp cát.*
Sabot	de cheval, *móng ngựa;* [paturon, *vó ngựa*].
Sabre	*Gươm* : lame de sabre, *lưỡi gươm;* dos du sabre, *sóng gươm;* pointe, *cái mũi;* poignée, *cán gươm;* tirer le sabre du fourreau, *rút gươm;* porter un sabre, *đeo gươm, mang gươm.*
Sac	en peau, *đãy, bao.*
Saccager	*Phá phách, phá, phá cả, hủy hoại.*
Sacré	*Thánh, có chịu phép thánh.*
Sacrement	*Phép bị tích.*
Sacrifice	aux ancêtres, *cúng quải, đơm quải;* sacrifice aux idoles, *đơm ma, tế;* sacrifice

FRANÇAIS-ANNAMITE.   341

aux esprits, *tế thầm;* offrir un sacrifice, *làm lễ, dơm tế.*

SACRILÉGE...... *Tội phạm của thánh.*
SAFRAN........ *Ngải vàng.*
SAGACITÉ...... (Doué de), *có trí, có khôn, mưu trí.*
SAGE.......... *Khôn ngoan, thông minh, hiền :* les sages de l'antiquité, *tiền hiền.*
SAGE-FEMME.... *Mụ bà.*
SAIGNER....... (Verbe act.), *ra máu, đổ máu;* faire une saignée, *chích máu;* saigner un animal (l'égorger), *làm thịt, chọc huyết;* — (verbe n.), saigner du nez, *nục huyết.*
SAIN.......... *Lành;* (salubre), *trời nước tốt, đồ khỏe;* sain et sauf, *mạnh, sức khỏe.*
SAINT......... *Thánh, thánh hiền :* les saints, *các thánh;* sainte, *bà thánh;* sainte Mère, *thánh mẫu;* sainte croix, *thánh giá;* devenir saint, *nên thánh;* Terre-Sainte, *đất thánh.*
SAISON........ *Mùa :* les quatre saisons, *bốn mùa.*
SAISIR........ *Bắt, nắm quách, cầm, vớ, lấy :* saisir par les cheveux, *nắm chóp;* saisi de frayeur, *sợ đét.*
SALADE........ *Rau sống.*
SALAIRE....... *Công, tiền công.*
SALE.......... *Nhớp, ô uế;* saletés, *dơ dáy, bụi nhơ.*
SALER......... *Muối :* saler de la viande, *muối thịt;* salé, *mặn;* eau salée, *nước mặn;* poisson salé, *muối cá;* un peu salé, *mắn mắn.*
SALIÈRE....... *Chén muối.*
SALINE........ *Nại muối, ruộng muối, điền muối.*
SALIR......... *Làm dơ, làm nhớp;* se salir, *dơ mình, làm mình.*

Salive	Dãi, bọt dãi, nước miếng.
Salle	d'un tribunal, đình, cái đình.
Salpêtre	Diêm.
Saluer	Chào, kính : saluer à l'annamite, lạy, cáu.
Salut	de l'âme, rỗi linh hồn; salut! chào! chào anh! envoyer le salut, gởi lời kính; mille saluts, trăm lạy.
Salutaire	Đồ lành, đồ khoe.
Samedi	Ngày thứ bảy.
Sanctifier	Làm cho ra thánh.
Sanctionner	Định, định toan, liệu định.
Sandale	des femmes, cái dép; de paille, dép cỏ.
Sang	Máu, huyết : cracher le sang, nhổ máu; tirer du sang, chích máu; pertes de sang (femmes), rong máu; sang-froid, tỉnh, tỉnh táo; sanglant, lấm máu.
Sangle	de selle, dây yên; sangler, kéo dây yên kéo dây nịt.
Sanglier	Heo rừng.
Sanglot	Nấc cụt; sangloter, khóc hu hu, tấm tức.
Sangsue	Đĩa.
Sanguinaire	Hung bạo, hung dữ.
Sans	Chẳng có, vô; sans fin, vô cung.
Santé	Sức khoẻ, bằng an : bonne santé, sức mạnh, khoẻ mạnh, bình yên; mauvaise santé, không mạnh, yếu; en santé, mạnh sức.
Sapèque	Đồng tiền, tiền kẽm.
Sardine	Con cá lầm.
Satin	Võ tuyến.
Satisfaire	à une peine, đến, chịu đến, phạt tạ; satisfait (qui a assez), no đủ; être satisfait, có đủ, đã thỏa, bằng lòng.

Saturne	(Planète), thổ tinh.
Satyre	Lời châm, nhiếc nhóc.
Sauce	Nước canh, canh riêu.
Saucisse	Dồi heo.
Saule	(Arbre), cây liễu.
Sauter	Nhảy, dảy; (une étincelle, un éclat de bois, etc.), văng đi; sauter en avant, nhảy trước; (bondir sur sa proie), giò.
Sauterelle	Cháu chấu.
Sauvage	(Homme), mọi, con mọi; bête sauvage, mường, dữ.
Sauver	(Délivrer), cứu lấy, chữa; sauvé, đã cứu rồi.
Sauveur	(Dieu) sauveur du monde, chúa cứu thế.
Savant	Thông thái.
Savetier	Thợ giày.
Saveur	Mùi ngon, vị; saveur exquise, mĩ vị.
Savoir	Biết, hay : savoir très-bien, làu đi, thuộc hết; savoir par cœur, thuộc lòng; il faut savoir, cho hay, phải biết; je ne sais pas, không biết; que sais-je? hay chi?
Savon	Thuốc giặt; savonner, giặt ao dùng thuốc.
Scandale	Gương xấu; scandaliser, làm gương xấu.
Scapulaire	ảnh phép : porter un scapulaire, mang ảnh phép.
Scarabée	Loài bò hung.
Sceau	(Cachet), ấn; sceau royal, ấn ngọc; cachet (en général), con dấu; mettre un sceau, đóng con dấu.
Scélérat	Người xấu xa, quái gở, ác nghiệp.
Sceller	Niêm : sceller une caisse, giáp lại, niêm, đóng dấu, đóng ấn.

Sceptre....... *Cái búa trị nhà nước.*
Scie......... *Cái cưa* : grande scie, *cưa lớn;* aiguiser la scie, *rưa cưa;* scier, *cưa;* scieur de long, *thợ cưa.*
Science....... *Sự thông thái.*
Scolopendre.... *Con rít.*
Scorbut...... *Đau ung xỉ.*
Scorpion...... *Con bò cạp* : dard du scorpion, *nọc con bò cạp.*
Scrofules..... *Tật vắt khăn;* scrofuleux, *có bịnh vắt khăn.*
Scrupule...... (Avoir du), *có đã nghi, có ngờ.*
Scruter....... *Soi xét, soi tỏ, coi xét.*
Sculpter...... *Chạm, chạm trổ, xoi trổ;* sculpteur, *thợ chạm.*
Se .... *Mình* : se tuer, *giết mình;* se livrer, *nộp mình;* se préparer, *don mình.*
Seau......... *Gáo.*
Sec.......... *Khô, khô khan;* fruit sec, *trái khô;* poisson sec, *cá khô.*
Sécher....... au feu, *hơ lửa, héo hát, sấy;* sécher au soleil, *phơi, phơi nắng.*
Sécheresse.... *Cang hạn* : sécheresse de cœur, *cứng lòng.*
Second....... *Thứ hai, thứ nhì.*
Seconder...... *Giúp.*
Secouer...... *Lúc lắc, rung, rảy* : secouer la poussière, *giũ bụi;* secouer ses ailes, *giũ cánh;* secouer des matelas, *lót nệm;* secouer des nattes, *lót chiếu;* secouer avec la main, *phủi;* la barque est secouée, *ghe lúc lắc.*
Secourir...... *Giúp, giúp đỡ, vùa giúp;* se secourir mutuellement, *vùa nhau, giúp nhau.*

Secours.......	Giúp công : au secours! cứu! cứu! làng xóm!
Secret.......	(Subst.), sự kín, mật, mầu : dire un secret, nói kín; en secret, thầm, thầm thĩ, trộm, chùng; pleurer en secret, khóc thầm; — (adj.), sens secret, ý nhiệm; dépêche secrète, thơ mật; nouvelle secrète, mật tín; art secret, chước mầu; secrètement, ngầm.
Secrétaire.....	(Écrivain), kí lục.
Secte........	Đạo, phe đẳng : de la même secte, bổn đạo.
Sécurité......	(Être en), ở bằng an, ở không sợ.
Sédition......	Việc loàn lạc, ngụy; séditieux, kẻ làm loàn, làm ngụy, làm nghịch.
Séduire.......	Dỗ dành, rẽ ra : séduire une femme, dỗ vợ người ta; séduire une fille, dỗ con gái; séducteur, kẻ hay dỗ dành.
Seigneur......	Chúa : Seigneur du ciel, Đức chúa trời; [monseigneur (évêque), đức cha].
Sein.........	Vú.
Séjour.......	Faire un long séjour, ở lâu; séjourner, ở.
Sel..........	Muối.
Selle........	Yên ngựa, kiểu ngựa : selle d'éléphant, bành voi; seller un cheval, thắng yên, thắng ngựa; sellier, thợ làm yên.
Selon........	Như, theo, mặc : selon l'usage, theo phép, theo tục; selon votre volonté, mặc ý, mặc lòng.
Semaine......	Tuần lễ : la semaine prochaine, một tuần lễ sau.
Semblable.....	Giống dạng, mỉa, mỉa mai, như, cũng như.
Semblant......	(Faire), làm giả.

Sembler . . . . Cela me semble bon, *tôi tưởng cái nầy tốt.*
Semelle . . . . d'un soulier, *cái bằng giày.*
Semence . . . . (Graines), *hột, hột giống, giống ma;* semer, *gieo giống, gieo vãi.*
Sens . . . . Les cinq sens, *ngũ quan;* (explication), *nghĩa.*
Sensible . . . . . . *Kẻ có bụng tốt, kẻ biết thương người ta.*
Sensuel . . . . *Mê theo tình mình, mê theo xác thịt.*
Sentence . . . . . . *Án, lý đóan :* sentence capitale, *để trảm;* rendre une sentence, *lên án;* (maxime), *câu phải bắt chước;* sentences parallèles, *liễn đối.*
Sentier . . . . *Đàng nẻo :* sentier dans les bois, dans les montagnes, *truông.*
Sentiment . . . . . *Sự dốc lòng, ý :* cela est mon sentiment, *tôi có ý vậy, tôi ngờ vậy.*
Sentine . . . . *Lòng vét.*
Sentinelle . . . . . *Quân canh, quân do, canh thủ.*
Sentir . . . . *Ngửi, hít;* (éprouver), *giác, ngắm màu;* sentir en soi, *biết trong mình;* je sens le froid, *tôi biết lạnh trong mình;* (toucher), *biết, thấy;* (comprendre), *ngắm ý;* sentir bon, *thơm;* cela sent bon, *bay ra mùi thơm.*
Seoir . . . . Cela te sied bien, *cái nầy theo thế anh.*
Séparer . . . . *Phân lìa, rẽ ra;* se séparer, *phân cách, lìa ra, phân nhau;* être séparé, *cách trở;* séparément, *lìa cách.*
Sept . . . . *Bảy.*
Septembre . . . . . *Tháng chín.*
Septentrion . . . . *Bắc.*
Sépulcre . . . . . . *Mồ mả, mả.*

Sépulture	Chôn, cất xác.
Serein	(Temps), trời ym, trời thanh.
Sérieux	(Air), nghiêm trang; (grave), thầm lặng.
Seringue	Ông thông khoan.
Serment	Lời thề: prêter serment, thề nguyền; faire prêter serment, bắt thề; en vertu du serment, phải nguyền; tenir son serment, vẹn nguyền; violer son serment, lỗi nguyền.
Sermon	Lời giảng.
Serpent	Con rắn: serpent vert, rắn lục; antidote contre le venin du serpent, lá rắn.
Serpette	Cái liềm nhỏ.
Serrer	(Comprimer), thắt, chặt, nghẹt; serrer en liant, buộc riết; serrer dans la main, bóp; serrer dans une caisse, cất.
Serrure	Ông khóa; serrurier, thợ làm ông khóa.
Service	militaire, làm lính, việc binh; domestique, làm tôi, đầy tớ.
Serviette	Khăn mặt mũi: serviette de table, khăn ăn.
Servile	Người hèn hạ, hèn mạt.
Servir	quelqu'un, giúp; servir Dieu, le roi, chầu, chầu chực; se servir, dụng; à quoi cela sert-il? việc nầy dụng gì?
Serviteur	Làm tôi, đầy tớ; [servante, tôi tớ gái, con đòi, đầy tớ gái].
Sésame	Cây mè.
Seuil	Ngạch cửa.
Seul	Một mình, đơn chiếc, lẻ đôi: j'irai tout seul, tôi sẽ đi một mình; seulement, mà thôi.
Sève	des plantes, des arbres, lỏi cây.

Sévère	Đảm, trầm trọng, nghiêm, nhiệm nhặt, oai: caractère sévère, tính nghiêm; air sévère, mặt nghiêm; défendre sévèrement, nghiêm kín.
Sévérité	Déployer sa sévérité, ra oai.
Sevrer	un enfant, làm cho con hết bú.
Sexe	Loài: sexe masculin, thân phận trai; sexe féminin, thân phận gái.
Si	Nếu: s'il y a, nếu có; si tu veux cela, je te le donnerai, nếu muốn cái nầy thì tôi sẽ cho; je suis si malade que je ne puis marcher, tôi đau quá, đi không được.
Siam	Nước Xiêm la, nước Xiêm.
Siècle	passé, tiền thế; siècle futur, hậu thế; le siècle, đời, thế; en ce siècle, đời nay.
Siége	(Résidence), chỗ quan ở; faire le siége, trùng vây, đánh vây.
Siffler	Hút gió: siffler (le vent), gió kêu.
Sifflet	Cái tu hít.
Signal	Dấu.
Signaler	Làm dấu, gióng lệnh: signaler avec le tambour, gióng trống.
Signature	Khế tờ, tờ thể.
Signe	Dấu, mòi: bon signe, tốt mòi; mauvais signe, xấu mòi; faire signe, làm dấu; donner signe, cho dấu.
Signer	Làm tờ, khế, hạp hạ; se signer (acte religieux), lấy dấu.
Signifier	Qu'est-ce que cela signifie? có nghĩa gì?
Silence	profond, nín bặt; faire silence, nín lặng, vắng tiếng; silence! lặng! nín!
Silencieux	Vắng bặt: lieu silencieux, vắng.

FRANÇAIS-ANNAMITE.   349

Sillon........	de charrue, *đường cày*; tracer un sillon, *cày một đường*.
Similitude.....	*Thí dụ*.
Simple........	(Non composé), *đơn*; (niais), *độn dạ*.
Simuler.......	(Feindre), *làm đò, giả trá, bối bác, làm cách*.
Sincère.......	*Ngay thật, thành, trung trực*; foi sincère, *thành tin*; amitié sincère, *nghĩa thiệt*; intention sincère, *ý ngay*.
Singe.........	*Con khỉ, con giọc*.
Singulier......	(Rare), *lạ, ít, quái*.
Sinistre.......	(Subst. m.) (malheur), *việc vô phước, tai nạn, khốn nạn*.
Sinueux, se ...	*Xung quanh, vạy vò*: chemin sinueux, *quanh co, đàng vẹo*.
Sirop.........	*Nước keo*.
Sitôt que.....	*Khi*: sitôt que tu voudras, *khi anh muốn*.
Situation......	Dans quelle situation es-tu? *có làm làm sao? ăn ở làm sao?*
Situer........	Où cela est-il situé? *ở chỗ nào? ở đâu*.
Six..........	*Sáu, lục*; sixième, *thứ sáu*.
Sobre........	*Kẻ ăn ít*; vivre sobrement, *ở tiết kiệm*.
Soc..........	de charrue, *lưỡi cày*.
Société.......	(Association), *họ, việc bạn, họ lượng bằng*; société de marchands, *buôn chung*; fonder une société commerciale, *hợp bạn*; (assemblée de personnes), *nhóm họ*.
Soeur........	aînée, *chị*; sœur cadette, *em gái*; belle-sœur, *chị dâu, em dâu*.
Soi..........	Soi-même, *mình, tự mình*.
Soie.........	*Lụa, tơ*: ver à soie, *tằm*; élever des vers à soie, *nuôi tằm*; dévider la soie, *wơm*

tơ; tisser la soie, dệt tơ, dệt lụa; écheveau de soie, bả tơ; fil de soie, tơ lụa; étoffe de soie, tơ, lụa; soie crêpée, nhạm lụa; soie de diverses couleurs, gấm.

Soif . . . . Khát : avoir soif, khát khao.

Soigner . . . . . . (Arranger), lo, lo liệu; soigner un malade, chữa bịnh.

Soigneusement . . Tử tể.

Soin . . . . Ân cần, lo : avec soin, chín chắn, nhặt; avoir soin, gìn giữ.

Soir . . . . Après midi, chiều; au coucher du soleil, chiều tối, tối; après la nuit faite, khuya; hier au soir, tối hôm qua.

Sol . . . . Đất : sol gras, đất thịt; sol argileux, thố; sol sablonneux, cát.

Soldat . . . . . . Quân, lính, binh; (milice), hương dõng; (pour les travaux), hương ngãi; (à la guerre), lính giặc giã; soldats royaux, lính cơ, lính vệ; garde royale, lính hầu vua; soldat d'administration, lính kho; lever des soldats, lập lính, mộ binh.

Solde . . . . (Paye), lộc, bỗng lộc; solder, ban lộc, cấp lộc.

Soleil . . . . Mặt trời, nhựt : lever du soleil, mặt trời mọc; coucher du soleil, mặt trời lặn; chaleur du soleil, nắng trời; coup de soleil, sém mặt trời.

Solennel . . . . . . Sacrifice solennel, lễ lớn, tế lễ lớn.

Solide . . . . Vững vàng, bền chắc, kiên cố, trác.

Solitaire . . . . . . ẩn sĩ, vắng bặt.

Solitude . . . . . . Chỗ ẩn sĩ, chỗ hoang.

Soliveau . . . . . . Bản.

FRANÇAIS-ANNAMITE. 351

Solliciter ..... *Nài, xin nài.*
Sollicitude .... (Avoir de la), *lo, lo lắng.*
Solstice ...... d'été, *hạ chí;* solstice d'hiver, *đông chí.*
Sombre .... *Lu lít, mù mít :* temps sombre, *trời mù, trời mù mít.*
Sommaire ..... *Tính gồm lại;* sommairement, *lược, tóm lại;* dire sommairement, *nói lược.*
Somme .... (Subst. f.) totale, *cộng lại;* faire la somme, *tính cộng lại;* en somme, *hết cộng lại;* — (subst. m.) somme (sommeil), *giấc ngủ, một giấc;* sommeiller, *ngủ gục.*
Sommeil ...... *Ngủ :* j'ai sommeil, *tôi buồn ngủ.*
Sommet ...... d'une montagne, *đỉnh núi, chót núi;* sommet d'un arbre, *ngọn cây, chót cây;* sommet de la tête, *xoáy đầu.*
Somnifère ..... (Remède), *thuốc mê.*
Somptueux ..... *Boa quang, trọng thể.*
Son .... (Subst. m.) (bruit), *tiếng;* son de voix, *giọng;* son du canon, *tiếng súng;* son du tambour, *trống kêu;* son de la cloche, *tiếng chuông, chuông kêu;* son (enveloppe du blé), *cam.*
Son, sa, ses.... (Pron.) Son livre, *sách người ấy, sách nó.*
Sonde .... *Trái dò;* sonder, *ném trái dò.*
Songe .... (Rêve), *chiêm bao;* songer, *chiêm mộng.*
Sonner ...... Les grelots sonnent, *lục lạc kêu;* sonner la cloche, *đóng chuông, rung chuông.*
Sonnette ..... *Chuông nhỏ.*
Sorcier ...... *Thầy bói.*
Sordide ...... *Nhơ nhớp, dơ dáy.*
Sort .... (Condition), *phận, bổn phận;* (destin, fortune), *số phận, phận mạng, số vận;* tenter

le sort, *thăm, bắt thăm;* consulter le sort (sorcier), *làm quẻ;* tirer au sort, *bắt thăm, xin keo, đánh mọng.*

Sorte........ (Espèce), *giống, loài.*
Sortilége..... *Phù chú, quẻ.*
Sortir....... *Đi ra, khỏi.*
Sot......... *Đụu trí, mê đọn, mê muội.*
Souci....... (Avoir du), *lo, lo lắng;* agir sans souci, *làm lảo thảo;* soucieux, *lo.*
Soucier (Se)... Je ne m'en soucie pas, *kể chi, sá kể, nệ chi;* ne pas se soucier, *màng chi, chẳng nại, chi nệ, chẳng quản.*
Soucoupe...... *Dĩa chén.*
Soudain....... *Tức thì, phút chốc.*
Soude........ *Hàn the;* souder (étain), *hàn thiếc;* (cuivre), *hàn đồng.*
Souffle....... (Respiration), *thở, thở hơi;* souffle du vent, *gió thổi.*
Souffler...... *Thổi, xuy:* souffler le feu, *hẩy lửa, thổi lửa.*
Soufflet...... *Vả:* donner un soufflet, *vả, xỉ vả.*
Souffrance.... (Douleur), *đau, đau đớn.*
Souffrir..... de la faim, *nhịn đói;* de la soif, *nhịn khát;* (endurer), *chịu, nhịn, chịu khó.*
Soufre....... *Sinh.*
Souhaiter..... *Ước ao:* je te souhaite du bonheur, *tôi cầu anh có phước.*
Souiller (Se)... *Làm mình, làm dơ mình;* souillé, *dơ dáy, váy vá.*
Soûl......... (Ivre), *say rượu.*
Soulager...... (Aider), *giúp, giúp đáp;* (consoler), *an ủi.*

Soulever	*Vén lên, cát lên;* se soulever (se révolter), *dậy loạn.*
Soulier	*Giày :* faire des souliers, *đóng giày.*
Soumettre	(Verbe actif), *làm cho chịu phép;* se soumettre (verbe r.), *đầu phục, hàng đầu;* aller se soumettre, *ra đầu;* soumis, *chịu phép.*
Soupçonner	*Hồ nghi, nghi ngại;* soupçonneux, *nghi ngại, đa nghi.*
Soupe	*Canh, cháo.*
Souper	*Ăn bữa chiều, cơm hôm.*
Soupière	*Đồ đựng canh.*
Soupir	*Thở hơi, hơi nghỉn, tắc hơi;* le dernier soupir, *mồn hơi.*
Soupirer	*Thở, thở ra;* (désirer ardemment), *tham lắm.*
Souple	*Mềm, diều.*
Source	*Nguồn, tuyến;* (origine), *nguồn, mạch;* (cause), *nguồn cơn.*
Sourcil	*Lông mày :* sourcil en forme d'arc, *mày liễu.*
Sourd	*Điếc, điếc tai.*
Sourire	*Mỉn cười.*
Souris	*Chuột lạc.*
Sous	*Dưới :* sous la chaise, *dưới ghế;* sous-entendre, *hiểu ngầm.*
Souscription	nationale, *kuyên tiến, lạc kuyên tiến.*
Soustraire	(Retrancher), *kém bớt, trừ ra;* se soustraire, *lánh, lánh khỏi.*
Soutenir	(Servir d'appui), *nương, ỷ nương;* soutenir un malade, *dình;* se soutenir avec les mains, *vin lấy;* (affirmer), *nói quyết.*
Souterrain	*Hầm.*

Souvenir	(Subst. m.), *nhớ, nhắc*.
Souvenir (Se)	*Nhớ lại;* je me souviens souvent de vous, *tôi nhớ ông lắm*.
Souvent	*Năng, đòi phen, ghe phen*.
Souverain	(Adj.) (pouvoir), *quờn phép ông vua*.
Spacieux	*Rộng, quảng*.
Spasme	*Bịnh kinh phong*.
Spectacle	théâtral, *hát bội, nhà hát*.
Spectre	*Ma, tinh quái*.
Sperme	*Khí huyết, khí*.
Sphère	céleste, *bầu trời;* sphère terrestre, *bầu đất*.
Spirituel	(Incorporel), *thiêng liêng, thần linh;* (intelligent), *trí khôn, toan khôn, thong minh*.
Splendeur	*Ánh, hào quang, sáng lòa*.
Splendide	*Quang, bao quang*.
Spolier	*Lấy của người ta, ép người lấy của nó*.
Stable	*Chắc, cứng chắc, bền*.
Station	(Lieu où l'on s'arrête), *nơi ở, chỗ đứng;* station militaire, *chỗ canh giữ, thủ;* station navale, *chỗ tàu ngữ;* station de barque, *bến đò*.
Statue	*Hình tượng, tượng đá :* statue de Bouddha, *tượng Phật*.
Statuer	*Định, toan định, rắp toan, phân định*.
Stature	*Vóc mình*.
Statut	(Édit), *lệnh, thượng dụ*.
Stérile	(Femme), *không có thai, son;* arbre stérile, *cây đực*.
Stimuler	*Xui khiến, thúc tới, thúc*.
Stratagème	*Mưu, mưu kế*.
Stupéfait	*Bơ lơ, bơ vơ*.

FRANÇAIS-ANNAMITE.   355

Stupide . . . . Ngây muội, ngu ngơ, u muội, mê muội, bất trí, bơ vơ, mặt bư.
Style . . . . vulgaire, văn quê mua; style sublime, văn lịch sự.
Suaire . . . . Khăn xác.
Subir . . . . Chịu, chịu phép, phục.
Subit, e . . . . . . Tức thì, phút chốc : mort subite, chết tức thì; subitement, tức tối, sực, sãy, thoắt chúc, tốc, xẩy.
Sublime . . . . . . (Esprit), trí cao, thượng trí.
Submerger . . . . . Chìm, đắm; submergé, chìm rồi.
Suborner . . . . . . Ăn hối lộ, dần tay áo, đun nhét, lươn nhét.
Subsistance . . . . Các đồ ăn ở.
Subsister . . . . . . (Exister), ở, ăn ở.
Substance . . . . . Thể.
Substituer . . . . . Đặt thay vì.
Subtil . . . . Khôn khéo, sắc sảo.
Suc . . . . Vắt, trong vắt.
Succéder . . . . . . Kẻ hậu, thế lấy : succéder au métier de son père, nối nghiệp.
Succès . . . . (Avoir du), có tốt phước.
Successeur . . . . Kẻ hậu : successeur à l'empire, nối ngôi, kẻ vị.
Succomber . . . . . Ngã xuống chết : succomber sous le poids (physique), nặng té xuống; succomber moralement, chịu không được.
Sucer . . . . Hút, mút, nút.
Sucre . . . . Đường, đàng : sucre candi, đàng phèn; sucre en poudre, đàng cát; canne à sucre, mía, mía lau.
Sud . . . . Nam : pays du sud, phương nam, bên

23.

nam; vent de sud, *gió nam;* sud-est, *đong nam;* sud-ouest, *tay nam.*

SUER .... *Ra mồ hôi;* sueur, *mồ hôi.*

SUFFIRE .... *Đủ :* cela me suffit, *cái nầy cho tôi đủ;* il suffit, *thoi, đã đủ, khá;* tu as dormi suffisamment, *đã ngủ đủ.*

SUFFOQUER ..... (Verbe n.), *ngát hoi, thở không được.*

SUFFRAGE ...... *Lời kén chọn, lời kén lựa.*

SUICIDE .... *Việc giết mình;* se suicider, *giết mình.*

SUIE .... *Mồ hóng, lọ ngẹ, ô long vĩ.*

SUIF .... *Mỡ.*

SUITE .... Venir à la suite, *đi sau, đến sau;* la suite d'un mandarin, *hầu ông quan, lính hầu;* ensuite, *sau.*

SUIVANT, E ..... *Sau, theo sau :* le mois suivant, *tháng sau.*

SUIVRE .... *Theo, cứ, đi theo, tùy :* suivre des yeux, *coi theo;* suivre un ordre, *y lệnh, theo ý;* (imiter), *làm theo, bắt chước.*

SUJET, TE ...... (Adj.) à, *mê, ham, hay;* — (subst. m.), sujet d'un royaume, *thần, thần hạ;* sujet fidèle, *trung thần, tôi ngay.*

SUPERBE .... (Magnifique), *trọng thể;* (orgueilleux), *kiêu ngạo.*

SUPERFICIE ..... *Vùng đất, khổ anh đất.*

SUPERFLU ...... *Dư dật, thừa thãi.*

SUPÉRIEUR ..... (Adj.) (placé en haut), *bề trên, trên;* — (subst. m.) (le chef), *quan thượng;* les supérieurs, *kẻ lớn, quan trên.*

SUPERPOSER .... *Đặt lên, đặt lơm.*

SUPERSTITIEUX ... *Hay tin dị đoan.*

SUPPLÉMENT .... *Tăng bổ.*

SUPPLIANT ...... *Kêu xin, xin nài.*

Supplication....	Nài xin.
Supplice......	Hình, hình khổ, hình phạt : subir le dernier supplice, thọ hình, chịu hình; lieu de supplice, pháp trường.
Support.......	Nương, ỷ nương.
Supporter.....	Nâng đỡ, nương; (endurer), chịu, dọng.
Supposer......	Nói ví, nói thí như, thí dụ; supposé que, giả như, giả thể, ví bằng.
Supprimer.....	Bỏ đi, trừ ra.
Suppurer......	(Plaie qui suppure), lười lười miệng.
Supputer......	Tính, tính toán.
Suprême.......	(Pouvoir), phép trên cả; volonté suprême, ý trên cả.
Sur..........	(Prép.), trên, thượng : sur la tête, trên đầu.
Sûr, e........	(Certain), biết thật.
Surcharger....	Chở thêm, thêm nặng.
Sûrement......	(Certainement), định quyết.
Sûreté........	(Être en), ở bằng an, ở yên.
Surlendemain...	Ngày mốt, bữa mốt.
Surnager......	Bập bều, lừng đừng, nổi lên.
Surnom.......	Tên tục.
Surpasser.....	Lấn, thừa, trồi lên : surpasser en esprit, lấn trí; surpasser en force, lấn sức.
Surplus.......	Sự dư, của dư.
Surprenant, e...	Dị đoan, lạ, quải, phải làm lạ.
Surprendre.....	Đến bất ý, đến tức thì.
Surseoir......	Giam đời.
Sursis........	(Condamnation avec), phạt giam đời, bị cáo giam đời.
Surtout......	Nhứt là.
Surveiller.....	Coi, coi sóc, tuần thủ, tuần do.

VOCABULAIRE

Survenir	*Xảy ra, có ra, có gặp* : il est survenu un malheur, *xảy ra việc xấu.*
Survivre	*Khỏi chết.*
Susdit, e	*Việc đã nói rồi, việc có nói trước.*
Suspect, e	*Nghi ngại, phải hồ nghi.*
Suspendre	au cou, à la main, *đeo, mang;* suspendre en l'air, *treo hồng, treo lên;* suspendre un mandarin de ses fonctions, *cất chức ông quan.*
Sycomore	*Cây sung.*
Sympathie	*Phải nghĩa, sự đẹp.*
Syncope	(Tomber en), *té xuống bắt tỉnh.*
Synonyme	*Tiếng nghĩa như nhau.*

T

Tabac	*Thuốc* : champ de tabac, *đong thuốc, ruộng thuốc;* fumer du tabac, *hút thuốc;* tabac à priser, *thuốc hít;* priser du tabac, *hít thuốc.*
Tabatière	*Hộp thuốc hít.*
Table	*Bàn, vàn* : mettre la table, *dọn cơm;* table d'un livre, *điều mục, mục lục.*
Tableau	*ảnh, đồ hình.*
Tablette	des ancêtres, *linh bài, mộc chủ.*
Tablier	*Khăn che, khăn dơ.*
Tache	*Gỉ, lang, nhấp, đểm* : tache de la peau, *nút ruồi;* tacher un habit, *làm gỉ giớm áo;* enlever les taches, *khỏi gỉ giớm;* tacheté, *lém đểm, lang lỗ;* tacheté de blanc, *đốm;* chien, chat tachetés, *vá.*

FRANÇAIS-ANNAMITE. 359

TÀCHER .... (S'efforcer), *ra sức, gang sức.*
TACITURNE ..... *Thĩ mỉ, vang vẻ.*
TAËL .... (Poids), *lượng.*
TAIE .... sur l'œil, *mắt vảy cá;* taie d'oreiller, *bao gối.*
TAILLE .... (Stature), *vóc giạc, vóc mình;* haute taille, *vóc giạc cao;* taille petite, *vóc thấp;* taille fine, *thót óm, eo lưng.*
TAILLER .... un habit, *cắt áo;* tailleur, *thợ may.*
TAIRE (SE) ..... *Nín lặng, ở lặng, lam thinh :* tais-toi, *nín lặng;* faire taire, *biểu lặng.*
TALC .... *Thạch cao.*
TALENT .... (Doué de), *có tài, có trí, giỏi.*
TALION .... (Vie pour vie), *thẻ mạng.*
TALISMAN ...... *Bùa, bùa ếm :* porter un talisman, *đeo bùa;* écrire un talisman, *vẽ bùa.*
TALON .... *Gót chơn :* marcher sur les talons de quelqu'un, *nối gót;* coup de talon, *giạm gót.*
TAMARINIER .... *Cây me.*
TAMBOUR ...... *Trống :* tambour de guerre, *trống chiến;* grand tambour, *trống chao;* battre le tambour, *đánh trống, rung trống;* tambour pour les veilles de nuit, *canh;* baguettes de tambour, *dùi trống.*
TAMIS .... *Sàng;* tamiser du riz, *sàng gạo.*
TANDIS .... que, *khi, đang khi.*
TANGUER ...... (Verbe n.) (un navire), *nhào lên, nhào xuống.*
TANIÈRE .... *Hang, hầm.*
TANNER .... la peau, *cang da;* tanneur, *thợ cang da.*
TANT .... de temps, *bấy lâu;* il y a tant de poissons que le filet va se rompre, *có cá*

nhiều; thì lưới rách; tant mieux, tốt hơn; tant pis, xấu hơn.

TANTE . . . . paternelle, cô; maternelle, gì.

TANTÔT . . . . . . (Dans peu de temps), một ít nữa; tantôt il rit, tantôt il pleure, nó có khi cười có khi khóc.

TAON . . . . Mòng, muỗi mòng, ong lỗ.

TAPAGE . . . . . . (Faire du), ồn, xao xác.

TAPER . . . . avec le doigt, gõ; taper à la porte, gõ cửa.

TAPIS . . . . Nệm, nệm chiên : tapis de table, khăn bàn; tapis de selle, khăn yên; tapis d'autel, khăn bàn thờ.

TARD . . . . Khuya, lâu : tu es venu tard, đến đây ở lâu lắm; il est déjà bien tard, đã khuya lắm.

TARDER . . . . . . Chậm chập, trễ; tardif, chập chơn, lần cản.

TARET . . . . (Ver), hà.

TARIÈRE . . . . . . Khoan lỗ.

TARIF . . . . Sự cắt giá, đóng giá.

TARIR . . . . (Verbe n.), cạn nước, hoa khô : la source est tarie, nguồn hết nước, khô.

TAS . . . . de terre, đất đập.

TASSE . . . . Chén : tasse à thé, chén chè.

TÂTER . . . . Rờ, mó.

TÂTONNER . . . . . . (Dans l'obscurité), rờ không thấy.

TATOUER . . . . . . Chích da, vẽ hoa da.

TAUREAU . . . . . . Bò đực.

TAUX . . . . de l'argent, giá bạc.

TAXE . . . . (Impôt), đóng thuế.

TAXER . . . . Cắt giá.

TEIGNE . . . . Sài ghẻ; teigneux, mắc ghẻ, đau ghẻ.

TEINDRE . . . . . . Nhuộm.

FRANÇAIS-ANNAMITE.   361

TEINT	Đã nhuộm, bị nhuộm.
TEINTURIER	Thợ nhuộm.
TEL	Tel père, tel fils, *cha thể nào thì con thể ấy;* de telle façon, *thể nọ, thể kia;* un tel, *nọ, kia.*
TÉMOIGNAGE	*Chứng, bằng cớ;* témoigner, *làm chứng;* témoin, *kẻ làm chứng;* rendre témoignage, *làm cớ.*
TEMPE	*Bàn tang.*
TEMPÉRAMENT	de l'homme, *tính nết, khí chất;* tempérament ardent, *nóng tính.*
TEMPÉRANCE	*Sự tiết, tiết kiệm.*
TEMPÉRATURE	*Khí trời.*
TEMPÉRER	(Modifier), *châm chước;* tempérer sa colère, *điều hoa, giảm giận.*
TEMPÊTE	*Bão táp, phong ba, bão bùng.*
TEMPLE	*Nhà thờ, đền:* temple des ancêtres du roi, *phủ thờ.*
TEMPORISER	*Lần lữa, lần cửa.*
TEMPS	(Durée), *thì, giờ;* espace de temps, *buổi, khi;* (époque), *kì hẹn;* temps passé, *qua thì;* temps difficile, *thì nghèo;* temps opportun, *phải thì, hịp thì;* de temps en temps, *không mấy khi;* température: beau temps, *ỉm trời, trời tốt;* mauvais temps, *trời xấu;* temps couvert, *u trời, trời u am.*
TENAILLES	*Kềm.*
TENDRE	(Verbe a.), *giăng, giương:* tendre la main, *giơ tay;* tendre un arc, *rán cung;* — tendre (adj.), *non, mềm:* viande tendre, *thịt non;* cœur tendre, *mềm lòng.*

Ténèbres	Mịt mùng : ténèbres profondes, tối mịt, tối tăm.
Ténesme	Rặn, rặn kiết.
Ténia	Lãi, trùng sán.
Tenir	Cầm : tenir des deux mains, bưng hai tay; tenir pour certain, quyết chí; j'y tiens beaucoup, cái nầy tôi muốn lắm.
Tentation	Cám dỗ, dỗ.
Tente	Nhà tạm, nhà xếp.
Tenter	Dỗ, quến dỗ, dỗ danh.
Tergiverser	Đào trở, nói đào ra, nán ná.
Terme	(But), chừng, hết; (limite), biên bỉ, giái, giáp giái.
Terminer	une affaire, xong một việc rồi, làm cho xong, đoạn, định: affaire terminée, tất việc, xong việc.
Ternir	l'éclat, làm cho phai; se ternir, phai, lu đi.
Terrain	Chỗ, nơi, miếng đất.
Terrasser	(Faire un ouvrage en terre), đáp đất, nện đất.
Terre	(Globe terrestre), địa, thổ, bau đất; terre en général, đất; esprit de la terre, thổ kì; tremblement de terre, động đất, chuyển động; (champ), ruộng, điền; terre glaise, đất thổ, đất sét.
Terreur	Sờn lòng.
Terrible	Quái gở, gớm ghiếc.
Terrifié, e	Sờn.
Territoire	Đất, địa phản.
Testament	Di ngôn, lời trối, cố ngôn : faire un testament, viết thơ di ngôn, viết lời trối; — (Écriture sainte), sấm truyền.

FRANÇAIS-ANNAMITE. 363

Testicule	Dái.
Tête	Đầu : le sommet de la tête, trên đầu; mal de tête, đau đầu, ngây đầu; aller nu-tête, đi đầu.
Teter	Bú, bú sữa, nút sữa; teton, vú.
Tetin	Vú nuôm.
Thé	Chè, trà; (la plante), cây chè; thé noir, chè đen; thé vert, chè xanh; faire du thé, pha trà, pha chè; boire du thé (supérieur), xơi nước, xơi nước, xơi trà; (vulgaire), uống nước, uống trà; (en parlant du roi), ngự trà; thé commun, trà thô.
Théâtre	Nhà hát bội.
Théière	Bình chè, ve chè.
Tibia	Sóng chơn.
Tiède	Nguội lạnh : eau tiède, nước hầm hầm, nước nguội.
Tiers	Le tiers, một trong ba; les deux tiers, hai phần trong ba.
Tige	Chót nưa.
Tigre	Con hùm, hùm cọp, cọp, hổ : hurler comme le tigre, gầm như cọp; tigré, vẻ beo.
Timide	Nhát, nhút nhát, luốt lát.
Timon	(Gouvernail), lái, cuống lái; timon d'une charrette, chanh, điều xe.
Tinter	comme l'argent, kêu như bạc.
Tirer	Kéo : tirer hors de l'eau, vớt lên; (traîner), kéo; (étendre), kéo; tirer la langue, lè lưỡi; tirer un coup de canon, bắn súng, súng nổ.
Tiroir	Cái ngăn.

Tisane........	Thuốc, nước thuốc : faire de la tisane, thang thuốc.
Tison........	Vỏ lửa.
Tisser........	Dệt, dệt cửa, dệt vãi; tissu, đồ dệt.
Tisserand.....	Thợ dệt vãi, cửi canh, thơ cửi.
Titre........	de dignité, tên chức.
Toi..........	Anh, ngươi; (à des personnes très-inférieures), mầy.
Toile........	Chỉ vải, cửi : toile de navire, buồm; faire de la toile (marine), ra thêm buồm.
Toilette......	Faire sa toilette, làm tốt, làm mình tốt, điểm.
Toit.........	Mái nhà, nóc nhà.
Tolérer......	Nỡ, cho phép : comment tolérer? nào nỡ?
Tombe........	Mồ mả, mả : transporter un corps d'une tombe dans une autre, dời mả.
Tomber.......	Ngã, té, té xuống, sa xuống : (les feuilles, les fruits), rụng; il est tombé de cheval, nó té ngựa rồi; tomber dans le malheur, mắc phải, lâm nạn; tomber dans un filet, mắc lưới, sa cơ; tomber malade, cảm bịnh, nhuốm bịnh; laisser tomber, bỏ rơi; tomber des mains, sút tay.
Tome........	d'un livre, quyển, cuốn.
Ton, Ta......	Ton cheval, ngựa anh; (à des personnes très-inférieures), ngựa mầy.
Tondre.......	un animal, cắt lông, hớt lông.
Tonkin.......	Dàng ngòai, Bắc thành, Bắc kì.
Tonneau......	Thùng, thùng chứa; tonnelier, thợ làm thùng.
Tonner.......	Il tonne, trời gầm, sấm nổi.

Tonnerre	Sấm : bruit du tonnerre, rầm rầm, tiếng sấm.
Tonsurer	Gọt đầu.
Torche	Đèn chai, đuốc : petite torche, đóm.
Torchis	Muraille en torchis, vách đất.
Torchon	Khăn chùi.
Tordre	Vặn : tordre une corde, vặn dây, xe dây, đánh dây; tordu, đã vặn, bị vặn.
Torrent	Nước săn, nước khe.
Tort	Thiệt hại, hại : tu as tort, không nói phải; faire du tort, làm hại; frapper à tort, đánh oan.
Tortu, e	Vạy, vạy vò.
Tortue	de terre, con rùa : tortue d'eau douce, càn được, cu đinh, con ba-ba; tortue de mer, con tranh; tortue caret, đồi mồi.
Torture	Khảo : à la torture, tra khảo; torturer, đánh khảo, hỏi khảo, khảo lược.
Tôt	Mau, sớm.
Total	(Somme), cả thảy, cả hết.
Totalité	(En), hết cọng lại, hết cả.
Toucher	Rờ, mó, sờ : ne touche pas, đừng rờ; cela me touche, cái nầy động tới; touchant, có động lòng.
Touffus	(Cheveux), nhiều tóc quăn; bois touffu, rậm cây.
Toujours	Luôn, liên, hoài, chuyên, luôn luôn.
Tour	(Subst. masc.), chacun à son tour, theo thứ tự; un tour d'adresse, một viếng; tour de tourneur, bàn tiện; — (subst. fém.), tour (édifice), tháp; élever une tour, xây tháp.

Tourbillon .... de vent, de pluie, *gió tróc, tróc gió, mưa tróc.*
Tourment...... *Phạt; hình phạt.*
Tourmenter.... *Làm khổ sở, làm khốn, khúay khóai :* ne me tourmente pas, *đừng có khuáy khóai tới.*
Tourner...... (Aller autour), *xây, trở, xây quanh;* se tourner, *trở mình;* tourner le dos, *trở lưng;* tourner la tête ailleurs, *trở mặt;* tourner (travailler sur le tour), *tiện.*
Tourneur...... (Ouvrier), *thợ tiện.*
Tournure...... (Allure), *hình dong, hình ăn ở.*
Tourterelle ... *Con cú, chim cú.*
Tousser....... *Ho.*
Tout......... *Cả, cả và, mọi :* tous, *các, chúng, hễ ai;* tous les hommes, *những người ta, mọi người;* toute la vie, *lụn đời;* tout le mois, *lụn tháng;* tout le jour, *lụn ngày;* en tout lieu, *mọi nơi, khắp nơi;* toutes les fois que, *hễ lần nào;* tout homme, *mấy người;* tout à la fois, *hết thảy;* tout seul, *một mình;* tout-puissant, *phép tắc vô cùng;* surtout, *nhứt là;* partout, *khắp nơi.*
Toux......... *Ho :* quinte de toux, *ho sò sò.*
Trace........ *Dấu, tích :* suivre les traces, *nối gót, nối theo tích.*
Tracer....... une ligne, *gạch một hàng.*
Tradition...... *Lời truyền.*
Traduire..... *Dịch, phân dịch;* traduction, *viết dịch.*
Trafiquer..... *Buôn bán, đi buôn bán.*
Trahir........ *Thất tín.*

Traîneau	Cộ.
Traîner	Kéo : traîner sur la terre, kéo dưới đất.
Traire	le lait, nặn sữa.
Trait	(Javelot), cái lao : lancer un trait, phóng lao; trait d'un caractère chinois, nét, nét viết.
Traité	de paix, giao hòa.
Traitement	(Soins), việc coi; (solde), loc ban loc.
Traiter	convenablement, thết đại lịch sự; bien traiter un hôte, thết khách; traiter mal, hành hạ; traiter une affaire, coi một việc, định một việc; faire un traité, giao, kết giao.
Traître	Người thất tin.
Trame	et chaîne du tisserand, vải canh, vải chỉ; [les différentes parties du métier à tisser : cái go, cái khổ, dây trận].
Tramer	un complot, lập thế, ăn thế; tramer des embûches, bày mưu kế.
Tranchant	d'un couteau, lưỡi dao; d'un sabre, lưỡi gươm.
Tranche	Một miếng : tranche de saucisson, một miếng dồi heo.
Tranchée	de fortifications, đào đường xa; tranchée (douleur de ventre), quặn ruột, đau trặn.
Trancher	(Couper), cắt; trancher une difficulté, toan liệu việc khó.
Tranquille	Yên nhàn, phẳng lặng, bằng lặng; tranquilliser, làm cho yên, làm khuây.
Transférer	Thay đổi, đem chỗ khắc.
Transformer	Thay đổi, làm cách khắc.

Transgresser...	la loi, *phạm phép, làm trái lệ.*
Transi, e......	de froid, *lạnh run.*
Transmettre...	des paroles, *gởi lời, truyền lời;* transmettre une nouvelle, *nhắn tin;* transmettre par quelqu'un, *nhắn, gởi.*
Transparent, e..	*Trong sạch, trong ngần.*
Transpercer....	*Xuyên.*
Transpirer.....	(Suer), *rịn mồ hôi, có mồ hôi, ra mồ hôi.*
Transplanter...	des arbres, *tỉa ra.*
Transporter....	*Chở;* se transporter, *biến dời.*
Trappe.......	pour prendre des tigres, *rọ cọp, bẫy cọp;* des éléphants, *đào bẫy hầm.*
Travail.......	*Việc, công lao :* désigner le travail, *nảy việc;* travaux (peines), *công lao.*
Travailler.....	*Làm việc.*
Travers.......	(De), *nghành ngang :* bouche de travers, *méo miệng;* en travers, *ngang, hoành;* regarder de travers, *coi gầm;* à travers, *qua.*
Traverser.....	*Qua, trải qua, đi qua :* traverser un fleuve, *qua sông, sang song.*
Trembler......	de froid, *run lạnh;* de peur, *run sợ.*
Tremper......	dans l'eau, *dầm nước;* tremper le pinceau dans l'encre, *trầm mực;* tremper le fer, *nhuốm sắt.*
Trépied.......	*Cái chơn độc bình.*
Très.........	*Lắm, quá, rất :* très-bon, *tốt lắm, rất tốt;* très-mauvais, *xấu lắm, xấu quá;* très-haut, *rất cao;* très-malheureux, *cực lực.*
Trésor.......	public, *kho vàng, kho bạc.*
Trésorier.....	*Chủ thủ.*

Tresse.......	Gióc.
Tresser......	les cheveux, gióc tóc; bien tressé, săn; tresser les nattes, dệt chiếu; une corde, đánh bả, đánh dây.
Triangle.....	Có ba góc.
Tribu........	de Moï, bộ lạc; de Cambodgiens, Sóc.
Tribunal.....	d'un mandarin, dinh quan; (prétoire, demeure), đinh.
Tribut.......	acquitté par une nation, cống; offrir ce tribut, tiến cống; payer le tribut, tấn cống, nộp cống.
Trident......	Cái đinh ba, cuốc chỉa.
Trinité......	Chúa ba ngôi.
Triompher....	Đánh được, thắng.
Tripes.......	d'un animal, ruột; de cochon, lòng heo.
Triste.......	Buồn, sầu, sầu bi, cú mắm, lo phiền; (accablé), buồn bực, đeo sầu, khốn khổ; air triste, khó mặt.
Tristesse.....	Bực, phiền lòng.
Trois........	Ba, tam.
Trompe......	d'éléphant, vòi voi; de moustique, vòi muỗi.
Tromper.....	quelqu'un, dối trá, lường, ngụy trá, hoặc, phỉnh; se tromper (verbe n.), lầm, lầm lỗi, lạc, lầm lỡ; se tromper de route, lạc đường; se tromper en écrivant, viết lạc, viết lỗi; se tromper en parlant, lỗi lời.
Tromperie....	Sự giả.
Trompeur.....	Nói dối, giả kẻ.
Trompette....	Kèn, kèn loa : sonner de la trompette, thổi kèn.

Gramm.   24

Tronc	d'arbre, *gốc, cội cây*; de la famille, *gốc nhà*.
Trône	*Bệ ròng, ngai, ngôi vua, tòa ngự* : monter sur le trône, *lên ngai, lên ngôi, thượng vị, tức vị*.
Trop	Tu m'en donnes trop, *anh cho tôi nhiều hơn*.
Tropique	du Cancer, *bắc đai*; tropique du Capricorne, *nam đai*.
Troquer	*Đổi, trả đi trả lại, ho nhau*.
Trotter	(Le cheval), *ngựa nhảy chơn ba*.
Trou	*Lỗ* : trou en terre, *lỗ, hàng*; trou à un habit, *aó có lỗ*; faire un trou, *dưới lỗ, đào lỗ*.
Trouble	(Subst. m.) (dissension), *hỗn loạn, ngụy*; — (adj.) eau trouble, *nước bạc, nước đục*.
Troubler	quelqu'un, *khuấy, đơn*; troublé (non tranquille), *lao đao*; esprit troublé, *hoảng hồn*.
Trouer	*Dưới lỗ* : trouer une planche, *khoang lỗ*.
Troupe	de soldats, *quần, đạo binh*; de voleurs, *đoàn, đoàn ăn cướp, lũ la*.
Troupeau	*Bầy* : troupeau de bœufs, *bầy bò, đoàn bò*.
Trouver	*Tìm được, tìm đặng* : où peut-on le trouver? *cái nầy tìm được ở đâu?*
Truelle	*Cái bay*.
Truie	*Heo nái*.
Tu	*Anh*; (avec mépris), *mày*.
Tube	*Ống*.
Tubercule	*Khoai, củ*.
Tuer	*Giết, chém*; être tué, *bị giết, bị chém*.
Tuile	*Ngói* : maison couverte en tuiles, *nhà*

	ngói; tuile plate, *ngói bình;* tuile concave, *ngói âm dương.*
Tumeur.......	*Ung bướu, sưng.*
Tumulte......	*Hỗn độn, ồm sồm;* tumultueusement, *bộn nhộn, lao xao.*
Turban.......	*Khăn :* turban de crépon, *khăn nhiễu;* mettre un turban, *bịt khăn.*
Tuyau........	*Ống :* tuyau de cheminée, *ống bếp;* tuyau de pipe, *ống điếu.*
Tyrannie......	*Độc dữ, bá đạo, bạo dữ.*

U

Ulcère.......	*Ghe, chốc, chốc lếch, có ghẻ, đau ghẻ.*
Un..........	*Một :* un moment, *một lát, một chút;* l'un après l'autre, *một khi một.*
Unanime......	*Đồng tình, một lòng, giùm lòng, hiệp :* consentement unanime, *đồng tâm, hiệp lòng;* à l'unanimité, *hiệp lòng.*
Uniforme.....	*Một cách, giống nhau.*
Union........	*Hiệp làm một, hòa, hòa thuận.*
Unique.......	Fils unique, *con một.*
Unir.........	*Kết, thắt nút;* uni (aplani), *bằng;* unis (amis), *kết ngãi;* s'unir, *giao kết.*
Univers......	*Cả và loài người ta;* universel, *cả và.*
Urbanité.....	*Lịch sự, ý vị.*
Urgent, e....	Affaire urgente, *cần kíp, việc gấp, việc vội;* besoin urgent, *hối, hối hấp;* instances urgentes, *xót.*
Urine........	*Nước tiểu, nước đái :* odeur de l'urine, *hôi khay;* uriner, *đái, tiểu.*

Usage . . . . (Coutume), *thói quen, phong tục, thói tục;* (emploi), *dùng.*

User . . . . (Se servir), *dụng;* forces usées, *mòn mỏi;* usé (en mauvais état), *hư, hư đi.*

Ustensile . . . . . *Đồ, đồ đạc, các đồ.*

Usure . . . . par l'usage, *cùn, mòn;* (argent), *ăn lời;* prêter à usure, *đặt nợ ăn lời.*

Usurper . . . . . . *Chuyên quờn, thâm loạn, đoạt quờn, nhân, mạo, tiếm;* usurpateur du royaume, *soán vị, thiệm vị, tiếm quờn;* usurper le nom d'autrui, *tá danh.*

Utile . . . . *Ích, ích lợi :* être utile, *có ích, có dùng.*

V

Vacance . . . . . . (Congé), *nghỉ, nhàn, ngày nhàn;* vacant, *trống không.*

Vacarme . . . . . . *Ồm sồm.*

Vacciner . . . . . *Chích nên bông.*

Vache . . . . *Bò cái.*

Vaciller . . . . . en marchant, *đi lảng chảng, đi khật khù, trật trệu.*

Vagabond . . . . . *Sa đà, sa hoang;* vagabonder, *đi suống pha.*

Vague . . . . (Adj.) (non précis), *không chắc, chẳng quyết;* — (subst. fém.) (flot), *sóng, sóng gió.*

Vaillant . . . . . *Hùng hào, khoẻ, mạnh, có sức.*

Vain . . . . (Inutile), *vô ích, vô dùng, hư sự;* en vain, *hư không, hư vô, hư việc.*

Vaincre.......	Thắng trận, thắng : être vaincu, thua, thua trận, bại trận, chịu thua, bị trận; vainqueur, kẻ thắng trận.
Vaisseau......	de guerre, tàu binh; vaisseau à voile, tàu buồm; vaisseau à vapeur, tàu lửa.
Vaisselle......	Các đồ dụng ăn.
Valet........	Đầy tớ, thầy tớ, kẻ làm tôi.
Valeur.......	(Prix d'un objet), giá; (courage), dạn dĩ, mạnh bão.
Vallée.......	Nơi sủng, chỗ sủng.
Valoir........	Giá, được, được giá : combien cela vaut-il? cái nầy giá bao nhiêu? được bao nhiêu? đặng mấy? cela vaut mieux ainsi, vậy tốt hơn.
Van.........	Nia.
Vaniteux......	Bay nhảy, khoe mình.
Vanner.......	du riz, sảy gạo, dê gạo.
Vanter.......	quelqu'un, khen, khong khen; se vanter, khoe mình, nói đổng, làm láo; se vanter réciproquement, tâng nhau.
Vapeur.......	Hơi, khí : bateau à vapeur, tàu lửa.
Varande......	Thêm, thêm nhà.
Variable......	Hay thay đổi : temps variable, trở trời.
Varié........	Khác nhau : varié, de diverses couleurs, rằn, sắc sỡ.
Vase.........	(Pot), bình, bình bát, chậu; grand vase, ghè; vase de porcelaine, bình từ kí; vase de fleurs, bình hoa, chậu hoa; vase (boue), bùn.
Vaste........	Rộng, quảng, rộng rãi.
Vaurien.......	Thàng điếm, xác lám, chó điếm (injurieux).
Vautour......	Con kên kên.

Vautrer (Se)... *Giẵm bùn, lan bùn.*
Veau......... *Con bò con;* (petit de buffle), *con nghé.*
Végétal....... *Lòai cây, lòai cỏ.*
Véhément...... (Emporté), *bản bái, tính nóng.*
Veille........ La veille, *hôm qua;* garde (veille de nuit), *canh giờ.*
Veiller....... (Garder), *canh giữ, gin giữ;* veiller avec soin, *canh nhặt, canh lo;* je veille sur toi, *tôi coi lo anh;* veiller (ne pas dormir), *thức.*
Veine........ *Mạch, huyết mạch.*
Velours...... *Nhung :* habit de velours, *áo nhung.*
Velu........ *Người rậm lông :* animal velu, *lòai vật rậm lông.*
Vendre...... *Bán, bán chác :* combien cela se vend-il ? *cái nầy bán mấy ?* vendu, *đã bán rồi.*
Vendredi..... *Ngày thứ sáu.*
Vénérer...... *Kính, tôn kính, thảo kính;* vénérable, *phải kính, đáng kính.*
Vénérien, ne.... (Mal), *đau tim la.*
Vengeance..... *Báo thù, oán :* tramer une vengeance, *hiềm thù;* se venger, *oán thù, trả thù, cừu thù, cừu địch.*
Venimeux...... (Serpent), *rắn độc;* [vénéneux (végétaux), *cây có độc, cỏ độc*].
Venin........ *Thuốc độc.*
Venir........ *Đến, lại :* d'où viens-tu ? *ở đâu đến đây ?* fais-le venir, *kêu nó lại;* temps à venir, *hầu lai.*
Vent........ *Gió, phong;* (air), *khí;* vent favorable, *xuôi gió, gió đưa;* vent contraire, *gió ngược;* vent violent, *gió lớn, phong ba;* coup

FRANÇAIS-ANNAMITE. 375

de vent, *gió tó;* (typhon), *bão bùng, đại phong;* le vent siffle, *hút gió;* le vent tombe, *dứt gió, lặng gió;* abattu par le vent, *tạt.*

VENTE . . . . *Bán, việc bán.*
VENTOUSE . . . . . . *Đồ giác.*
VENTRE . . . . *Bụng :* bas-ventre, *dạ;* (des animaux), *bọng;* mal de ventre, *đau bụng;* gonflement du ventre, *sình bụng;* couché sur le ventre, *nằm sấp.*
VÉNUS . . . . (Planète), *kim tinh.*
VER . . . . *Sâu, sâu bọ, trùng :* rongé de vers, *thủng, đục.*
VERGE . . . . (Bâton), *roi :* frapper de verges, *đánh roi;* (membre viril) de l'homme, *ngọc hành;* (bas), *con cặc;* de l'animal, *cặc.*
VERGUE . . . . de navire, *cây ngang.*
VÉRIFIER . . . . . . *Xem xét, coi xem, coi lại.*
VÉRITÉ . . . . *Sự thật :* dire la vérité, *nói ngay, nói thật;* avouer la vérité, *chưng ngay.*
VERMEIL . . . . *Đồng thòa, vàng bạc.*
VERMILLON . . . . . pour les cachets, *son.*
VERMINE . . . . . . *Rận chí :* plein de vermine, *có nhiều rận chí.*
VERMOULU, E . . . *Mục :* bois vermoulu, *gỗ mục.*
VERNIR . . . . *Quét sơn.*
VERNIS . . . . (Laque), *sơn.*
VÉROLE . . . . (Petite), *lên giống, lên trái, lên sưởi, chẩn đậu, nên bong;* visage marqué par la petite vérole, *rỗ mặt;* (maladie vénérienne), *tim la.*
VERRE . . . . *Chai, thủy tinh, ve chai :* verre à boire,

chén; verre de vin, *chén rượu, hũ rượu;* un verre d'eau, *một chén nước.*

VERROTERIES.... *Hột cườm.*
VERROU....... *Then, then cửa :* fermer au verrou, *gai then.*
VERRUE....... *Mụt cóc.*
VERS......... (Prép.), *đến :* aller vers la rivière, *đi đến sống.*
VERS......... (Poésie), *câu thơ.*
VERSER....... (Répandre), *đổ đi, đổ ra, rót, đổ vào;* verser en voiture, *xiêu đi, ngã đi.*
VERSET....... d'un livre, *một đoạn sách.*
VERT......... (Couleur), *xanh, màu xanh, thanh, tươi :* vert, e (adj.) : vert pâle, *xanh lá cam;* fruit vert, *trái xanh;* — verdir, *bậm bạp.*
VERTÈBRE..... *Xương sống.*
VERTICAL..... *Đứng thẳng.*
VERTIGE...... (Avoir le), *chóng mặt, có chóng mặt.*
VERTU........ *Nhơn đức, đức, đạo đức :* doué de vertu, *chuộng nhơn đức.*
VÉSICATOIRE.... *Thuốc gián lột da.*
VESSIE....... *Bàng quang, lòng bóng.*
VESTIGE...... (Trace), *dấu, tích;* (de pas), *dấu chơn.*
VÊTEMENT..... *Áo, các áo.*
VÉTÉRINAIRE.... *Thầy thuốc coi con ngựa.*
VÊTIR (SE).... *Mặc áo :* bien vêtu, *mặc áo tốt, diềm.*
VEUF......... *Góa vợ, kẻ oa vợ;* veuve, *góa chồng, kẻ oa chồng, có quả, bà góa.*
VEXER........ *Khuấy khỏa, làm khổ sở, bắt bớ, eo óc, xắc xói;* vexation, *khổ ngược, khổ sở.*
VIANDE....... *Thịt :* viande grasse, *thịt mỡ;* viande maigre, *thịt nạc;* viande crue, *thịt sống;*

	viande cuite, *thịt náu, thịt chín;* viande sèche, *thịt khô;* viande salée, *thịt mặn;* saler de la viande, *ướp thịt.*
Vice	(Défaut), *tính hư, nét hư, nét xáu;* vicieux, *có nét xáu.*
Vice	(Substitut, lieutenant), *phó;* vice-légat, *phó sứ.*
Victime	*Của té lễ, lòai giét mà té;* (souffre-douleur), *chịu khó.*
Victoire	*Việc thắng trận.*
Vide	(Adj.), *không, luống, hư luống, rỗng không :* sac, ventre vide, *xáp ve, không;* les mains vides, *sạch tay;* vider, *làm cho không;* — vide (subst. m.), le vide (l'espace), *quãng không.*
Vie	*Sóng, đời, mạng :* longue vie, *thọ;* en vie, *còn sóng;* toute la vie, *mãn đại, mãn đời.*
Vieillard	*Lão, già;* une vieille, *bà già, lão bà, mụ già.*
Vieillesse	*Tuổi già :* mourir de vieillesse, *già rụi.*
Vieillir	*Ban già.*
Vierge	*Đồng trinh, đồng thân :* sainte Vierge, *Đức bà, Đức mẹ.*
Vieux, Vieille	*Cũ.*
Vif, ve	(Vivant, ardent), *mau mắn, bảnh lảnh;* nature vive, *sót tính;* amour vif, *sót mén;* (prompt à s'emporter), *sót giận, nóng;* (intelligent), *giỏi.*
Vigilant	*Siêng nan, cần mẫn.*
Vigne	*Cây nho.*
Vigoureux	*Mạnh lắm, mạnh mẽ, có sức.*

Vil, e	Hèn hạ, mạt hạ, rốt hèn, hèn mọn, tiện; (infime), quèn, hèn hạ.
Village	Làng, thôn, xã : village de Cambodgiens, sóc; village de Moï, bô lạc.
Ville	Thành; [capitale, kinh, kinh đo].
Vin	Rượu : vin de riz, rượu nếp.
Vinaigre	Giấm.
Viol	Tội hiếp; violer les lois, lỗi nghĩa; violer un ordre, phá giái; violer une fille, hãm hiếp con gái.
Violence	Việc ép, hiếp.
Violenter	une fille, phá con gái.
Violet	Màu tím, sắc tía.
Violon	Cái nhị : jouer du violon, kéu nhị; [archet, cái cò].
Vipère	Rắn độc.
Virginité	Đồng trinh, trinh tiết.
Viril, e	Phận trai : âge viril, tuổi đang thì; force virile, sức trai, mạnh trai.
Vis-à-vis	Ngang nhau.
Visage	Mặt : joli visage, má đào, má hồng; visage gai, vui mặt.
Viser	avec une arme, nhè làn, nheo mắt, xem nhắm.
Visiter	quelqu'un, thăm, thăm viếng; se visiter, viếng nhau; visiter une barque, coi ghe, xét ghe.
Vite	Mau, kíp, cho mau : le plus vite possible, tốc-tốc, lật-đật; allons vite, làm hối đi, mau.
Vitre	Mặt kiếng, kiếng.
Vitriol	Phàn.

Vivant, e......	*Sống :* prendre vivant, *cầm sống, bắt sống.*
Vivier........	*Ao hồ.*
Vivre........	*Sống.*
Vocabulaire....	*Tự vị, sách tự vị.*
Vociférer.....	*Lá óng óng, lá rầm.*
Voeu.........	*Lời hứa, lời khấn hứa :* désirer de tous ses vœux, *mong mỏi, nguyện;* faire un vœu, *khấn hứa, khấn nguyện.*
Voici........	*Nầy là.*
Voie........	*Đường, đàng :* voie lactée, *ngân hà, sông ngân.*
Voilà.......	*Kìa, nầy là.*
Voile........	(Subst. f.) de navire, *buồm;* voile latine, *buồm cá nhén;* mettre à la voile, *chạy buồm, kéo buồm;* — (subst. m.), voile de deuil, *mũ mấn.*
Voiler.......	*Che, án :* voiler la tête, *úp đầu.*
Voir........	*Xem, thấy, ngó thấy :* voir tout à coup, *đoái thấy.*
Voisin.......	(Subst. m.), *xóm diềng, làn lý;* — voisin, e (adj.) (rapproché), *gần, gần miền.*
Voiture......	*Xe, xe loan.*
Voix.........	*Tiếng :* voix rauque, *khan tiếng;* voix grave, *khan giọng;* voix aiguë, *tiếng lảnh;* voix perçante, *óc giọng;* à voix basse, *thầm;* voix douce, *ngọt giọng.*
Vol.........	*Ăn trộm.*
Voler.......	*Ăn trộm, ăn cướp :* voler à force ouverte, *ăn cướp;* voler (oiseau), *bay;* s'envoler, *bay đi.*
Voleur......	(Brigand), *ăn trộm;* (filou), *ăn cắp;* chef de voleurs, *gian hùng, làm đầu lũ la.*

Volontaire.....	Don volontaire, *quyên tiến;* volontairement, *cam lòng, ưng lòng.*
Volonté......	*ý, muốn* : volonté propre, *ý riêng, lòng tay;* à volonté, *mặc ý, mặc lòng;* contre la volonté, *ngại ý, trái ý.*
Voltiger......	*Bay chuyền.*
Volume.......	*Cuốn, quyển;* volumineux, *lớn.*
Volupté......	*Sướng, vui sướng* : volupté des sens, *vui sướng xác thịt;* voluptueusement, *cách vui sướng.*
Vomir........	*Mửa* : vomir abondamment, *mửa học tốc;* qui ne peut vomir, *mửa khan;* vomitif, *thuốc mửa.*
Vorace.......	*Kẻ tham ăn;* (chien, cochon), *tặp bặp, háu ăn.*
Votre........	livre, *sách ông;* vos frères, *anh chúng bay.*
Vouloir.......	*Muốn* : comme vous voudrez, *mặc ý ông.*
Vous........	(Pluriel), *chúng bay, các ông, chúng mầy;* vous (forme de politesse), *ông.*
Voûte.......	*Mái khum;* voûté (homme), *người khom lưng.*
Voyager.....	*Đi đàng;* (aller dans un autre pays), *sang, sang đi.*
Voyageur.....	*Bộ hành, đi bộ đi thủy.*
Vrai, e.......	*Thật, phải, thiệt* : cela est vrai, *việc nầy thiệt lắm* : tenir pour vrai, *lấy làm thật;* vraie doctrine, *đạo thật.*
Vrille........	*Cái giùi* : vrille des Annamites et des Chinois, *cái khoan.*
Vue .:.......	*Sức xem, xem được* : bonne vue, *xem xa, coi xa;* belle vue, *coi vui, coi tốt.*

VULGAIRE...... *Thường, chung;* vulgairement, *thường thường.*
VULVE........ *Cái âm, cái hiểm;* (bas), *lồn, đốc, lỗ.*

Y

Y........... Il y a, *có;* il n'y a pas, *không có;* Monsieur y est-il? *ông ở nhà không?* j'y suis allé, *tôi đã đi đó;* prends-y garde, *coi cái nầy, giữ cái nầy.*

Z

ZÈLE........ *Sốt sang, ái mộ.*
ZINC........ *Kẽm.*
ZODIAQUE..... *Xích đạo, vòng huình đạo.*

VOCABULAIRE

ANNAMITE-FRANÇAIS.

VOCABULAIRE
ANNAMITE-FRANÇAIS.

A

A........ 阿 interjection d'exclamation.
Ác....... 惡 mauvais, méchant.
A'c....... 鴉 corbeau.
Ai........ 埃 qui, quel.
A'i....... 愛 aimer; *nhơn ái* 仁愛 clémence.
Áy....... 意 il, lui, voilà; *áy là* 意羅 c'est-à-dire; *áy vậy* 意丕 donc.
Am...... 揞 embrasser.
Âm...... 音 son, voix.
An....... 安 paix, repos; *an nam* 安南 Annamite; *bình an* 平安 paix, santé; *an ủi* 安慰 consoler.
An....... 案 sentence judiciaire; *án sát* 案殺 juge criminel.
An....... 按 couvrir; *án mạch* 按脉 tâter le pouls.
An....... 咃 manger; *ăn lời* 咃利 faire l'usure; *ăn*

chay 咃齋 jeûner; *ăn cưới* 咃嫄 se marier; *ăn lộc* 咃祿 recevoir sa solde; *ăn năn* 咃㘨 se repentir; *ăn mày* 咃眉 mendier; *ăn cướp* 咃却 enlever; *ăn trộm* 咃濫 voler; *ăn cắp* 咃扱 filouter.

Ấn....... 恩 bienfait.
Ấn....... 印 sceau; *ấn ngọc* 印王 sceau royal.
An....... 隱 cacher; *ẩn sĩ* 隱士 solitaire.
Anh...... 嬰 frère aîné; *anh em* 嬰掩 frère en général; *anh cả* 嬰哥 frère aîné.
Anh...... 影 image; *ảnh hưởng* 影嚮 écho.
Áo....... 襖 habit; *áo mền* 襖綿 habit militaire.
Ắt phải.... 乙沛 il convient.
Âu là..... 歐羅 peut-être.

B

Ba....... 匿 trois.
Bá....... 百 cent.
Bà....... 妣 aïeule, maîtresse; *đờn bà* 彈妣 femme; *bà hoàng hậu* 妣皇后 reine; *mụ bà* 媒妣 sage-femme; *bà con* 妣昆 parent.
Bạc...... 薄 ingrat; argent; *biển bạc* 灣薄 larmes; *thợ bạc* 署薄 ouvrier en argent; *bạc đầu* 薄頭 cheveux blancs.

ANNAMITE-FRANÇAIS. 387

Bắc...... 北 le nord; *bắc đẩu* 北斗 étoile polaire; *thuốc bắc* 葯北 médecine chinoise.
Bậc...... 比 degré; *đẳng bậc* 等比 condition; *bậc thang* 比湯 marche d'escalier, échelon.
Bạch...... 白 blanc.
Bãi...... 罷 rivage; *bãi biển* 罷灣 rivage de la mer.
Bay...... 懃 vous; voler (oiseau).
Bày...... 排 disposer, préparer; *bày mưu kế* 排謀計 dresser des embûches.
Bảy...... 罷 sept; *thứ bảy* 次罷 septième; le jour du sabbat.
Bây giờ... 悲除 maintenant; *bây nhiêu* 悲饒 autant.
Bậy...... 呸 confus; *lộn bậy* 論呸 mêlé.
Bấy giờ... 閉除 alors; *bấy nhiêu* 閉饒 trop.
Bẫy...... 欏 lacet, filet.
Bẩm...... 禀 requête, plainte.
Ban...... 頒 donner; *ban lộc* 頒祿 salarier, solder.
Ban ngày.. 班旱 de jour; *ban đêm* 班店 de nuit; *ban mai* 班埋 temps du matin; *ban chiều* 班朝 temps du soir; *ban trưa* 班噓 midi.
Bạn...... 伴 compagnon; épouse; *bạn hữu* 伴友 ami; *kết bạn* 結伴 lier amitié; se marier.
Bán...... 奔 vendre; *buôn bán* 奔牛 faire le commerce.
Bàn...... 槃 table; *bàn toạ* 槃坐 fesses; *bàn cờ* 槃棋 tablier d'échecs.

25.

✗ *Bàn luận*... 盤論 entrer en conseil; *bàn tay* 盤拁 paume de la main; *bàn chơn* 盤眞 plante du pied.

Bắn...... 㧒 éclater; lancer; *bắn súng* 㧒銃 tirer un coup de canon; *bắn giàng* 㧒弧 lancer une flèche.

Bần...... 貧 pauvre; *có bần* 孤貧 orphelin.

Bạng..... 蚌 coquille de perle.

Báng..... 謗 frapper de la corne.

Băng..... 冰 gelée.

Bằng..... 朋 plan, égal, uni; *ví bằng* 杏朋 si; *bằng bặn* 朋伴 plan; *bằng nhau* 朋饒 égaux.

Bằng an... 平安 paix, santé; *bằng long* 平弄 content.

✗ *Bánh*..... 餅 pain; *bánh thuốc* 餅菜 carotte de tabac.

Bánh xe... 骿車 roue.

Bao...... 包 sac; contenir; *bao công* 包公 juge intègre; *chiêm bao* 占包 songe; *bao giờ* 包除 quand? *bao nhiêu* 包譊 combien; *bao xa* 包拁 à quelle distance?

Bạo...... 暴 cruel; *bạo dạn* 暴憚 audacieux; *bạo bụng* 暴賕 obèse.

Báo...... 報 acquitter, payer; *báo ân* 報恩 rendre grâces; *báo tín* 報信 annoncer; *báo thù* 報讐 se venger.

ANNAMITE-FRANÇAIS. 389

Bảo...... 保 avertir; *khuyến bảo* 勸保 exhorter; *bảo hộ* 保護 protéger.

Bão...... 雹 tempête.

Bắp...... 樣 sésame, millet.

Bát...... 鉢 écuelle.

Bát...... 捌 huit.

Bắt...... 抔 saisir, prendre; *bắt mạch* 抔脉 tâter le pouls; *bắt chước* 抔昕 imiter; *bắt thề* 抔誓 exiger le serment.

Bất nhơn... 不仁 inhumain; *bất ngãi* 不義 ingrat; *bất tài* 不才 sot.

Báu...... 寶 précieux; *châu báu* 珠寶 précieux.

Bầu...... 瓢 citrouille; *bầu trời* 瓢圶 globe céleste; *bầu đất* 瓢坦 globe terrestre.

Bể...... 皮 partie (se dit des choses); *bể trên* 皮蓮 supérieur; *bể dưới* 皮㡀 inférieur; *bể trong* 皮冲 dedans; *bể ngoài* 皮外 dehors; *bể ngang* 皮昂 latitude; *bể dọc* 皮育 longitude.

Bên...... 邊 partie (se dit des lieux).

Bến...... 灣 station des bateaux, débarcadère; *bến đò* 灣渡 lieu où l'on traverse en barque le fleuve.

Bền...... 紆 durable, solide; *vững bền* 凭紆 idem; *bền chặt* 紆質 idem; *bền lòng* 紆弄 constant.

VOCABULAIRE

Bếp . . . . . 烗 foyer; *nhà bếp* 茹烗 cuisine.
Bé . . . . . . 閉 petit, exigü; *bé thơ* 閉 疎 enfant.
Bè (bội) . . . 倍 肥 comédie.
Bẻ . . . . . . 掰 rompre.
Béo . . . . . 脵 gras; *thịt béo* 䏧脵 chair adipeuse.
Bị trận . . . . 被陣 être vaincu; *bị tích* 被跡 être blessé; *bị hỏa tai* 被火災 incendier.
Bí . . . . . . 秘 obstrué.
Bì . . . . . . 皮 peau; *phân bì* 分皮 envier; *phép cắt bì* 法割皮 circoncision.
Bĩ . . . . . . 否 sort contraire; *thới* 泰 sort favorable.
Bià . . . . . 牌 papier, lettre; *bià sách* 牌典 couverture de livre.
Biên . . . . . 編 écrire, noter; *biên ký* 編記 noter pour mémoire.
Biên . . . . . 邊 extrémité d'une chose; *biên bỉ* 邊鄙 limite, terme.
Biện . . . . . 辨 discuter; *phân biện* 分辨 diviser, distinguer.
Biển . . . . . 灣 mer; *biển đông* 灣東 mer orientale; *biển bắc* 灣北 mer septentrionale.
Biếng . . . . 丙 paresseux; *làm biếng* 濫丙 faire le paresseux.
Biết . . . . . 別 savoir, sentir; *biết lời* 別𠳒 intelligent.
Biểu . . . . . 表 avertir; *khuyên biểu* 勸表 exhorter; *dễ biểu* 易表 docile; *khó biểu* 苦表 indocile.

Binh...... 兵 armée; *việc binh* 役兵 travaux de la guerre; *đóng binh* 揀兵 camper; *cất binh* 括兵 lever des troupes; *đam binh* 先兵 conduire une armée; *tập binh* 習兵 exercer les soldats; *binh bộ* 兵步 troupes de terre; *binh thủy* 兵水 troupes de mer; *binh ngựa* 兵馭 cavalerie.

Bịnh...... 病 maladie; *mắc bịnh* 纆病 malade; *bịnh trọng* 病重 maladie grave; *bịnh nghèo* 病危 maladie dangereuse.

⨯ Bình...... 平 paix; *bình an* 平安 paix, santé.

Bình...... 甂 vase d'argile; *bình chè* 甂茶 pot à thé; *bình hoa* 甂花 vase à fleurs; *bình bát* 甂鉢 vase de porcelaine.

Bọ...... 蜅; *sâu bọ* 螻蜅 ver; *bọ chét* 蜅折 puce.

Bò...... 牐 bœuf; *bò con* 牐昆 veau; *bò đực* 牐特 taureau; *bò cái* 牐丏 vache.

• Bỏ...... 補 jeter, laisser; *bỏ quên* 補消 livrer à l'oubli.

Bộ...... 部; *binh bộ* 兵部 général en chef; *hộ bộ* 護部 mandarin des finances.

Bộ...... 步; *đi bộ* 移步 voyager à pied; *quân bộ* 軍步 infanterie.

Bồ đào.... 葡萄 raisin.

Bờ...... 坡 limites d'un champ; *bời cõi* 坡堞 confins; *bờ sông* 坡滝 rive d'un fleuve.

Bội	倍	beaucoup; bội bề 倍筬 comédie; hát bội 喝倍 jouer la comédie.
Bới	拚	déterrer, extraire.
Bởi	罷	de, à cause; bởi đầu 罷兜 puisque, à cause de; bởi đó 罷妬 c'est pourquoi; bởi vì 罷爲 parce que.
Bốn	罤	quatre; bốn bề 罤皮 les quatre parties.
Bổn	本	racine, principe; bổn đạo 本道 chrétiens; bổn phận 本分 condition; nhựt bổn 日本 Japon.
Bóng	俸	ombre.
Bông	蒝	coton; numérale des fleurs; bông hoa 蒝花 une fleur.
Bồng	撞	porter dans le sein.
Bọp	搽	serrer avec la main.
Bọt	浮	écume.
Bột	粋	farine.
Bớt	扒	diminuer.
Bú	咘	sucer le lait.
Bụi	蓓	poussière; tro bụi 爐蓓 cendres.
Bùn	壸	boue; bùn lầm 壸淋 boue.
Bụng	脿	ventre; kẻ có bụng 几固脿 enceinte (femme).
Bùng (bão)	雹氭	tempête.
Buộc	樸	lier, attacher.
Buổi	貝	temps, espace de temps.

Buồm.....	帆	voile; *chạy buồm* 豸帆 faire voile; *tàu buồm* 艚帆 bâtiment à voile.
Buôn.....	奔	commercer; *buôn bán* 奔半 commercer; *lái buôn* 倮奔 marchand.
Buồn.....	盆	être triste; *buồn sầu* 盆愁 triste; *buồn ngủ* 盆昨 appesanti par le sommeil.
Buồng chuối.	房栓	régime de bananes.
Bút (cây)..	核筆	pinceau.
Bụt......	孛	idole.
Bữa......	餶	espace d'un jour; *một hai bữa* 沒台二餶 quelques jours.
Bức......	幅	vite; *bức thơ* 幅書 lettre.
Bực......	愊	tristesse; *bực mình* 愊命 être triste; *áo bực* 襖愊 habit de deuil.
Bước.....	北	un pas; *dời bước* 移北 partir.
Bướm.....	蛣	papillon.
Bứt......	抔	arracher, renverser.

C

Ca......	歌	chanson; *ca ngợi* 歌曦 louer; *ca hát* 歌喝 chanter.
Cá......	魚	poisson; *tin cá* 信魚 nouvelle.
Cà......	榾	mélongène; *cà dược* 榾藥 stramonium; *trâu cà* 犎榾 buffle qui se frotte.
Cả......	哿	grand; *Chúa cả* 主哿 Seigneur suprême;

anh cả 嬰哿 frère aîné; *cả gan* 哿肝 audacieux.

Các	閣	palais (du roi ou des princes).
✗ *Các*	各	tout, e; *các chức* 各職 les notables ou les fonctionnaires d'un village.
Cặc	胳	parties honteuses (expression basse).
Cách	格	mode, manière; *cách thói* 格退 mœurs.
Cách	隔	être éloigné; *cách đày* 隔荅 exilé; *cách nhau* 隔饒 se séparer l'un de l'autre.
Cai	該	régner, gouverner; *cai trị* 該治 régner.
Cái	丐	numérale des choses; femelle des animaux; *chiên cái* 羧丐 brebis; *cái bàn* 丐槃 table; *một cái* 沒丐 un; *hai cái* 纪丐 deux; *cái nầy* 丐尼 ceci; *cái ấy* 丐意 cela; *mấy cái* 買丐 combien.
Cải	改	changer.
Cãi	改	contredire; *cãi lịnh* 改令 contrevenir à un ordre; *cãi lẽ* 改理 disputer; *cãi lẫy* 改禮 se quereller.
Cay	咳	âpre, acerbe.
Cày	耕	labourer; *đàng cày* 唐耕 sillon; *đất cày* 坦耕 terre labourée.
Cây	核	arbre; *cây đèn* 核烟 chandelier; *cây bút* 核筆 pinceau.
Cậy	忌	espérer; *trông cậy* 篭忌 espérer; *nhờ cậy* 洳忌 s'appuyer, se confier; *cậy mình*

ANNAMITE-FRANÇAIS. 395

忌命 avoir confiance en soi-même.

Cầy......	猉	renard.
Cam......	甘	consentent; *cam lòng* 甘弄 volontiers.
Cam......	柑	orange; *cây cam* 核柑 oranger.
Cảm cảnh..	感景	avoir pitié; *cảm ngãi* 感義 reconnaître les bienfaits.
Căm giận..	咁恮	être enflammé de colère.
Cằm......	冊	menton.
Câm......	瘖	muet.
Câm......	禁	prohiber, défendre.
Cầm......	搞	saisir, tenir; *cầm lại* 搞吏 retenir; *cầm cày* 搞棋 labourer; *cầm đủa* 搞箸 manger avec les bâtonnets.
Can......	干	empêcher; *chẳng can chi* 庒干之 cela ne fait rien; *can chi đó* 干之妬 qu'importe.
Cán......	幹	manche d'outil; *tài cán* 才幹 industrie.
Căn......	根	racine; *căn nguơn* 根原 principe; *căn do* 根由 cause.
Cắn......	哏	mordre.
Cân......	斤	balance; peser; *cân cái* 斤丐 également; *cân đối* 斤堆 paire, choses égales; *nhắc cân* 搭斤 peser.
Cận......	近	proche; *lân cận* 鄰近 voisin.
Cang.....	剛	dur; *cang cường* 剛強 obstiné; *ngọc kim cang* 玉金剛 diamant.

Càng..... 强 de plus en plus.
Canh..... 更 veille de nuit; *trống canh* 𪔵更 tambour de nuit; *quân canh* 軍更 sentinelle.
Cánh..... 翅 aile; *cánh tay* 翅掤 bras.
Cao...... 膏; *nấu cao* 㾕膏 cuire en consommé; *thuốc cao* 菜膏 onguent.
Cao...... 高 élevé; *cao tay* 高掤 puissant; *cao rao* 高𠳙 promulguer; *cao mên* 高綿 Camboge; *quờn cao* 權高 grande autorité; *nói câu cao* 吶求高 parler d'une manière sublime.
Cạo..... 搞 raser; *cạo râu* 搞鬚 raser la barbe.
Cáo..... 告 accuser; *bị cáo* 被告 accusé; *phúc cáo* 復告 en appeler.
Cáo..... 猎 renard.
Cảo..... 槀 forme, modèle; *cảo sách* 槀冊 collationner un livre.
Cắp...... 扱 porter sous le bras.
Cặp...... 筴 paire.
Cấp...... 給 donner; *cấp dưỡng* 給養 nourrir.
Cấp...... 急 urgent; *cần cấp* 謹急 très-urgent.
Cát...... 葛 sable.
Cắt...... 割 couper; *cắt nghĩa* 割義 expliquer; *sai cắt* 差割 déléguer.
Cất...... 拮 enlever d'un lieu; *cất quờn* 拮權 desti-

tuer; *cắt lộc* 拮祿 priver un préfet de sa solde; *cắt hàng lên* 拮行迻 décharger un navire; *cắt đi* 拮多 enlever; *cắt lên* 拮迻 élever.

Cật...... 腊 dos; *trái cật* 䩞腊 reins.
Cau...... 楻 arec.
Cáu...... 告 ordures qui se trouvent dans l'eau; *nước cáu* 渃告 eau bourbeuse.
Câu...... 句 phrase.
Câu...... 鉤 hameçon; pêcher à l'hameçon; *cần câu* 劃鉤 roseau de pêche; *nhợ câu* 紃鉤 ligne de pêche.
Cầu...... 鴝; *bò cầu* 䳦鴝 colombe.
Cậu...... 舅 oncle.
Cầu...... 求 prier, demander; *cầu nguyện* 求願 prier Dieu; *cầu chin* 求嗔 prier (en général).
Cầu...... 裘 habit de peau.
Cầu...... 橋 pont.
Cha...... 吒 père; *cha mày* 吒眉 père adoptif; *cha mẹ* 吒媄 les parents.
Chà...... 榨 briser, écraser avec les pieds ou les mains.
Chả vai.... 榨髂 omoplates.
Chác...... 卓 acheter; *bán chác* 半卓 vendre; *mua chác* 謨卓 acheter; *cây chác* 核卓 arbre fendu.
Chắc...... 職 solide, ferme; *chắc chắn* 職振 robuste;

kẻ chắc 計職 prompt; chắc gan 職肝 intrépide.

Chai...... 菝 bitume.
Chải...... 扯 peigner; bàn chải 盤扯 brosse à habit.
Chay..... 齋 jeûne; ăn chay 晏齋 jeûner.
Chạy..... 豸 courir; chạy giặc 豸賊 fuir à la guerre; chạy mặt 豸楠 fuir la vue; chạy ngựa 豸駁 courir à cheval.
Cháy..... 烴 brûler (v. n.); nhà cháy 茹烴 maison en feu.
Chảy...... 沚 couler; đồng chảy 銅沚 entrer le métal en fusion.
Chạy..... 豸 tortueusement.
Cháy..... 烴 pou (insecte).
Cháy..... 烴 griller, rôtir.
Chảy..... 遲 tard, longtemps; chảy tháng 遲膓 depuis plusieurs mois.
Chàm..... 藍 indigo.
Chăm..... 針 tribus nomades à l'ouest de la Cochinchine; chăm chỉ 針旨 attentivement.
Chặm..... 揕 essuyer en pressant ou tordant; chặm nước mắt 揕渚相 sécher les larmes; chặm máu 揕汹 déterger le sang; chặm mủ 揕漠 idem le pus.
Chẳm..... 占; ngay chẳm 㱎占 très-droit.
Chằm..... 洸 lac, bassin.

ANNAMITE-FRANÇAIS. 399

Chăm..... 針 piquer; *chăm chích* 針炙 chirurgie; offenser par des satires; *lời chăm* 詞針 satire.

Chậm..... 趈 lentement; *chậm chơn* 趈眞 à pas lents.

Chăn..... 襟 vêtement intérieur des femmes.

Chăn..... 犝 paître; *kẻ chăn* 几犝 pasteur; *chăn giữ* 犝佇 garder.

Chận lai... 振吏 faire obstacle.

Chẩn đậu... 疹痘 petite vérole.

Chẩn bần... 賑貧 faire l'aumône.

Chăng..... 庄 est-ce que... ne; *phải chăng* 沛庄 n'est-ce pas? *hay chăng* 哈庄 savez-vous?

Chặng..... 拯 intervalle; *chặng đàng* 拯唐 espace de chemin.

Chằng..... 絥 haubans; *rỗ chằng* 簪絥 marqué de petite vérole.

✗ Chẳng..... 庄 non, ne pas.

Chằng..... 顙; *ngồi chằng hảng* 墾顙項 s'asseoir en écartant les genoux.

Chanh.... 椬 timon d'un char.

Chạnh.... 鄭 être ému de colère ou de compassion.

Chánh.... 政 gouvernement, lois; *quốc chánh* 國政 lois du royaume.

Chành.... 梗 rameau d'arbre.

Cháo..... 稻 potage, ragoût.

Chào..... 嘲 salut! (à des inférieurs ou des égaux).

Chảo	鈔	poêle à frire.
Chạp	臘	*tháng chạp* 腩臘 dernier mois.
Chắp	執	joindre, attacher.
Cháp	執	garder rancune; *cháp nhát* 執壹 obstiné; *chớ cháp* 渚執 ne vous fâchez pas !
Chát	質	aigre, acerbe (se dit des choses et des paroles).
Chắt	嚝	arrière-petit-fils.
Chặt	鑽	amputer; serré.
Chất	質	placer par-dessus; *chất thật* 質實 sincère; *sự chát* 事質 matière.
Chật	秩	étroit.
Cháu	召	neveu.
Châu	州	ville de second ordre.
Châu	珠	perle; *châu báu* 珠寶 précieux.
Chậu	珆	bassin; *chậu hoa* 珆花 vase de fleurs.
Cháu	蚰	*con cháu* 昆蚰 sauterelle.
Châu	朝	être en présence (de Dieu, du roi); *châu quan* 朝官 exercer une charge.
Che	雯	protéger, couvrir; *che chở* 雯濘 protéger.
Chè	茶	thé; *chè tàu* 茶艚 thé chinois; *chè huế* 茶化 thé annamite.
Chê	吱	blâmer, mépriser; *chê cười* 吱唭 se moquer; *giềm chê* 讒吱 diffamer.
Chẹ	濡	languissant.
Chế	制	les lois; *tang chế* 喪制 deuil.

ANNAMITE-FRANÇAIS. 401

Ché...... 製 tempérer; *ché nước* 製渃 mélanger d'eau.
Chệc...... 隻 Chinois.
Chếch..... 隻 impair, incliné; *chếch lòng* 隻弄 cœur affligé.
Chém..... 刞 couper, amputer; *chết chém* 折刞 être décapité.
Chêm..... 襜 coin (à fendre le bois).
Cheo...... 招 présents faits aux voisins et habitants du lieu à l'occasion des noces; *cheo cưới* 招娶 célébrer les noces.
Cheo...... 猺 espèce de cerf.
Chèo...... 櫂 ramer; *cái chèo* 丐櫂 rame.
Chết...... 折 mourir; *chết tươi* 折鮮 mourir subitement.
Chi...... 之 quoi, que (particule).
Chị...... 姊 sœur aînée; *chị em* 姊掩 les sœurs.
Chí...... 志 intention; *bền chí* 紵志 constant; *quyết chí* 決志 avoir résolu; *vui chí* 盃志 content.
Chí...... 蛭 pou de tête.
Chì...... 鈒 plomb.
Chỉ...... 指 indiquer; *chỉ bảo* 指保 enseigner; *chỉ dẫn* 指引 diriger, montrer.
Chỉ...... 旨 volonté, intention; *chỉ truyền* 旨傳 ordonner.
Chỉ...... 織 fil; *chỉ tơ* 織綟 fil de soie; *chỉ vải* 織繩.

Gramm. 26

fil de coton; *chỉ gai* 織荄 fil de chanvre.

Chia...... 扮 diviser.

Chìa khóa.. 鈙銙 clef.

Chích..... 炙 faire sortir, extraire; *chích máu* 炙泖 tirer du sang, saigner (chirurgie).

Chiếc..... 隻 impair; numérale de différents objets, des navires, des barques, des nattes, des bâtons, etc.

Chiêm bao.. 占包 avoir un songe, faire un rêve.

Chiên..... 羖 brebis.

Chiến..... 戰 combattre; *chiến trận* 戰陣 combat.

Chiết..... 折 greffer.

Chiếu..... 詔 natte; édit royal.

Chiều..... 朝 temps du soir; *chiều tối* 朝最 vers le coucher du soleil.

Chim..... 鵊 oiseau.

Chìm..... 沆 être submergé; *chết chìm* 折沆 être englouti par les eaux; *chìm thuyền* 沆船 faire naufrage.

Chín...... 尮 mûr, cuit; le nombre neuf; *chín chắn* 尮振 avec soin.

Chính..... 正 droit; *trung chính* 忠正 fidèle; *vợ chính* 媦正 épouse légitime.

Chỉnh..... 整 orner; *tề chỉnh* 齊整 orné, beau.

Chịu...... 召 souffrir, recevoir; *chịu chức* 召職 être

ANNAMITE-FRANÇAIS.

		investi d'une dignité; *chịu thai* 召胎 concevoir (la femme); *chịu thua* 召收 être vaincu; *chẳng chịu* 庄召 impatient.
Chiũ	朝	flexible; *theo chiũ* 燒朝 se laisser fléchir par quelqu'un.
Cho	朱	donner; pour; *cho đặng* 朱特 afin que; *cho phép* 朱法 permettre.
Chó	獠	chien; *chó săn* 獠狁 chien de chasse; *chó sói* 獠獢 loup; *chó dại* 獠曳 chien enragé.
Chơ ngơ	諸魚	abandonné; orphelin.
Chợ	䃞	marché.
Chớ	渚	ne faites pas! *chớ chi* 渚之 plût à Dieu.
Chờ	除	attendre; *chờ đợi* 除待 idem.
Chở	㴻	transporter; *chở che* 㴻雯 protéger.
Choai	雛	veau.
Choái	匡	tige, pédicule; *choái khoai* 匡垮 tige de pommes de terre.
Chọc	祝	provoquer, taquiner, offenser; *chọc huyết* 祝血 saigner un animal; *trêu chọc* 嘹祝 provoquer.
Chóc	瘯	ulcère; *chóc đầu* 瘯頭 ulcère à la tête; *chóc cật* 瘯牿 ulcère dans le dos; *chóc sống* 瘯耕 ulcère à la jambe.
Chọi	跮	*gà chọi* 鶌跮 coq de combat; *đạp chọi* 蹬跮 frapper avec le pied.

26.

Chói...... 烓 resplendir, briller.
Chối...... 咥 nier, refuser.
Chổi...... 箒 balai.
Chơi..... 制 jouer, s'amuser, se délasser.
Chồm..... 跕 fondre sur; *nhảy chồm* 跊跕 se jeter sur.
Chọn..... 撰 choisir.
Chôn..... 墫 enterrer.
Chốn..... 準 lieu, endroit; *chốn chốn* 準準 partout.
Chơn..... 眞 pied; *đi chơn* 移眞 aller nu-pieds; *dời chơn* 移眞 partir.
Chồn..... 猓 ou *con chồn* 昆猓 belette, putois.
Chóng..... 攃 vite.
Chóng..... 蘃 souris.
Chóng trả.. 攃呂 résister; *ngăn chóng* 限攃 résister à l'ennemi.
Chồng..... 重 mari; superposer.
Chót...... 啐 extrémité, sommet.
Chú:..... 呪 prières ou invocations des bonzes et des sorciers.
Chủ...... 主 maître; *chủ gia* 主家 père de famille.
Chư...... 諸 tous.
Chữ...... 字 caractères (écrits).
Chua...... 珠 acide; *hột chua* 紇珠 perle.
Chúa...... 主 Seigneur; *Đức Chúa Trời* 德主丕 Dieu; *Đức Chúa Bà* 德主妃 la sainte Vierge.
Chùa...... 廚 pagode; *sãi chùa* 仕廚 bonze.

ANNAMITE-FRANÇAIS. 405

Chưa.....	渚	pas encore; femelle (d'animal) pleine.
Chứa.....	貯	contenir.
Chừa.....	除	s'amender; *chừa tội* 除罪 se corriger de ses péchés.
Chữa.....	助	enlever; guérir; *chữa bịnh* 助病 guérir une maladie; *chữa lại* 助吏 réparer, organiser.
Chúc......	祝	souhaiter une chose à quelqu'un; *bỗng chúc* 俸祝 aussitôt; *một chúc* 沒祝 un peu, quelque peu.
Chục......	逐	dizaine.
Chức.....	職	dignité; *chức quờn* 職權 idem.
Chùi......	挼	essuyer.
Chuyện....	傳	histoire, fable; *nói chuyện* 吶傳 raconter.
Chuyển động.	轉動	être agité; *chuyển mưa* 轉霄 pluie imminente.
Chum chơn.	占眞	à pieds joints.
Chung.....	終	commun, public; *nhà chung* 茹終 l'Église *vô chung* 無終 infini.
Chúng.....	衆	tous.
Chùng.....	重	en secret.
Chưng.....	徵	particule auxiliaire.
Chứng.....	証	témoin, témoigner; *chứng minh* 証明 témoignage infaillible.
Chừng.....	澄	terme, espace; *quá chừng* 過澄 au delà du terme, indéfiniment.

Chước .... 酌 transvaser.
Chước .... 斮 ruse, artifice; *bắt chước* 抔斮 imiter.
Chuối .... 桎 figue, banane.
Chuỗi .... 紳 rosaire.
Chửi .... 吐 maudire.
Chuông .... 鐘 cloche, clochette.
Chuộng .... 重 estimer, apprécier; *kính chuộng* 敬重 vénérer.
Chuồng .... 圉 étable, bergerie; *chuồng gà* 圉鶸 poulailler.
Chuốt .... 捽 polir; *chuốt ngót* 捽吼 flatter par des paroles; *trau chuốt* 捽捽 orner, décorer.
Chuột .... 狱 rat.
Chụp .... 執 fondre sur.
Chút .... 拙 peu.
Co ...... 孤 fléchir; *quanh co* 逃孤 tortueux; *co tay* 孤挀 contracter ou fermer la main.
Cọ ...... 摜 frotter.
Có ...... 固 avoir, être; *giàu có* 朝固 riche.
Cò ...... 鴉 héron.
Cỏ ...... 骷 herbe; *cỏ rác* 骷落 foin; *làm cỏ* 濫骷 arracher l'herbe.
Cô ...... 孤 orphelin.
Cô ...... 故 bisaïeul; *cô hương* 故鄉 la patrie.
Cổ ...... 古 col; *cổ áo* 古襖 collet d'habit; *thắt cổ* 袂古 se pendre.

Cỏ. . . . . . . 鼓 tambour.
Cơ quan. . . 機關 raison des choses; cơ hội 機會 occasion.
Cơ. . . . . . . 奇 bataillon de 500 hommes.
Cơ. . . . . . . 饑 faim; cơ ngèo 饑危 disette.
Có. . . . . . . 據 cause; có nào 據苆 pourquoi?
Cờ. . . . . . . 旗 drapeau; tổng cờ 總旗 porte-drapeau.
Cờ. . . . . . . 棋 jeu d'échecs; bàn cờ 槃棋 échiquier.
Cóc. . . . . . 蛒 crapaud.
Cọc. . . . . . 榻 arrhes; đặt cọc 達榻 donner des arrhes.
Coi. . . . . . 見 voir, regarder; coi thử 見此 examiner, éprouver.
Cỏi. . . . . . 堁; cứng cỏi 亘堁 dur.
Cõi. . . . . . 堁 voisin; bờ cõi 坡堁 limites.
Cội. . . . . . 檜 tronc; cội rễ 檜櫳 principe.
Cởi. . . . . . 檜 dépouiller; cởi áo 檜襖 se dépouiller de ses habits.
Cỡi. . . . . . 騎 monter à cheval, ou sur un éléphant.
Cốm. . . . . . 糮 riz grillé et confit dans le sucre.
Cơm. . . . . . 餂 riz cuit.
• Con. . . . . . 昆 fils, fille.
Còn. . . . . . 羣 encore; chẳng còn 庄羣 il n'existe plus.
Cơn. . . . . . 杄 espace de temps; nguồn cơn 源杄 source, origine.
Cong. . . . . 工 courbé.
Công. . . . . 公 juste; công bình 公平 idem; tam công

参 公 dignité éminente à la cour; *công
sự* 公事 travail public; *con công*
昆公 paon.

Công . . . . 功 mérite; *công lao* 功勞 travail; *công danh*
功名 renommée, honneurs.

Cọp . . . . . 貉; *hùm cọp* 貉貉 tigre.

Cột . . . . . 橛 colonne, mât; *rường cột* 樑橛 base.

Cợt . . . . . 噤 plaisamment; *giểu cợt* 昭噤 jouer, s'amuser.

Cu . . . . . 俱 parties honteuses.

Cu . . . . . 鴣 tourterelle.

Cú . . . . . 鴣 chouette; *cú mấu* 鴣牟 morose.

Cù . . . . . 衢 chemin.

Cú lao . . . 劬勞 île.

Củ . . . . . 矩 tubercule; *khoai củ* 坷矩 idem.

Cũ . . . . . 婁 ancien, antique.

Cư . . . . . 居; *gia cư* 家居 indigène; *phụ cư* 附居 étranger.

Cự . . . . . 拒 s'opposer; résister.

Cua . . . . . 蝌 écrevisse, crabe.

Của . . . . . 貼 chose; *của cải* 貼改 richesses; *của hiếm*
貼險 chose rare.

Cưa . . . . . 鋸 scie; *kéo cưa* 撟鋸 scier; *dao cưa* 刀鋸 lime.

Cửa . . . . . 闈 porte, port; *cửa sổ* 闈數 fenêtre; *cửa biển* 闈灣 port de mer.

Cúc......	菊	boutons d'habit.
Cực......	極	beaucoup; misère; *khốn cực* 困極 peines, épreuves.
Cúi......	蹡	s'incliner.
Củi......	檜	bois à chauffer le four.
Cửi......	紴	toile; *thợ cửi* 署紴 tisserand; *dệt cửi* 繊紴 tisser la toile.
Cung....	弓	arc; *giương cung* 張弓 tendre l'arc.
Cùng....	窮	fin, terme.
Cùng....	共	avec, envers, chez; *cùng nhau* 共饒 ensemble.
Cũng....	拱	aussi, également.
Cứng cỏi...	亘塈	dur; *cứng lòng* 亘弄 cœur endurci; *cứng cát* 亘葛 ferme.
Cuốc.....	鍋	houe, pioche.
Cưới.....	娺	se marier, prendre femme; *lễ cưới* 禮娺 cadeau de noce.
Cười.....	唭	se moquer, rire; *vui cười* 盃唭 se réjouir; *nói cười* 吶唭 plaisanter.
Cuốn.....	卷	tome; *cuốn sách* 卷典 un volume.
Cuốn.....	捲	pelotonner.
Cuống....	誑	queue des fruits.
Cuồng....	狂	sot, fou; *điên cuồng* 顛狂 idem.
Cướp.....	刦	voler, ravir; *ăn cướp* 垵刦 idem.
Cứt......	結	excrément des hommes et des animaux; *cứt sắt* 結鉄 scorie du fer.

Cừu thù... 仇讐 se venger.

Cựu...... 舊 ancien, antique.

Cứu...... 救 arracher, délivrer, sauver; *cứu chữa* 救助 idem; *cứu chuộc* 救贖 racheter.

Cừu...... 仇 ennemi, haïr; *cừu địch* 仇敵 idem.

Cửu...... 久 longtemps.

Cửu...... 九 le nombre neuf.

D

Da...... 耶; *Da Tô* 耶穌 Jésus.

Da...... 胗 peau; *lột da* 律胗 écorcher; *bánh da* 飴胗 placenta.

Dạ...... 脆 ventre; *lòng dạ* 弄脆 cœur; *tháo dạ* 操脆 dyssenterie.

Dạ...... 也 me voici! oui, monsieur!

Dà...... 梛; *cây dà* 核梛 arbre tinctorial.

Dã...... 野 lieux déserts.

Dai...... 夷 flexible et durable; *ác dai* 惡夷 importun.

Dại...... 曳 fou, imbécile; *dại dột* 曳突 idem; *ngáy dại* 癡曳 idem.

Dái...... 曳 craindre; testicule.

Dài...... 劽 long; *lâu dài* 婁劽 de longue durée, *bề dài* 皮劽 longueur.

Dải...... 幨 ceinture, lien; *đóng dải* 凍幨 voiler les parties honteuses.

ANNAMITE-FRANÇAIS. 411

Dãi . . . . . 汜 salive; *nhểu dãi* 遴汜 saliver, baver.
Day động . . 移動 agiter, s'agiter.
Dạy . . . . . 吺 enseigner, ordonner; *khuyên dạy* 勸吺 exhorter.
Dày . . . . . 苔 épais, gros.
Dảy . . . . . 跐 sautiller.
Dảy . . . . . 絿 corde.
Dậy . . . . . 跩 se lever; *thức dậy* 式跩 s'éveiller.
Dẩy . . . . . 汜; *nước dẩy* 渃汜 flot de la mer (flux); *đầy dẩy* 苔汜 plein.
Dám . . . . . 敢 oser; *nào dám* 芇敢 comment oserais-je? *dám cậy* 敢忌 oserais-je espérer?
Dặm . . . . . 琰 stade, lieue.
Dâm . . . . . 婬 luxure; *tà dâm* 邪婬 fornication; *dâm từ* 婬辭 paroles obscènes.
Dâm . . . . . 淫; *lầm dâm* 啉淫 à voix basse.
Dan . . . . . 延 semer, répandre.
Dạn . . . . . 演 audacieux; *mặt dày mày dạn* 頼眉苔演 impudent.
Dặn . . . . . 吲 recommander, confier.
Dần . . . . . 搩 comprimer; *dần tay áo* 搩搢襖 suborner quelqu'un.
Dân . . . . . 民 le peuple; *dân sự* 民事 idem.
Dẩn . . . . . 引 conduire; *chỉ dẩn* 指引 indiquer; *dẩn bảo* 引保 diriger.
Dạng . . . . . 樣 figure, forme; *giả dạng* 假樣 simuler;

miả dạng 美樣 comme, à l'instar.

Dảng..... 登 offrir (aux supérieurs).
Dạng chơn.. 踤眞 plante du pied.
Danh..... 名 réputation, nom; *danh tiếng* 名哨 célèbre; *hư danh* 虛名 perdre la réputation.
Dành..... 停 conserver.
Dao...... 刀 couteau.
Dạo...... 道; *đi dạo* 扐道 se promener; *dạo chơi* 道制 idem.
Dát...... 鎰; *dát đồng* 鎰銅 feuille de cuivre; *dát sắt* 鎰鉄 plaque de fer.
Dặt...... 逸 appliquer; *dặt thuốc* 逸菜 mettre un emplâtre.
Dấu...... 酉 bulbe.
Dàu...... 油 maigrir, se faner.
Dâu...... 姌 belle-fille.
Dâu...... 柚 mûrier.
Dấu...... 趴 signe, vestige; *làm dấu* 濫趴 signer, marquer; *bị dấu* 被趴 blessé; *con dấu* 昆趴 cachet; *dấu chơn* 趴眞 trace des pas.
Dấu...... 酉 aimer; *yêu dấu* 朕酉 idem.
Dầu...... 油 huile; quoique, si; *dầu lòng* 油弄 à volonté; *dầu đèn* 油畑 lanterne.
Dẫu ma.... 油麻 quoique.

Dé...... 羝 chèvre.
Dé...... 蟋 grillon.
Dể...... 易; khinh dể 輕易 mépriser.
Dễ...... 易 facile; dễ bảo 易保 docile.
Dẹo..... 妙 façon d'agir.
Dẻo..... 眇 visqueux.
Dẹp..... 揲 comprimer, contenir; dẹp an 揲安 obtenir la paix par les armes; dọn dẹp 扲揲 préparer.
Dệt...... 緎 tisser.
Déu..... 繇 beaucoup; nombreux.
Di....... 遺 laisser.
Dị....... 異 étonnant, curieux; kì dị 奇異 extraordinaire.
Dịch..... 譯 traduire; dịch sách 譯冊 traduire un livre.
Dịch..... 疫 peste; dịch khí 疫氣 air empesté.
Diêm..... 焰 nitre.
Diểng.... 盈; láng diểng 朗盈 voisin.
Diệt..... 威 anéantir, abolir, éteindre; tru diệt 誅威 idem.
Diều..... 鷂 milan.
Diễu..... 眇 orner tout autour.
Dinh..... 營 prétoire.
Dịp...... 揲 occasion.
Dịu...... 妙 flexible, mou; dịu mềm 妙嚜 idem.

Do......	由	d'où, de; explorer; *di do* 移由 aller à la découverte.
Dò......	紬	filets, rets.
Dỏ dắn....	哪引	dense, épais.
Dỗ......	誘	caresser, flatter; *phỉnh dỗ* 吶誘 tromper.
Dơ......	汭	sordide; saleté.
Dở......	嘆	élever, ouvrir.
Doan.....	緣	cause; *căn doan* 根緣 sort, destinée.
Dóc lòng...	篤弄	se proposer.
Dọc......	青	longueur.
Dóc......	篤	qui est en pente, incliné; *dóc lòng* 篤弄 chose décidée, résolue.
Dọi......	唯	; *la dọi dọi* 羅唯唯 gémir incessamment.
Dội......	隊	rebondir; *tiếng dội* 嗩隊 écho.
Dối......	嘾	faux; tromper; *dối trá* 嘾詐 idem; *nói dối* 吶嘾 mentir.
Dồi......	搥	charger une arme.
Dơi......	猊	chauve-souris.
Dời......	移	changer de place; *dời bước* 移北 partir.
Dọn......	扽	préparer; *dọn mình* 扽命 se préparer; *dọn cơm* 扽㘃 préparer la table.
Dong.....	容	supporter patiemment; contenir; *dong nhan* 容顏 beau, joli; *khoan dong* 寬容 libéral; *rộng dong* 曠容 donner généreusement; *thong dong* 通容 libre (adj.).

ANNAMITE-FRANÇAIS.   415

Dong..... 鎔 liquéfier.
Dòng..... 洞 race, lignée; ordre religieux; *dòng nước* 洞㵢 cours d'eau.
Dõng..... 吜 fort (adj.); *cang dõng* 剛吜 constant.
Dóng dài... 容𩨠 errant.
Dóng..... 溶; *mưa dóng* 湄溶 grain, bourrasque; *dóng tó* 溶憽 tempête.
Dốt...... 訥 ignorant.
Dột...... 溟 dégoutter.
Dụ....... 誘 attirer, inviter.
Dù....... 帕 abri; parasol.
Dũ....... 諭 conseiller; *thí dũ* 譬諭 par exemple; parabole.
Dư....... 餘 résidu; *dư dật* 餘溢 superflu.
Dự....... 預 préparer.
Dự....... 譽 louer, exalter.
Dữ....... 與 féroce, cruel; *độc dữ* 毒與 idem.
Dua...... 諛 aduler.
Dừa...... 椶 coco; suivre; *dừa theo* 椶燒 suivre.
Dục...... 育 nourrir.
Dục...... 憨; *lòng dục* 弄憨 désir immodéré.
Dức lác.... 吠落 vociférer.
Dực...... 翼 aile; *tả dực* 左翼 corps de gauche; *hữu dực* 右翼 corps de droite.
Dũi...... 唯 tracer un sillon.
Dũm...... 埊 couvercle de vase.

Dụng..... 用 user, se servir; *bất dụng* 不用 inutile.
Dưng..... 㲪 offrir (aux supérieurs); *ở dưng* 於㲪 oisif.
Dựng..... 孕 ériger; *gây dựng* 揆孕 créer.
Dừng..... 停 arrêter; *dừng nghỉ* 停擬 idem.
Dược..... 藥 médecine; *độc dược* 毒藥 poison.
Duỗi...... 唯 étendre; *duỗi lòng* 唯弄 dilater son cœur.
Dưới..... 㦲 au-dessous; *bề dưới* 皮㦲 partie inférieure; *vai dưới* 骹㦲 les inférieurs; *dưới nước* 㦲渃 dans l'eau.
Dương... 陽 matière la plus pure.
Dương... 楊 peuplier.
Dường... 羕 comme.
Dưỡng.... 養 nourrir; *sinh dưỡng* 生養 élever.
Dụt...... 熯 retirer le bois du feu.
Dứt...... 摋 absolu, parfait; *dứt lòng* 摋弄 tenir pour certain; *dứt gió* 摋逾 cesser le vent.

Đ

Đá....... 碢 pierre; toucher; *đá đoan* 碢端 inconstant; *đá vàng* 碢鑛 constant.
Đà....... 駝; *con đà* 昆駝 chameau.
Đã....... 㐌 déjà; être guéri; *đã rồi* 㐌耒 c'est fait; *đã bình* 㐌病 être en convalescence; *đã tật* 㐌疾 échapper à la maladie;

ANNAMITE-FRANÇAIS.

chẳng đã 庄㪰 incurable; *đã khát* 㪰喝 apaiser la soif; *đã thêm* 㪰饘 apaiser la faim.

- *Đạc*...... 度 conjecturer.
- *Đặc*...... 特 épais; *đông đặc* 東特 solide.
- *Đai*...... 憹 ceinturon militaire; *đai bào* 憹袍 habit des préfets.
- *Đại*...... 大 grand; *đại sự* 大事 affaire sérieuse; *đại minh* 大明 empire de la Chine; *đại thần* 大臣 grand mandarin.
- *Đái*...... 帶 pisser; *nước đái* 渃帶 urine.
- *Đài*...... 臺 palais du roi.
- *Đãi*...... 待 accueillir; laver dans l'eau; *đãi vàng* 待鑛 extraire l'or du sable; *đãi khách* 待客 recevoir un hôte.
- ✗ *Đáy*...... 溇 le fond; *đáy biếc* 溇碧 fond de l'eau; *đến đáy* 旦溇 jusqu'au fond.
- *Đày*...... 苔 exiler; *khách đày* 客苔 exilé.
- *Dãy*...... 帒 bourse, sac.
- ✗ *Đây*...... 低 ici; *lại đây* 吏低 viens ici.
- *Đậy*...... 待 couvrir; *che đậy* 零待 idem.
- *Đầy*...... 苔 plein; *đẩy đẫy* 苔江 idem.
- *Đẫy*...... 待 gras (en parlant d'un animal).
- *Đam*...... 宪 exporter, importer; *nha đam* 牙宪 aloès.
- *Đám*...... 坫 partie d'un champ, d'un jardin; *cất đám* 拮坫 enterrer.

Đăm..... 膽 le foie; *can đăm* 肝膽 courageux; *đại đăm* 大膽 magnanime.

Đăm..... 洗 être plongé; être adonné à une chose; *sa đăm* 沙洗 être adonné au plaisir; *đăm thuyên* 洗船 faire naufrage; *xiêu đăm* 漂洗 chavirer (une barque).

Đăm..... 潭 grave, sévère.
Đăm..... 沈 se rouler.
Đâm..... 鈂 piquer, transpercer; *đâm lao* 鈂犖 lancer un trait; *đâm chọc* 鈂祝 provoquer.
Đâm..... 潭 vivier.
Đan..... 單 tisser (des nattes); *đan thúng* 單橃 tisser des paniers.
Đạn..... 碑 gland; *đạn súng* 碑銃 balle, boulet.
Đàn..... 彈 troupe; *đàn lũ* 彈屡 troupeau.
Đàn..... 檀 sandal (bois).
Đang..... 當; *đang thì* 當時 jeunesse; *trở đang* 阻當 empêcher; *khôn đang* 坤當 ne pouvoir résister; *đang khi* 當欺 lorsque.

Đáng..... 當 mériter; digne; *đáng tội* 當罪 digne de châtiment.

Đàng..... 堂 maison; *thiên đàng* 天堂 paradis.
Đàng..... 唐 route, chemin; *đàng cái* 唐丐 voie publique; *đàng quan* 唐官 route royale; *di đàng* 移唐 faire route; *kẻ đam đàng* 几宄唐 guide; *đàng trong*

ANNAMITE-FRANÇAIS. 419

唐冲 Cochinchine; *đàng ngòai* 唐外 Tonquin.

Đàng..... 糖 sucre; *đàng phèn* 糖礬 sucre en pain; *đàng cát* 糖葛 sucre en poudre.

Đảng..... 党; *đảng kẻ cướp* 党几刼 bande de voleurs.

Đăng..... 簦 nasse.

Đặng..... 鄧 pouvoir, trouver, vaincre; *họ dạng* 戶鄧 nom de famille.

Đắng..... 薘 amer; *đắng nghét* 薘孹 très-amer.

Đẳng..... 等 les autres; degré; état; *đẳng vật* 等物 les autres choses, le reste.

Đảng..... 鐺 stérile (arbre).

Đảng..... 等 degré; *đảng bậc* 等北 idem.

Đánh..... 打 frapper; *đánh giặc* 打賊 faire la guerre; *đánh khảo* 打考 chercher à découvrir au moyen de la torture; *đánh đòn* 打棍 châtier; *đánh thuế* 打稅 exiger le tribut; *đánh giá* 打價 estimer; *đánh cá* 打魣 pêcher; *đánh bóng* 打俸 polir.

Đao...... 刀 couteau.

Đạo...... 道 religion; *đạo thiên chúa* 道天主 religion chrétienne.

Đạo...... 導 conduire; *hải đạo* 海導 flotte.

Đào...... 陶 creuser la terre.

Đào...... 逃 fuir; *đào thóat* 逃脫 s'évader.

27.

Đảo...... 倒 tomber; faire tomber, faire dévier; *đảo trở* 倒呂 tergiverser.

Đạp...... 踏 fouler aux pieds.

Đắp...... 塔 amonceler la terre, terrasser.

Đặt...... 達 placer, composer; *đặt tên* 達笎 imposer un nom.

Đất...... 坦 terre, région; *đất thó* 坦錯 terre argileuse; *Đất bên tây* 坦邊西 Europe.

Đau...... 疨 souffrir, être malade; *đau đớn* 疨疸 id.

Dâu...... 兜 où (particule); *dám đâu* 敢兜 comment oserais-je! *hay đâu* 哈兜 qui sait!

Đậu...... 杜 durer, subsister, se tenir (un navire sur l'eau, un oiseau dans l'air).

Đậu...... 豆 fève, haricot.

Đậu...... 痘; *chẩn đậu* 疹痘 petite vérole.

Đầu...... 頭 tête, commencement; *đầu lòng* 頭弄 aîné; *đầu gối* 頭膌 genou; *ban đầu* 班頭 au commencement.

Đầu phục... 投服 se soumettre.

Đe...... 砥 menacer; *hòn đe* 圦砥 enclume.

Đè...... 提 presser; *đè nén* 提曡 soupçonner.

Đẻ...... 臚 accoucher.

Đế...... 帝 empereur; *hoàng đế* 皇帝 idem.

Đề...... 題 préface; titre d'un livre.

Để...... 底 laisser, rejeter; *để bỏ* 底補 répudier; *để cho* 底朱 permettre.

ANNAMITE-FRANÇAIS. 421

Đem...... 宪 porter; *đem đi* 宪扐 emporter.
Đém...... 玷 tache; *lém đém* 斂玷 tacheté.
Đém...... 店 nuit; *ban đêm* 班店 de nuit.
Đếm...... 點 compter.
Đen...... 顛 noir; *bạc đen* 薄顛 ingrat.
Đèn...... 畑 lanterne, lampe; *đèn sáp* 畑蠟 cierge, bougie.
Đến...... 典 parvenir, venir; jusque; *tưởng đến* 想典 penser à une chose.
Đến...... 坍 satisfaire, restituer; *đến đài* 坍臺 palais; *đến tội* 坍罪 expier ses péchés.
Đẽo cây.... 搗核 raboter le bois.
Đều...... 調 ensemble; égal; parole; *nhiều đều* 饒調 bavard; *đều lạ* 調邏 chose étonnante.
Đi....... 扐 aller; *đi gì* 扐之 quoi? *đi bộ* 扐步 aller à pied.
Đĩ...... 嬷 prostituée; *đĩ thõa* 嬷妥 idem.
Địa...... 地 terre; *địa bàn* 地盤 boussole; *địa ngục* 地獄 enfer.
Đích..... 的 but, borne.
Địch..... 笛 tube de bambou.
Địch..... 敵 disputer, combattre; *cừu địch* 仇敵 se venger.
Điếc..... 的 sourd; *điếc tai* 的聰 idem.
Điên..... 癲 délirer; *điên cuồng* 癲狂 fou.

Điền..... 田 champ; *điền tô* 田租 impôt sur les champs.

Điếng..... 叮 qui n'a pas de sang; *sợ điếng* 怍叮 pâle de frayeur.

Điêu trác... 彫琢 polir, orner.

Điệu..... 調 conduire vers le roi.

Điếu..... 釣 tuyau de pipe, pipe.

Điều..... 條 chapitre, article; *điều mục* 條目 index d'un livre.

Đinh..... 釘 clou; *đinh cúc* 釘菊 clou à tête ronde; *đinh tai* 釘聰 clou à tête plate.

Định..... 定 établir; apprécier; *toan định* 筭定 idem; *định quyết* 定決 affirmer.

Đình..... 廷; *triều đình* 朝廷 cour du roi.

Đỉnh..... 頂 sommet; *đỉnh trán* 頂頭 front; *đỉnh đầu* 頂頭 sommet de la tête.

Địt..... 䆘 pet; péter.

Đo..... 都 mesurer; *đo đán* 都旦 idem.

Đó..... 妬 là, là bas.

Đó..... 篘 bourse de la nasse.

Đò..... 渡 bateau de passage; *dưa đò* 逸渡 passer en bac.

Đỏ..... 徒; *làm đỏ* 濫徒 simuler, feindre.

Đỏ..... 赭 rouge; *lửa đỏ* 焰赭 feu allumé.

Đố..... 都 palais royal.

Độ..... 度 distance; environ; *độ lượng* 度量 capacité.

ANNAMITE-FRANÇAIS. 423

Độ...... 渡 délivrer; *độ mình* 渡命 se soigner.
Đồ...... 圖 chose; meuble, instrument; *bản đồ* 版圖 carte géographique; *đồ ăn* 圖咹 provisions de bouche.
Đồ...... 徒 disciple; *tông đồ* 宗徒 apôtre; *tăng đồ* 僧徒 bonzes; *sinh đồ* 生徒 bachelier.
Đồ...... 塗 boue; *lộ đồ* 路塗 chemin; *đồ thuốc* 塗藥 oindre d'onguent.
Đổ...... 堵 fondre (v. a.); *đổ vào* 堵包 infuser (v. a.); *đổ nước mắt* 堵渃相 verser des larmes; *đổ lộn* 堵論 confondre.
Đợ...... 拖 confier un gage; *ở đợ* 於拖 demeurer en otage.
Đỡ...... 拖 soutenir, défendre; *giúp đỡ* 執拖 secourir; *đỡ mình* 拖命 se défendre.
Đoái..... 兌 regarder en arrière; *đoái thương* 兌傷 avoir pitié.
Đoạn..... 斷 absolu; complet; ensuite; *gián đoạn* 簡斷 interrompu.
Đoạn..... 段 chapitre, article.
Đoán..... 斷 juger, rendre une sentence; *xét đoán* 察斷 examiner et juger.
Đoàn..... 圑 troupe.
Đoản..... 短 bref; *đoản mạng* 短命 vie courte.
Đoạt...... 奪 ravir, usurper; *đoạt quờn* 奪權 usurper

l'autorité; *doạt lòng* 奪弄 résister à quelqu'un.

Đọc...... 讀 lire, réciter; *đọc kinh* 讀經 prier (Dieu).

Đốc...... 督; *đô đốc* 都督 commandant de 500 soldats.

Đốc...... 篤 dernier; à la fin.

Độc...... 毒 cruel; venimeux; *lòng độc* 弄毒 perfide; *thuốc độc* 藥毒 poison; *nước độc* 渃毒 eau malsaine; *rắn độc* 蛇毒 serpent venimeux; *giải độc* 解毒 antidote.

Đọi...... 礚 écuelle.

Đói...... 鬭 avoir faim; faim.

Đòi...... 隊 exiger (en parlant des supérieurs); *học đòi* 學隊 imiter; *đòi nợ* 隊女 exiger une dette; *đòi nơi* 隊尼 partout.

Đôi...... 堆 paire; les deux; *đôi lứa* 堆呂 époux; *đôi bên* 堆邊 les deux parts; *tiếng đôi* 哨堆 synonymes.

Đội ơn.... 隊恩 rendre grâces; *cám đội* 感隊 repasser le souvenir des bienfaits; *cai đội* 該隊 chef de 60 hommes.

Đối...... 對 répondre.

Đối...... 魛; *cá đối* 鱨魛 mulet (poisson).

Đồi tệ..... 頹弊 être ruiné, être renversé.

Đổi...... 對 changer; *đổi dời* 對移 déplacer.

Đỗi...... 隊 espace, terme, mode; *quá đỗi* 過隊 outre mesure.
Đợi...... 待 attendre; *chờ đợi* 除待 idem.
Đời...... 代 siècle, vie, monde; *đời nầy* 代尼 dans ce monde; *đời sau* 代蔞 le monde futur; *đời đời* 代代 éternel; *ra đời* 囉代 venir au monde; *qua đời* 戈代 mourir.
Đớm...... 怗 éclat de bois, copeau.
Đơm quải.. 宪怪 offrir des mets aux ancêtres.
Đờm dạnh.. 痰喑 flegme, pituite.
Đợn...... 迤 noué (homme), noueux.
Đón...... 頓 s'opposer; *đón rước* 頓逹 aller au-devant; *ngăn đón* 限頓 empêcher.
Đòn...... 梐 perche, verge; *đánh đòn* 打梐 frapper; *đòn cân* 梐斤 verge de balance.
Đọn...... 沌; *hỗn đọn* 混沌 confusion, tumulte.
Đọn...... 詑 stupidité; *đọn trí* 詑智 stupide.
Đốn...... 頓 amputer, couper.
Đồn...... 吨 divulguer; *tiếng đồn* 啃吨 bruit, renommée.
Đồn...... 屯 fort, forteresse.
Đơn...... 單 simple; *đơn bạc* 單薄 pauvre; *doan đơn* 緣單 veuf, veuve.
Đơn...... 丹; *linh đơn* 灵丹 remède efficace.
Đơn phong.. 癉瘋 lèpre.

Đờn...... 彈 instrument de musique; *đờn ông* 彈翁 homme; *đờn bà* 彈妣 femme; *đờn hát* 彈喝 chanter et jouer des instruments.

Đong..... 揀 mesurer (le riz, etc.).

Đóng..... 凍 fermer; *đóng đinh* 凍釘 clouer; *đóng tàu* 凍艚 construire un navire; *đóng trại* 凍寨 camper; *đóng chuông* 凍鍾 sonner la cloche; *đóng nợ* 凍女 s'endetter; *đóng gông* 凍杠 imposer la cangue.

Đông..... 冬 hiver, congeler; *đông lại* 冬吏 gelé.

Đông..... 東 orient; multitude; *đông kinh* 東京 Tonquin.

Động..... 動 mouvoir; être mû; *day động* 移動 être agité.

Đống..... 棟 monceau.

Đồng..... 同 ensemble; égal, unanime; *đồng lòng* 同弄 qui est d'accord; *đồng sức* 同飭 d'un commun accord.

Đồng..... 童 garçon, fille; *đồng trinh* 童貞 vierge, célibataire; *đồng phụ* 童負 magicien.

Đồng..... 銅 cuivre; numérale des monnaies; *đồng tiền* 銅錢 sapèque; *đồng bạc* 銅泊 piastre d'argent.

Đồng..... 仝 champ cultivé.

ANNAMITE-FRANÇAIS. 427

Đốt...... 焠 enflammer, incendier; lửa đốt 焰焠 incendie.
Đọt đọt.... 蝼蝼 holothuries.
Đu...... 梛 sorte de jeu qui consiste à se balancer à l'extrémité d'une corde.
Đú...... 妉; lăng dú 凌妉 être (les animaux) en rut.
Đủ...... 賭 suffire; assez.
Dua...... 都 rivaliser; dua bơi 都排 idem; dua sức 都飭 lutter.
Đũa...... 筳 bâtonnets pour manger.
Dưa...... 逸 accompagner, conduire; dưa dâu 逸妯 conduire la fiancée à son époux.
Đứa...... 丁 appellatif des inférieurs.
Dưa đi.... 逸迻 repousser.
Đúc...... 鑄 fondre le métal.
Đục...... 鐲 ciseau, poinçon, lancette.
Đức...... 德 vertu, titre suprême; Đức Chúa Trời 德主丕 Dieu; Đức Chúa Bà 德主妣 la sainte Vierge; Đức cha cả 德吒哥 évêque.
Đực...... 特 mâle (des animaux); cây đực 核特 arbre qui ne donne pas de fruits.
Dui...... 睢 aveugle; dui tối 睢最 idem.
Đùi...... 韃 quartier d'animal.
Đun...... 撒 introduire; đun nhét 撒熱 suborner.
Đứng..... 凍 chose qui n'est plus intacte; entamer.

Dùng dùng.. 洞洞 bruit du canon, de la foudre.

Đưng..... 登 stérile (arbre ou plante).

Đứng..... 等 se tenir debout; *đứng sững* 等㚣 immobile; *đứng bóng* 等俸 midi; *đứng lại* 等吏 arrêter; *đứng dạy* 等跜 se lever.

Đừng..... 停 ne faites pas, gardez-vous de...

Đuốc..... 燷 torche de pin.

Được..... 特 pouvoir; trouver.

Đuôi..... 䯻 queue; *đầu đuôi* 頭䯻 commencement et fin; *nối đuôi* 芮䯻 l'un après l'autre.

Đuối...... 對 faible, fatigué.

Đuối...... 鱉; *cá đuối* 魛鱉 raie (poisson).

Đuổi...... 對 chasser; *đuổi đi* 對拸 renvoyer.

Dương.... 當; *họ dương* 戶當 congrégation.

Đuột...... 突; *ngay đuột đuột* 証突突 très-droit.

Đút...... 揆 boucher, introduire; *đút tiền* 揆錢 tenter par de l'argent.

Đụt...... 突 se réfugier, se mettre à l'abri; *đụt mưa* 突湄 se mettre à l'abri de la pluie; *đụt nắng* 突曬 idem du soleil.

Đứt...... 坦 se rompre (une corde).

E

E........ 哇 craindre; *e sợ* 哇炸 être inquiet.

Éc....... 蝹 grenouille.
Em....... 掩 frère ou sœur plus jeune; *chị em* 姉掩 sœurs; *con em* 昆掩 inférieurs.
Ếm....... 厭 suave; doux au toucher, agréable à entendre; *ếm lòng* 厭弄 content.
Em....... 壓 conjuration pour chasser le diable.
En....... 燕 petite fièvre; *run en* 敦燕 frissonner de fièvre.
Ến....... 鷰 hirondelle.
Eo óc..... 夭屋 causer de l'ennui.
Eo náu.... 要耨 vexer.
Ép....... 押 forcer, presser; exprimer.

G

Gà....... 鷐 coq, poule; *gà chọi* 鷐踤 coq de combat.
Gã....... 晋 celui-là; tu, toi.
Gác...... 挌 imposer de telle sorte que les extrémités seules touchent.
Gạc...... 各 cornes du cerf.
Găc...... 各 consentir.
Gạch..... 礊 brique.
Gai...... 荄 épine; chanvre.
Gái...... 妈 femme; *con gái* 昆妈 fille.
Gài...... 棋 boutonner un habit.
Gãi...... 掀 gratter.

Gạy......	棍	irriter, exciter.
Gáy......	吤	; *gà gáy* 鵸吤 chant du coq.
Gãy......	掜	être brisée (une chose dure).
Gây......	挔	exciter à la guerre, etc.
Gậy......	棍	bâton, canne.
Gầy......	掑	commencer un travail.
Gảy......	瘨	maigre; *gảy mòn* 瘨瘸 maigrir; *gảy guộc* 瘨瘸 décharné.
Gặm......	吟	ficher (des choses menues, par exemple une aiguille).
Gặm......	噤	saisir avec les dents; *gặm xương* 噤昌 ronger un os.
Gằm......	瞵	; *coi gằm* 䙾瞵 regarder de travers.
Gấm......	錦	étoffe de soie à fleurs.
Gầm......	噙	cri des animaux.
Gẫm......	吟	méditer, considérer.
Gan......	肝	foie; *cả gan* 哿肝 courageux.
Gắn......	哏	enduire de colle.
Gằn gạo...	斯秸	nettoyer le riz.
Gân......	筋	nerf.
Gần......	斯	près; *gần xa* 斯賒 partout.
Gang.....	鋼	fonte de fer.
Gàng trở...	強阻	empêcher.
Gắng.....	亘	s'efforcer; *gắng sức* 亘飭 idem.
Gầng.....	薑	gingembre.
Ganh gổ...	坑楒	envier.

Gánh	挭	porter avec une perche.
Gạo	秮	riz cru.
Gặp	及	rencontrer; *gặp ván* 及運 faire une heureuse rencontre.
Gáp	急	urgent; *gáp rúc* 急嚁 agonie.
Gặt	嚁	brûler (le gosier).
Gặt	秮	cueillir, moissonner.
Gàu	篙	vase à puiser de l'eau.
Gấu	猫	ours; *gấu chứa* 猫貯 contenir.
Ghe	稽	nombreux; *ghe phen* 稽番 souvent.
Ghe	麒	bateau.
Ghé	暏	prendre une direction; aborder en bateau.
Ghè	墥	grands vases.
Ghẻ	疕	gale; *mẹ ghẻ* 媄疕 marâtre; *ghẻ mắt* 疕相 envier.
Ghê	齭	agacement des dents.
Ghế	几	chaise, banc.
Ghen	慳	envier; *ghen ghét* 慳呪 haïr.
Ghèn	睧	chassie des yeux.
Ghẹo	嶠	provoquer; *chọc ghẹo* 呪嶠 idem.
Ghi	記	noter; *ghi chép* 記笗 noter par écrit.
Ghì	掑	tenir fermement.
Gí	織	bord, frange; *gí áo* 織襖 bord d'un habit.
Gì	之	quoi?
Gỉ giớm	只滅	taché.

Gia ...... 家 maison, famille; *gia tài* 家財 meubles; *gia nô* 家奴 domestiques.

Gia ...... 加 ajouter.

Giá ...... 價 prix; *đánh giá* 打價 estimer.

Giá thú ... 嫁娶 se marier.

Giá ...... 這 gelée, glace.

Già ...... 耂 vieux; mourir; *bà già* 妣耂 vieille; *tuổi già* 歲耂 vieillesse.

Giả ...... 假 simuler, faux; *giả hình* 假形 hypocrite; *giả như* 假如 si, en supposant que...

Giã ơn .... 啫恩 remercier; *giã gạo* 啫秸 battre le riz.

Giác ...... 覺 sentir; *thợ giác* 署覺 chirurgien.

Giạc ...... 角 lâche, relâché.

Giặc ...... 賊 guerre; ennemi.

Giác ...... 職 un somme (sommeil); *giác ngủ* 職胩 dormir un somme.

Giại ...... 豸 oblique.

Giái ...... 誡 ordre, ordonner.

Giái ...... 械; *khí giái* 樮械 armes.

Giái ...... 界 terme; *thế giái* 世界 monde.

Giái ...... 芥 moutarde.

Giải ...... 解 délier, absoudre; *giải tội* 解罪 absoudre du péché; *giải ngãi* 解義 interpréter, traduire; *giả sầu* 解愁 calmer la tristesse; *nói giải* 吶解 excuser.

Giãi ...... 豸 oblique.

Giạy......	搳	frotter avec le doigt.
Giáy......	戒	très-vite (on ne s'en sert que pour exciter).
Giày......	鞋	souliers; *mang giày* 芒鞋 chausser; *giày dạp* 鞋踏 fouler aux pieds; *thợ giày* 簪鞋 cordonnier.
Giây phút..	之丿	un moment.
Giấy......	紙	papier; *tờ giấy* 詞紙 feuille de papier; *giấy tàu* 紙艚 papier chinois.
Giẫy......	扯	arracher (par exemple, les herbes).
Giám.....	監	examiner; pourvoir; *giám khảo* 監考 censeur; *giám thị* 監視 arbitres.
Giảm.....	減	diminuer (v. a.).
Giầm.....	跧	se rouler dans la boue.
Giậm.....	跧	frapper du talon.
Giấm.....	酨	vinaigre; *giấm thanh* 酨淸 vinaigre de vin.
Gian......	間	au dedans, au milieu; *thế gian* 世間 le monde.
Gian......	奸	injuste, faux; *cáo gian* 告奸 accuser injustement.
Gian nan...	艱難	misère, calamité.
Gián......	柬	cancrelat, blatte.
Gián sắc...	簡色	de diverses couleurs.
Giãn......	簡	se détendre; suspension d'armes.
Giận......	悷	se mettre en colère; *giận ngầm* 悷吟 colère sourde; *căm giận* 唅悷 être enflammé de colère.

Giang..... 江 fleuve.
Giáng..... 降 descendre; *giáng sinh* 降生 s'incarner.
Giàng..... 弸 arc.
Giảng..... 講 prêcher.
Giặng..... 庄 embarrassé, occupé.
Giàng..... 牀 lit.
Giảng tóc... 拯鬠 se hérisser les cheveux.
Giao...... 交 convenir; unir; *giao kết* 交結 faire un traité; *giao hòa* 交和 faire la paix.
Giao...... 膠 colle.
Giáo...... 教 lance.
Giáp...... 甲 cuirasse.
Giáp...... 夾 contigu, joint, uni.
Giáp giới... 熱烕 tressaillir, s'agiter.
Giắt...... 搢 insérer; *giắt vào* 搢包 idem.
Giặt áo.... 洗襖 laver les habits.
Giàu...... 朝 riche.
Giấu...... 丑 cacher; *giấu giếm* 丑占 idem.
Gié....... 秷 épi.
Giệch..... 隻 déformé.
Gièm,..... 讒 diffamer; *gièm siểm* 讒諂 aduler.
Giêng..... 脏; *tháng giêng* 膓脏 le premier mois.
Giếng..... 洴 puits.
Gieo...... 招 semer; *gieo giống* 招種 idem.
Gieo...... 召 oblique.
Giết...... 折 tuer; *gia giết* 加折 beaucoup, très.

Giễu......	昭	jouer, plaisanter.
Gìn giữ...	廛佇	conserver, avoir soin.
Gió......	逾	vent; *gió xuôi* 逾吹 vent favorable; *gió* (voi nói) *ngược* 逾虐 vent contraire.
Giò......	蹉	pied d'un animal.
Giò......	蹰	fondre sur quelqu'un.
Giỏ......	吐	cracher; *giỏ vặt* 吐勿 idem.
Gio......	抸	étendre; offrir une chose à quelqu'un; *gio ra* 抸囉 montrer.
Giờ......	睮	heure; *bây giờ* 閉睮 à présent.
Gióc......	祝	tresser; *gióc dây* 祝綉 tresser des cordes.
Giỏi......	烓	allègre, dispos, vif.
Giội......	溙	verser par-dessus.
Giồi......	揉	polir; *trau giồi* 拌揉 orner.
Giòn......	存	fragile.
Giọng.....	喠	son de voix; être agitée (l'eau); *khan giọng* 看喠 rauque; *ngọt giọng* 吚喠 voix suave.
Giỏng.....	種	genre, espèce; semence.
Giồng.....	城	colline.
Giọt......	渶	goutte; *nhỏ giọt* 乳渶 dégoutter.
Giú trái....	洭鞁	faire mûrir les fruits.
Giữ......	佇	garder; *giữ mình* 佇命 prendre garde; *giữ nét* 佇涅 garder les bonnes mœurs; *giữ phép* 佇法 observer les lois.
Giữa.....	銈	lime, limer.

Giữa..... 冲 milieu, au milieu.
Giục...... 逐 exciter, pousser; *giục nhau* 逐饒 s'exciter mutuellement.
Giùi...... 釪 alène, poinçon.
Giùm giúp.. 璙執 secourir, venir en aide.
Giun..... 敦 ridé; *giun da* 敦膠 peau ridée.
Giương.... 張 étendre.
Giương ghẻ. 仗疧 beau-père, mari de la belle-mère.
Giường.... 牀 lit.
Giúp...... 執 servir, aider; *giúp lời* 執䛊 intercéder.
Giựt...... 秩 enlever avec force.
Gò càng... 繻綱 retenir un cheval par la bride.
Gõ....... 揌 frapper avec les doigts.
Gò....... 垍 former, donner la forme.
Gỗ....... 楨 bois; *cây gỗ* 核楨 idem.
Gớ lạ..... 憟遜 horrible, effrayant.
Gỡ....... 攀 débrouiller; *gỡ đầu* 攀頭 peigner.
Góa...... 寡 veuf, veuve; *gái góa* 姅寡 fille.
Góc...... 谷 angle, coin.
Góc gác.... 榕拾 tronc d'arbre.
Gọi...... 噲 appeler; se nommer.
Gói...... 繪 envelopper; enveloppe.
Gội...... 澮 laver la tête; *tắm gội* 沁澮 laver le corps.
Gối...... 蹭 oreiller, traversin; genou; *quì gối* 跪蹭 s'agenouiller.

Gởi..... 改 envoyer, recommander; *gởi gấm* 改錦 idem; *gởi tin* 改信 envoyer un message.

Gốm..... 璊 argile; *thợ gốm* 署璊 potier.

Gồm trọn... 蠑論 doué de grandes vertus, etc.

Gớm..... 憾 avoir horreur; *gớm ghiếc* 憾怵 horrible.

Gòn..... 棍; *bông gòn* 蓙棍 espèce de coton.

Gọng..... 共 pinces d'un crabe.

Gồng..... 杠 cangue; *mang gồng* 芒杠 porter la cangue.

Góp nhóp.. 給叭 rassembler les contributions ou les ressources d'un grand nombre.

Góp..... 合 ensemble, en commun.

Gót..... 蹯 talon; *dời gót* 唯蹯 partir.

Gọt..... 劓 peler un fruit; *cạo gọt* 搞劓 raser, épiler.

Gục..... 局 courber la tête; *gục gặc* 局拾 consentir.

Gươm.... 劍 épée, sabre.

Gương.... 銅 miroir de métal; exemple; *soi gương* 燸銅 se regarder dans le miroir; *gương tốt* 銅卒 bon exemple.

Gượng.... 強; *gắng gượng* 勁強 s'efforcer.

Gút..... 骨 nœud de cordes.

Gụt đầu... 滑頭 laver la tête.

H

Hạ......	下	en bas; inférieur; déposer; *thiên hạ* 天下 le monde; *hèn hạ* 賢下 vil; *mặt hạ* 末下 infime, le dernier; *hạ ngục* 下獄 cachot obscur; *hạ lợi* 下痢 dyssenterie.
Hà tiện....	荷便	avare; *hà hiếp* 荷脇 opprimer.
Hà......	蚵	taret (ver).
Hả hơi....	蚵唏	s'évanouir, rendre l'esprit.
Hai......	佁	deux.
Hại......	害	causer du dommage; *tai hại* 災害 calamité; *hại nát* 害涅 causer ou éprouver du dommage.
Hái......	薭	cueillir (des légumes, des fleurs).
Hài......	骸	les membres.
Hài......	諧	concorde.
Hải......	海	mer.
Hãi......	悇; *kinh hãi* 驚悇 trembler de peur.
Hãi......	唉	indice de l'impératif, et quelquefois du subjonctif.
Hay......	哈	savoir; bien; diriger; avoir coutume; souvent.
Hây hây...	熙熙	gaiement.
Ham.....	歆	avide; *ham tiếng* 歆唷 ambitieux de renommée.

Hàm.....	含	mâchoire.
Hãm hiếp..	陷脅	forcer, contraindre, violenter.
Hăm.....	歆	menacer.
Hầm.....	焞	cuire au bain-marie.
Hầm.....	垳	fosse, fossé; đào hầm 陶垳 creuser une fosse.
Hắm.....	噉	noirâtre.
Hạn.....	旱	sécheresse, aridité.
Hàn.....	寒	froid.
Hàn.....	韓	souder; cửa hàn 閣韓 Tourane.
Hẳn.....	窂	vrai; hẳn thật 窂實 indubitable; hẳn lòng 窂弄 tenir pour certain.
Hang.....	窞	antre; hổ hang 虎窞 rougir.
Hạng.....	項	ordre, degré, classe.
Hàng.....	行	ligne; ordre; récompense; repas du milieu du jour; họ hàng 護行 parents; bán hàng 半行 vendre des marchandises.
Hàng phục.	降伏	se soumettre.
Hằng.....	恆	toujours.
Hành.....	行	faire; nói hành 吶行 diffamer.
Hành.....	倖 ; kiêu hành 驕倖 arrogant.
Hao hớt...	耗嗑	se consumer.
Hào quang..	豪光	splendeur.
Hảo.....	好	désirer; vouloir; sourire; hòa hảo 和好 concorde.

Hạp.....	合	s'accorder, convenir ; *hạp ý* 合意 sourire, plaire.
Hấp.....	翕	faire chauffer un liquide.
Hát.....	喝	chanter; *con hát* 昆喝 chanteuse; *hát hoa tình* 喝花情 chanter des chansons déshonnêtes.
Hạt.....	紇	un grain (p. ex. de riz).
Hắt.....	迄	faire tomber, rejeter (p. ex. en vannant); *nước hắt vào* 渃迄包 l'eau pénètre (p. ex. dans un bateau, dans la maison).
Háu.....	妞	appétit vorace.
Hàu.....	蠔	huître.
Hậu.....	后	reine.
Hậu.....	後	après.
Hầu.....	侯	à peine; prince; assister; concubine; *hầu hết* 侯歇 près de la fin.
Hé.....	戲	; *mở hé hé* 撝戲戲 ouvrir à moitié; *hó hé* 虖戲 murmurer.
Hè.....	夏	; *mùa hè* 務夏 été.
Hé chi đó...	兮之妬	qu'importe !
Hễ.....	係	tout, tous; *hễ ai* 係埃 quiconque; *hễ khi nào* 係欺芇 toutes les fois que.
Hềm oan...	嫌怨	se venger; *hềm hịch* 嫌敫 retenir sa colère.
Hèn.....	賢	vil; *hèn mọn* 賢閅 idem; *hèn mạt* 賢末 infime.

ANNAMITE-FRANÇAIS.   441

Heo...... 獵 porc; *heo rừng* 獵棱 sanglier.

Hẹp...... 陜 étroit, serré; *hẹp lượng* 陜量 esprit faible, cerveau étroit.

Hét...... 噊 rugir, frémir.

Hét...... 歇 finir; fin; *hết lòng* 歇弄 de toute son âme; *hết ngay* 歇眰 très-fidèle.

Hệt...... 頡 parfaitement semblable, identique.

Hí....... 戲 hennir.

Hỉ....... 喜 se moucher.

Hiếm..... 險 rare; *hiếm có* 險固 précieux.

Hiểm..... 險 dangereux; *hiểm nghèo* 險危 idem.

Hiện ra... 現曜 apparaître.

Hiến hành.. 憲行 mettre à mort les condamnés.

Hiền...... 賢 prudent; doux; *hiền lành* 賢苓 idem; *nhơn hiền* 仁賢 clément.

Hiệp...... 脅 opprimer; *hiệp đáp* 脅答 idem; *hà hiệp* 荷脅 opprimer le peuple; *máng hiệp* 嘆脅 accabler de reproches.

Hiệp...... 恊 unanime; *hiệp lực* 恊力 en réunissant les forces.

Hiệp...... 合 s'unir, s'accorder; *vầy hiệp* 圍合 idem; *hòa hiệp* 和合 personnes qui sont d'accord.

Hiệu..... 效 efficace (remède).

Hiếu...... 孝 reconnaissant; pieux (enfant).

Hiểu...... 曉 comprendre; *hiểu thấu* 曉透 pénétrer.

Hình.....	形	figure, apparence; *đồ hình* 圖形 peinture; *giả hình* 假形 simuler, feindre.
Hình phạt..	刑罰	supplice; *gia hình* 加刑 torturer; *thọ hình* 受刑 être supplicié.
Hình.....	腥	puanteur (des chairs qui entrent en putréfaction).
Hít......	歆	sentir; *hít thuốc* 歆菜 priser du tabac; *thuốc hít* 菜歆 tabac à priser.
Ho......	呼	toux; tousser.
Họ......	戶	congrégation, société; *họ hàng* 戶行 parenté.
Hô......	瑚	; *sanh hô* 珊瑚 madrépore.
Hô hấp....	呼吸	soupir.
Hộ......	護	; *phù hộ* 扶護 protection divine.
Hố......	虖	fosse; *ham hố* 歆虖 avide.
Hồ......	湖	lac.
Hổ......	虎	rougir; *hổ ngươi* 虎𦙫 avoir honte.
Hổ......	琥	; *hổ phách* 琥珀 ambre.
Hoa.....	花	fleur; *bắt hoa* 抔花 tresser des fleurs; *hoa nương* 花娘 prostituée; *chậu hoa* 玿花 vase de fleurs; *hoa tình* 花情 obscène.
Họa.....	祸	calamité; *họa là* 祸羅 peut-être.
Họa.....	畫	peindre.
Hóa.....	化	être créé; *biến hóa* 變化 être transformé; *tạo hóa* 造化 créer.

Hòa......	和	union, concorde; *giao hòa* 交和 faire la paix.
Hỏa......	火	feu; *hỏa tai* 火災 incendie.
Hoặc là....	或羅	peut-être.
Hoặc.....	惑	tromper; *nghi hoặc* 疑惑 douter; *cuống hoặc* 誆惑 tromper.
Hoai......	嚛	s'évanouir.
Hoại......	壞	détruire; *bại hoại* 敗壞 être détruit.
Hoài......	懷	toujours.
Hoan.....	歡	content; se réjouir.
Hoạn nạn..	患難	calamité.
Hoạn.....	宦	eunuque; *nội hoạn* 內宦 eunuque du roi.
Hoàn.....	還	rendre, payer; revenir.
Hoàn.....	丸	pilule.
Hoàn tất...	完畢	absolu.
Hoáng....	恍	délirer; *làm hoáng* 濫恍 agir follement.
Hoàng đế...	皇帝	empereur.
Học......	學	étudier; *trường học* 塲學 académie; *dạy học* 呧學 instruire.
Hỏi......	唏	interroger; *lễ hỏi* 禮唏 fiançailles.
Hôi......	灰	puanteur; *mồ hôi* 戊灰 sueur; *hôi thối* 灰退 puer.
Hội......	會	congrégation; *hội diện* 會面 se rassembler; *hội Thánh* 會聖 la sainte Église.
Hối......	悔	presser; insister; *hấp hối* 吸悔 agonie.

Hồi lại.... 回吏 revenir; *hồi hồi* 回回 les mahométans.

Hơi...... 唏 souffle, vapeur; *tắt hơi* 燋唏 mourir.

Hòm..... 函 caisse; *hòm gương* 函鏡 coffre à bijoux.

Hòm..... 陷; *lỏ hòm* 魯陷 concave.

Hôm..... 歆 crépuscule du soir; *hôm mai* 歆埋 le matin et le soir; *hôm qua* 歆戈 hier; *hôm kia* 歆箕 avant-hier.

Hôn..... 昏 baiser.

Hôn..... 婚; *giao hôn* 交婚 se marier.

Hồn..... 魂 âme; *linh hồn* 靈魂 âme raisonnable; *sinh hồn* 生魂 âme végétative; *giác hồn* 覺魂 âme sensitive; *hoảng hồn* 恍魂 troublé.

Hỗn độn... 混沌 chaos, confusion.

Hơn...... 欣 plus; surpasser.

Hớn..... 漢 gai; *vui hớn hớn* 盃漢漢 idem.

Hóng..... 烘; *mồ hóng* 烖烘 suie.

Hòng..... 洪 près de; presque.

Hồng..... 紅 rosé, rouge.

Hợp..... 合 se réunir; *nhóm hợp* 貼合 se rassembler en une place; *hợp chúng* 合衆 contracter une société.

Hộp..... 匣 boîte.

Hốt..... 忽 rassembler avec les mains; *hư hốt* 虛忽 vicié.

ANNAMITE-FRANÇAIS.   445

Hột..... 紇 grain; *chuỗi hột* 紳紇 chapelet; *hột nước* 紇渃 goutte d'eau.

•Hư..... 虛 vicié, gâté; *hư đi* 虛扐 corrompu; *hư thân* 虛身 se pervertir; *làm hư* 濫虛 gâter, corrompre.

Hùa..... 和 conjurer, former une conjuration.

Hứa..... 許 promettre; *khẩn hứa* 懇許 faire un vœu; *lời hứa* 俐許 promesse.

Hủy..... 毀 détruire; *hoang hủy* 荒毀 qui a de mauvaises mœurs.

Huyện.... 縣 ville de troisième ordre.

Huyễn.... 幻 faux, feint; *huyễn hoặc* 幻惑 tromper.

Huyết..... 血 sang.

Huinh..... 兄 frère aîné.

Huình..... 黃 jaune.

Hùm beo... 貛豹 tigre.

Hung..... 凶 infortune; *hung bạo* 凶暴 cruel.

Húng hiếp.. 菊脇 opprimer.

Hùng hào.. 雄豪 héros; *gian hùng* 奸雄 chef de brigands.

Hủng..... 寵 concavité.

Huống.... 況 combien plus, combien moins; *huống chi* 況之 idem.

Hương.... 香 encens, petit bâton d'odeur; *hương hoa* 香花 aromate.

Hương.... 鄉 ; *quê hương* 圭鄉 patrie ; *hương đảng* 鄉党 lieu de naissance.

Hương.... 向 ; *phương hương* 方向 partie du monde ; *hương đóng* 向東 orient.

Hưởng.... 享 jouir d'une chose ; *hưởng nhờ* 享沕 s'appuyer sur quelqu'un.

Hút..... 哾 sucer, teter ; *hút thuốc* 哾菜 fumer ; *làm tắt hút* 濫燧哾 agir avec négligence.

Hụt..... 紇 manquer ; bref.

Hữu.... 右 (côté) droit ; *bên hữu* 邊右 côté droit.

Hữu.... 友 ; *bằng hữu* 朋友 ami ; *ngãi hữu* 義友 idem.

Hữu..... 有 être, avoir.

Y

Y........ 依 s'appuyer, suivre.
Y........ 衣 habit extérieur.
Y........ 醫 art médical.
Y........ 意 volonté, intention ; *vô y* 無意 inattentif ; *mặc y* 默意 à volonté.
Y........ 倚 s'appuyer sur (au moral).
Y trước... 椅竹 chaise, banquette.
Yả....... 粅 ; *đi yả* 迻粅 décharger le ventre (bas).
Yên..... 安 tranquille ; paix.
Yên..... 宴 repas ; *yên ẩm* 宴飲 festiner.

Yén...... 燕 hirondelle salangane; *tổ yến* 祖燕 nid d'hirondelle.
Yéng bóng.. 影棒 se placer à l'ombre.
Yêu...... 腰 aimer, estimer; *thương yêu* 傷腰 chérir; *yêu mến* 腰勉 idem.
Yêu...... 要 faible; être malade; *yêu đuối* 要對 idem; *yêu sức* 要飭 s'affaiblir; tomber malade.
Yêu điệu .. 窈窕 mou, délicat.
Ym mát.... 庵沫 agréable (p. ex. le temps); *trời ym* 𡗶庵 beau temps.

I

Ich...... 益 utilité; utile; *ich lợi* 益利 gain, avantage; *swóng ich* 暢益 volupté.
Im...... 掩 fermer, couvrir.
In...... 印; *sách in* 冊印 livre imprimé; *giốn nhw in* 種如印 tout à fait semblable.
It....... 丕 peu; *một ít* 沒丕 quelque peu; *ít nữa* 丕女 bientôt; un peu plus; *ít nữa là* 丕姅羅 au moins.

K

Ké...... 寄 introduire; *ké vào* 寄包 idem.

Kẻ......	几	qui, quel; *kẻ nào* 几 苏 qui?
Kẽ hàng...	技行	tracer des lignes.
Kê sổ....	計數	faire un catalogue, prendre des notes.
Kệ......	偈; *kinh kệ* 經偈 prières à Bouddha.
Kế......	計; *mưu kế* 謀計 dresser des embûches; ruse; *nguy kế* 僞計 fourbe, trompeur.
Kế......	繼 joindre, unir; *kế tấn* 繼進 continuer; *kế hậu* 繼後 succéder.
Kề......	掑 près, auprès.
Kể......	計 recenser, récapituler; *kể lể* 計禮 idem; *đếm kể* 點計 compter.
Kéc.....	䳵 perroquet.
Kệch.....	劇 rustique; *quê kệch* 圭劇 grossier.
Kém.....	劍 imparfait; moins; *thua kém* 收劍 inférieur en forces; être vaincu.
Kẽm.....	鐱 zinc.
Kềm.....	鉗 tenailles, ciseaux.
Kén.....	現 recenser; *chọn kén* 撰現 choisir.
Kèn.....	鍍 flûte; *thổi kèn* 㗾鍍 jouer de la flûte.
Kên kên...	鷲鷲 vautour.
Keo.....	鵃 perroquet; *sâu keo* 螻鵃 charançon.
Kéo.....	撟 traîner, tirer; *kéo lôi* 撟雷 enlever par force; *kéo neo* 撟枾 lever l'ancre; *kéo buồm* 撟帆 établir les voiles.
Kẻo.....	矯 de peur que; que ne; *kẻo mà* 矯麻 idem.
Kẹp.....	扱 intercepter; enferrer; ceps.

ANNAMITE-FRANÇAIS.

Kệt...... 桀 cri de porte; *kẹt tay* 桀㧯 intervalle des doigts.

Kết...... 結 joindre, unir; *giao kết* 交結 faire un pacte; *kết bạn* 結件 se marier.

Kêu...... 叫 appeler; se plaindre; *kêu rêu* 叫嘹 se plaindre; *kêu la* 叫羅 crier; *chim kêu* 鵰叫 chanter (les oiseaux).

Khá...... 可 il convient; assez bien.

Khác..... 恪 autre, divers; *khác cha* 恪賒 très-différent; *khác tchi* 恪之 comme si; *phen khác* 番恪 une autre fois.

Khạc..... 咯 cracher avec force.

Khắc..... 刻 quart d'heure; *khổ khắc* 苦刻 tourmenter; *khắc bắc* 刻北 se quereller.

Khắc..... 克 répugner.

Khách.... 客 hôte, Chinois; *nhà khách* 茹客 maison des hôtes; *tiếp khách* 攝客 recevoir un hôte.

Khay..... 蘭 boîte en sparterie; *lá khay* 蘿蘭 sparteries.

Khảm lãm.. 橄欖 olivier.

Khảm..... 坎 suffire; *khảm lòng* 坎弄 satisfait, repu.

Khâm..... 欽 vénérer; *khâm sai* 欽差 envoyé du roi; *khâm phục* 欽服 se soumettre.

Khan..... 看 s'enrouer; rauque; *khô khan* 枯看 sec.

Khăn..... 巾 nappe; mouchoir; linceul; *khăn nhiễu* 巾繞 turban de soie.

VOCABULAIRE

Khẩn.....	懇	faire un vœu; *khẩn hứa* 懇許 idem; *khẩn nguyện* 懇願 prier instamment.
Khang....	康	paix, repos.
Kháng....	肯	juger digne.
Khảnh....	景	; *khổng khảnh* 孔景 mince, délicat.
Khao.....	濤	; *khát khao* 渴濤 avoir soif, désirer violemment.
Kháo.....	靠	; *khôn kháo* 坤靠 sage, prudent.
Khảo.....	考	interroger par la torture; *tra khảo* 查考 idem.
Khắp.....	泣	tout; partout.
Khát.....	渴	avoir soif; *đói khát* 饑渴 souffrir la disette.
Khất.....	乞	demander; *hành khất* 行乞 mendier.
Khâu.....	扣	raccommoder les habits.
Khe suối...	溪源	ruisseau.
Khẻ......	契	acte écrit.
Khém.....	次	détroit, passage.
Khen.....	咧	louer; *khong khen* 咥咧 idem; *khen cho* 咧朱 applaudir.
Kheo cợt...	丘嗓	plaisanter.
Khéo.....	窖	habile; industrieux.
Khét......	爣	mauvaise odeur; *khét khao* 爣燸 idem.
Khi......	欸	pendant que; temps; *khi chưa* 欸初 autrefois.
Khí......	氣	air, humidité, vapeur; *phát khí* 發氣 exhalaison.

Khí.....	櫑; *khí giái* 櫑械 armes.	
Khi.....	器 ustensiles.	
Khỉ.....	㺅 singe; *khỉ độc* 㺅猲 idem.	
Khỉ.....	杞 saule.	
Khích....	隙 haine; être hostile.	
Khiêm....	謙 humble; *khiêm nhượng* 謙讓 humilié.	
Khiên....	牽 bouclier rond.	
Khiển....	遣 ordonner; *sai khiển* 差遣 déléguer.	
Khinh....	輕 léger; *khinh dể* 輕易 mépriser.	
Khít.....	契 fermé hermétiquement.	
Kho.....	庫 grenier, magasin.	
Khó.....	苦 difficile; pauvre; *khốn khó* 困苦 misérable; *khó bảo* 苦保 indocile.	
Khô.....	枯 sec; *khô khan* 枯熯 aridité; *bánh khô* 餅枯 biscuit.	
Khổ.....	苦 amer; malheurs; *khốn khổ* 困苦 idem; *khổ ngược* 苦虐 vexation.	
Khoa....	科 examen pour les degrés.	
Khóa....	銙 fermer; serrure; *tchià khóa* 鈌銙 clef; *óng khóa* 甕銙 cadenas.	
Khỏa....	課 égaliser; *khỏa lấp* 課垃 livrer à l'oubli; *khuấy khỏa* 快課 vexer, contrarier.	
Khoai....	垓 tubercule; *khoai lang* 垓郎 pomme de terre.	
Khoái....	快 joyeux, content; *khoái lạc* 快樂 idem.	
Khoan....	鑽 tarière, vrille; percer.	

Khoan..... 寬 clément; *khoan nhơn* 寬仁 idem; *khoan tay* 寬㧓 se désister.
Khoản.... 欵 intervalle; *khoản mặt* 欵𣞹 mourir.
Khoang.... 桄 cloisons des jonques; *khoang nước* 桄渃 cale; *khoang lòng* 桄弄 les passavants; *khoang mũi* 桄每 l'avant; *khoang lái* 桄梩 l'arrière.
Khoanh.... 傾 spirale.
Khoát..... 括 jeter de l'eau avec la main.
Khóc..... 哭 pleurer; *than khóc* 嘆哭 gémir.
Khóe..... 㗢 angle.
Khỏe..... 跬 fort; *sức khỏe* 飭跬 se bien porter.
Khoen..... 勌 anneau, cercle.
Khoét..... 鈌 percer avec un couteau.
Khói..... 煋 fumée; *khói khăm* 煋坎 idem.
Khỏi..... 塊 s'en aller, sortir; *đi khỏi* 移塊 s'en aller, être absent; *quá khỏi* 過塊 surpasser.
Khối..... 塊 masse, quantité.
Khơi..... 澗; *biển khơi* 灣澗 haute mer.
Khới..... 䏙 ronger (comme les rats, etc.).
Khom lưng. 謙腰 fléchir le dos.
Khôn..... 坤 prudent; *khôn kháo* 坤𧋆 habile.
Khốn.... 困 travail; misère; *khốn cực* 困極 grande misère; *phải khốn* 沛困 tomber dans le malheur.
Khong khen. 啌咧 louer.

Không	空	rien; non; vide; *không không* 空空 sans motif.
Khóp	級	frein du cheval.
Khu	區	fesses.
Khử	去	chasser.
Khua	摳	frapper, battre (le tambour, les cloches).
Khuây	觖	être apaisé; *khuây buồn* 觖盆 chasser la tristesse.
Khuây khỏa	快課	contrarier, tourmenter.
Khuẩn	窘	; *lời khuẩn khúc* 唎窘曲 paroles ambiguës.
Khuất	屈	couvert, caché.
Khúc	曲	morceaux de bois, tranches de poisson (coupés transversalement).
Khuya	庌	dans la nuit profonde; *ban khuya* 班庌 idem; *thức khuya* 式庌 se lever de grand matin.
Khuyến	勸	exhorter; *khuyến bảo* 勸保 idem.
Khuyển	犬	chien.
Khuyết	缺	manquer; *khiếm khuyết* 欠缺 idem; *khuyết mặt* 缺䫋 absent.
Khùng	窮	; *nói khùng ngỗ* 吶窮誤 parler sottement.
Khứng	肯	vouloir, consentir.
Khuôn	坤	forme; *khuôn phép* 坤法 loi, règle.
Kị	騎	monter à cheval; *quân kị* 軍騎 cavaliers.

Kí......	記	écrire; *kí lục* 記錄 notaire public.
Kí cho....	寄朱	confier une chose à quelqu'un.
Kì......	奇	étonnant.
Kì mài...	淇埋	essuyer.
Kì......	旗	étendard de guerre.
Kì......	祈	; *cầu kì* 求祈 prier.
Kỉ......	記	chronique.
Kia......	箕	autre, celui-là; *hôm kia* 歆箕 avant-hier; *chwa kia* 初箕 autrefois.
Kìa......	箕	voici, voilà.
Kiếm.....	兼	ensemble.
Kiếm.....	劍	chercher; glaive.
Kiện cáo...	件告	plaider.
Kiến.....	蜆	fourmi.
Kiêng.....	京	s'abstenir.
Kiếp.....	刼	siècle; *mãn kiếp* 滿刼 toute la vie.
Kiệt lực...	竭力	de toutes ses forces.
Kiêu ngạo..	驕傲	orgueilleux.
Kiệu......	轎	chaise à porteurs.
Kiệu......	鞽	selle; *thắng kiệu* 勝鞽 seller un cheval.
Kim......	金	or; métal; *ngọc kim cang* 玉金剛 diamant.
Kim......	針	aiguille; *đàng kim* 唐針 couture.
Kín......	謹	caché, secret, clos.
Kinh......	經	prière; *kinh sách* 經典 livre de piété; *cầu kinh* 求經 réciter des prières;

ANNAMITE-FRANÇAIS.   455

     tụng kinh 誦經 prier (les bonzes);
     kinh luân 經倫 arts libéraux.

Kinh hãi... 驚悸 terreur subite; *thất kinh* 失驚 saisi de crainte.

Kinh...... 京 grand.

Kinh...... 敬 respecter, vénérer; *sợ kính* 怍敬 idem; *tin kính* 信敬 se confier et vénérer; *kính lạy* 敬禮 adorer; saluer.

Kính...... 鏡 miroir; *chiếu kính* 照鏡 se regarder au miroir.

Kíp...... 急 vivement; urgent; *cần kíp* 勤急 nécessaire.

Kịp thì... 及時 temps favorable.

L

La...... 羅 vociférer, crier; *kêu la* 叫羅 idem; *tim la* 脆羅 maladie vénérienne; *lân la* 鄰羅 tarder, marcher lentement.

La...... 騾; *con la* 昆騾 mulet.

Lạ...... 邏 étonnant, extraordinaire; *lạ lùng* 邏迻 idem; *sự lạ* 事邏 chose merveilleuse; *phép lạ* 法邏 miracle; *lạ mặt* 邏楠 homme inconnu.

Lá...... 蘿 feuillage; feuille; *lá mái* 蘿厦 lambris; *lá sách* 蘿典 feuillet d'un livre.

Là...... 羅 être; *hay là* 哈羅 ou; *dy là* 意羅 voilà; *nghĩa là* 義羅 c'est-à-dire; *nào là* 芇羅 où est-il? où sont-ils?

Là...... 呂 sot, ridicule.

Lã; *nước lã*. 渃呂 eau pure.

Lác...... 落 jonc dont on tresse les nattes; *lác chem* 落祜 regarder obliquement; *dực lác* 吷落 tapageur.

Lạc...... 落 marcher de travers; *thất lạc* 失落 se disperser, se dissiper.

Lạc đà.... 駱駝 chameau.

Lắc..... 勒 agiter, être agité; *lúc lắc* 陸勒 idem; roulis; *dũng lắc* 用勒 s'agiter.

Lắc...... 勒 regarder en haut.

Lách...... 蓙; *lau lách* 簩蓙 roseau aquatique.

Lai...... 來 venir; *lai hoàn* 來還 rendre.

Lại...... 吏 venir; de nouveau; *sau lại* 娶吏 ensuite; *trả lại* 呂吏 rendre; *phục lại* 復吏 faire de nouveau; *lại nhau* 吏饒 s'unir; *tóm lại* 摻吏 résumer; *nghĩ lại* 議吏 réfléchir; *đóng lại* 揀吏 fermer; *sửa lại* 使吏 réparer; *chẳng lại* 庄吏 impuissant.

Lái...... 梩 poupe; gouvernail; *tay lái* 搹梩 barre du gouvernail; *bẻ lái* 掰梩 gouverner.

Lãi...... 禮; *lời lãi* 利禮 gain, lucre.

ANNAMITE-FRANÇAIS. 457

Lay...... 來 agiter, mouvoir; *lung lay* 篭來 être agité; *lá lay* 蘿來 inconstant.

Lạy...... 禮 se prosterner (pour saluer); *thờ lạy* 祿禮 adorer; *lạy ơn* 禮恩 remercier les supérieurs.

Lảy...... 摛 cueillir des fleurs, des fruits; *lảy cung* 摛弓 lancer des flèches.

Lây tật.... 唻疾 maladie contagieuse.

Lấy...... 祇 recevoir, prendre; *lấy đi* 祇移 prends; *lấy vợ* 祇嬬 prendre femme; *lấy làm* 祇濫 tenir pour; *lấy lòng* 祇弄 s'accommoder à la volonté d'autrui; *cướp lấy* 劫祇 ravir; *giữ lấy* 侍祇 garder; *nói lấy* 吶祇 s'excuser.

Lầy...... 淶 marais; *lầy đầy* 淶低 impudent.

Lẩy...... 禮 durement, cruellement.

Lẫy...... 禮; *cãi lẫy* 改禮 se disputer.

Lam lũ.... 襤褸 rustique.

Lam...... 婪; *tham lam* 貪婪 désireux, cupide.

Làm...... 濫 faire; devenir; *làm cách* 濫格 simuler; *làm lành* 濫苓 demander pardon; *làm vua* 濫希 devenir roi; *làm tôi* 濫碎 servir; *làm biếng* 濫丙 paresseux; *làm sao* 濫布 pourquoi? *làm giúp* 濫執 aider; *làm hại* 濫害 nuire; *làm hư* 濫虛 gâter; *làm lộng* 濫翻 flamber ou raser les poils (d'un porc, etc.); *làm tuồng* 濫從 jouer la comédie; *làm rối* 濫繚 troubler, embrouiller; *làm tội* 濫罪 pécher; *làm thinh* 濫聲 se taire; *làm gương* 濫鋼 servir d'exemple.

Lãm......	覽	expert; *lịch lãm* 歷覽 poli.
Lắm......	廩	beaucoup, très.
Lâm......	臨	être imminent; tomber dans; *lâm tchung* 臨終 sur le point de mourir.
Lâm......	林	forêt.
Lậm......	啉	compter mal; *lậm mạt* 啉末 donner de mauvaises raisons.
Lầm lấp...	淋瀸	boueux; *bùn lầm* 坌淋 boue.
Lầm......	林	se tromper; *lầm phải* 林沛 tomber dans l'erreur.
Lẫm......	廩	grenier, cellier.
Lan ra....	蘭囉	ramper, s'étendre.
Làn......	闌	portée d'une flèche, d'une balle.
Lăn......	鄰	tourner; rouler; *lăn lóc* 鄰祿 être roulé.
Lặn......	洛	plonger; *lặn lội* 洛涞 idem; *mặt trời lặn* 榀歪洛 se coucher (le soleil).
Lằn roi....	蛒櫺	traces de coups de verges.
Lản......	吝; *nói lản lản* 吶論吝 parler sans politesse.
Lân......	隣	voisin, proche.

Lấn mặt...	吝末	tromper.
Lấn......	吝	surpasser, exceller.
Lần......	吝	fois; lần lần 吝吝 peu à peu.
Lẩn lợi....	吝溰	devenu oublieux par la vieillesse.
Lang.....	郎	tache; lang lổ 郎魯 tacheté.
Lang.....	狼; sài lang 豺狼 loup.
Láng.....	灡	net, propre.
Làng.....	廊	village; làng lệt 廊列 faire sombre; làng mặt 廊相 idem.
Làng.....	浪; lểnh làng 泠浪 distrait.
Lăng.....	陵	lung lăng 篭陵 dissolu, perdu de mœurs.
Lặng.....	朗; ở lặng 於朗 se taire; tais-toi! biển lặng 灣朗 mer calme.
Lẳng.....	唎; lo lẳng 慮唎 inquiet.
Lảng.....	淩; làng lển 淩迸 se gonfler d'orgueil.
Lạnh.....	冷	froid; nguội lạnh 泝冷 tiède.
Lánh.....	另	décliner; trốn lánh 逅另 fuir; lánh khỏi 另塊 s'évader.
Lành.....	荟	doux, sain, salubre; hiền lành 賢荟 doux; lời lành 俐荟 paroles aimables; lành đã 荟伍 être en convalescence.
Lảnh.....	領	voix aiguë.
Lãnh.....	領	recevoir; kẻ lãnh 几領 caution.
Lao......	勞	fatigué.
Lao......	鉾	javelot; phóng lao 放鉾 lancer un trait.
Lao......	嶗; cù lao 岣嶗 île.

Lao...... 癆; *ho lao* 呼癆 maladie du poumon.
Láo...... 咾 menteur; *nói láo* 吶咾 mentir.
Lào...... 牢; *nước lào* 渃牢 le Laos (contrée).
Lảo...... 老; *thảo lảo* 討老 libéral.
Lâo...... 老 vieillard.
Lấp...... 垃 couvrir de terre, de pierres, etc.; *khuất lấp* 屈垃 effacé de la mémoire.
Lập...... 立 constituer, fonder; *tạo lập* 造立 créer; *lập làm* 立濫 fonder.
Lát...... 辣 paver; *lát đá* 辣砑 faire une route en pierre; *một lát* 沒辣 en un moment.
Lạt...... 溮 insipide; *lạt lẽo* 溮汀 idem.
Lắt...... 捋 cueillir (fleurs, fruits); *lắt lẽo* 捋了 dangereux.
Lặt...... 栗 châtrer.
Lât...... 㗚 *lât lơ* 㗚盧 inconsidérément.
Lật...... 栗 tourner d'un autre côté.
Lau...... 篸 essuyer.
Lạu...... 漏 fente.
Láu đáu... 老到 anxieux, inquiet.
Làu...... 漏 connaître à fond (un livre, etc.).
Lâu...... 婁 longtemps; *lâu dài* 婁䨲 très-longtemps.
Lậu...... 漏 évident, manifeste.
Lâu đài.... 樓臺 palais.
Le...... 離; *song le* 雙離 mais.
Lẹ làng.... 厲廊 agile.

ANNAMITE-FRANÇAIS. 461

Lé mắt.... 睼相 borgne.
Lè...... 離 tirer au dehors.
Lẻ...... 禮 impair; *lẻ loi* 禮雷 idem.
Lẽ...... 理 raison; *cãi lẽ* 改理 se disputer; *phải lẽ* 沛理 conforme à la raison; *trái lẽ* 債理 non conforme à la raison; *lẽ nào* 理芇 quelle raison? comment?
Lê...... 黎 ancienne famille royale (du Tonquin).
Lê...... 棃; *trái lê* 輁棃 poire.
Lệ...... 例 habitude, coutume.
Lệ...... 戾; *sợ lệ* 怍戾 craindre.
Lê...... 例 habitude, coutume; *lê luật* 例律 règle, loi; *lê thói* 例退 coutume; *đồ lê* 圖例 ustensiles.
Lễ......, 禮 rites; cérémonies; *lễ ngãi* 禮義 urbanité; *ngày lễ* 旿禮 jour de fête; *chem lễ* 砧禮 assister au saint sacrifice.
Léch..... 癧; *chóc léch* 瘯癧 ulcère.
Lệch..... 歷 déplacé; *chên lệch* 征歷 immodeste.
Lềm..... 斂; *lóc lềm* 喙斂 appétit.
Lên..... 蓮 monter; *lên ngói* 蓮嵬 être placé sur le trône; *tôn lên* 尊蓮 décorer quelqu'un; *lên án* 蓮按 rendre une sentence.
Lênh đênh.. 泠江 flotter, surnager.
Lênh..... 靈; *công lênh* 功靈 mérite.

Lệnh	令	édit royal; *lệnh truyền* 令傳 proclamer (le souverain) un édit.
Leo	蹽	ramper (la vigne, etc.); *leo dây* 蹽綫 danser sur la corde.
Léo	叮; *đánh léo* 打叮 lier tout autour.
Lèo	繚; *dây lèo* 綫繚 drisse de voile.
Lép	臘	maigre (se dit souvent des récoltes).
Lét	烈; *tái lét* 再烈 très-pâle.
Lét lát	趔溂	se traîner sur les mains et le derrière.
Lý	理	raison; *đạo lý* 道理 doctrine.
Lý	里; *có lý* 故里 patrie.
Lịa	里	prompt; *lịa miệng* 里呬 parler très-vite.
Lìa cách	離隔	se séparer.
Lịch sự	歷事	civil, poli.
Lịch quan	曆官	calendrier royal.
Liêm	鐮; *câu liêm* 鉤鐮 harpon.
Liệm chác	殮殼	placer un cadavre dans le cercueil.
Liêm láp	噉臘	lécher.
Liêm	鐮	faux (instrument).
Liên hoa	蓮花	fleurs de nénuphar.
Liên	連	toujours, sans cesse; *liên cư* 連居 maison contiguë; *liên hòa* 連和 unanimes.
Liên tay	練挃	main exercée.
Liên	連	joint; aussitôt.
Liễn đối	聯對	sentences parallèles.
Liêng	靈; *thiêng liêng* 聲靈 spirituel, intellectuel.

Liếng....	翎; *kè liếng* 期翎	planer (un oiseau).
Liệt.....	劣 être malade; *nhà liệt* 茹劣	infirmerie.
Liệt vị....	列位 tous.	
Liêu hữu..	僚友 amis; *liêu bằng* 僚朋 camarades.	
Liệu.....	料; *định liệu* 定料 considérer, délibérer, réfléchir.	
Liều.....	料 s'exposer au danger; *liều mình* 料命 s'exposer à la mort.	
Liễu.....	柳 saule.	
Liễu.....	了 comprendre.	
Linh hồn...	靈魂 l'âme.	
Lính.....	另 soldat; *bắt lính* 抔另 recruter des soldats.	
Lo......	慮 inquiet; *lo lắng* 慮朗 examiner avec inquiétude, craindre; *lo toan* 慮筭 considérer.	
Lò......	爐 four, foyer.	
Lô......	盧; *xi lô* 茵盧 proue des navires.	
Lộ......	路 chemin, voie.	
Lộ......	露 apparent; en public; *thổ lộ* 土露 manifester.	
Lổ......	魯; *lang lổ* 郎魯 tacheté; *ở lổ* 於魯 nu.	
Lỗ......	魯 trou, fosse; *lỗ tai* 魯聰 oreilles.	
Lỗ lược...	虜掠 qui n'est retenu par aucune barrière; *lỗ mỗ* 虜某 confusément.	
Lơ lửng...	盧朗 oisif; *bơ lơ* 巴盧 étonné.	
Lợ lợ.....	慮慮 douceâtre.	

Lờ......	臘	s'obscurcir; qui devient obscur; *lò lệt* 臘 睙 idem.
Lở lói....	垆磊	se putréfier (la chair, dans une blessure).
Lỡ......	呂	être déçu dans son espoir; *vỡ lỡ* 破呂 tumultueusement.
Loa......	鐰	trompette; *kèn loa* 鍍鐰 joueur de trompette.
Lòa......	爔	; *sáng lòa* 創爔 très-clair.
Lõa lồ....	裸露	nu.
Loài.....	類	genre; *loài người* 類得 genre humain; *loài vật* 類物 toutes les espèces; *loài kim* 類金 les métaux.
Loạn.....	亂	guerre civile; *làm loạn* 濫亂 se révolter; *tội loạn luân* 罪亂倫 inceste.
Loán.....	乱	s'avancer, se jeter sur.
Loàn.....	乱	guerre civile.
Lóc......	吠	; *khóc lóc* 哭吠 pleurer; *lóc lách* 吠嚦 regarder avec curiosité.
Lọc......	漉	clarifier.
Lộc......	祿	solde; *bổng lộc* 俸祿 idem; *phước lộc* 福祿 bonne fortune; *nở lộc* 荾祿 se couvrir de feuilles.
Lợi......	耒	luxation.
Lói......	爍	pétard; *đốt lói* 焠爍 tirer des pétards; *đau lói* 疬爍 douleur aiguë.

ANNAMITE-FRANÇAIS. 465

Lời ra.... 耒囉 s'élever au-dessus.
Lỗi....... 雷; *kéo lỗi* 撟雷 traîner.
Lội....... 溳 nager; être passé à gué.
Lối....... 磊 sentier; *la lối* 羅磊 vociférer.
Lỗi....... 磊 se tromper; faute; *tội lỗi* 罪磊 péché; *đổ lỗi* 堵磊 rejeter la faute sur autrui.
Lợi...... 利 gencive; *lợi lộc* 利祿 gain; *thạnh lợi* 盛利 florissant.
Lợi...... 痢 dyssenterie; *xích lợi* 赤痢 idem, avec flux de sang.
Lời...... 唎 parole, discours; *biết lời* 別唎 intelligent; *tỏ lời* 訴唎 expliquer clairement; *lời giao* 唎交 pacte; *hết lời* 歇唎 j'ai dit; *cãi lời* 改唎 contredire; *lời cay đắng* 唎荄蕫 paroles amères.
Lời lãi.... 利禮 lucre, gain.
Lõm...... 鑛 chair des fruits; *lõm gươm* 鑛釗 poignée d'épée.
Lờm...... 宄; *đặt lờm* 達宄 superposer.
Lọn...... 論; *trái lọn* 䩞論 pelote, peloton.
Lòn lỗi... 論磊 se soumettre.
Lộn...... 論 mêlé, confus; *lộn lạo* 論老 idem; *đổ lộn* 堵論 confondre, mêler.
Lồn...... 膦 vagin (mot grossier).

Gramm. 30

Lờn..... 吝 dédaigner, avoir du dégoût; *nhàm lờn* 岩吝 idem.

Lơn..... 蘭; *khuyến lơn* 勸蘭 exhorter.

Lợn..... 猪 porc; *thịt lợn* 䐗猪 chair de porc.

Lớn..... 吝 grand; *lớn tuổi* 吝歲 âge avancé; *khôn lớn* 坤吝 grandir; *kẻ lớn* 几吝 les supérieurs; *lớn lác* 吝落 étonné.

Long..... 隆; *hưng long* 興隆 fleurir.

Long..... 龍 dragon; *long bào* 龍袍 habit royal; *long nhan* 龍顏 roi.

Lóng..... 弄 purifier une chose.

Lòng..... 悉 cœur, esprit, volonté; viscères; *lòng lành* 悉荞 miséricordieux; *lòng độc* 悉毒 cruel; *vui lòng* 盃悉 content; *ngại lòng* 碍悉 supporter avec peine; *cực lòng* 極悉 affliction; *lòng dục* 悉慾 concupiscence; *giữ long* 佇悉 s'observer, se garder; *con dầu lòng* 昆頭悉 aîné; *cứng lòng* 亘悉 cœur dur; *an lòng* 安悉 tranquille; *chếch lòng* 隻悉 être offensé; *lòng thương* 悉傷 amour; *mất lòng* 秩悉 offenser; *lòng thanh* 悉誠 cœur sincère; *lòng cậy* 悉忌 espérer; *rối lòng* 繚悉 cœur soucieux; *lòng mẹ* 悉媄 matrice; *bằng lòng* 平悉 content.

ANNAMITE-FRANÇAIS. 467

Lỏng	龍	liquide; lâche (objet); *nhẹ lỏng lẻo* 珥龍汀 très-léger.
Lông	翎	poil; plume; *lông mày* 翎眉 sourcil; *viết lông* 曰翎 pinceau à écrire.
Lọng	浡	côtoyer le rivage.
Lòng	櫳	tanière des animaux; *lòng vào* 櫳伙 introduire; *lòng bọng* 櫳棒 vide.
Lổng	栟	être (les arbres) déracinés.
Lợp	笠	couvrir une maison; *lợp tranh* 笠爭 couvrir en paille.
Lớp	拉	choses superposées; croûte.
Lót	律	étendre; mettre dessous; *đút lót* 揆律 suborner.
Lốt	律	dépouille (du serpent); *lốt hùm* 律狢 peau de tigre.
Lột	捋	dépouiller, écorcher, décortiquer; *lột da* 捋朥 écorcher.
Lợt lạt	辣濑	couleur pâle; *làm lợt* 濫辣 apaiser par de bonnes paroles.
Lu lít	盧烮	sombre, couvert.
Lù	爐; *lồ lù* 魯爐 chemin; canal souterrain.
Lũ	屢; *đoàn lũ* 團屢 troupe, bande; *kết lũ* 結屢 troupe de rebelles.
Lư hương	爐香	brûle-parfum, cassolette, navette.
Lữ tống	呂宋	Manille.
Lua	嘘	avaler, engloutir.

30.

Lụa...... 縷 étoffe de soie unie; tơ lụa 綵縷 idem; lụa dày 縷荅 soie grossière.

Lúa...... 穭 froment; orge, riz en balle; lúa ma 穭稴 céréales.

Lùa...... 攄 chasser devant soi les buffles, les porcs, etc.

Lựa...... 路; chọn lựa 撰路 choisir; lựa phải 路沛 à quoi bon!

Lứa...... 侶 égaux; portée des femelles; lứa nầy 侶尼 cette fois; lỡ lứa 呂侶 perdre l'occasion.

Lừa...... 驢 âne; lừa lọc 驢祿 examiner.

Lửa...... 焰 feu; ngọn lửa 莞焰 flamme; vỏ lửa 補焰 tison; đóm lửa 炶焰 étincelle; bếp lửa 烃焰 foyer.

Luận...... 論 considérer, réfléchir; công luận 公論 tenir conseil; bàn luận 盤論 se consulter, discuter; biện luận 辨論 se disputer.

Luật...... 律 loi; lệ luật 例律 idem; phép luật 法律 règle; luật nước 律渃 loi du pays.

Lúc lắc.... 六勒 être agité.

Lục...... 錄; kí lục 記錄 écrivain public; mục lục 目錄 index de livre.

Lục...... 六 six; lục súc 六畜 les quadrupèdes.

Lực...... 力 forces; lao lực 勞力 travail, fatigue; sức lực 飭力 force, vaillance.

ANNAMITE-FRANÇAIS. 469

Lui..... 躍; *trở lui* 呂躍 reculer; *lui về* 躍衛 revenir; *ngó lui* 肝躍 regarder en arrière.

Lùi..... 煉 cuire sous la cendre.

Lụy..... 累; *chịu lụy* 召累 obéir, se soumettre.

Lụy..... 淚 larmes; *lụy nhỏ* 淚氾 verser des larmes.

Lũy..... 壘 enceinte fortifiée, rempart.

Luyện.... 煉 purifier, purger; *nơi luyện tội* 尼煉罪 Purgatoire; *luyện vàng* 煉鑛 laver l'òr.

Lụn..... 論 tout, complet; *lụn đời* 論代 toute la vie; *lụn ngày* 論晿 tout le jour.

Lún..... 淪 tomber par son propre poids; *lún chuóng* 淪甑 tomber.

Lùn..... 倫 nain.

Lũn..... 侖; *mềm lũn* 饞侖 très-tendre (viande).

Lung lăng.. 篭筏 effréné.

Lùng.... 迕; *lạ lùng* 邏迕 curieux, étranger.

Lủng đáy.. 朧瀝 perforé.

Lưng.... 朦 dos; à demi plein; *lưng quần* 朦裙 les reins; *ngay lưng* 胝朦 paresseux.

Lừng lẫy... 筏禮 ardemment; avec passion.

Lửng quên.. 朗涓 s'effacer de la mémoire.

Lững đững. 潮等 s'arrêter (une barque) faute de vent.

Lược..... 略 peigne; *sơ lược* 初略 sans soin.

Lược..... 掠 ravir; *khảo lược* 考掠 mettre à la torture.

Lưới..... 緾 seine (filet); đỏ lưới 紬緾 lacet; bủa lưới 絺緾 jeter la seine.

Lưỡi..... 柂 langue; miếng lưỡi 呸柂 disert; lưỡi dao 柂刀 lame de couteau; lưỡi gươm 柂劍 lame d'épée.

Lượm lặt.. 歛揉 recueillir des choses une à une; lượm tay 歛抳 les mains jointes.

Luôn..... 輪 toujours; continuer.

Luôn..... 論 insérer, introduire.

Lườn..... 欄 ramper, se traîner.

Luống.... 隴 vide; ở luống 於隴 oisif.

Lương.... 糧 ration, solde militaire.

Lương.... 良 bon; lương nhựt 良日 jour heureux.

Lượng.... 量 mesurer; độ lượng 度量 puissance intellectuelle; lượng xét 量察 examiner.

Lưỡng.... 兩 once; deux.

Luột...... 緙 échapper, s'évader.

Lướt..... 列; lấn lướt 吝列 opprimer; lướt vào 列包 pénétrer par force.

Lượt..... 辣 fois; clarifier; ensemble.

Lúp đầu... 拉頭 voiler la tête.

Lụt...... 潗 obtus; lụt lội 潗濼 déluge.

Lưu...... 留 retenir; lưu giam 留擥 retenir en prison.

Lưu...... 流 couler; xiêu lưu 漂流 errer au loin.

M

Ma...... 麻 chanvre.
Ma...... 魔 fantôme, apparition nocturne; *ma quỉ* 魔鬼 diable; *dơm ma* 宂魔 offrir le repas aux morts.
Mạ vàng... 鎷鑛 dorer; *mạ bạc* 鎷薄 argenter.
Má...... 䯡 joue; *má đào* 䯡桃 face vermeille.
Má...... 秱 céréales non encore transplantées.
Mà...... 麻 mais; *dầu mà* 油麻 quoique.
Mả...... 瑪 sépulcre; *mồ mả* 墓瑪 idem; *vất mả* 勿瑪 populace.
Mã...... 馬 cheval; *binh mã* 兵馬 cavalerie.
Mác..... 莫; *chếch mác* 隻莫 veuf, abandonné.
Mạc..... 莫; *làng mạc* 廊莫 bourg, village.
Mạc..... 邈; *mặt mạc* 栖邈 larve, spectre.
Mắc..... 縸 être retenu par quelque obstacle; *mắc phải* 縸沛 tomber (par ex. dans le péché, etc.); *mắc việc* 縸役 être occupé; *mắc lỗi* 縸磊 coupable; *mắc bịnh* 縸病 malade.
Mặc..... 默 revêtir; selon; *mặc ý* 默意 à volonté; *mặc áo* 默襖 s'habiller.
Mác..... 嘿 pas tout à fait plein.
Mách miệng. 嚆吅 renoncer, récuser.

Mạch..... 脉 veine, pouls; source, origine; *huyết mạch* 血脉 veine; *bắt mạch* 抔脉 tâter le pouls.

Mạch..... 麥 nom générique des céréales.

Mai..... 埋 ensevelir; houe; *ngày mai* 㝵埋 demain; *sớm mai* 敉埋 le matin; *hôm mai* 歆埋 chaque jour.

Mại..... 賣 vendre.

Mái..... 𩾌 femelle (des oiseaux).

Mài..... 埋 frotter, aiguiser; *đá mài* 㺿埋 pierre à aiguiser; *giồi mài* 抹埋 polir, orner.

Mãi..... 買 acheter.

May..... 埋 coudre; heureusement; *vá may* 播埋 raccommoder; *thợ may* 𥨀埋 tailleur.

Máy..... 檳 machine cachée (à vapeur, montre); *máy mắt* 檳相 cligner des yeux.

Mày..... 眉 sourcil; *mặt mày* 𩈘眉 front; *cha mày* 吒眉 père adoptif; *con mày* 昆眉 fils adoptif.

Mảy mún.. 買悶 très-petit morceau, parcelle.

Mây..... 逹 nuage; osier.

Mấy..... 買 combien? *mấy khi* 買欺 très-rarement.

Mầy..... 眉 tu (en parlant aux inférieurs).

Măm mún.. 嘜悶 briser en petits morceaux avec les dents.

Mắm..... 鮸; *nước mắm* 渃鮸 saumure de poisson.

Mâm bàn.. 椶盤 bassin, grand plat; table ronde.

Mám chí...	嗒志	décider formellement.
Mạn.....	慢; *khinh mạn* 輕慢	mépriser.
Màn cháng.	幔襌	garniture de lit.
Mãn.....	滿 complet; *mãn đời* 滿代	toute la vie.
Mặn mòi...	漫枚	salé (aliment).
Mần.....	摱	sortilége de charlatan, pour guérir les maux.
Mận.....	樠; *trái mận* 鞁樠	prune.
Mán.....	樠; *mũ mán* 帽樠	voile des femmes dans les funérailles.
Mản.....	脌 faire; *mản tchi* 脌之	que fais-tu?
Mang....	芒 porter sur le cou ou sur les épaules; *mang mển* 芒勉 être enceinte; *mang tật* 芒疾 contracter une maladie.
Mạng....	命 vie, sort, destin; *mạng trời* 命丕 décret du ciel; *thế mạng* 替命 talion.
Máng cỏ...	樯骷	crèche, râtelier.
Mãng.....	莽	se consacrer entièrement à une chose.
Mắng mỏ...	哶喋 réprimander; *chưởi mắng* 吒哶	maudire.
Mảng đông.	冥東	aurore.
Mảng.....	明 se réjouir; *vui mảng* 盃明 être content; *mảng mặt* 明㒵	congratuler, féliciter.
Manh áo...	岷襖	habit rapiécé.
Mạnh.....	孟 fort, robuste; *rượu mạnh* 醪孟	cau-de-vie.
Mánh.....	萌; *tình mánh* 情萌	passion, sentiment.

Mảnh....	萌	ténu; *mảnh hình* 萌形 mince.
Mao ngựa..	毛駏	crinière (de cheval).
Mạo......	冐	; *nhận mạo* 認冐 usurper.
Máp.....	肕	gras (en parlant des animaux).
Mát......	沫	rafraîchissant; *êm mát* 厭沫 paisiblement; *bóng mát* 俸沫 ombragé, ombreux.
Mạt......	末	fin, terme; dernier.
Mắt......	相	œil; cher (en parlant du prix); *nước mắt* 渃相 larmes; *ghẻ mắt* 疣相 envier; *khúc mắt* 曲相 homme désagréable.
Mặt......	楠	face, visage; *mặt trời* 楠丕 soleil; *làm mặt* 濫楠 feindre; *tay mặt* 搤楠 main droite; *mặt bư* 楠巴 inepte; *xấu mặt* 丑楠 rougir; *trước mặt* 略楠 en présence; *ẩn mặt* 隱楠 se cacher; *ghe mặt* 稽楠 un grand nombre; *chừa mặt* 除楠 excepté quelqu'un; *quen mặt* 涓楠 connu; *mặt dế* 楠砥 impudent.
Mất......	秩	perdre; *mất lòng* 秩弄 offenser quelqu'un; *viết mất* 曰秩 se tromper en écrivant.
Mật......	密	fiel; *cẩn mật* 謹密 avec soin.
Mật ong...	蜜蜂	miel.

ANNAMITE-FRANÇAIS. 475

Mau...... 毛 vite; *mau tay* 毛抳 vif, adroit des mains; *mau chơn* 毛眞 rapide.
Máu...... 冽 sang; *mủ máu* 渼冽 pus; *một máu* 沒冽 du même sang.
Màu...... 牟 couleur; *ngám màu* 吟牟 sentir, percevoir; *xáu màu* 丑牟 mauvais présage.
Mậu...... 謬 errer.
Màu nhiệm. 牟冉 secret, mystérieux.
Mẫu...... 母 mère; exemple, forme.
Mẫu đất ... 畒坦 arpent de terre.
Me....... 楣; *cây me* 核楣 tamarinier.
Mẹ....... 媄 mère; *cha mẹ* 吒媄 parents; *mẹ nuôi* 媄餒 nourrice; *lòng mẹ* 弄媄 utérus.
Mè....... 楣 sésame.
Mẻ....... 美 ébréché (couteau, etc.).
Mê....... 迷 adonné; aveuglé; *mê muội* 迷昧 stupide; *mê an* 迷咹 goinfre; *mê dâm dục* 迷婬慾 débauché.
Mề....... 脢 gésier des oiseaux.
Mễ....... 米 riz cru.
Méch..... 覓 un peu dévié.
Mem...... 溲; *wớt mem* 汔溲 tout à fait mouillé.
Mém...... 噆 mâcher d'avance la nourriture d'un enfant.
Mềm...... 饞 mou; *dịu mềm* 妙饞 flexible.
Men...... 綿 levain, ferment.

Mén cao ... 綿高 Camboge.
Mến ..... 勉 aimer; *yêu mến* 肰勉 idem; *đức mến* 德勉 charité.
Mến ..... 綿 couverture de lit.
Meo ..... 苗 moisi.
Mèo ..... 猫 chat.
Méo mó ... 吶喋 qui n'est point rond.
Mép ..... 吂 gueule; *mồm mép* 噢吂 visage.
Mẹp ..... 跋 se coucher, être couché, gisant (comme le bétail).
Mét ..... 纎 pâle; *mét xanh* 纎撐 idem; *sợ mét* 怍纎 pâle de frayeur.
Mệt ..... 瘱 fatigué; *mệt nhọc* 瘱辱 idem.
Mị ..... 靡 faux, fausse.
Mí ..... 朕 paupières.
Mì ..... 麵; *lúa mì* 穭麵 froment.
Mĩ ..... 美 joli; *mĩ sắc* 美色 beauté.
Mía ..... 楳 canne à sucre.
Mỉa ..... 美 semblable; *mỉa mai* 美埋 idem.
Miền ..... 沔 région; *miền cũ* 沔婁 patrie.
Miễn là ... 免羅 pourvu que.
Miếng ..... 明 clair; *đại miếng* 大明 Chine.
Miệng ..... 呬 bouche; *già miệng* 耂呬 impudent; *sắc miệng* 色呬 bavard.
Miếng ..... 呬 une bouchée; *phải miếng* 沛呬 être trompé.

ANNAMITE-FRANÇAIS. 477

Miễu ..... 廟 petite pagode; *tông miễu* 宗廟 temple d'ancêtres.

Mịn ..... 勉 dense, compacte.

Minh ..... 明 clair; *minh kính* 明鏡 miroir.

Mình ..... 命 corps; se, de soi, son; *một mình* 沒命 seul; *giữ mình* 呼命 se garder.

Mít ..... 㰤; *cây mít* 核㰤 jaquier (arbre).

Mịt ..... 霙; *mù mịt* 霙霙 obscur.

Mó ..... 摸 palper, toucher; *mó đến mình* 摸旦命 attouchement déshonnête.

Mò hóng ... 炾烘 suie.

Mỏ ..... 喋 bec; *mỏ ác* 喋鴉 estomac; *mỏ vàng* 喋鑛 mine d'or.

Mõ ..... 楳 crécelle, cymbale; *nổi mõ* 泼楳 frapper la crécelle, jouer des cymbales.

Mô ..... 模 monceau de terre, limite, cible.

Mộ ..... 慕; *ái mộ* 愛慕 aimer ardemment.

Mộ ..... 暮 nuit.

Mồ mả ... 墓墦 tombeau.

Mơ ..... 痳 désirer; *mơ mòng* 痳夢 rêver, songer.

Mợ ..... 媽 tante, appellation des dames nobles.

Mở ..... 撫 ouvrir, dilater, dénouer; *mở dạy* 撫呎 instruire.

Mỡ ..... 膴 graisse; *thịt mỡ* 肕膴 chair adipeuse.

Móc ..... 霂 gelée blanche, rosée.

Móc ra ... 木罹 retirer d'un lieu étroit, extraire.

478 VOCABULAIRE

Mọc...... 木 naître (les plantes); se lever (le soleil, la lune).

Mọc...... 木 arbre; *thọ mọc* 署木 charpentier; *mọc liễu* 木柳 plat de bois.

Mọi...... 枚 corroder.

Mọi...... 每 tous; race de sauvages; *mọi loài* 每類 toutes les créatures; *tôi mọi* 碎每 esclaves.

Mòi...... 啾 indice; *coi mòi* 視啾 chercher des indices.

Mòi mê.... 痗迷 fatigué.

Môi...... 枚 lèvres; *bặm môi* 噤枚 se mordre les lèvres.

Môi dong... 煤容 entremetteuse de mariages.

Mối...... 昧 obscur; *lỗ mối* 魯昧 antre.

Mối...... 縮 extrémité, bout (d'un fil, d'une corde).

Mối...... 蟵 teigne, ver.

Mồi...... 啾 nourriture, appât.

Mỗi...... 每 chaque; *mỗi một người* 每沒得 chacun.

Mới...... 買 nouveau; enfin; *mới đó* 買妬 récemment.

Mời...... 遞 inviter; *mời ăn* 遞侒 inviter à dîner.

Móm mém.. 噿呃 édenté.

Mòm..... 噿 museau, mufle (du chien, du porc, du bœuf, etc.).

Mọn...... 悶 faible, grêle; *hèn mọn* 鬨悶 vil; *vợ mọn* 嫡悶 concubine.

Món......	們	espèce, sorte; *háng món* 行們 marchandises diverses, pacotille.
Mòn......	瘒	s'user par le service; *gầy mòn* 瘠瘒 maigre.
Mỏn......	呅	manquer de forces.
Môn......	門	porte; *dinh môn* 營門 prétoire.
Mơn......	瞞	flatter.
Món nước..	漫浩	trace de l'eau qui s'est retirée.
Mong.....	蒙	bientôt; déjà.
Móng.....	朦	ongles (des pieds, des mains).
Mòng.....	蠓	; *muỗi mòng* 蚜蠓 taon.
Mỏng mảnh.	蒙萌	ténu, mince.
Móng.....	朦	fesses.
Mộng.....	夢	songe; *mộng mị* 夢魅 fantôme.
Mồng.....	夢	machiner, tramer.
Mòng tếch..	蓼昔	crête.
Mớp......	吃	fraude; *mắc mớp* 繄吃 être trompé.
Mót......	攫	glaner; ramasser des sarments pour faire du feu.
Mót......	沒	et *một* 沒 : un, une.
Một......	歿	; *mạng một* 命歿 mourir.
Mu.......	模	coquille.
Mụ.......	媒	nom appellatif des vieilles.
Mù.......	眽	aveugle; *mù quáng* 眽眺 idem.
Mù.......	霙	sombre; *mù trời* 霙㸦 ciel nébuleux.
Mù.......	湛	pus; *mù cái* 湛核 gomme.

Mũ...... 帽 chapeau, couronne.
Mua...... 謨 acheter; *mua chịu* 謨召 acheter à crédit; *mua mặt* 謨㭲 acheter au comptant.
Múa...... 㯇 sauter, danser.
Mùa...... 務 saison, temps où l'on doit faire une chose; *mùa xuân* 務春 printemps; *đặng mùa* 特務 récolte abondante; *mất mùa* 耗務 mauvaise récolte.
Mưa...... 霄 pluie; pleuvoir; *mưa bay* 霄憩 pluie fine; *mưa đá* 霄碌 grêle.
Mưa...... 馬 ne, ne pas.
Mửa...... 嗎 vomir; *muốn mửa* 悶嗎 nausée.
Múc...... 沐 puiser.
Mục...... 木 gâté, carié, pourri.
Mục...... 目 œil; *khoa mục* 科目 examen public.
Mục...... 牧 mener paître; *mục đồng* 牧童 pasteur; *giám mục* 鑒牧 Évêque.
Mực...... 墨 encre; règle; *mực tàu* 墨艚 encre de Chine; *bình mực* 瓶墨 encrier.
Mui...... 梅 toiture de barque.
Mùi...... 哧 odeur, couleur; *mùi ngon* 哧叽 saveur.
Mủi...... 每 fragile; *mủi khóc* 每哭 qui pleure facilement.
Mũi...... 齈 nez; proue, pointe; *mặt mũi* 㭲齈 visage; *giải mũi* 解齈 éternuer; *hỉ mũi* 喜齈 se moucher.

ANNAMITE-FRANÇAIS. 481

Mun......	椚	ébénier, arbre.
Mún......	悶	petit morceau.
Muọi......	昧	obscur; *mê muọi* 迷昧 imbécile.
Muọi......	妹	sœur cadette.
Muối......	挴	sel, saler.
Muối......	枚	très-mûr; *chín muối* 尬枚 idem.
Muỗi......	蛒	moustique.
Mươi......	逤; *mot mươi* 没逤 dix.
Muôn......	閜	dix mille.
Muộn......	悶	tard; triste; *phiền muộn* 煩悶 idem.
Muốn......	悶	vouloir; *yêu muốn* 腰悶 aimer, désirer.
Mượn......	嚜	emprunter; *cho mượn* 朱嚜 prêter.
Mướn......	嚜	louer, prendre à loyer.
Muông......	獴	petit (du chien, du lion, du tigre, etc.).
Muỗng......	鐒	cuiller, entonnoir.
Mương......	滝	petit canal.
Mường tượng	吒像	semblable.
Mụt......	荸	rejeton; *mọc mụt* 木荸 germer.
Mụt nhọt...	痔瘵	furoncle; *mụt ghẻ* 痔疣 gale.
Mưu......	謀	ruse, stratagème; *mưu trí* 謀智 astuce.

N

Na......	那; *nét na* 涅那 modestie.
Nà......	那	vallée.
Nặc......	匿	cacher; *ẩn nặc* 隱匿 idem.

Gramm. 31

Nác ..... 嗌 sangloter; *nác cụt* 嗌骨 sanglot.

Nách ..... 腋 aisselle; *cắp nách* 扱腋 porter sous le bras.

Nai ..... 狔 cerf; *hươu nai* 貅狔 idem.

Nái ..... 犽; *heo nái* 豶犽 truie.

Nài ..... 奈 demander indiscrètement; *chin nài* 嗔奈 idem; *nài thêm* 奈添 demander davantage.

Nay ..... 脮 maintenant; *mai nay* 埋脮 ce matin; *bửa nay* 舘脮 aujourd'hui.

Nảy nóng .. 扔燶 chaud.

Nảy ..... 乃 bondir; *nảy lộc* 乃祿 se couvrir de feuilles.

Nãy ..... 乃; *khi nãy* 欺乃 un peu auparavant.

Nảy khiến .. 乃遣 ordonner; *nảy trao* 乃捭 livrer.

Nảy ..... 尼 voilà, ceci, cela.

Nảy ..... 汭; *bùn nảy* 坌汭 marais.

Nam ..... 南 sud; *An nam* 安南 le royaume d'Annam, le Tonkin et la Cochinchine; *nam việt* 南越 idem.

Nam ..... 男 homme; *trưởng nam* 長男 aîné.

Năm ..... 觪 cinq.

Năm ..... 觪 an, année.

Nám ..... 焾 brûlé, grillé; *cháy nám* 烴焾 idem.

Nắm ..... 捻 poignée; saisir avec la main; *nắm chóp* 捻鬏 saisir par les cheveux.

Nằm......	𠄩	être gisant, couché; *nằm ngửa* 𠄩語 être couché sur le dos; *nằm sấp* 𠄩脏 être couché sur le ventre.
Nan......	難	matière textile; *gian nan* 艱難 misère.
Nạn......	難	calamité, infortune; *khốn nạn* 困難 idem; *mắc nạn* 襖難 tomber dans le malheur.
Nàn......	難	calamité; *nghèo nàn* 饒難 angoisses; *nồng nàn* 濃難 amertume.
Năn......	𡃤	; *ăn năn* 咹𡃤 se repentir.
Nặn......	攤	comprimer; *nặn sữa* 攤渡 traire; *vọt nặn* 拧攤 épiler.
Nắn......	攤	; *trau nắn* 拵攤 orner.
Nắn nỉ....	𡃤呢	se plaindre.
Nán ná....	捼那	tergiverser.
Nang.....	嚢	bourse, besace.
Nạng.....	欜	fourche; *cọc nạng* 栂欜 idem.
Náng tay...	朧挃	paume de la main; *náng chơn* 朧貞 plante du pied.
Nàng.....	娘	appellation générique des femmes.
Năng.....	能	souvent; *tài năng* 才能 industrie.
Nặng.....	曩	lourd; *nặng lời* 曩唎 paroles sévères; *gánh nặng* 挭曩 fardeau pesant.
Nắng.....	曤	chaleur; *nắng hanh* 曤焊 ardeur du soleil.
Nằng nằng.	能能	sans cesse.

Nâng lên. . . 攏迍 soulever une chose.

Nanh . . . . . 獰 dents molaires des animaux; *nanh vút* 獰 㹻 dents et griffes.

Nạnh . . . . . 侫 accuser par envie; *nạnh nhau* 侫饒 idem.

Nao . . . . . . 芇 un peu courbé; *no nao* 奴芇 quand? plaise à Dieu!

Nào . . . . . . 芇; *thể nào* 体芇 comment? *nào ai* 芇埃 qui? *ngày nào* 𣈜芇 quel jour?

Não . . . . . . 惱; *sầu não* 愁惱 triste; *thảm não* 慘惱 très-affligé.

Nạp súng . . 納銃 charger un canon.

Nắp . . . . . . 蒳 couvercle (de boîte, etc.).

Nát . . . . . . 涅 brisé; pilé; *hại nát* 害涅 nuire; *hư nát* 虛涅 être gâté.

Nạt . . . . . . 喤 effrayer par des paroles.

Nâu . . . . . . 嗃; *làm nâu* 濫嗃 des jeux en venir aux coups.

Nậu . . . . . . 耨 troupe.

Nấu . . . . . . 爊 faire cuire.

Né . . . . 伱 éviter; *né mình* 伱命 éviter un coup.

Nẻ ra . . . . . 儞囉 se fendre; *đất nẻ* 坦儞 ouverture ou fente du sol.

Nê . . . . 泥; *chấp nê* 執泥 obstiné.

Nệ . . . . 伱; *chẳng nệ* 庄伱 faire sans peine un travail; *nệ chi* 伱之 qu'y a-t-il à faire?

ANNAMITE-FRANÇAIS. 485

Nể......	泥	rouleaux pour les fardeaux; *đặng nể* 特泥 faire aisément.
Nể......	你	; *kính nể* 敬你 respecter quelqu'un.
Nễ tổ.....	儞祖	ancêtres.
Ném......	捻	lancer; *ném đá* 捻碖 lancer des pierres.
Ném......	楠	coin pour fendre.
Ném......	喃	assaisonner.
Nệm......	襝	matelas; *nệm chiếu* 襝詔 idem.
Nén......	鑲	cercle de fer ou d'osier; lingot; *nén vàng* 鑲鑌 lingot d'or.
Nên......	年	être permis; devenir; c'est pourquoi; *hóa nên* 化年 devenir; *chẳng nên* 庄年 il n'est pas permis.
Nện......	捽	frapper (avec un marteau, un bâton).
Nền......	埑	fondement; pavé; *đắp nền* 塔埑 jeter les fondations.
Neo......	枾	ancre; *gieo neo* 交枾 jeter l'ancre; *kéo neo* 撟枾 déraper.
Néo......	纔	serrer une corde en la tournant.
Nẻo......	曩	sentier; *nẻo đàng* 曩唐 idem.
Nép......	納	se cacher; *nép ẩn* 納隱 idem.
Nẹt......	喱	tendre ou étirer une chose pour qu'elle rebondisse.
Nét......	涅	mœurs, modestie; *làm nét* 濫涅 hypocrite; *mất nét* 秩涅 immodeste; *sửa nét* 使涅 se corriger.

Nét...... 涅 trait de pinceau.

Néu...... 曩 si; *néu có* 曩固 si cela est.

Ngà voi... 玡獁 ivoire.

Ngả ba.... 我叵 carrefour de trois rues; *ngả tư* 我唱 idem, de quatre rues.

Ngã chuổng. 我𢵪 tomber, glisser.

Ngã...... 餓 avoir faim.

Ngắc ngúc.. 喁獄 mouvoir la tête.

Ngạch cửa.. 額閘 seuil de la porte.

Ngai...... 凱 trône; *lên ngai* 蓬凱 monter sur le trône.

Ngại...... 碍 obstacle; *trắt ngại* 窒碍 hésiter; *trở ngại* 阻碍 obstacle; *có ngại chi* 固碍之 qu'est-ce qui empêche?

Ngái...... 礙 loin; *cha ngái* 賒礙 idem.

Ngài...... 得 il, lui, elle (en parlant des supérieurs).

Ngãi...... 義 justice, amitié, foi; signification; *cắt ngãi* 割義 expliquer; *kết ngãi* 結義 lier amitié; *biết ngãi* 別義 reconnaissant; *lễ ngãi* 禮義 urbanité; *bắt ngãi* 不義 ingrat.

Ngay..... 𫝏 droit; *ngay thẳng* 𫝏倘 idem; *ngay thật* 𫝏實 sincère; *tối ngay* 碎𫝏 soumis; *ngay dạ* 𫝏胞 conscience droite; *nói ngay* 吶𫝏 faire connaître la vérité.

Ngáy pho pho 㗂哺哺 ronfler.

ANNAMITE-FRANÇAIS. 487

Ngày..... 㗌 jour; *ngày chưa* 㗌初 autrefois; *ngày lễ* 㗌禮 jour férié; *tối ngày* 最㗌 tout le jour.

Ngây dại... 癡曳 ignorant, sot.
Ngây..... 癡 rompre les oreilles.
Ngăm nghe. 吟䁙 menacer.
Ngẫm..... 吟 sentir; *ngẫm vị* 吟味 savourer; *ngẫm ý* 吟意 comprendre le sens.
Ngâm..... 吟 macérer dans l'eau; *ngâm thi* 吟詩 chanter à demi-voix.
Ngậm miệng. 吟皿 se taire.
Ngầm..... 吟 au dedans et secrètement; *giận ngầm* 牙吟 être animé d'une colère sourde; *hiểu ngầm* 曉吟 sous-entendre.

Ngàn..... 舒 mille.
Ngăn..... 垠 empêcher; obstacle; *ngăn đón* 垠頓 s'opposer; *ngăn chận* 垠振 barrière; *ngăn giặc* 垠賊 s'opposer à l'ennemi.
Ngắn..... 艮 court.
Ngần..... 垠 terme, quantité.
Ngân..... 銀 argent.
Ngất..... 痕 s'évanouir.
Ngang.... 昂 transversal; *ngang ngược* 昂虐 opiniâtre; *ngang đáy* 昂低 vis-à-vis, en face; *bề ngang* 皮昂 latitude.
Ngáng.... 昂 empêcher, mettre obstacle.

Ngảng..... 昂; *nói ngảng ra* 呐昂囉 différer d'avis.
Ngạnh..... 梗 instrument pointu d'un côté, crochu de l'autre.
Ngành..... 梗 rameau; *ngành vàng* 梗鑛 idem, d'or.
Ngảnh cỏ... 迎古 tourner la tête.
Ngao du.... 遨遊 errer.
Ngạo...... 敖; *kiêu ngạo* 驕敖 orgueilleux.
Ngạt...... 歹 petit essieu; cheville.
Ngắt...... 扔 cueillir avec les ongles; *trái ngắt* 靶扔 cueillir un fruit.
Ngặt...... 歹 être dans l'angoisse; *bịnh ngặt* 病歹 maladie dangereuse.
Nghe...... 眭 entendre, consentir; *nghe nghĩa* 眭義 entendre une explication; *nghe rằng* 眭浪 on entend dire.
Nghé...... 犠; *con nghé* 昆犠 veau.
Nghệ et nghé. 藝 art; *nghệ văn* 藝文 arts libéraux; *nghệ vũ* 藝武 art de la guerre; *con nhà nghề* 昆茹藝 chanteuse.
Nghếch ngác.. 逆咢 inepte.
Nghén..... 膣; *thai nghén* 胎膣 femme enceinte.
Nghếng ngang 迎昂 sans ordre, confusément.
Nghèo..... 饒 danger; *hiểm nghèo* 險饒 dangereux.
Nghi...... 疑 douter; *hồ nghi* 胡疑 idem; *nghi nan* 疑難 soupçonner; *hóa nghi* 化疑 devenir douteux.

ANNAMITE-FRANÇAIS. 489

- *Nghi* . . . . 儀 ; *oai nghi* 威儀 majesté ; auguste ; *lễ nghi* 禮儀 rite, cérémonie.
- *Nghị* . . . . 議 penser, réfléchir ; *nghị luận* 議論 idem.
- *Nghỉ* . . . . 擬 se reposer ; il, lui (en parlant des inférieurs et des égaux) ; *nghỉ tay* 擬捈 cesser de travailler.
- *Nghĩ* . . . . 議 penser, réfléchir.
- *Nghịch* . . . . 逆 ennemi, contraire ; contre ; *nghịch tặc* 逆賊 rebelle ; *nghịch ý* 逆意 contre la volonté.
- *Nghiêm* . . . . 嚴 majesté, sévérité ; *nghiêm kín* 嚴謹 défendre sévèrement.
- *Nghiệm* . . . . 驗 examiner à fond ; *nghiệm lại* 驗吏 examiner de nouveau.
- *Nghiêm* . . . . 臟 apprêts ; *đồ nghiêm* 圖臟 provisions.
- *Nghiền* . . . . 硯 piler ; *nghiền chương* 硯昌 broyer des os.
- *Nghiêng* . . . 迎 incliné ; *nghiêng lệch* 迎厯 idem.
- *Nghiệp* . . . . 業 office, charge ; *nghệ nghiệp* 藝業 arts mécaniques et libéraux ; *công nghiệp* 功業 travail digne de récompense.
- *Ngó* . . . . . . 肭 regarder ; *ngó thấy* 肭體 voir.
- *Ngỏ* . . . . . . 午 découvert ; *ngỏ cửa* 午吒 porte ouverte.
- *Ngõ* . . . . . . 吒 afin que ; *cửa ngõ* 閨吒 porte principale.
- *Ngô* . . . . . . 吳 la Chine (ancien nom).
- *Ngộ* . . . . . . 悞 ; *thằng ngộ* 尚悞 imbécile.

Ngơ......	癏;	*làm ngơ* 濫癏 dissimuler; *ngơ ngáo* 癏慕 inepte; *chơ ngơ* 諸癏 abandonné; orphelin.
Ngờ......	疑	juger, penser; *ngờ ngờ* 疑疑 manifeste.
Ngỡ......	語	penser; *ngỡ là* 語羅 il paraît, je pense; *bỡ ngỡ* 把語 étonné.
Ngoa.....	吾	je (usité seulement par les préfets).
Ngoại.....	外	hors; étranger; *kẻ ngoại* 几外 étranger; *họ ngoại* 戶外 parents maternels.
Ngoài.....	外	hors; *bề ngoài* 皮外 extérieur; *đàng ngoài* 唐外 Tonquin.
Ngoan.....	頑	doux, facile; *khôn ngoan* 坤頑 prudent, sage.
Ngoạt.....	月	mois; *giáp ngoạt* 夾月 menstrues.
Ngoắt.....	捐	appeler de la main.
Ngọc.....	玉	perle, pierre précieuse; *ngọc kim cang* 玉金剛 diamant.
Ngói.....	瓦	tuile; *nhà ngói* 茹瓦 maison couverte en tuiles; *ngói bình* 瓦平 tuile plate.
Ngòi.....	泑	petite rivière, canal; *ngòi rạch* 泑瀝 idem.
Ngôi.....	嵬	personne; *ngôi vua* 嵬喬 personne du roi.
Ngồi.....	堃	s'asseoir; *ngồi chép bằng* 堃插傍 s'asseoir les jambes croisées; *mời ngồi* 呲堃 inviter à s'asseoir.

ANNAMITE-FRANÇAIS. 491

Ngợi..... 曦 louer; louanges; *khen ngợi* 咧曦 idem.
Ngời..... 焊 lumière; *sáng ngời* 創焊 resplendir.
Ngon..... 唁 savoureux, fort (le vin, le tabac).
Ngọn..... 阮 cime d'un arbre; *ngọn lửa* 阮焰 flamme;
   ngọn gió 阮颶 souffle de vent.
Ngón..... 𢴑 doigt (du pied, de la main).
Ngôn..... 言 parole; *có ngôn* 顧言 dernières paroles
   d'un mourant
Ngơn..... 妍; *lớn ngơn* 蘭妍 trop grande familiarité.
Ngọng.... 囁; *nói ngọng* 吶囁 mal prononcer.
Ngỗng.... 鵝 oie; *ngỗng trời* 鵝圶 cygne.
Ngót..... 叱 doux; désenfler; *mát ngót* 沫叱 suave;
   chuốt ngót 捽叱 flatter par des pa-
   roles.
Ngọt..... 叱 doux; *dỗ ngọt* 啦叱 persuader douce-
   ment; *ngọt hắc* 叱黑 très-doux.
Ngớt..... 汐 cesser (la pluie, le vent, la colère); *ngớt*
   bớt 汐扒 diminuer.
Ngu..... 愚 stupide; brutal; *ngu ngơ* 愚瘝 inepte.
Ngụ..... 寓 recevoir l'hospitalité; *tạm ngụ* 暫寓
   idem; *ngụ cư* 寓居 étranger.
Ngủ..... 眸 dormir; *giấc ngủ* 職眸 un sommeil; *buồn*
   ngủ 盆眸 avoir sommeil.
Ngũ quan.. 五官 les cinq sens.
Ngũ..... 五 cinq.
Ngũ..... 伍 ordre; *đội ngũ* 隊伍 ordre de bataille.

Ngư...... 漁 pêcher; pêcheur.
Ngự...... 御 caractéristique des choses royales.
Ngự...... 禦 résister; *ngự tặc* 禦賊 résister aux ennemis.
Ngữ...... 語 parler.
Ngựa..... 馭 cheval; *cỡi ngựa* 騎馭 monter à cheval; *đua ngựa* 都馭 course de chevaux.
Ngứa..... 癛 démangeaison; démanger; *ngứa ngầm* 癛含 idem.
Ngừa..... 禦 aller au-devant; *ngừa rước* 禦違 idem.
Ngửa..... 語 regarder dans; *nằm ngửa* 齟語 se coucher sur le dos.
Ngục..... 獄 prison; *địa ngục* 地獄 enfer; *tchủ ngục* 主獄 geôlier.
Ngực..... 臆 poitrine; *tức ngực* 息臆 avoir mal à la poitrine.
Nguy..... 危 danger; *nguy nạn* 危難 idem.
Nguy..... 僞 rebelle; mensonge; *sinh nguy* 生僞 être de mauvais exemple; *nguy trá* 僞詐 tromper, mentir.
Ngửi..... 曦 sentir, flairer; *ngửi mùi* 曦味 idem.
Nguyên.... 元 entier; intact.
Nguyên.... 願 prier, demander; *khẩn nguyên* 懇願 faire un vœu; *nguyên gẩm* 願吟 méditation.
Nguyên.... 愿 faire un vœu, promettre; *thề nguyên* 誓愿 jurer.

Nguyễn....	阮	nom de la famille royale de Cochinchine.
Nguyệt....	月	lune, mois; *nguyệt hoa* 月花 obscène; *kinh nguyệt* 經月 menstrues.
Ngưng....	凝	coagulé, congelé.
Ngược....	虐	inverse, contraire; *trở ngược* 呂虐 retourner, tourner en sens contraire; *gian ngược* 奸虐 inique, impie; *gió ngược* 逾虐 vent contraire.
Nguôi....	嵬	se calmer (la colère, la tristesse).
Nguội....	浽	froid; *nguội lòng* 浽弄 tiède.
Ngươi....	𦀚	tu, toi (en parlant aux égaux et aux inférieurs); *con ngươi* 昆𦀚 pupille de l'œil; *dể ngươi* 易𦀚 mépriser; *hổ ngươi* 虎𦀚 rougir.
Người....	得	il (en parlant des nobles ou des supérieurs); homme; *người ta* 得些 les hommes; autrui; *mặc người* 默得 à volonté; *tôi giết người* 罪折得 homicide.
Nguồn....	源	source, fontaine; *ngả nguồn* 我源 idem; *nguồn cơn* 源杆 cause.
Ngưu....	牛	buffle.
Nha.....	牙	dents des animaux.
Nhà.....	茹	maison; *nhà vua* 茹喬 roi; *nhà quê* 茹圭 paysans; *quê nhà* 圭茹 pays natal; *nhà nước* 茹渃 royaume; *nhà bếp*

菇烃 cuisine; *nhà tiểu* 菇消 latrines; *con nhà ai* 昆菇埃 de qui est-il fils?

Nhã...... 雅; *hòa nhã* 和雅 harmonic, concorde; *hoan nhã* 歡雅 content.

Nhác..... 樂 paresseux; *nhác nhơn* 樂簡 idem.

Nhạc..... 樂 musique; *ca nhạc* 歌樂 chanter.

Nhắc..... 搐 déranger une chose de sa place; *nhắc lại* 搐吏 rappeler à la mémoire; *nhắc chuống* 搐甄 déposer; *nhúc nhắc* 辱搐 boiter.

Nhạy..... 呎 agile, prompt; *nhạy nhọt* 呎喫 promptement.

Nháy mắt.. 瞞相 cligner des yeux; *trong nháy mắt* 匆瞞相 en un clin d'œil.

Nhảy..... 跡 sauter; *nhảy mũi* 跡齂 éternuer.

Nhám..... 監 âpre, rude; *cá nhám* 魚監 requin.

Nhăm..... 眭 cligner des yeux; viser; *nhăm nhía* 眭晞 idem; *nhăm mặt* 眭相 fermer les yeux; mourir; *nhăm hình* 眭形 se considérer soi-même.

Nhắm..... 捬 poignée; *nhắm gạo* 捬秸 poignée de riz.

Nhằm..... 任 atteindre; *nhằm bia* 任碑 atteindre le but.

Nhậm..... 任 exaucer; *nhậm lời* 任詞 être favorable; *nhậm lễ* 任禮 recevoir des cadeaux de la part des inférieurs.

Nhấm..... 旺 déguster du bout des lèvres.

ANNAMITE-FRANÇAIS.   495

Nhan sắc... 顏色 beauté; *dong nhan* 容顏 face, visage.
Nhãn..... 閒 loisir.
Nhãn..... 眼 œil; titre d'un livre.
Nhăn..... 皺 ride; *nhăn nhíu* 皺繞 ridé.
Nhắn..... 呢 faire recommander une chose à quelqu'un par un tiers; *nhắn lời* 呢唎 idem; *nhắn tin* 呢信 faire donner avis.
Nhận..... 搙 immerger; *nhận nước* 搙渃 idem; *nhận vào* 搙包 introduire par la force.
Nhẫn nhục.. 忍辱 supporter patiemment.
Nhẫn..... 刃 anneau, bague; *deo nhẫn* 刁刃 porter une bague.
Nhang.... 香 pastille odoriférante.
Nháng.... 燐 scintiller; *nháp nháng* 炏燐 briller.
Nhảng.... 講 se remettre (de la tristesse, de la colère).
Nhăng.... 江; *lăng nhăng* 淩江 embrouillé; *làm nhăng* 濫江 embrouiller.
Nhánh.... 梗 branche d'arbre.
Nhạo cười.. 噪唭 se moquer; *nhạo chê* 噪吱 blâmer.
Nhạp..... 入 honte, déshonneur; *chịu nhạp* 召入 idem.
Nhắp..... 叭 cligner des yeux, dormir.
Nhát..... 毚 effrayer; poltron; *nhút nhát* 葵毚 timide.
Nhạt..... 日 avec soin; *nhiệm nhạt* 再日 sévère, exact; *nhạt tục* 日促 insister vivement.
Nhất ou *nhứt* 壹 premier; un.
Nhật ou *nhựt* 日 jour; soleil.

Nhau.....	饒	réciproquement; vulve; *cùng nhau* 共饒 ensemble.
Nhạu.....	昭	boire.
Nhẹ.....	珥	léger, agile; *nhẹ chơn* 珥 眞 prompt.
Nhẻ.....	咏	se moquer; tourner en ridicule.
Nhẹm.....	冉	bien couvert; caché.
Nhém.....	拼	boucher une fente.
Nhen.....	燃	souffler (le feu); exciter (la colère).
Nheo.....	鬟	; *lông nheo* 翅鬟 les cils.
Nhét.....	熱	obstruer; *dút nhét* 揆熱 suborner.
Nhểu.....	繞	couler, découler (la cire, une liqueur); *nhểu dãi* 繞氾 cracher en parlant.
Nhi.....	兒	enfant; *anh nhi* 嬰兒 idem.
Nhị.....	弌	deux; second.
Nhì.....	貳	second.
Nhỉ.....	浺	sourdre, couler peu à peu.
Nhiệm.....	冉	caché, secret; mystère; *ý nhiệm* 意冉 sens caché.
Nhiễm bệnh.	染病	contracter une maladie.
Nhiên tư...	然自	naturellement.
Nhiêu.....	饒	traiter avec indulgence; *nhiêu mạng* 饒命 faire grâce de la vie.
Nhiều.....	饒	beaucoup; nombreux; *nhiều hơn* 饒欣 bien plus.
Nhiễu.....	擾	troubler; *nhiễu hại* 擾害 nuire.
Nhịn.....	忍	patience; avoir patience; *hay nhịn* 哈忍

ANNAMITE-FRANÇAIS.

patient; *nhịn đói* 忍饑 souffrir la faim.

Nhìn..... 認 voir, regarder, reconnaître.
Nhíp..... 耗 petites pinces.
Nhịp..... 嗫 moduler le chant.
Nho..... 薷 raisin; *cây nho* 核薷 vigne.
Nhỏ..... 貀 exigu, petit; *trẻ nhỏ* 祂貀 enfant.
Nhỏ..... 浀 distiller, couler goutte à goutte; *nhỏ giọt* 浀滦 idem.
Nhổ..... 揓 arracher; *nhổ rễ* 揓欚 idem.
Nhơ..... 洳 sordide, immonde; *nho uế* 洳濊 idem.
Nhợ..... 紃; *day nhợ* 絓紃 petite corde, ligne de pêche.
Nhớ..... 汝 se rappeler; *nhớ thương* 汝傷 se souvenir avec amour.
Nhờ..... 洳 s'appuyer sur quelqu'un; *nhờ cậy* 洳忌 idem; *đỗ nhờ* 杜洳 recevoir l'hospitalité; *nhờ cùng* 洳共 se confier à quelqu'un.
Nhọc..... 辱 fatigué; être fatigué; *mệt nhọc* 癈辱 idem; *công nhọc* 功辱 fatigué de travail.
Nhồi..... 揉 soumettre; réduire; macérer.
Nhoi..... 喔 ruminer.
Nhởi..... 跡 jouer; *đi nhởi* 移跡 aller jouer.
Nhóm..... 呫 rassembler; *nhóm nhau* 呫饒 se réunir; *nhóm họ* 呫戶 contracter société.

Gramm.   32

Nhộn.....	閙; *bọn nhộn* 奔閙 tumultueusement.
Nhơn.....	人 homme; *nhơn vật* 人物 créature; *nhơn loài* 人類 genre humain; *nhơn luân* 人倫 condition de l'homme; *bần nhơn* 貧人 pauvre, mendiant; *sai nhơn* 差人 légat, envoyé.
Nhơn.....	仁 piété; charité; humanité; *nhơn ngãi* 仁義 amitié; *nhơn ái* 仁愛 charité; *khoan nhơn* 寬仁 pieux; *lòng nhơn* 弄仁 miséricorde; *bất nhơn* 不仁 ingrat; *nhơn lành* 仁莕 clément.
Nhơn.....	姻; *hôn nhơn* 婚姻 mariage.
Nhơn.....	因 à cause de, parce que; *nhơn danh* 因名 au nom de; *nhơn vì* 因爲 parce que; *nhơ sao* 因军 pourquoi?
Nhớp.....	汄 sale; *nhơ nhớp* 泖汄 idem.
Nhót......	朕 se contracter en séchant.
Nhọt......	瘊 furoncle.
Nhốt......	訥 renfermer.
Nhột nhạt..	朕臊 chatouillement.
Nhu sĩ.....	儒士 lettré.
Nhũ......	乳 avertir; *nhũ bố* 乳哺 allaiter, nourrir.
Nhử......	如 comme; semblable; *thí nhử* 試如 par exemple.
Nhừ......	絮 trop cuit; *chín nhừ* 尬絮 idem.
Nhựa.....	滋 gomme; *nhựa cây* 滋核 glu des arbres.

Nhuận....	潤	intercaler; *năm nhuận* 䏃潤 an de treize lunes.
Nhuản....	潤	être imbibé; *nhuản nhã* 潤雅 très-exercé dans une chose.
Nhục.....	肉	chair.
Nhục.....	辱	pudeur; *sĩ nhục* 耻辱 idem; *nhục nhục* 辱辱 vieux, hors d'usage.
Nhức.....	癪	souffrir des palpitations.
Nhún.....	閫	s'agiter; *nhẻ nhún* 哂閫 agiter les lèvres.
Nhũng mặt.	哦柄	avoir honte.
Nhưng....	仍 ; *ở nhưng* 於仍 être oisif; *nhưng mà* 仍 麻 mais; *phải nhưng* 沛仍 c'est bien.
Nhửng....	仍	plusieurs; seulement; cependant; *chẳng nhửng* 庄仍 non-seulement.
Nhuốc.....	辱 ; *nhuốc hổ* 辱虎 avoir honte.
Nhược....	若	si; *nhược bằng* 若朋 idem.
Nhược....	弱	débile; *liệt nhược* 劣弱 idem; *binh nhược* 病弱 infirme.
Nhưới....	哦	se moquer; *mưa nhưới* 湄哦 pluie continue; *ướt nhưới nhưới* 汔哦哦 tout mouillé.
Nhuộm....	染	teindre; *nhuộm điều* 染條 teindre en rouge; *thợ nhuộm* 署染 teinturier.
Nhương...	攘	sacrifice pour éloigner les malheurs.
Nhượng...	讓	céder; *khiêm nhượng* 謙讓 humble; *nhượng cho* 讓朱 céder à quelqu'un.

Nhuột..... 梛; non nhuột 嫩梛 très-tendre.
Nhút nhát.. 葖戞 timide, poltron.
Nhứt..... 壹 premier; thứ nhứt 次壹 idem; dimanche.
Nhựt..... 日 jour, soleil; bạch nhựt 白日 en plein jour; nhựt bổn 日本 Japon.
Ni....... 伲; tang ni 僧伲 bonzes.
Ni....... 尼 celui-là, celle-là, cela.
Nì....... 伲 voici.
Nỉ....... 伲; nầy nỉ 奈伲 supplier, prier; nỉ non 伲嫩 voix gémissante.
Nich..... 溺 dévorer.
Nịch..... 溺 être submergé; chết trầm nịch 折沈溺 se noyer (par suicide).
Niêm..... 粘 règles de la poésie; niêm luật 粘律 idem.
Niệm..... 念 psalmodier à voix basse.
Niệm..... 念 charge, office; lỗi niệm 磊念 sortir de charge.
Niên..... 年 année; âge.
Niền..... 絆 cercle (p. ex. de barrique).
Niệt..... 經 corde du joug; niệt trâu 經摟 idem.
Nín nang. 嚟囊 se taire; nín hơi 嚟唏 retenir son haleine; nín lặng 嚟瀨 faire silence.
Ninh.... 寧 paix, repos.
Nịnh..... 佞 complaisant, flatteur; sàm nịnh 讒佞 aduler; gian nhịn 奸佞 adulateur; ờ nhịn 於佞 infidèle.

ANNAMITE-FRANÇAIS.

Níp ...... 綌 corbeille d'osier.

Nít. ...... 涅; *con nít* 昆涅 enfant, petit.

Nit. ...... 緸 langouti.

Niu ...... 哺; *náng niu* 摊哺 caresser.

Níu ...... 掃 attirer à soi; *níu láy* 掃祕 tenir ferme.

No ...... 飯 rassasié; *no bụng* 飯脖 idem; *no ấm* 飯 蔭 avoir le nécessaire; *no năm* 飯䭯 année pleine.

No nao .... 奴芇 plût à Dieu!

Nọ. ...... 奴 voici; il, elle, cela; *người nọ* 尋奴 cet homme; *cái nọ* 丐奴 cette chose.

Nó. ...... 奴 celui-là, celle-là, cela (des choses et des inférieurs); *mặc nọ* 默奴 à sa volonté.

Nò. ...... 筱 nasse.

Nỏ. ...... 呶; *nỏ tiếng* 呶唷 voix aiguë.

Nõ. ...... 努 petit pieu; *dóng nõ* 揀努 planter un pieu.

Nọ. ...... 奴 serviteur, esclave; *nô bộc* 奴僕 esclaves; *hung nô* 兇奴 les Tartares, les Huns.

Nọ. ...... 怒 se mettre en colère; *láy nọ* 祕怒 feindre la colère.

Nó. ...... 絮; *nhiều nó* 饒絮 beaucoup d'affaires; *một nó* 沒絮 une affaire.

Nỏ. ...... 弩 bruit d'une chose qui se rompt ou éclate; *nỏ pháo* 弩砲 brûler des pétards.

Nợ. ...... 女 dette; *đặt nợ* 達女 prêter à usure; *tha*

nợ 赦女 remettre la dette; đòi nợ 隊女 exiger la dette.

Nở....... 荵 s'épanouir (les fleurs, etc.); nở đóa 荵朶 s'ouvrir (une fleur); gà nở 鶷荵 éclore (un poulet); nở gan 荵肝 se dilater (le cœur) par la joie.

Nỡ....... 荵 permettre, tolérer; chẳng nỡ 庄荵 impatient; nào nỡ 芇荵 comment peut-on supporter? há nỡ 阿荵 ne permettez pas.

Noa...... 拏; thê noa 妻拏 femmes et enfants.

Nọc...... 毒 dard des abeilles, des serpents, des scorpions; nọc rắn 毒蛒 venin du serpent.

Nọc...... 橿 pieu; đóng nọc 棟橿 planter un pieu.

× Nói....... 吶 parler; nói phô 吶哺 idem; lời nói 夈吶 parole, discours; ăn nói 咹吶 converser; hay nói 哈吶 bavard; nói thừa 吶承 calomnier; nói quấy 吶怪 dire des absurdités.

Nòi....... 内 genre, espèce (des animaux).

Nôi....... 鐼 berceau.

Nội....... 内 dedans; intérieur; họ nội 户内 parenté paternelle; nội gia 内家 toute la famille; nội viện 内院 ministres du roi.

Nối....... 芮 joindre, attacher; chắp nối 執芮 se remarier; nối dòng 芮洳 propager sa race.

ANNAMITE-FRANÇAIS. 503

Nôi...... 坭 marmite à cuire le riz.
Nổi...... 浽 surnager; *trôi nổi* 濡浽 voyager; *nổi gió* 浽䬅 se lever (le vent); *của nổi* 貼浽 biens mobiliers.
Nỗi...... 按 raison, cause; *nỗi gì* 按之 pourquoi?
Nơi...... 尼 lieu; *mọi nơi* 每尼 partout; *nơi nào* 尼苎 où? *nơi kia* 尼箕 là-bas.
Nới...... 乃 relâcher (des liens).
Nom...... 窅 regarder fixement.
Nôm...... 喃; *chữ nôm* 字喃 caractères annamites.
Nơm...... 篭 sorte de nasse pour pêcher.
Non...... 㜲 tendre; *núi non* 岿㜲 montagne; *cân non* 斤㜲 balance fausse; *thước non* 托㜲 mauvaise mesure.
Nón...... 銑 chapeau; *đội nón* 隊銑 porter un chapeau; *quai nón* 乖銑 jugulaire.
Nôn...... 㜲 chatouillement.
Nong nả... 農拿 chaudement; *nong gan* 農肝 bouillir de colère.
Nọng..... 膿 gorge des animaux.
Nóng..... 燶 chaud; avoir chaud; *nóng tính* 燶性 nature chaude.
Nông..... 農 agriculteur; *nông phu* 農夫 idem.
Nống..... 攏 élever (en haut) au moyen d'un instrument; *nống sức* 攏飭 lutter de forces.
Nồng..... 濃 âcreté d'odeur.

Nộp......	納	livrer; *nộp thuế* 納稅 acquitter le tribut; *nộp mình* 納命 se rendre.
Nớu......	膼	gencives; palais.
Nư......	哪	fureur; *nư thở* 哪咀 idem.
Nữ......	女	femme, femelle; *trinh nữ* 貞女 vierge.
Nua......	拏	; *già nua* 耄拏 vieille.
Nủa......	怒	vengeance; *trả nủa* 呂怒 se venger.
Nửa......	姅	moitié (d'une chose, d'un espace de temps); *nửa đêm* 姅店 minuit.
Nữa......	女	davantage, encore.
Núc......	𪠲	; *uống núc* 旺𪠲 boire d'un trait.
Nục......	恧	gras (en parlant d'un animal).
Nục......	衄	; *nục huyết* 衄血 saigner du nez.
Nực......	爑	chaleur; *nực trời* 爑𠄩 temps brûlant.
Núi......	岿	montagne; *núi non* 岿巘 idem.
Nùi......	㧢	bouchon; *đút nùi* 揆㧢 boucher.
Núng.....	農	vase brisé, objet déformé; *núng níu* 農呧 importuner.
Nũng.....	醲	se gâter (des fruits).
Nước.....	渃	eau; royaume; *nước thiên đàng* 渃天堂 paradis; *nước lã* 渃呂 eau pure; *nước mặn* 渃漫 eau salée; *nước ngọt* 渃呧 eau douce; *nước miếng* 渃𠰘 salive; *nước mắt* 渃相 larmes; *trị nước* 治渃 régner; *nước đái* 渃帶 urine.

ANNAMITE-FRANÇAIS. 505

Nuôi.....	餒	nourrir; allaiter; *nuôi dưỡng* 餒養 idem; *mẹ nuôi* 媄餒 nourrice.
Nuôi.....	炳	s'efforcer.
Nương...	娘	s'appuyer; *nương nhờ* 娘汝 s'appuyer sur quelqu'un (au moral); *hoa nương* 花娘 prostituée.
Nướng...	爔	faire rôtir; *nấu nướng* 糜爔 faire cuire.
Nuốt.....	訥	engloutir, dévorer.
Núp.....	納	se cacher.
Nút.....	嗩	sucer; *nút sửa* 嗩涐 teter.
Nút.....	鎳	bouton d'habit; *nút ruồi* 鎳蛛 tache naturelle du corps.
Nứt.....	涅	se casser, se déchirer, se fendre (un habit, du papier, des fruits, la peau); *nứt nở* 涅芛 idem; *nứt da* 涅胗 être lacérée (la peau); *đàng nứt* 唐涅 fente.

O

O.......	烏	; *chương o* 昌烏 os de la poitrine.
O uế.....	汙濊	sordide, immonde.
O.......	烏	noir; *ô mộc* 烏木 ébène.
O.......	塢	nid; *ô chim* 塢鵴 nid d'oiseau.
O'.......	於	*thờ o'* 祼於 inopinément.
O'.......	噁	; *ấp o'* 唈噁 roter.
× *O'*.......	於	demeurer; être dans; *ở đâu* 於兜 où

est-il? *ăn ở* 咹於 converser; *nết ở* 涅於 manière d'agir.

Oa....... 鍋 vase.

Oà....... 呱; *khóc oà oà* 哭呱呱 pleurs d'enfant.

Oai...... 威 majesté, gravité; auguste, sévère; *oai nghi* 威儀 idem; *oai linh* 威靈 majesté divine.

Oải...... 痿 paralysie, paralytique; *oải gân* 痿筋 paralysé d'un membre.

Oan...... 冤 accuser injustement; *oan gia* 冤加 malheur immérité; *chết oan* 折冤 mourir innocent.

Oán...... 怨 vengeance; se venger; *oán thù* 怨讎 idem; *tích oán* 積怨 tramer une vengeance.

Oc....... 沃; *eo óc* 夭沃 ennuyer.

Oc....... 腥 cerveau.

Oc....... 屋 maison; *trường óc* 塲屋 collége.

Óc....... 沃 escargot; *óc cha cừ* 沃車榘 coquille perlière.

O'i...... 呋 interjection pour dire: me voici (vis-à-vis des égaux ou des inférieurs).

O'i...... 意 intention, volonté.

Om...... 揞 embrasser.

Om sòm.... 喑讒 bruit, tapage.

Óm...... 瘖 mince, grêle; *óm yếu* 瘖要 infirme.

Ôn...... 溫; ôn có 溫故 savoir par cœur.
Ôn...... 瘟; ôn dịch 瘟疫 la peste.
On...... 溫 essaim d'abeilles.
On...... 穩 paix, repos.
Ơn...... 恩 grâce, bienfait; cám ơn 感恩 remercier (vis-à-vis de Dieu, des supérieurs); giã ơn 嗜恩 idem (vis-à-vis d'inférieurs, d'égaux); ơn đầy 恩苔 bienfait insigne; làm ơn 濫恩 accorder une faveur; vô ơn 無恩 ingrat.
On...... 嗌 éprouver les symptômes de la fièvre; ôn rét 嗌洌 idem; ôn có 嗌古 avoir des nausées.
Ong..... 蜂 abeille; ong vò vẽ 蜂圬廠 guêpe; ong lỗ 蜂魯 taon.
Ong..... 嗡 droit (en parlant d'un arbre); óng chơn 嗡眞 mollet; óng tay 嗡挔 arrière-bras.
Ong..... 膀 pâle, livide.
Ông..... 翁 aïeul; monsieur; ông gia 翁家 belle-mère.
Óng..... 甕 tube; súng óng 銃甕 fusil; cỏ óng 骭甕 gazon.
Ot...... 嘔 cou, nuque.
Ot...... 搵 certainement; ót lời 搵俐 parole sûre.
Ot...... 榿 piment.
Ớt...... 遏; dễ ớt 易遏 très-facilement.

P

Pha..... 葩 mélanger des liquides; *đức thánh pha pha* 德聖葩葩 le souverain pontife, le Pape; *pha chè* 葩茶 faire le thé; *gièm pha* 讒葩 diffamer.

Phá..... 破 détruire; *phá phách* 破魄 idem; *phá hai* 破害 nuire; *phá trận* 破陣 battre une armée; *trái phá* 鞭破 obus, bombe.

Phá..... 破 détroit.

Phác..... 樸; *chất phác* 質樸 simple.

Phách..... 魄 corps inanimé; crécelle; *đánh phách* 打魄 frapper la crécelle.

Phách..... 珀; *hổ phách* 琥珀 ambre; *huyết phách* 血珀 ambre rose; *lạp phách* 蠟珀 ambre jaune.

Phai..... 沛 perdre sa couleur, se décolorer; *phai màu* 沛牟 idem; *chẳng phai* 庄沛 ne pas s'effacer de la mémoire.

Phải..... 沛 devoir, falloir; c'est ainsi; oui; *lời phải* 唎沛 paroles raisonnables; *chẳng phải* 庄沛 à quoi bon? *mắc phải* 莫沛 tomber (dans le malheur); *phải tàu* 沛艚 faire naufrage.

Phay..... 刬; *dao phay* 刀刬 couteau de cuisine.

Pháy	派;	mưa pháy pháy 霈派派 pluie fine.
Phạm	犯	commettre une faute; phạm pháp 犯法 violer les lois; phạm đến 犯旦 pécher envers autrui; lời phạm thượng 衖犯上 blasphème.
Phàm	凡	vil; phàm phu 凡夫 ignoble; phàm nhơn 凡人 plébéien.
Phẩm	品	grade, degré.
Phạn	飯	riz cuit.
Phán	判	parler (Dieu et le roi); phán dạy 判咄 ordonner (idem); phán xét 判察 juger (Dieu).
Phàn nàn	樊難	se repentir.
Phàn	攀	vitriol.
Phản	反	rebelle; phản nghịch 反逆 se révolter; phán hại 反害 nuire.
Phản	返	revenir (se convertir).
Phân	分	partager; phân chia 分㐱 diviser; phân ra 分囉 être séparé; phân li 分離 divorce; phân biện 分辨 discerner; một phần 沒分 une portion, une part.
Phân vân	紛紜	embrouillé, douteux.
Phân	坋	excrément, fumier.
Phận	分	sort, condition; bổn phận 本分 idem; số phận 數分 destin; hổ phận 虎分 rougir de sa condition.

Phấn chì... 粉鋑 antimoine.
Phần.... 分 portion, part; *để phần* 底分 réserver une part; *bội phần* 倍分 beaucoup, violemment.
Phần hóa... 焚化 allumer.
Phần.... 墳 tombeau; *phong phần* 封墳 enterrer.
Phang.... 抂 polir, rendre lisse.
Phãng.... 朕 espèce de faux.
Phẳng.... 凭; *phẳng lặng* 凭潥 très-tranquille; *bằng phẳng phẳng* 朋凭凭 très-uni.
Phảng phảng 烊烊 toujours; beaucoup.
Phao..... 抛 liége; marque flottante; *phao vu* 抛誣 calomnier.
Pháo..... 砲 pétard.
Pháp..... 法 loi, règle; *luật pháp* 律法 idem.
Phát..... 發 distribuer; dépouiller un lieu de ses arbres ou de ses herbes; nettoyer; *khỉ phát* 起發 commencer; *phân phát* 分發 distribuer.
Phát..... 髮 cheveux; *mao phát* 毛髮 idem.
Phạt..... 罰 châtier; *hình phạt* 刑罰 supplice; *quở phạt* 喎罰 réprimander; *phạt tạ* 罰謝 demander pardon.
Phất..... 拂 agiter une chose.
Phất phưởng 佛彷 semblable.
Phật..... 佛 Bouddha.

Phe......	批	faction, parti; *phe nam* 批男 côté des hommes; *phe nữ* 批女 côté des femmes.
Phé......	批	signer (un gouverneur).
Phế......	肺	poumon; *phế phủ* 肺腑 intestins.
Phế......	廢	rejeter; *lưu phế* 留廢 délaisser.
Phen.....	番	fois; *phen theo* 番譊 rivaliser; *phen kip* 番及 atteindre; *một phen* 沒番 une fois; *ghe phen* 稽番 souvent; *mấy phen* 買番 combien de fois.
Phèn.....	攀	alun.
Phên.....	艑	natte.
☞ Phép.....	法	puissance; loi, règle; (sacrement, bénédiction); *phép tắc* 法則 puissance; *phép lạ* 法邏 miracle; *lễ phép* 禮法 rites; *phải phép* 沛法 poli (civil); *lỗi phép* 磊法 impoli; enfreindre la loi.
Phét.....	發	nettoyer avec un pinceau ou avec le doigt; brosse pour coller ou pour peindre; *cách phét* 格發 manière d'agir.
Phi......	非	non; faux; *phi ngãi* 非義 ingrat.
Phi......	飛	voler (oiseau).
Phi......	披	purger; *phi vàng* 披鑛 nettoyer l'or; *phi bạc* 披泊 nettoyer l'argent.
Phí......	費	dissiper, prodiguer; *phí của* 費貼 dépenser beaucoup.
Phì......	肥	gras; *phì mĩ* 肥美 beau, joli.

Phỉ	匪	être rassasié; *phỉ chí* 匪志 content.
Phía	費	partie (se dit seulement des lieux).
Phiên	番	fois; *a phiên* 阿番 opium.
Phiên	蕃	limites du royaume.
Phiến	片	morceau.
Phiền	煩	triste; importun; fâcheux; *phiền muộn* 煩悶 idem; *chịu phiền* 召煩 éprouver de l'ennui; *lo phiền* 慮煩 tristesse.
Phỉnh	呐	tromper; *phỉnh phờ* 呐呍 idem; *nói phỉnh* 呐呐 mentir en plaisantant.
Pho	扶	défendre, protéger; *pho tá* 扶佐 défendre la patrie.
Phó	副	second, aide, lieutenant.
Phó ông	哺翁	messieurs; *phó nưới* 哺餒 vous.
Phố	舖	boutique.
Phối thất	配室	se marier.
Phổi	肺	poumon.
Phơi	晒	faire sécher au soleil.
Phong	封	décorer d'une dignité; mettre le cachet; *phong thơ* 封書 signer une lettre.
Phong	風	vent; *phong thổ* 風土 coutumes; *phong ba* 風波 tempête.
Phóng	放	affranchir un esclave.
Phòng	房	chambre; *phòng loan* 房鸞 salle de conseil.
Phòng	防	pourvoir, prévoir.

ANNAMITE-FRANÇAIS.   513

Phỏng.... 燉 ampoules causées par la brûlure.
Phỏng.... 訪 conjecturer; *phỏng qua* 訪戈 idem.
Phỏng.... 蓬 s'enfler par le vent.
Phu..... 夫 prolétaire; mari; *đại phu* 大夫 grand mandarin.
Phụ..... 父 père; *phụ mẫu* 父母 père et mère; *tổ phụ* 祖父 aïeux.
Phụ..... 婦 femme; *phu phụ* 夫婦 les deux époux, le mari et la femme; *quả phụ* 寡婦 veuve.
Phụ..... 負 ingrat; *phụ ơn* 負恩 idem.
Phú..... 付 livrer; *phú mình* 付命 se livrer; *phú thác* 付托 recommander, confier.
Phú..... 副 second, lieutenant.
Phú..... 賦 composition; *tho phú* 詩賦 idem.
Phú quí... 富貴 riche et noble; *phú túc* 富足 opulent.
Phù hộ... 扶護 secourir, protéger (Dieu, les esprits).
Phù..... 浮 surnager; *phù bạc* 浮薄 ingrat.
Phù chú... 符呪 sortilége.
Phủ..... 府 ville de premier ordre.
Phủ..... 撫 couvrir; *phủ che* 撫雲 idem; *vây phủ* 圍撫 entourer.
Phủ..... 俯 se courber.
Phủ..... 腑; *lục phủ* 六腑 les six intestins: l'iliaque, l'estomac, le fiel, l'aine, la vessie, le nombril.

Gramm.   33

Phúc	福	bonheur.
Phúc	覆	réitérer, faire de nouveau; *phúc lại* 覆吏 idem.
Phục	服	habit; *phục tùng* 服從 se soumettre; *tang phục* 喪服 habit de deuil.
Phục	伏	; *phủ phục* 俯伏 saluer.
Phục	復	de nouveau.
Phủi	擵	secouer (avec la main); *phủi bụi* 擵培 enlever la poussière.
Phung	瘋	lèpre; *phung hủi* 瘋癈 idem.
Phụng hoàng	鳳凰	phénix; aigle.
Phụng	奉	obtempérer.
Phùng má	逢膴	enfler les joues.
Phửng dậy	凭跩	se lever.
Phước	福	bonheur; *hưởng phước* 享福 jouir du bonheur; *tốt phước* 卒福 fortuné; *phước phận* 福分 fortune.
Phươn	旛	drapeau ou insigne des idoles; *sao phươn* 暈旛 comète.
Phương	方	plage, région, contrée; manière d'agir; *phương chi* 方之 combien plus, combien moins!
Phương phi	芳菲	joli, beau.
Phượng thờ	奉蜍	adorer; *phượng lệnh* 奉令 obéir aux ordres.
Phượng	鳳	phénix; aigle.

Phường...	坊	société; *phường mạc* 坊莫 idem.
Phường phất	彷彿	semblable.
Phút......	發	moment, minute.
Phứt.....	拂	arracher les plumes; *nhổ phứt* 扭拂 arracher d'un coup; *làm phứt* 濫拂 se dépêcher, se hâter.

Q

Qua......	戈	nous; passer, traverser; *hôm qua* 歆戈 hier; *đi qua* 拸戈 traverser; *nói qua* 吶戈 dire en passant; *thấu qua* 收戈 pénétrer; *qua thì* 戈時 temps écoulé; *qua đời* 戈代 mourir.
Qua......	戈	lance.
Qua......	瓜	melon, courge.
Quạ......	鴉	corbeau; *quạ quạ* 鴉鴉 idem.
Quá......	過	excéder; outre; faute; *quá chừng* 過澄 au delà des bornes; *quá lắm* 過廩 excessivement, trop; *cải quá* 改過 s'amender; *nhiều quá* 饒過 beaucoup, trop.
Quả......	菓	fruit.
Quả......	果	vrai; *quả thật* 果實 c'est ainsi.
Quả......	寡	peu; *cô quả* 孤寡 orphelin.
Quách.....	郭	tête (des animaux).

33.

Quai..... 乖 anse; *quai nón* 乖鐵 jugulaire.

Quái..... 怪 extraordinaire; horrible; *quỉ quái* 鬼怪 sagace, rusé; *tinh quái* 精怪 démon, spectre.

Quay..... 鈊; *nhảy quay* 跡鈊 errer avec tristesse; *nòng quay* 櫳鈊 broche.

Quày..... 跪 se retourner; *quày mặt* 跪㭲 détourner le visage.

Quảy..... 怪 porter au bout d'un bâton.

Quảy..... 癸 s'agiter.

Quáy..... 怪; *nói quáy* 吶怪 parler sottement; *làm quáy* 濫怪 agir indignement.

Quan..... 官 mandarin; *chức quan* 職官 titre des mandarins; *đàng cái quan* 唐丐官 chemin public; *quan van* 官文 mandarins civils; *quan vũ* ou *võ* 官武 mandarin militaire.

Quan tài... 棺材 cercueil.

Quan tiền.. 貫錢 ligature.

Quán..... 舘 auberge; *hàng quán* 行舘 boutique; magasin; *bổn quán* 本舘 patrie.

Quản..... 管 gouverner; avoir soin; *quản trị* 管治 idem; *bao quản* 包管 faire peu de cas.

Quăn..... 鬈 frisé; *tóc quăn* 髭鬈 cheveux frisés.

Quằn quại.. 羣怪 fléchir sous le fardeau.

ANNAMITE-FRANÇAIS. 517

Quân..... 君 roi; *quân sư* 君師 auteur; *quân tử* 君 子 sage, philosophe.

Quân..... 軍 soldat; *quân lính* 軍另 idem; *cơ quân* 奇 軍 régiment de 500 hommes.

Quân..... 均 également; *quân phân* 均分 diviser en parts égales.

Quân..... 群 troupe, troupeau.

Quân..... 裙 pantalon.

Quang.... 光 clair; *hào quang* 豪光 splendeur; *quang gương* 光銅 polir un miroir de métal.

Quáng.... 眈; *mù quáng* 眛眈 aveugle.

Quảng.... 廣 étendu; large.

Quảng không 廣空 vide; région de l'air.

Quãng.... 胘 jeter, balancer.

Quanh.... 迯 autour; *chung quanh* 衝迯 idem; *quanh co* 迯姑 route tortueuse; *vây quanh* 圍迯 entourer.

Quạnh quẽ.. 瓊鬼 seul, solitaire.

Quánh.... 礐 durci par la sécheresse.

Quào..... 搞 déchirer avec les ongles; *quào câu* 搞搆 idem.

Quắp..... 急 crochu, recourbé.

Quạt...... 橄 éventail; éventer.

Quát...... 掘 frapper; *đánh quát* 打掘 idem.

Que củi.... 檽檜 morceau de bois à brûler.

Què...... 跪 blessé à un membre; *què tay* 跪撒 manchot; *què chơn* 跪真 boiteux.

Quẻ...... 卦; *điểm quẻ* 點卦 consulter le sort; *quẻ bói* 卦貝 sortilége.

Quê...... 圭 patrie; *quê nhà* 圭茹 idem; *nhà quê* 茹圭 campagne; *kẻ quê* 几圭 rustique, grossier.

Quê nữ.... 閨女 vierge; jeune fille.
Quê...... 桂 cinnamome.
Quen..... 涓 connu; habitué; s'habituer; *làm quen* 濫涓 idem.

Quén ngứt.. 捲毳 vaincre les obstacles.
Quèn..... 拳; *của quèn* 貼拳 chose vile.
Quên..... 涓 oublier; *bỏ quên* 補涓 idem.
Quên..... 脊; *quên nhau* 脊饒 s'exciter mutuellement; *quên dỗ* 脊啦 tenter.

Queo..... 跳; *chết queo* 折跳 se faner (une plante).
Quét...... 抉 balayer; *quét tước* 抉䈿 idem.
Quét...... 擂 piler dans un mortier.
Qui...... 歸 revenir; *qui phục* 歸服 se soumettre à quelqu'un.

Quí...... 貴 précieux, noble; *quí báu* 貴寶 idem; *quí nhơn* 貴人 homme noble.

Quí...... 季 dernier-né.
Quì...... 跪 se mettre à genoux; *quì gối* 跪膾 idem; *quì lạy* 跪禮 faire des prostrations.

ANNAMITE-FRANÇAIS. 519

Quỉ...... 鬼 le diable; *ma quỉ* 魔鬼 idem.
Quỉ trá.... 詭詐 fourbe.
Quyến..... 眷 avoir soin; *thân quyến* 親眷 parents, alliés.
Quyền.... 權 autorité.
Quyên..... 拳: *cần quyên* 勤拳 diligent.
Quyết..... 決 affirmer; *quả quyết* 果決 tenir pour certain; *quyết thật* 決實 très-vrai.
Quit...... 橘 citron du Maduré.
Quở...... 喎 réprimander; *quở trách* 喎責 idem.
Quốc...... 國 royaume; *quốc quân* 國君 roi.
Quờn..... 權 autorité; *quờn chức* 權職 dignité; *lên quờn* 蓮權 monter sur le trône; *cướp quờn* 刼權 usurper l'autorité.

R

Ra....... 囉 sortir; mettre dehors; *ra lệnh* 囉令 édicter; *ra mặt* 囉楠 paraître en public; *đi ra* 迻囉 sortir; *ra đi* 囉迻 se mettre en voyage, partir; *ra về* 囉衛 revenir; *phân ra* 分囉 diviser; *rẽ ra* 祀囉 séparer; *kéo ra* 撟囉 extraire; *cắt ra* 割囉 couper; *sinh ra* 生囉 naître; procréer; devenir; *tỏ ra* 訴囉 déclarer, manifester; *sáng ra* 創囉

briller; *giỏ ra* 吐囉 cracher; *võ ra* 破囉 se briser; *ra hơi* 囉唏 s'évanouir; *nỏi ra* 乃囉 relâcher.

Rạ...... 苣 paille laissée dans les champs; *rơm rạ* 薕苣 idem.

Rá...... 筥 corbeille pour le riz.

Rả...... 呂; *làm rả rả* 濫呂呂 agir unanimement; *rỉ rả* 唻呂 sans cesse.

Rã...... 沼 se dissoudre; *rã rời* 沼淶 idem.

Rác..... 落 fétu, rognures; *chem như rác* 祜如落 dédaigner, faire peu de cas; *rời rác* 淶落 rare.

Rắc..... 拾 pulvériser et semer.

Rách..... 襭 déchiré, en lambeaux; *rạch rưới* 襭洒 idem; *mặc rách* 默襭 porter des haillons; *chẻ rách* 織襭 déchirer.

Rạch..... 瀝 canal, ruisseau; *ngòi rạch* 浙瀝 idem.

Rái...... 獺 loutre.

Rải rác..... 洒落 rare; *lải rải* 禮洒 peu à peu.

Rãi rộng... 待曠 ample; libéral.

Rày..... 鬲 en ce temps; *ngày rày* 琈鬲 idem; *rày mai* 鬲埋 tarder; *đến rày* 旦鬲 jusqu'à présent.

Rãy..... 攡; *bỏ rãy* 捕攡 répudier.

Rẫy..... 禮 lieu plein de broussailles; *làm rẫy* 濫禮 défricher.

ANNAMITE-FRANÇAIS. 521

Rậm..... 著 dense; *rậm rạp* 著藤 idem; *rừng rậm* 棱著 forêt épaisse.

Ran..... 嚂; *sâm ran* 霓嚂 bruit du tonnerre.

Rạn..... 磵 petite fente.

Rán..... 助 s'efforcer; *rán dây* 助綀 tendre une corde.

Rán..... 炟 frire.

Ràn..... 欄 basse-cour, étable.

Rằn..... 嘴 ordonner; instituer; *khuyên rằn* 勸嘴 exhorter; *lời rằn* 唎嘴 précepte.

Rặn..... 勄 être constipé.

Rắn..... 蛤 serpent; *rắn mắt* 蛤相 indocile; *rắn gió* 蛤戀 vent violent.

Rằn..... 彤 varié de couleurs; *rằn rực* 彤炟 idem.

Rắn rát... 嘴嘿 fleurir.

Rang..... 榔 rôtir, griller.

Rạng..... 朗; *tở rạng* 訴朗 au grand jour; *rạng ngày* 朗塒 de grand matin; *rạng trời* 朗丕 ciel étoilé; *rạng đông* 朗東 aurore.

Ràng..... 綀 lier autour; *rõ ràng* 燶綀 clairement et distinctement.

Rảng..... 唎; *rủng rảng* 嗑唎 bruit de chaînes, son de l'argent.

Răng..... 齩 dent; *hàm răng* 含齩 les deux mâchoires; *sún răng* 嘦齩 édenté; *mần răng* 𨷈齩 comment? pourquoi?

Rằng	浪	disant; *rằng phải* 浪沛 approuver; *rằng chẳng* 浪庄 désapprouver.
Rạng sáng	爛劍	aurore.
Ranh	伶	avorton; *con ranh* 昆伶 enfant mort-né.
Rãnh	泠	canal; *ngòi rãnh* 渏泠 idem.
Rao	哗	promulguer; *rao truyến* 哗傳 idem; *cao rao* 高哗 crieur public.
Rào	楞	haie vive; *hàng rào* 行楞 idem.
Rắp	啦	statuer; proposer; *rắp toan* 啦箄 idem.
Rắp	拉	être jeté à la côte par le vent ou les flots.
Rập	笠	sorte de filet; lieu ombragé; harmonie; exemple; *làm rập* 濫笠 donner l'exemple; *rình rập* 伶笠 être en embuscade.
Rất	慄	marque du superlatif.
Rau	蘡	légumes; *rau cỏ* 蘡骷 idem.
Râu	鬖	barbe; *râu rìa* 鬖嗲 barbe qui remonte aux oreilles.
Rầu	愁	triste, ennuyé; *rầu rĩ* 愁吧 idem.
Ré	哩	crier (l'éléphant).
Rẻ	禮	à bon marché (objet).
Rẽ	祂	séparer; *phân rẽ* 分祂 divorce.
Rể	壻	gendre; *chàng rể* 撞壻 idem.
Rễ	櫺	racine; *cội rễ* 檜櫺 principe, origine.
Rèn	鍊	fabriquer, forger; *tập rèn* 習鍊 exercer; *lò rèn* 爐鍊 forge; *thợ rèn* 署鍊 forgeron.

Rên	嶙	gémir.
Rên	嚧	rugir (le tigre).
Reo	嘹	acclamer de joie; *cười reo* 唭嘹 éclater de rire.
Réo	嘹	vociférer en blasphémant.
Rệp	蠟	punaise.
Rét	冽	froid; avoir la fièvre, trembler; rouille; *sốt rét* 崒冽 avoir la fièvre.
Rệt	列	clairement; *tỏ rệt* 訴列 idem.
Rêu	蕘	mousse des arbres, des roches.
Rệu mật	洮蜜	couler la substance d'un fruit trop mûr.
Rỉ	呢; *nói rủ rỉ* 吶嚅呢 parler doucement et d'une manière aimable.
Rĩ	呢; *rầu rĩ* 愁呢 triste.
Riêng	貞	particulier, propre; *ý riêng* 意貞 volonté propre; *con riêng* 昆貞 beau-fils.
Riết	刾	serrer; *buộc riết* 扑刾 lier fortement.
Riêu	蕘; *canh riêu* 羹蕘 jus, bouillon.
Rim	爁	confire au sucre; *rim mật* 爁蜜 faire des sucreries.
Rịn	洓	expirer; *rịn mồ hôi* 洓波浓 transpirer.
Rinh	拎	porter des deux mains.
Rình	伶	se tenir en embuscade.
Rít	蝎; *con rít* 昆蝎 cent-pieds.
Rít	列	rude, qui n'est pas lisse (une corde, du bois, etc.).

Rịt . . . . . . 刹; *rịt ràng* 刹𣻅 lier autour; *rịt thuốc* 刹菜 bander une blessure.

Ríu . . . . . . 蹄 lentement, doucement; tomber doucement; se mettre à genoux.

Rìu . . . . . . 鐐 hache; *rìu búa* 鐐鈽 idem.

Rọ . . . . . . 楞 fosse à prendre les bêtes.

Ró . . . . . . 擼 introduire la main pour prendre une chose.

Rõ . . . . . . 爐 clairement, distinctement.

Rõ mặt . . . . 簪柟 visage marqué de la petite vérole.

Rợ . . . . . . 助; *mọi rợ* 每助 barbares, sauvages.

Rờ . . . . . . 踈 tâter, palper, toucher; *rờ rẫm* 踈廩 chercher dans les ténèbres.

Rỡ . . . . . . 焐 appétit de femme grosse; *rỡ ràng* 焐煉 magnifiquement orné; *rỡ rỡ* 焐焐 idem.

Róc . . . . . . 捸 raclures du roseau, du bambou, etc. *róc mía* 捸楳 enlever l'écorce.

Rọc . . . . . . 渹 marais; *lụa rọc* 纓渹 soie mal tissée.

Roi . . . . . . 楇 verge, fouet; *roi vọt* 楇椊 idem; *roi mót* 楇沒 petit fouet, cravache.

Rỏi . . . . . . 橰 espèce de bois très-dur; *rắn rỏi* 蛤橰 constant, fort.

Rối . . . . . . 繞 embarrassé, embrouillé; *rối trí* 繞智 esprit troublé; *rối lượng* 繞量 être à charge; *khuấy rối* 快繞 causer de l'ennui; *chỉ rối* 织繞 fils embrouillés.

Rồi......	耒	absolu, complet; repos; *đã rồi* 㐌耒 fini, achevé; *ngày rồi* 𣈘耒 jour de repos.
Rổi......	騾	marchand errant, colporteur de poisson.
Rỗi......	磊; *phần rỗi* 分磊 salut; *rỗi linh hồn* 磊靈魂 sauver son âme.
Roi......	淶	tomber; *bỏ roi* 補淶 laisser tomber quelque chose dans le chemin; *châu roi* 珠淶 pleurer.
Rời......	淶	être séparé; *rã rời* 洺淶 idem.
Róm......	𣻓	boutons, dartres à la peau.
Rơm......	蒹	paille des épis de riz après la trituration; *rơm rạ* 蒹苴 idem.
Ron rõi....	疵磊	maigrir peu à peu.
Rởn......	㦖; *rởn gáy* 㦖吗 se dresser (les cheveux par la frayeur); *rởn ốc* 㦖沃 chair de poule.
Rong.....	龍	fard; *rong máu* 龍洲 flux de sang (chez les femmes).
Róng.....	栟	étais de la muraille.
Ròng.....	㴂	pur; *ròng rã* 㴂呂 constamment; *ròng cây* 㴂核 moelle des arbres.
Rộng.....	曠	large, ample, libéral; *rộng rãi* 曠待 idem; *mở rộng* 摅曠 avoir de l'indulgence.
Róng.....	㘎	cri des grands animaux.

Rồng	蠬	dragon.
Rỗng	蕫	vide; *rỗng không* 蕫空 idem.
Rộp da	瀿胗	être pelé par un coup de soleil.
Rót	捽	fondre (v. a.); *rót vào* 捽㧅 infusion.
Rót	卒	dernier; *rót hèn* 卒賢 infime; *rót dày* 卒瀕 le plus profond.
Rớt	溧	tomber de haut.
Rũ	屢	manquer (les forces); *rũ liệt* 屢列 invalide.
Rứ	眤	; *bứ rứ* 播眤 accablé de sommeil.
Rủa	嚕	maudire, exécrer; *chưởi rủa* 吐嚕 idem.
Rựa	鉒	grand couteau, faux.
Rứa	呂	; *màn rứa* 瞖呂 de cette façon.
Rửa	泹	laver (les pieds, les mains, la tête); *phép rửa tội* 法泹罪 baptême; *rửa dao* 泹刀 aiguiser un couteau.
Rữa	泹	maigrir, se faner; *chín rữa* 㐱泹 trop mûr.
Rúc	嚆	; *căn rúc* 哏嚆 ronger (les vers).
Rục rũ	濁屢	décrépit; épuisé par la maladie, le chagrin.
Rực rỡ	熥焰	très-orné.
Rụi	櫹	mourir de vieillesse; *già rụi* 耂櫹 idem.
Rủi	磊	malheur, infortune.
Rum	蒜	couleur de pourpre.
Run	敦	trembler; *run sợ* 敦怍 trembler de peur.

ANNAMITE-FRANÇAIS. 527

Rụn...... 膥 ombilic.
Rung..... 搇 secouer, agiter.
Rụng..... 栟 tomber (fleurs, fruits).
Rúng..... 慟 être ému; *rúng rảy* 慟禮 frémir.
Rừng..... 棱 forêt; *rừng rậm* 棱著 forêt épaisse; *heo rừng* 獹棱 sanglier; *sói rừng* 猻棱 loup; *gà rừng* 鶍棱 faisan.
Rước..... 逴 recevoir, aller au-devant; *tiếp rước* 接逴 recevoir un hôte.
Ruồi..... 蛛 mouche; *nút ruồi* 胭蛛 tache sur le corps, signe naturel.
Ruổi..... 驫 galoper.
Rưới..... 洒 asperger, arroser.
Rưỡi..... 禩 demi.
Ruổng..... 寵 vagabonder.
Ruộng..... 矑 champ; *cày ruộng* 棋矑 labourer.
Rượng.... 杖; *rượng nhà* 杖茹 poutre, traverse.
Ruột...... 胂; *ruột loan* 胂鸞 entrailles; *con ruột* 昆胂 fils utérin (par opposition à fils adoptif); *anh em ruột* 英俺胂 frères germains.
Rượu..... 醑 vin; *rượu nho* 醑薷 vin de raisin; *rượu nếp* 醑糊 vin de riz; *rượu mạnh* 醑孟 eau-de-vie; *say rượu* 醅醑 ivre.
Rút...... 桦 extraire; *câu rút* 枸桦 croix; *rút gươm* 桦劍 tirer l'épée.
Rụt...... 律 être serré, contracté.

528 VOCABULAIRE

Rứt...... 㖹 égratigner, pincer.

Rựt...... 挼 rompre avec les mains; *rựt day* 挼繘 rompre une corde.

S

Sa....... 沙 tomber d'en haut; *sa đắm* 沙沈 adonné à une chose, etc. *sa đà* 沙陀 vagabond; *sa hoàng* 沙隍 indompté; *nhỏ sa* 䮀沙 dégoutter; *sa môn* 沙門 sectateur de Phật.

Sa....... 砂; *châu sa* 硃砂 cinabre.

Sá....... 詫; *bao sá* 包詫 qu'est-ce?

Sà....... 茶 *đi sà sầm* 拸茶岑 marcher dans les ténèbres.

Sả....... 鈒 fendre; *sả hai* 鈒台二 fendre en deux.

Sắc...... 色 couleur; aigu; beau; *nhan sắc* 顔色 beauté; *sắc dục* 色慾 luxure; *dao sắc* 刀色 couteau aigu; *thất sắc* 失色 pâlir de peur; *sắc sở* 色楚 varié de couleur.

Sắc...... 勅 diplôme royal; *ban sắc* 頒勅 conférer un diplôme.

Sách...... 册 livre; *sách in* 册印 livre imprimé; *sách chép* 册箚 manuscrit; *cuốn sách* 卷册 un volume.

Sạch..... 瀝 propre; *sạch không* 瀝空 rien, vide; *trong sạch* 冲瀝 pur; *sạch tay* 瀝掁 les mains vides; *sạch mình* 瀝命 innocent.

Sai...... 差 envoyer, commander; errer, ne pas atteindre le but; *sai khiến* 差遣 ordonner; *sai phân* 差分 être diminué; *khâm sai* 欽差 envoyé du roi; *sai trái* 差鞁 fertile.

Sái...... 洒 se luxer (un membre); manquer le but; *sái đi* 洒挊 ne pas être à sa place.

Sài...... 柴 bois à brûler.

Sài lang... 豺狼 loup.

Sài...... 瘵; *ghẻ sài* 疣瘵 teigne des enfants.

Sải...... 仕 aune, brassée.

Sãi...... 仕; *sãi vãi* 仕伲 bonze et bonzesse.

Say...... 醉 ivre; *say máu* 醉泖 enragé; *say mê* 醉迷 adonné à une chose.

Sảy...... 批 vanner.

Sảy...... 炑 bourbouilles.

Sãy...... 仕 aussitôt, tout à coup.

Sáy...... 炑 faire sécher sur le feu.

Sẩy...... 仕 tomber de la main.

Sam...... 蓼; *rau sam* 蘘蓼 pourpier (plante).

Sàm...... 讒 aduler; *sàm nịnh* 讒佞 idem.

Sắm...... 懺 préparer; *sắm sửa* 懺使 idem; *sắm sẵn* 懺產 prêt.

Gramm. 34

Sấm.....	靁	tonnerre; *sấm sét* 靁霳 idem.
Sấm truyền.	讖傳	écriture sacrée.
Sấm.....	滲	bas et humble.
San.....	删	purger, nettoyer.
San hô...	珊瑚	madrépores.
Sán.....	疝	tœnia, ver solitaire; *trùng sán* 虫疝 idem.
Sản.....	產	engendrer, mettre au monde.
Săn.....	狦	aller à la chasse; bien tordu (corde, etc.); *muông săn* 獴狦 chien de chasse.
Sần dã...	莘野	maison de campagne.
Sẵn.....	產	préparé, prêt; *sẵn sàng* 產床 idem.
Sang.....	郎	émigrer, changer de demeure; noble; *giàu sang* 朝郎 riche; *quờn sang* 權郎 éminent en dignité; *sang sông* 郎滝 traverser un fleuve.
Sang.....	瘡	gale.
Sáng.....	創	luire; clair; *sáng lòa* 創爍 resplendir, briller; *sáng trăng* 創朡 clair de lune; *sáng ý* 創意 perspicace.
Sàng.....	牀	tamis, crible; tamiser, cribler.
Sảng.....	爽	délirer; *sảng tính* 爽性 idiot.
Săng.....	棱	bois; brancard.
Sanh.....	桂	figuier d'Inde.
Sánh.....	够	comparer; *sánh so* 够努 idem; *sánh lại* 够吏 comparer; *sánh đôi* 够堆 pairs; pareils.

ANNAMITE-FRANÇAIS.

Sành . . . . . 硑 brique; terre cuite.
Sao . . . . . . 暈 étoile; *ngôi sao* 嵬暈 astre.
Sao . . . . . . 桦 *cây sao* 核桦 bois de tek.
Sao . . . . . 牢 pourquoi? *làm sao* 濫牢 pourquoi? comment? *sao chẳng* 牢庄 pourquoi pas?
Sao . . . . 抄 copier; *sao tả* 抄寫 idem.
Sao . . . . . . 炒 griller.
Sào . . . . 巢 nid.
Sảo . . . . . 稍 abortif; *sảo đi* 稍移 idem.
Sáp . . . . . . 蠟 cire; *đèn sáp* 畑蠟 cierge, bougie.
Sạp . . . . . 橔 plancher d'une barque.
Sắp . . . . . 拉 placer en ordre; *sắp lớp* 拉笠 idem.
Sấp . . . . . . 脏 antérieur, qui penche en avant; *nằm sấp* 䬃脏 se coucher sur le ventre; *sấp lưng* 脏腰 tourner le dos.
Sập . . . . . 立 déposer, abaisser.
Sát. . . . . . 殺 tuer; adhérer.
Sát. . . . . 察 examiner; *án sát* 按察 mandarin inspecteur de justice.
Sắt. . . . . . 鉄 fer; *lòng sắt* 弄鉄 cœur d'acier.
Sau . . . . . . 婁 après, derrière; *mai sau* 埋婁 ensuite; *sau hết* 婁歇 dernier; enfin.
Sáu . . . . . . 毥 six.
Sâu . . . . . . 漊 profond; *sâu độc* 漊毒 cruel.
Sâu . . . . . . 螻 ver; *sâu bọ* 螻蜅 idem.
Sấu . . . . . . 鱖 crocodile.

34.

VOCABULAIRE

Sâu...... 愁 triste; *đeo sầu* 刀愁 affligé.
Sè...... 稀 étendre; *sè cánh* 稀翅 étendre les ailes.
Sẻ...... 鸀 moineau.
Sẽ...... 仕 lentement, doucement; signe du futur.
Sen...... 蓮 nymphæa ou lotus.
Sét...... 霹 foudre; *đất sét* 坦霹 argile.
Sệt...... 悷; *sợ sệt* 怍悷 avoir peur; *đặc sệt* 特悷 épais, dense (liquides).
Si...... 稀; *su si* 夠稀 âpre, rude.
Sỉ...... 耻 honte, pudeur; *sỉ nhục* 耻辱 opprobre.
Sĩ...... 士 lettré; *nhu sĩ* 儒士 idem; *tu sĩ* 修士 solitaire.
Siểm...... 諂 aduler; *gièm siểm* 讒諂 idem.
Siêng.... 生 diligent; *siêng sán* 生產 idem.
Sinh..... 生 engendrer; enfanter; créer; *sinh sản* 生產 produire; multiplier; *hóa sinh* 化生 devenir; *sinh ra* 生囉 créer; naître.
Sinh..... 硅 soufre.
Sinh..... 牲 victime.
Sính lễ.... 娉禮 cérémonie des noces.
Sình...... 涅 marais.
So...... 夠 comparer deux choses entre elles; *so lại* 夠吏 idem.
Sọ kẻ chết.. 髐几折 crânes de mort.
Sở rìu.... 鐅鐐 manche de hache.

Số......	數	sort, fortune, nombre; *số phận* 數分 destin; *toán số* 笇數 prédire le sort; *coi số* 視數 idem; *vô số* 無數 innombrable.
Số......	數	catalogue, registre; être délivré; *cửa số* 閣數 fenêtre; *số ra* 數曜 être délié.
Sơ......	初	autrefois, dans le principe.
Sơ......	疎	à peu près, par manière d'acquit.
Sợ......	怍	craindre, avoir peur; *sợ sệt* 怍悷 idem; *kính sợ* 敬怍 révérer; *run sợ* 敦怍 trembler.
Sờ......	疎	toucher, palper; *còn sờ sờ* 羣疎疎 évident.
Sớ......	疏	supplique.
Sở......	楚	; *làm khổ sở* 濫苦楚 vexer.
Sở......	所	qui, quelle; lieu.
Soái.....	師	général en chef; *nguơn soái* 元師 idem.
Soạn.....	撰	disposer avec ordre; *soạn đồ* 撰圖 mettre en ordre.
Soán.....	篡	occuper; *soán vị* 篡位 usurper le royaume.
Soát.....	刷	recenser; *soát thuế* 刷稅 recueillir l'impôt.
Sóc......	朔	belette; premier jour du mois; *chem sóc* 沾朔 veiller, avoir soin.
Soi......	燸	illuminer; *soi sáng* 燸創 idem; *soi chết* 燸察 scruter.

534   VOCABULAIRE

Sói...... 猻 loup; *chó sói* 猱猻 idem; *binh sói* 兵猻 rebelles.

Sói...... 髿 chauve; *sói đầu* 髿頭 idem.

Sỏi...... 磃 caillou; *sành sỏi* 硅磃 idem; paroles âpres.

Sôi...... 潘 bouillir, chauffer.

Sợi chỉ.... 紕織 un fil; *sợi tóc* 紕髪 un cheveu.

Sớm...... 敆 mûrement; précoce; *sớm mai* 敆埋 de grand matin; *sớm khuya* 敆房 jour et nuit.

Son...... 崙 vermillon (empreinte du cachet).

Son...... 山 montagne; sandaraque.

Sớn...... 潹 obtus; à demi brisé.

Sờn...... 潹 être frappé de terreur; *chẳng sờn* 庄潹 intrépide.

Song..... 雙 paire; deux; mais; *song song* 雙雙 deux ensemble; *song le* 雙離 mais.

Song..... 膓 fenêtre.

Sóng..... 洴 flots; *sóng gió* 洴逾 flots en fureur.

Sòng..... 渱 sans cesse; *sòng sã* 渱听 idem.

Sông..... 瀧 fleuve; *sông áng* 瀧盎 décharger le ventre; *đi sông khiết* 扌瀧結 ténesme.

Sống,..... 甡 vivant; vivre; cru, qui n'est pas mûr; *sống dao* 甡刀 dos d'un couteau; *chương sống* 昌甡 épine dorsale; *hằng sống*

ANNAMITE-FRANÇAIS. 535

恆牲 immortel; ăn sóng 唵牲 manger des choses crues.

Sót...... 窣 omis, oublié; bỏ sót 補窣 omettre; sót tay 窣抴 résidu.

Sót...... 崪 chaleur; chaud; sót sáng 崪爛 bouillant; sót mến 崪勉 amour ardent; sót mặt 崪樀 avoir la fièvre.

Sư...... 師 maître; ông sư 翁師 bonze; pháp sư 法師 devin.

Sư tử..... 獅犴 lion.

Sự...... 事 chose, affaire, travail; thì sự 時事 circonstance; lịch sự 歷事 poli; cố sự 固事 être occupé; vô sự 無事 oisif; dân sự 民事 peuple; cớ sự 據事 cause, motif; công sự 公事 affaire publique; tư sự 私事 affaire privée.

Sứ...... 使 légat, envoyé; sứ thần 使神 ange; đi sứ 移使 envoyer un légat; sứ sự 使事 légation; sứ đồ 使徒 apôtre.

Sử...... 史 annales; sử kí 史記 idem.

Sử...... 使 ordonner; giả sử 假使 que si.

Sủa...... 嗷 aboyer.

Sưa...... 疎 rare; rarement.

Sứa...... 鯦 méduse, polype.

Sửa...... 使 corriger; sửa sang 使郎 droit; sửa trị 使治 administrer; sửa mình 使命

se corriger; *sửa lại* 使吏 raccommoder.

Sữa.....	波	lait; *bú sữa* 哺波 téter.
Suát.....	率	être le chef, gouverner.
Súc.....	畜; *lục súc* 六畜 animaux domestiques.
Súc.....	嗽	laver (la vaisselle, les verres).
Súc gỗ....	槅棋	planches.
Sức.....	飭	forces; *sức khỏe* 飭娃 se bien porter; *gắng sức* 助飭 montrer sa force; *yếu sức* 要飭 faible; *cả sức* 晋飭 puissant; *quá sức* 過飭 outre mesure.
Sực.....	直	aussitôt; *sực chốc* 直祝 idem.
Suy.....	推	réfléchir; *suy chét* 推察 idem; *suy gẫm* 推吟 méditer; *suy lại* 推吏 penser de nouveau.
Suy.....	衰	être débilité, perdre ses forces; *suy nhược* 衰弱 idem; *thể suy* 勢衰 état de faiblesse; *nước suy* 諾衰 pays épuisé.
Súy.....	師	général en chef.
Sung.....	充	plein.
Súng.....	銃	canon, fusil.
Sùng.....	崇	adorer.
Sưng.....	痿	s'enfler; tumeur; *sưng lểu* 痿蓮 s'enfler.
Sửng.....	奭; *đứng sửng* 頂奭 devenir immobile de peur.
Suối.....	濰	fontaine; *khe suối* 溪濰 idem.

ANNAMITE-FRANÇAIS.   537

Sưởi lửa... 炊焐 se chauffer au feu.
Suôn..... 榆 droit (arbre).
Swơn.... 朒 contus, meurtri.
Sườn..... 朒; chương sườn 昌朒 côte.
Sương... 霜 rosée; sương móc 霜霂 petite pluie.
Sượng mặt. 㯥栖 rougir de honte.
Sướng... 暘 volupté; sướng lòng 暘弄 se délecter.
Suốt..... 率 pénétrer; thông suốt 通率 bien connaître.
Sướt..... 殺 agir intrépidement.
Sút...... 率 tomber; sút tay 率拕 tomber des mains.
Suyễn.... 喘; bệnh suyễn 病喘 asthme.

T

Ta...... 些 nous (pronom employé par les supérieurs); chúng ta 衆些 nous; người ta 得些 les hommes; les autres.
Tạ...... 謝 quintal annamite.
Tá...... 佐 aider.
Tá...... 借 prendre à louage; giả tá 假借 usurper.
Tà...... 邪 mauvais; diable; inique; gian tà 奸邪 injuste; tà dâm 邪淫 luxure; lẽ tà 理邪 fausse excuse, mauvaise raison.
Tả...... 左 gauche; tả quân 左軍 grand mandarin.
Tả...... 寫 écrire.
Tả...... 瀉; thổ tả 吐瀉 avoir la dyssenterie.

538 VOCABULAIRE

Tác ..... 作 faire; *tan tác* 散作 se disperser; *tác phước* 作福 faire de bonnes œuvres.

Tác ..... 索 âge; *tuổi tác* 歲索 idem.

Tắc ..... 則; *phép tắc* 法則 puissance.

Tặc ..... 賊 voleur; *nguy tặc* 偽賊 rebelle.

Tác ..... 㞚 dixième partie de la coudée, espace d'une phalange de doigt.

Tách ..... 揩 fendre avec les mains.

Tai ..... 聰 oreille; *lỗ tai* 魯聰 idem; *trái tai* 鞁聰 lobe de l'oreille; *chở tai* 摸聰 percer les oreilles; *điếc tai* 的聰 sourd.

Tai ..... 災 infortune; *tai hại* 災害 calamité; *hỏa tai* 火災 incendie.

Tại ..... 在 auprès; chez; demeurer; pour; *tại nhãn* 在眼 en présence; *giao tại* 交在 livrer à quelqu'un.

Tái ..... 再 de nouveau; pâle; *tái hoàn* 再還 revenir; *tái tạo* 再造 restaurer.

Tài ..... 才 industrie, habileté; *tài trí* 才智 idem; *vô tài* 無才 inepte; *tú tài* 秀才 bachelier.

Tài ..... 財 richesse; biens; meubles.

Tài ..... 材; *quan tài* 棺材 cercueil.

Tải ..... 載 année; soutenir.

Tay ..... 扗 main; *ra tay* 囉扗 commencer un travail; *chắp tay* 執扗 joindre les mains;

ANNAMITE-FRANÇAIS. 539

chong tay 衝挧 oisif; *mắc tay* 纆挧 occupé; *tay áo* 挧襖 manche d'habit; *ngón tay* 掀挧 doigt; *móng tay* 朦挧 ongle; *cánh tay* 翅挧 bras.

Tày..... 齊 égal; *chi tày* 之齊 il vaut mieux; *tày nhau* 齊饒 égaux.

Tây..... 西 occident; *bên tây* 邊西 Europe.

Tây..... 私; *lòng tây* 弄私 volonté propre; *niệm tây* 念私 opinion propre.

Tây..... 犀; *con tây* 昆犀 rhinocéros.

Tẩy..... 獭 loutre.

Tẩy..... 洗 laver, purifier; *thuốc tẩy* 藥洗 purgatif.

Tam..... 三 trois.

Tạm..... 暫 provisoirement; *ở tạm* 於暫 loger chez autrui.

Tám..... 糁 huit.

Tắm..... 沁 se laver le corps; *tắm gội* 沁燴 se laver le corps et la tête; *tắm rửa* 沁浯 se laver le corps, les mains, les pieds, etc.

Tằm..... 蠶 ver à soie.

• Tâm..... 心 cœur; *tâm tình* 心情 affection du cœur; *kẻ tâm phúc* 几心腹 intime; *tâm sự* 心事 affaire secrète.

Tâm tức... 心怕 sangloter.

Tấm....., 胝 morceau; *tấm lòng* 胝悉 le cœur; *tấm ván* 胝版 planche.

Tầm......	浸	faire macérer (dans l'eau, le vin).
Tan......	散	être détruit, dispersé; *phá tan* 破散 ruiner; *tan nát* 散涅 être pulvérisé; *tan ra* 散囉 être dissous.
Tạn......	羨	jusqu'à.
Tán......	讚	louer; louanges.
Tán......	散	briser, piler, écraser.
Tàn......	殘	nuire, détruire; qui reste; de surplus; *tàn tật* 殘疾 abandonné.
Tản......	散	être dispersé; *đào tản* 迯散 fuir.
Tân......	新	neuf, nouveau; *tân chánh* 新政 administration nouvelle.
Tân......	薪	bois à brûler.
Tận......	盡	fin; finir; *tận lực* 盡力 de toutes les forces; *tận tâm* 盡心 du fond du cœur.
Tấn......	進	s'approcher.
Tang.....	喪	pleurer; deuil; *để tang* 底喪 commencer les pleurs du deuil.
Tang.....	桑	mûrier.
Tạng.....	臟	intestins.
Tàng.....	藏	cacher; *kho tàng* 庫藏 grenier.
Tăng.....	僧	bonze; *tăng ni* 僧伲 bonze et bonzesse.
Tăng.....	增	ajouter; *tăng lên* 增蓮 augmenter; *tăng bổ* 增補 supplément.
Tắng.....	曾	exalter.
Tầng.....	層	degré.

ANNAMITE-FRANÇAIS. 541

Tảng ..... 曾 déjà.
Tanh ..... 腥 odeur de poisson.
Tạnh mưa.. 晴湄 cesser (la pluie).
Tánh ..... 醒 s'éveiller; *tánh rượu* 醒酗 revenir de l'ivresse.
Tánh ..... 性 nature.
Tánh ..... 姓; *bá tánh* 百姓 tout le peuple.
Tao ..... 蚤 moi (pronom employé par le père, le maître, etc.).
Tạo ..... 造 créer; *khai tạo* 開造 fonder; *tái tạo* 再造 restaurer.
Táo ..... 竈 foyer; âtre.
Táo ..... 燥 sec; *táo tính* 燥性 caractère bouillant.
Táo ..... 棗 jujubier.
Tảo ..... 早 le matin.
Tảo ..... 掃 balayer.
Táp ..... 匝 prendre avec la bouche; *ăn táp* 唵匝 manger de la viande crue.
Tạp ..... 雜 mêler; *tạp nhu* 雜擩 confusément.
Tập ..... 習 s'accoutumer, s'exercer; *tập nghề* 習藝 exercer un métier; *tập cho quen* 習朱涓 s'habituer.
Tập ..... 集 réunir; *tòng tập* 叢集 accumuler.
Tát ..... 薩 épuiser; *tát nước* 薩渃 puiser de l'eau.
Tạt ..... 悉 être renversé par le vent; *gió tạt* 颺悉 pénétrer (le vent) dans la maison.

Tắt...... 燧 éteindre; s'éteindre; tắt hơi 燧唏 expirer; làm tắt 濫燧 agir sommairement.

Tát...... 樺; trái tát 鞭樺 espèces de petites oranges.

Tát...... 必 être jeté à la côte.

Tắt việc.... 畢役 être terminé.

Tắt...... 膝 bas (vêtement).

Tật...... 疾 maladie; tật bệnh 疾病 infirmité; cẩn tật 謹疾 soigner une maladie.

Tàu...... 艚 navire; đóng tàu 揀艚 construire un navire; chúa tàu 主艚 capitaine; mực tàu 墨艚 encre de Chine; giẻ tàu 綵艚 soie de Chine; tàu ngựa 艚馭 écurie.

Tâu vua... 奏希 sa majesté, sire.

Tẩu...... 走 courir.

Té chuống.. 細甕 tomber de haut.

Tẻ...... 宰 triste; rare; cơm tẻ 餂宰 riz commun.

Tê...... 痹 être engourdi (un membre); tê mỏi 痹痲 douleur et fatigue.

Tê...... 儕 celui-ci, celle-ci, cela.

Tê...... 犀 rhinocéros.

Tế...... 宰 régir; tế tri 宰治 gouverner.

Tệ...... 弊 usé; ingrat; tệ lậu 弊漏 très-ingrat.

Tế...... 祭 sacrifice; offrir un sacrifice.

Tế...... 濟 aider; tương tế 相濟 s'entr'aider.

ANNAMITE-FRANÇAIS.

Té...... 齊 retrancher; égal.
Tể...... 滓; *tra tể* 渣滓 lie (de vin, etc.).
Têm trầu... 抾欏 préparer le bétel.
Ten...... 銑 rouille; *ten đồng* 銑銅 vert-de-gris.
●Tên...... 笔 nom; flèche; *đặt tên* 達笔 donner un nom; *tên gọi* 笔噲 surnom; *bắn tên* 弰笔 lancer des flèches.
Tết...... 節; *ngày tết* 時節 fête du nouvel an.
Tha...... 赦 pardonner; *tha tội* 赦罪 remettre les péchés; *tha nợ* 赦女 remettre une dette; *chin tha* 嗔赦 demander pardon; pardon!
Tha...... 他 autre; *tha nhon* 他人 étranger.
Thà...... 他 il vaut mieux; plutôt.
Thả...... 且 rendre un animal à la liberté; *thong thả* 通且 libre.
Thác...... 狘; *voi thác* 獍狘 éléphant mâle.
Thạch..... 石 pierre.
Thai...... 胎 femme enceinte; *bào thai* 胞胎 concevoir; *thai sinh* 胎生 enfanter.
Thái...... 太; *thông thái* 通太 savant.
Thay..... 台 changer quelqu'un de place; *thay vì* 台位 à la place d'un autre; *tốt thay* 卒台 très-bon.
Thảy thảy.. 汰汰 tous jusqu'au dernier.
Thây..... 屍 cadavre.

Thấy . . . . 觃 voir; *chem thấy* 㳉觃 idem; *thấy nói* 觃 吶 entendre.

Thầy . . . . 柴 maître; *thầy đạc đức* 柴鐸德 prêtre; *quan thầy* 官柴 protecteur; *thầy thuốc* 柴藥 médecin; *thầy sãi* 柴仕 bonze; *thầy bói* 柴貝 devin.

Tham . . . . 貪 cupide; *tham lắn* 貪吝 avare; *lòng tham* 悉貪 cupidité.

Thàm . . . . 覘; *mách thàm* 覓覘 témérairement.

Thảm thương 慘傷 avoir une grande pitié; *thảm thiết* 慘切 éprouver une grande douleur.

Thăm . . . . 探 visiter; essayer; consulter les sorts; *hỏi thăm* 嗨探 demander des nouvelles; *đi thăm* 移探 visiter.

Thắm . . . . 審 couleur rouge.

Thẳm . . . . 潘 profond; *sâu thẳm* 溲潘 secret; *biển thẳm* 灣潘 haute mer.

Thâm . . . . 深 profond.

Thâm . . . . 侵 usurper; *thâm nhập* 侵入 usurper peu à peu.

Thâm . . . . 浸 couleur noire obscure.

Thấm . . . . 浸 s'imbiber; *thấm ra* 浸曜 être imbu.

Thầm . . . . 諶 à voix basse; en silence; *thầm thī* 諶唉 idem; *tủi thầm* 瘁諶 tristesse intérieure; *khóc thầm* 哭諶 pleurer en

ANNAMITE-FRANÇAIS. 545

secret; *đi thẩm* 移謎 aller la nuit sans lumière.

Thẩm..... 審 clairement; *thẩm chét* 審察 examiner; *thẩm ý* 審意 content.
Than..... 炭 charbon.
Than..... 嘆 gémir; *khóc than* 哭嘆 pleurer.
Thán..... 炭; *đồ thán* 塗炭 misère.
Thán..... 嘆; *ta thán* 嗟嘆 se plaindre.
Than lửa... 殘焰 étincelle.
Thăn..... 脾 la rate.
Thân..... 身 corps; *thân thể* 身體 parties génitales (mot honnête); *đồng thân* 童身 vierge; *thân phận* 身分 sort, condition.
Thân..... 親 parents consanguins; *thân quyến* 親眷 ami; *thân cận* 親近 voisins.
Thận quan.. 申官 faire rapport au préfet.
Thận hành.. 慎行 agir prudemment.
Thận..... 腎 les reins.
Thần..... 神; *thánh thần* 聖神 saint Esprit; *thần thánh* 神聖 saint; *thần linh* 神靈 spirituel; *thần phật* 神佛 Bouddha.
Thần..... 辰; *bắc thần* 北辰 étoile polaire.
Thần..... 臣 soumis; *đại thần* 大臣 les grands du royaume; *quần thần* 羣臣 les sujets; *thần dân* 臣民 le peuple.

Gramm. 35

Thang	湯	échelle; *thang lên* 湯迯 réchauffer; *bực thang* 北湯 échelon.
Tháng	腩	mois; *tháng giêng* 腩胚 le premier mois; *tháng hai* 腩台二 le second mois, etc.
Thăng	升	monter; mesure de riz; *cân thăng bằng* 斤升平 balances.
Thắng	勝	vaincre; *thắng trận* 勝陣 idem; *thắng kiệu* 勝轎 seller un cheval; *thắng ngựa* 勝駆 munir un cheval de tous ses harnais.
Thằng	倘	appellatif des enfants et des domestiques.
Thẳng	倘	étendu; *ngay thẳng* 眶倘 droit; *bằng thẳng* 平倘 plan, plane; *công thẳng* 公倘 juste; *ngày thẳng* 㫒倘 tout le jour.
Thắng	勝	soulever; *thắng lên* 勝蓬 idem.
Thanh	清	pur; *thanh sạch* 清瀝 chaste; *trời thanh* 歪清 ciel serein; *biển thanh* 灣清 mer tranquille; *thanh tịnh* 清淨 pur.
Thanh	聲	voix.
Thanh	青	vert; *thanh thiên* 青天 ciel.
Thạnh	盛	fleurir; beaucoup; *nước thạnh* 渃盛 royaume florissant.
Thánh	聖	saint; *thánh hiền* 聖賢 sage; *bà thánh* 妑聖 sainte.
Thành	誠	fidèle, sincère; *thành kính* 誠敬 vénérer; *kiền thành* 虔誠 dévotion.

ANNAMITE-FRANÇAIS.   547

Thành .... 成 devenir; *tạo thành* 艁成 créer; *thành sự* 成事 ouvrage terminé.
Thành .... 城 citadelle; *thành lũy* 城壘 rempart.
Tháo .... 操 dissoudre; *tháo dạ* 操脆 diarrhée.
Tháo loui .. 躁躅 rétrograder.
Thảo .... 討 honorer; *thảo kính* 討敬 idem.
Thảo .... 草 herbe.
Tháp .... 塔 tour; *hòn tháp* 巩塔 idem; *chấy tháp* 搓塔 élever une tour.
Tháp .... 榻 épontiller.
Thắp .... 爉 allumer.
Tháp .... 濕 abaissé, humble.
Thập .... 拾 recueillir, réunir.
Thập .... 十 dix.
Thát .... 獺; *con thát* 昆獺 castor.
Thắt .... 袟 serrer avec une corde; *thắt gút* 袟絹 nouer; *thắt cổ* 袟古 étrangler.
Thất .... 失; *thêm thất* 漆失 augmenter.
Thất .... 七 sept.
• *Thất* .... 失 perdre; *thất bát* 失撥 année stérile; *thất ngãi* 失義 ingrat; *thất ý* 失意 offenser; *thất sắc* 失色 pâlir; *thất lễ* 失禮 incivilement.
Thất phu ... 匹夫 rustique; brute.
Thật ..... 實 vrai; *thật thà* 實他 simple, véridique; *sự thật* 事實 vérité; *thật thì* 實時

35.

certainement; *nói thật* 呐實 dire la vérité.

Thau..... 鐈 cuivre.

Thâu..... 收 pénétrer; recueillir; *thâu thuế* 收稅 recueillir l'impôt; *thâu qua* 收戈 percer.

Thâu..... 透 pénétrer, comprendre; *chẳng thâu* 庒透 impénétrable.

Thâu gởi... 湊膾 confire des poissons.

The...... 施 suc des fruits âcres; *hàn the* 韓施 résine; *le the* 離施 croître mal.

Thé...... 咄; *chua thé* 珠咄 très-acide; *tiếng thé lé* 咄離 voix très-aiguë.

Thẻ...... 筷; *cái thẻ* 丐筷 un billet.

Thê...... 妻 épouse; *phu thê* 夫妻 le mari et la femme.

Thê...... 誓 jurer; *văn thê* 文誓 formule de serment.

Thế...... 世 monde, siècle; *thế gian* 世間 idem; *trên thế* 連世 dans le monde; *tận thế* 盡世 fin du monde; *hậu thế* 後世 siècle futur.

Thế...... 替 à la place d'un autre; *thế mạng* 替命 donner vie pour vie.

Thế...... 勢 qualité; état; condition; propriété; *quờn thế* 權勢 autorité; *lấy thế* 祕勢 s'appuyer sur l'autorité de quelqu'un;

ANNAMITE-FRANÇAIS. 549

mạnh thế 孟勢 fortifié; yếu thế 要勢 faible, mal fortifié.

Thế ..... 誓 jurer; thế dối 誓嘴 se parjurer; bắt thế 抔誓 exiger le serment; an thế 晏誓 conjurer.

Thể ..... 體 mode; substance; thể nào 體艿 comment? thể nầy 體尼 ainsi; một thể 沒體 de la même manière; phải thể 沛體 comme il convient; thể lệ 體例 habitude.

Thể ..... 采 couleur.

Thể ..... 彩 beau; van thể 文彩 orné.

Thể nữ ... 婇女 servante.

Thèm ..... 嚪 avoir envie; thèm khát 嚪渴 idem.

Thêm ..... 添 ajouter; nói thêm 吶添 exagérer; cho thêm 朱添 donner plus.

Thêm ..... 簷 galerie extérieure.

Then ..... 杄 verrou; then máy 杄樆 sagacité.

Thẹn ..... 嗜 rougir; thẹn mặt 嗜㮡 avoir honte.

Theo ..... 遶 suivre; theo chon 遶真 idem; coi theo 視遶 suivre de l'œil; làm theo 濫遶 imiter; duổi theo 對遶 poursuivre.

Thép ..... 鎝 métal ductile.

Thép vàng .. 鎝鑛 dorer; thép bạc 鎝泊 argenter.

Thét ..... 洗 purifier par le feu.

Thết ..... 設 inviter, bien traiter un hôte.

Théu	繞	broder; *cái théu* 丐繞 pieux de bois.
Thi	試	combattre.
Thi ân	施恩	accorder une faveur.
Thi	詩	poésie; *thi nhơn* 詩人 poëte.
Thị	市	place, marché.
Thị	是	véritablement.
Thị	視	voir; *giám thị* 監視 arbitre.
Thị	示	avertir.
Thị	氏	famille.
Thí	試	disputer, rivaliser.
Thí	施	faire l'aumône.
Thì	時	temps; alors.
Thỉ	矢	flèche.
Thỉ	始	commencement.
Thích	適	; *wa thích* 於適 plaire; *mặc thích* 默適 à volonté.
Thích	釋	graver, sculpter.
Thiếc	錫	étain.
Thiên	天	ciel; *thiên hạ* 天下 le monde; *tư thiên* 司天 astronomie.
Thiên sách	篇典	livre.
Thiên	偏	dépravé; *tính thiên* 性偏 mauvais naturel.
Thiên	千	mille.
Thiên	阡	; *đàng thiên mạch* 唐阡陌 sentier dans les champs.

Thiện....	善	bon; *thiện tài* 善才 industrieux.
Thiến....	騸	châtrer.
Thiển tài...	淺才	inepte.
Thiêng liêng.	聲灵	spirituel.
Thiếng....	城	ville; rempart.
Thiên....	妾	concubine.
Thiết....	切	avec véhémence; *thảm thiết* 慘切 se plaindre amèrement; *người thiết cốt* 得切骨 ami intime.
Thiệt....	舌	détriment; langue; *thiệt hại* 舌害 dommage; *thiệt thân* 舌身 se faire du tort.
Thiêu....	燒	allumer; *chết thiêu* 折燒 se jeter dans le feu.
Thiếu....	少	manquer; *thiếu mặt* 少楠 être absent.
Thiểu....	少	peu; *thiểu sức* 少飭 impuissant.
Thìn nết...	辰涅	réformer ses mœurs; *thìn ý* 辰意 réprimer sa volonté.
Thinh....	清	pur.
Thình lên..	清遑	s'enfler; *thình lình* 清靈 tout d'un coup.
Thỉnh....	請	demander; faire venir.
Thịt......	肭	chair, viande; *thịt mỡ* 肭膈 chair grasse; *thịt nạc* 肭膃 chair maigre; *làm thịt* 濫肭 tuer un animal pour le manger; *ướp thịt* 抱肭 saler la viande.
Thọ......	愛	recevoir; *thọ tang* 愛喪 prendre le deuil.
Thọ......	樹	arbre.

552 VOCABULAIRE

Thớ..... 錯 grossier; *đất thớ* 坦錯 terre argileuse.
Thở..... 兎 lièvre.
Thồ..... 粗 grossier, rustique.
Thổ..... 土 la terre; *thổ sản* 土產 sol natal.
Thớ..... 詩 poésie.
Thơ..... 書 lettre, missive; *gởi thơ* 畍書 envoyer une lettre; *thơ tin* 書信 message, avis; *thơ lai* 書吏 scribe.
Thơ..... 疎; *con thơ* 昆疎 enfant; *tuổi tho* 歲疎 enfance.
Thợ..... 署 ouvrier, artisan.
Thờ..... 祿 adorer; *bàn thờ* 榮祿 autel; *thờơ* 祿於 inopinément.
Thở..... 咀 soupirer; *thở than* 咀嘆 gémir; *hơi thơ* 唏咀 soupir.
Thoa.... 挱 enduire; *thoa vách* 挱壁 crépir (à la chaux, etc.).
Thỏa lòng.. 課悉 être satisfait.
Thõa.... 妥; *đĩ thõa* 嬺妥 prostituée.
Thoảng... 倘; *thấp thoảng* 濕倘 à la dérobée.
Thoát.... 脫 s'enfuir; *đào thoát* 迯脫 fuir.
Thoát chúc.. 脫祝 aussitôt.
Thóc..... 禿 grain des céréales.
Thoen.... 栓 verrou.
Thoi..... 梭 navette des tisserands.
Thói..... 退 mœurs, habitude, coutume; *thói phép* 退

ANNAMITE-FRANÇAIS.   553

法 idem; *thói nước* 退渃 coutumes du pays.

Thói..... 㕧 morceau; *thỏi đát* 㕧坦 morceau de terre; *thỏi thịt* 㕧肭 morceau de viande.

Thôi..... 崔 assez; cesser; *thôi vậy* 崔丕 c'est assez; *mà thôi* 庥崔 seulement; *thôi thôi* 崔崔 c'est assez, c'est fini; hélas!

Thối..... 退 puanteur; *thối tha* 退他 puer.

Thối..... 腿; *bàn thối* 盤腿 fesses.

Thổi..... 噷 souffler; *gió thổi* 逾噷 souffler (le vent); *thổi loa* 噷鑼 sonner de la trompette.

Thới..... 泰 ample; fleurir.

Thơm..... 蓉 exhaler une bonne odeur; *danh thơm* 名蓉 bonne réputation; *trái thơm* 鞭蓉 ananas.

Thờm..... 貪; *lờm thờm* 簾貪 par manière d'acquit; sommairement.

Thốn..... 寸 manquer, avoir besoin; *thốn thiếu* 寸少 idem.

Thong..... 通 ouvert; communiquer; *thong dong* 通容 inoccupé; *thong thả* 通且 libre.

Thòng..... 桶 déposer.

Thông..... 聰 perspicace.

Thông..... 通 pénétrer; comprendre; *thông thái* 通太 savant; *thông ngôn* 逾言 interpréter.

Thống....	桶	pin sauvage; *nhựa thống* 㳌桶 résine.
Thống....	痛	se plaindre; *thống hối* 痛悔 se repentir.
Thót.....	說	parler; *thưa thót* 疎說 rendre réponse; *thót rằng* 說浪 on dit.
Thu......	秋	l'automne.
Thu......	收	rassembler.
Thú......	趣	condition de vie; *chí thú* 志趣 intention.
Thú......	獸	; *loài thú* 類獸 quadrupède.
Thú......	娶	se marier.
Thù......	讎	ennemi; *thù oán* 讎怨 se venger; *báo thù* 報讎 idem.
Thủ......	首	tête.
Thủ......	守	garder; *trấn thủ* 鎮守 gouverner; *thủ ngãi* 守義 fidèle.
Thủ......	手	main.
Thủ......	取	recevoir.
Thư......	書	lettre, missive; *phong thư* 封書 enveloppe.
Thứ......	次	particule indiquant l'ordre; *thứ tư* 次序 ordre, arrangement.
Thứ......	恕	épargner; indulgence; *nhiêu thứ* 饒恕 pardonner; *thứ mạng* 恕命 accorder la vie.
Thứ dân...	庶民	le peuple.

ANNAMITE-FRANÇAIS.   555

Thử..... 試 expérimenter; *coi thử* 視試 tenter, essayer.

Thử sự.... 此事 cette affaire; *như thử* 如此 de cette façon.

Thua..... 收 être vaincu; *thua trí* 收智 être surpassé en génie; *nhỏ thua* 乳收 plus petit.

Thùa..... 緃 espèce de broderie.

Thưa..... 疎 répondre à un supérieur; rare; *thưa ông* 疎翁 oui, monsieur; *thưa cha* 疎吒 seigneur, père; *thưa gièm* 疎讒 diffamer auprès d'un chef.

Thừa..... 次 linéament; *thừa thịt* 次胒 lambeau de chair.

Thừa..... 餘 rester, être de surplus; *thừa thãi* 餘汰 superflu; *nói thừa* 吶餘 calomnier.

Thừa..... 承 recevoir.

Thừa..... 乘 saisir l'occasion; *kẻ thừa thể* 几乘世 expérimenté.

Thừa..... 所 qui, lequel, laquelle; son, sa.

Thuận.... 順 pacifique; obéir; favorable; *thuận gió* 順逾 vent favorable.

Thuần.... 馴 doux, apprivoisé (animal); *thuần thục* 馴熟 dressé (idem).

Thuần.... 純 pur.

Thuẩn.... 盾 bouclier.

Thuật..... 述 rapporter.

Thuật. . . . 術; *phép thuật* 法術 magie.
Thúc . . . . 促 presser, stimuler; *thúc tới* 促細 exciter; *thôi thúc* 推促 pousser.
Thúc . . . . 束; *thúc thủ* 束手 assujettir; *giàn thúc* 挷束 maltraiter.
Thúc . . . . 叔 beau-père.
Thục. . . . 贖; *lai thục* 來贖 racheter.
Thục . . . . 熟; *thuần thục* 馴熟 exercé.
Thức . . . . 式 s'éveiller; veiller; couleur; *thức dậy* 式跑 se réveiller.
Thức . . . . 識 connaître.
Thực . . . . 食 manger.
Thuê . . . . 僦 prendre à loyer ou louage.
Thuế . . . . 稅 tribut, impôt; *đánh thuế* 打稅 recueillir le tribut; *nộp thuế* 納稅 le payer.
Thuế khach.. 說客 médiateur.
Thui đốt . . . 煋焠 flamber (la carène des navires).
Thúi. . . . . 退 puer.
Thùy . . . . 陲; *biên thùy* 邊陲 limites du royaume.
Thảy . . . . 火 vif-argent; eau; *thảy thin* 火晶 cristal; *phù thảy* 符火 sorcier.
Thuyên. . . . 痊 entrer en convalescence; *an thuyên* 安痊 se bien porter.
Thuyền. . . . 船 navire, barque.
Thuyết . . . 說; *nguy thuyết* 詭說 paroles mensongères.
Thụng thụng 統統 non tendu, mou.

ANNAMITE-FRANÇAIS.　　　557

Thúng .... 箶 panier, corbeille.
Thùng .... 桶 tonneau.
Thăng .... 升 balance.
Thũng .... 腫 hydropique.
Thuốc..... 菜 médicament; tabac; *thuốc bắc* 菜北 remède chinois; *thuốc nam* 菜南 idem annamite; *thuốc độc* 菜毒 poison; *thuốc súng* 菜銃 poudre à canon; *thuốc dán* 菜演 onguent; *thuốc hoàn* 菜丸 pilules; *thuốc hít* 菜歇 tabac en poudre; *thuốc tẩy* 菜洗 purgatif.
Thuộc..... 屬 appartenir; retenir dans la mémoire; *thuộc vé* 屬衛 appartenir; *thuộc lòng* 屬弄 savoir par cœur.
Thước .... 托 nom générique des mesures de longueur.
Thước .... 䳡 pie.
Thược .... 芍 pivoine.
Thuống ... 通 chasser; *thuống đuổi* 通遒 idem.
Thương ... 傷 avoir pitié; aimer; *thương yêu* 傷朕 chérir; *thương chót* 傷咄 avoir pitié; *nhà thương* 茹傷 hôpital; *người thương* 得傷 amant, amante.
Thương khách 商客 hôte; marchand.
Thương sinh 蒼生 le peuple.
Thượng ... 上 au-dessus; *thượng phẩm* 上品 grade supérieur; *thượng hoàng* 上皇 empereur.

Thưởng... 賞 récompenser; récompense.
Thường... 常 ordinaire; souvent; *thường lệ* 常例 ordinairement; *sự thường* 事常 chose commune; *phi thường* 非常 chose extraordinaire; *thường nhơn* 常人 homme vulgaire; *thường tình* 常情 unanime.
Thường... 償 restituer; *thường lại* 償吏 idem.
Thưởng... 賞 récompenser; *của thưởng* 貼賞 récompense.
Ti...... 司 nom générique des classes, des artisans.
Ti...... 卑 vil; *ti tiện* 卑賤 idem.
Tị...... 避 éviter; s'enfuir.
Tì vị... 脾胃 estomac.
Tì...... 疵 tache; *tì ô* 疵惡 défaut.
Tía...... 紫 rouge obscur.
Tía...... 宰 dépiquer, transplanter.
Tích..... 積 conserver; préserver; *tích tài* 積財 cacher des richesses.
Tích..... 跡 vestige; *dấu tích* 斗跡 blessure, cicatrice; *bị tích* 被跡 être blessé; *biệt tích* 別跡 sans vestige; *bí tích* 秘跡 sacrement.
Tích..... 昔 autrefois.
Tịch..... 席 natte; *tây tịch* 西席 maître.
Tịch..... 寂 silence; *tịch mạc* 寂寞 lieu tranquille.
Tịch..... 夕 nuit.
Tiếc..... 惜 se plaindre (de la perte d'une chose);

ANNAMITE-FRANÇAIS. 559

khá tiếc 可惜 hélas! thương tiếc 傷惜 regretter.

Tiệc..... 席 repas, festin; ăn tiệc 咹席 faire un repas.

Tiêm..... 尖 rendre une chose pointue; tiêm tế 尖細 avec soin.

Tiêm..... 僣 usurper; tiêm quờn 僣權 idem le trône.

Tiên..... 先 avant, d'abord; tổ tiên 祖先 les ancêtres; tiên phá 先破 commencer.

Tiên..... 仙 immortel (chez les païens).

Tiện..... 賤 vil; bần tiện 貧賤 pauvre et vil.

Tiện..... 便 opportun, commode; tiện phương 便方 opportunité.

Tiện..... 羨 tourner en bois, en fer; thợ tiện 署羨 tourneur en bois, en fer.

Tiền..... 前 auparavant.

Tiến..... 荐 offrir.

Tiền..... 錢 sapèques; một tiền 沒錢 60 sapèques; giấy tiền 紙錢 assignats.

Tiếng.... 哨 voix, son; renommée; langage; rumeur; tiếng nói 哨吶 langage, idiome; danh tiếng 名哨 réputation; có tiếng 固哨 fameux; cả tiếng 奇哨 à haute voix.

Tiếp..... 攝 accueillir quelqu'un; tiếp khách 攝客 recevoir un hôte; binh tiếp 兵攝 troupe auxiliaire.

VOCABULAIRE

Tiếp..... 椄 carène.

Tiết..... 節 sobriété, modération; *tiết ngãi* 節義 fidélité; *trinh tiết* 貞節 virginité; *chức tiết* 直節 célibat.

Tiệt..... 絕 manquer; être détruit, ruiné.

Tiêu..... 消 digérer; *tiêu tan* 消散 être détruit; *nhà tiêu* 茹消 latrines.

Tiêu..... 椒 poivre; *hồ tiêu* 糊椒 idem.

Tiếu..... 笑 rire.

Tiểu..... 小 exigu, petit; *tiểu tâm* 小心 pusillanime; *tiểu thơ* 小姐 servante; *tiểu tiện* 小便 uriner.

Tim..... 朕 cœur; *trái tim* 鞭朕 idem; *tim la* 朕羅 mal vénérien.

Tím..... 僭 couleur de pourpre.

Tìm..... 尋 chercher, rechercher; *tìm kiếm* 尋劍 idem.

Tin..... 信 croire; nouvelle; annoncer; *tin cậy* 信忌 se fier; *gởi tin* 啖信 donner une nouvelle; *tuyệt tin* 絕信 rien de nouveau; *lòng tin* 悉信 foi, confiance; *tin nhau* 信饒 se fier l'un à l'autre.

Tín..... 信 croire.

Tinh..... 星 étoile; *tuệ tinh* 彗星 comète.

Tinh..... 精 pur; *thin thần* 精神 esprit; *tinh quái* 精怪 monstre.

Tinh......	晶; *thủy tinh* 水晶 cristal.	
Tịnh......	淨 pur.	
Tịnh......	靜 paix, repos; *bình tịnh* 平靜 tranquille.	
Tính......	性 nature, caractère; *tính nết* 性涅 naturel, mœurs; *thình tính* 辰性 se contraindre; *tính tình* 性情 tendance naturelle.	
Tính.....	姓; *bá tính* 百姓 le peuple, la nation.	
Tính.....	併 supputer; *toan tính* 筭併 décider; *cọng tính* 共併 résumer.	
Tình.....	情 passion; affection; tendance; *tình ý* 情意 intention; *tình lý* 情理 raison; *hoa tình* 花情 obscène; *ngoại tình* 外情 adultère.	
Tỉnh......	醒 revenir à soi; *tỉnh lại* 醒吏 idem.	
Tỉnh......	省 capitale de la province.	
Tịt.......	節; *mắt tịt* 秩節 avoir honte.	
Tiu tiu....	消消 un peu humide.	
To.......	穌 gros, épais.	
Tỏ.......	訴 clairement, manifester; *tỏ rõ* 訴爐 idem; *tỏ lòng* 訴弄 ouvrir son cœur; *tỏ lời* 訴夠 déclarer.	
Tô.......	蘇 peindre, farder, crépir, etc.	
Tố cáo....	訴告 accuser devant le juge.	
Tố.......	憩 tempête; *gió tố* 颸憩 idem.	

Gramm.   36

Tỏ...... 祖 nid; *tỏ tông* 祖宗 ancêtres; *tỏ ong* 祖蜂 essaim d'abeilles.

Tơ lụa.... 絲縷 soie; *trai tơ* 睞絲 jeune.

Tơ...... 司 classe.

Tợ...... 似 semblable; *mia tợ* 美似 à l'instar; *chem tợ* 鉆似 comme.

Tợ...... 裶 table.

Tớ...... 四 disciple; serviteur; *dầy tớ* 荅四 serviteur; *tới tớ* 碎四 idem.

Tờ...... 詞 feuillet, écrit officiel; *tờ sách* 詞冊 feuillet d'un livre.

Tờ mở.... 左馬 accélérer.

Tòa...... 座 trône; *tòa ngụ* 座禦 trône royal.

Tỏa...... 鎖; *thiết tỏa* 鐵鎖 chaîne.

Toác..... 嘆 ouvrir, fendre (le bois).

Toạc..... 襫 déchiré; *rách toạc* 攊襫 idem.

Toại..... 遂 content; *toại thay* 遂台 très-content.

Toan..... 筭 délibérer, consulter; *lo toan* 慮筭 idem; *toan định* 筭定 statuer.

Toan..... 酸; *tân toan* 辛酸 amertume, misère.

Toán..... 筭 computer; *toán số* 筭數 dire la bonne aventure; *nghề toán* 藝筭 arithmétique; *bàn toán* 盤筭 table à compter.

Tóc...... 髮 cheveux; *tóc bạc* 髮泊 cheveux blancs; *bới tóc* 揖髮 lier les cheveux; *chả tóc* 捨髮 les délier.

ANNAMITE-FRANÇAIS.   563

Tọc mạch... 族脈 curieusement.

Tốc...... 速; *tức tốc* 即速 aussitôt, de suite.

Tộc...... 族 parents consanguins.

Toi...... 籞 nasse.

Toi...... 瘋 mourir (les animaux) de la peste.

Tói...... 繾; *đòi tói* 隊繾 chaîne.

Tỏi...... 蒜 ail.

Tôi...... 碎 moi, je (employé par les serviteurs et les inférieurs en général); *làm tôi* 濫碎 servir.

Tội...... 罪 faute, péché; *tội lỗi* 罪磊 idem; *chưng tội* 稱罪 se confesser; *tội trọng* 罪重 péché grave; *phải tội* 沛罪 pécher; *hối tội* 悔罪 se repentir.

Tối...... 最 ténébreux; nuit; *tối tăm* 最沁 obscur, sombre; *ban tối* 班最 de nuit.

Tời tàn.... 頹殘 désoler.

Tới...... 細 venir; jusqu'à; *bước tới* 北細 s'avancer; *nhớ tới* 汝細 se souvenir.

Tóm...... 繆 abréger.

Tôm...... 鮸 crustacé, chevrette.

Tôn...... 尊 honorer; *tôn kính* 尊敬 vénérer.

Tôn...... 孫 petit-fils.

Tốn...... 損 dépenser; *hao tốn* 耗損 idem.

Tổn...... 損 dépenser; *tổn hại* 損害 nuire.

Tốn...... 遜 céder; *khiêm tốn* 謙遜 idem.

36.

Tợn......	羨; *dữ tợn* 與羨	cruel, féroce.
Tông tộc...	宗族	race, lignée.
Tòng.....	送	reconduire; chasser.
Tổng.....	總 canton; *cai tổng* 該總	chef de canton.
Tốp......	岬	troupe, bande.
Tốt gươm..	摔劍	tirer l'épée.

Tốt...... 卒 bon; *tốt lành* 卒荅 idem; *chỉnh tốt* 撑卒 élégant, joli; *béo tốt* 朕卒 beau; *sắc tốt* 色卒 beauté; *tốt báu* 卒寶 excellent; *ngày tốt* 時卒 jour heureux.

Tợt...... 卒 atteindre, jeter contre.

Tra...... 查 s'enquérir, examiner; *tra tri* 查知 chercher la cause; *tra kiện* 查件 vider un litige.

Trá...... 詐 tromper; *dối trá* 對詐 mensonge; *giả trá* 假詐 simuler.

Trà...... 茶 thé; *trà thơ* 茶粗 thé commun.

Trả...... 呂 rendre; *trả lại* 呂吏 idem; *trả ngãi* 呂義 rendre amour pour amour; *trả nợ* 呂女 payer sa dette; *trả công* 呂功 payer le prix du travail.

Trác......	卓 ferme; *trác trác* 卓卓	fermement.
Trác......	琢; *điêu trác* 彫琢	polir.
Trắc nết...	側涅	immodeste.
Trặc......	側	se luxer un membre.

Trách..... 責 se plaindre; accuser; *trách phạt* 責罰 punir; *quở trách* 喂責 gronder; *lời trách* 诃責 querelle.

Trạch..... 擇 choisir.

Trai...... 俫 mâle (homme); jeune homme; *đang trai* 當俫 jeunesse.

Trai...... 球; *hột trai* 紇球 perle, coquille.

Trai...... 齊 jeûne; jeûner; *trai tuần* 齊旬 temps de jeûne.

Trại...... 寨 cabane, chaumière; *dinh trại* 營寨 camp de soldats.

Trại miệng. 豸吶 erreur de parole.

Trái...... 債 dette; contre; inverse; *thọ trái* 受債 s'endetter; *trái tình* 債情 nature dépravée; *tay trái* 揌債 main gauche.

Trái...... 鞁 fruit; *trái chín* 鞁尬 fruit mûr; *lên trái* 逄鞁 avoir la variole.

Trải...... 廞 traverser; *trải đến* 廞旦 parvenir; *tầng trải* 曾廞 expert.

Trây tra... 淶查 sali, taché.

Trảy...... 祇 partir; *trảy bộ* 祇步 aller à pied.

Trạm nghỉ.. 湛擬 lieu de repos pour les voyageurs; *trạm cung* 湛宮 station des couriers du roi.

Trám...... 簪 boucher, couvrir.

Trăm..... 聶 cent; *trăm họ* 聶戶 peuple.

Trăm..... 啉; *nói trăm* 吶啉 parler très-vite.

Trâm.....	簪	épingle de tête.
Trầm.....	洗	être immergé; *mạch trầm* 脈洗 pouls faible.
Trẫm.....	朕	moi (pronom employé par le roi seul).
Trán.....	頭	front; *sói trán* 鬖頭 chauve.
Tràn.....	瀾	s'écouler par-dessus.
Tràn.....	盞	verre à boire.
Trân vao...	鎭包	se jeter dans le feu, l'eau, etc.
Trăn.....	陳	se rouler.
Trân châu..	珍珠	perles fines.
Trận.....	陣	combat; *ra trận* 囉陣 aller au combat; *lập trận* 立陣 ranger les troupes en bataille.
Trấn.....	鎭	gouverner; gouvernement, province.
Trần.....	陳	nu de la tête à la ceinture; *trần truồng* 陳中 entièrement nu; *lột trần* 捋陳 se mettre nu.
Trần.....	塵	poussière; *trần ai* 塵埃 atome.
Trang....	莊	contemporain; râcloire.
Trang điểm.	裝點	se parer.
Trang.....	張	page, feuille de papier.
Trạng.....	狀	figure; *trạng cáo* 狀告 plainte écrite; rapport.
Tráng.....	壯	vaillant, robuste; *tráng lực* 壯力 idem.
Tràng hoa..	襠花	collier de fleurs.
Trăng....	長	longueur.

ANNAMITE-FRANÇAIS.   567

Trăng .... 朡 lune; *mặt trăng* 楠朡 idem; *sáng trăng* 創朡 clair de lune.

Trăng cùm . 綾柑 ceps; *đóng trăng* 揀綾 mettre aux ceps.

Trắng.... 皐 blanc; *trắng lớp lớp* 皐蠟蠟 très-blanc.

Trắng.... 脹 enflé; *trắng báu* 脹瓢 ventre enflé (injure).

Trắng.... 菁 œuf.

Trắng thời.. 朗台 immodeste.

Tranh.... 爭; *đấu tranh* 鬪爭 se battre; *tranh cạnh* 爭競 se disputer.

Tranh.... 箏; *nhà tranh* 茹箏 case couverte de chaume.

Tránh.... 另 éviter; *trốn tránh* 遁另 fuir.

Trao..... 挱 donner avec la main; *nảy trao* 乃挱 livrer une chose à quelqu'un.

Tráo trở... 到呂 échanger; *tráo đấu* 到斗 tromper.

Trào..... 潮 bouillir; s'échauffer.

Trào..... 朝 palais du roi.

Tráp .... 汁 suc de la viande, des fruits, etc.

Trát...... 扎; *dày trát* 苔扎 très-épais.

Trát ngại.. 窒礙 obstacle; doute.

Trật...... 秩 être (quelque chose) jeté en bas; *trật trở* 秩徐 incurie; *trật chơn* 秩眞 avoir le pied foulé.

Trau .... 挱 polir, parer; *trau giồi* 挱抹 orner.

Trâu . . . . . 犊 buffle; *chăn trâu* 犆犊 faire paître les buffles.

Trấu . . . . . 㵗 écorce des céréales.

Trầu . . . . . 蔞 bétel.

Tre . . . . . . 椥 bambou; *trau tre* 挥椥 polir.

Trẻ . . . . . . 祂 jeune, enfant, domestique.

Trẽ . . . . . . 䄻; *đàng trẽ* 唐䄻 route peu fréquentée.

Trệ . . . . . . 滯 se coaguler; concret; *trệ chuống* 滯䡴 être déprimé.

Trễ . . . . . . 䄻 négliger; tarder.

Trẽn. . . . . . 㖂 avoir honte; *trẽn mặt* 㖂䀡 idem.

Trên. . . . . . 𨖲 au-dessus; *bề trên* 皮𨖲 partie supérieure; *ý trên* 意𨖲 volonté suprême.

Trếnh. . . . . 楨 poutre de maison.

Treo. . . . . . 撩 suspendre; *treo lên* 撩蓮 idem.

Tréo. . . . . . 趶 croiser; *tréo chơn* 趶蹎 croiser les pieds.

Trèo. . . . . . 蹽 monter sur un arbre; gravir une montagne.

Trét. . . . . . 捌 enduire.

Trẹt. . . . . . 哲 adhérer; *trẹt lại* 哲吏 idem.

Trệt. . . . . . 徹; *ngồi trệt* 坐徹 s'asseoir par terre.

Trêu. . . . . . 嘹 provoquer, se moquer.

Trẹu. . . . . . 哓; *trật trẹu* 秩哓 vaciller.

Trếu. . . . . . 叮 ridicule, absurde.

Tri. . . . . . . 知 connaître; *tiên tri* 先知 prophète.

Trị. . . . . . . 治 régir, gouverner; *trị vì* 治位 idem; *cai trị* 該治 commander.

Trí......	智 intelligence; *tài trí* 才智 industrie; *thiển trí* 淺智 inintelligent; *vô trí* 無智 stupide; *trí vẽ* 智巚 imagination.	
Trì......	持 tenir; *hộ trì* 護持 assister (Dieu, les esprits).	
Trì......	池 étang.	
Trĩ......	雉 faisan.	
Trĩ......	痔; *trĩ sang* 痔瘡 hémorrhoïdes.	
Trịch....	擲; *nặng trịch* 曩擲 très-lourd.	
Triền....	練 très-vite; *triền trang* 練莊 idem.	
Triểng...	呈; *trùng triểng* 重呈 être agitée (une barque).	
Triêu....	朝 le matin.	
Triệu....	兆 présage, augure; *một triệu* 沒兆 un million.	
Triệu....	召 rappeler; évocation.	
Triều....	朝 cour du roi; *mũ triều thiên* 帽朝天 couronne.	
Trinh....	貞 chaste; *đồng trinh* 童貞 vierge; *trung trinh* 忠貞 fidèle.	
Trít......	睯; *nhắm trít lại* 眨睯吏 fermer entièrement les yeux.	
Tríu......	打 s'attacher à quelqu'un, l'aimer beaucoup.	
Tro......	爐 cendre; *tro bụi* 爐培 poussière; *sắc chám tro* 色監爐 gris de cendre.	

Trò	徒	écolier; *truyện trò* 傳徒 conserver.
Trò	擼	montrer au doigt; *chỉ trò* 指擼 indiquer; *ngón trò* 秪擼 doigt indicateur, index.
Trò	擼	détourner l'eau.
Trò	擼	germer (les épis); *chạm trò* 剳擼 graver; *chơi trò* 吹擼 creuser; *trò tràng* 擼長 orné, paré.
Trớ	詛	tromper; *nói trớ* 吶詛 tromper par des paroles.
Trợ	助	aider.
Trờ	徐; *đi trờ tới* 抸徐細 arriver à l'improviste.	
Trở	阻	empêchement; s'opposer; *cách trở* 隔阻 être éloigné; *trở về* 阻衛 revenir; *trở mặt* 阻𩈘 ingrat; *trở lưng* 阻朕 tourner le dos.
Tróc	捉	saisir, prendre; *câu tróc* 拘捉 idem.
Trọc	禿	rasé, dénudé.
Trơi	磊	vide, dépouillé.
Trói	繗	attacher; *buộc trói* 紏繗 idem; *trăng trói* 綾繗 liens.
Trôi	潘	être emporté par les eaux.
Trôi	搖	pousser; *trôi đinh* 搖釘 chasser un clou, clouer.
Trối	囁	testament d'un mourant; *trối chết* 囁折 outre mesure.

ANNAMITE-FRANÇAIS. 571

Trổi..... 趚 surpasser, dépasser.
Trổi..... 哧 exceller; *trổi hơn* 哧欣 idem.
Trổi..... 智 génie.
Trời..... 丕 ciel; *trên trời* 連丕 dans le ciel; *trời thanh* 丕淸 ciel serein.
Trộm..... 濫 en cachette, furtivement; *ăn trộm* 唆濫 voler; *kẻ trộm* 几濫 voleur.
Trơn..... 撿 introduire; *trơn vào* 撿包 idem.
Trọn..... 論 intègre, parfait, complet; *trọn đời* 論代 pour toute la vie.
Tròn..... 論 rond; *vòng tròn* 妄論 cercle.
Trốn..... 腧 anus, fondement; *bàn trốn* 盤腧 les fesses; *trốn kim* 腧針 trou d'aiguille.
Trộn..... 論 mêler; *trộn trạo* 論棹 idem.
Trốn..... 遁 fuir; *trốn thuế* 遁稅 éviter l'impôt; *trốn châu* 遁搜 fuir les ouvrages publics.
Trơn..... 瀾 léger; glissant; *trơn tru* 瀾誅 idem.
Trong..... 冲 limpide; dans, dedans; *trong sạch* 冲瀝 pur; *trong ngần* 冲浪 transparent, diaphane; *đàng trong* 唐冲 Cochinchine.
Trọng..... 重 précieux, excellent, noble; lourd; *sang trọng* 郎重 noble; *quí trọng* 貴重 précieux; *trọng hình* 重刑 supplice rigoureux.
Tròng..... 瞳 pupille de l'œil; *tròng trắng* 瞳皐 blanc d'œuf; *tròng đỏ* 瞳赭 jaune d'œuf.

Trông..... 籠 attendre, espérer; *trông nhờ* 籠汝 souhaiter, convoiter.

Trống..... 皷 tambour; *đánh trống* 打皷 battre le tambour; *trống trải* 皷廢 ouvert; lieu passager.

Trồng..... 樌 planter; *vun trồng* 坟樌 cultiver.

Trót...... 律 entier; *trót thể* 律体 complétement.

Trót...... 札 tordu.

Trọt...... 跌 s'écouler.

Trou..... 嘟 avaler au moyen d'un liquide.

Tru...... 誅 hurler; punir de mort.

Trú...... 住 demeurer.

Trú...... 晝 jour.

Trù...... 疇 maudire; *trù ẻo* 疇殀 idem.

Trư...... 猪 porc.

Trư...... 字; *một trư* 沒字 un denier.

Trừ...... 除 chasser par force; *trừ căn* 除根 arracher; *trừ ra* 除囉 excepté.

Trữ...... 貯 contenir.

Trwa..... 廬 à midi; *bữa trwa* 餚廬 heure du dîner.

Truất..... 黜 enlever à quelqu'un sa dignité, sa charge; *truất chức* 黜職 idem.

Trục..... 逐 cabestan; *đánh trục* 打逐 virer le cabestan.

Trực..... 直 droit, vrai; *chính trực* 正直 sincère.

Trụi..... 橊 indigent.

Truy	追	suivre.
Truyện	傳	histoire; *nói truyện* 吶傳 raconter une histoire.
Truyền	傳	transmettre, livrer; *rao truyền* 哶傳 promulguer; *để truyền* 底傳 on rapporte.
Trụm	拎	tout; *bắt trụm* 抔拎 prendre tout.
Trùm	仝	couvrir entièrement; chef de village.
Trung	中	milieu; *trung trung* 中中 médiocre.
Trung	忠	fidèle; *trung chính* 忠正 juste; *trung quân* 忠君 fidèle au roi.
Trúng	中	atteindre; *trúng tim* 中胚 émouvoir le cœur; *trúng đích* 中的 atteindre le but.
Trùng	重	réitérer; de nouveau.
Trũng trình	冢呈	tarder.
Trưng thuế	徵稅	imposer un tribut.
Trứng	蜻	œuf.
Trừng	懲	forcer; *trừng trị* 懲治 punir.
Trước	竹	roseau.
Trước	略	avant; *đời trước* 吪略 au siècle passé; *khi trước* 欺略 auparavant; *nói trước* 吶略 prédire.
Trườn	陳	ramper (le serpent).
Truồng	中	nu depuis le langouti.
Trương	張	page d'un livre.

Trượng ...	丈	mesure de 10 pieds; *trượng phu* 丈夫 mari.
Trượng ...	杖	bâton.
Trướng ...	帳	pavillon.
Trướng lên.	脹	s'enfler.
Trường ...	長	long; *bề trường* 皮長 longitude.
Trường ...	塲	collége; *trường học* 塲屋 idem.
Trường ...	腸	entrailles.
Trưởng ...	長	second dans un village; *trưởng lân* 長鄰 maire.
Trút	律	verser.
Tu	修	réformer; *tu rừng* 修棱 ermite; *tu kỉ* 修已 se retenir; *tu thầy* 修柴 bonze; *nhà tu* 茹修 couvent.
Tu du	須臾	moment.
Tụ	聚	rassembler; *tụ chung* 聚衆 réunir en un seul point.
Tú tài	秀才	bachelier.
Tù	囚	prison; prisonnier; *tử tù* 死囚 mourir en prison.
Tủ	籚	armoire.
Tư	思	penser; *tư tưởng* 思相 se souvenir l'un de l'autre.
Tư	私 ; *tư kỉ* 私已 soi, soi-même; *tư ý* 私意 volonté propre.
Tư	茲	maintenant; *tư niên* 茲年 cette année.

ANNAMITE-FRANÇAIS. 575

Tự chất.... 資質 caractère naturel.
Tự....... 罒 quatre; quatrième.
Tự....... 絲 soie des vers à soie.
Tự....... 字 lettre, caractère.
Tự....... 序 préface; *thứ tự* 次序 ordre.
Tự....... 祀 sacrifier, adorer.
Tự....... 自 de, par; *tự nhiên* 自然 naturellement; *tự kiêu* 自驕 se vanter.
Tự....... 寺 temple.
Tự....... 嗣 la postérité.
Tứ....... 四 quatre.
Từ....... 慈 clément; *từ bi* 慈悲 très-doux; *thìn từ* 辰慈 paisible.
Từ....... 自 de, par.
Từ....... 辭 dire adieu; rejeter.
Từ....... 詞 paroles, discours; *thơ từ* 書詞 lettre, missive.
Từ than... 祀神 temple de l'esprit tutélaire.
Từ....... 子 fils; *khổng tử* 孔子 Confucius; *thiên tử* 天子 empereur; *nam tử* 男子 fils; *nữ tử* 女子 fille; *dệ tử* 弟子 disciples.
Từ....... 狌; *sư tử* 獅狌 lion.
Từ tế.... 仔細 avec soin.
Từ....... 死 mourir; *từ đạo* 死道 martyr; *yểu từ* 殀死 mourir jeune.

576　　　　　　　　VOCABULAIRE

Tua . . . . . . 須 il faut.

Túa ra . . . 計囉 affluer quelque part.

Tủa . . . . . 燧; lúa tủa 穮燧 grains trop mûrs.

Twa . . . . . . 序 préface.

Twa . . . . . . 似 semblable.

Tuẩn . . . . 遵 suivre, obéir.

Tuẩn . . . . 俊; tuẩn khiệt 俊傑 héros; tuẩn sĩ 俊士 idem.

Tuẩn . . . . 旬; tuẩn lễ 旬禮 décade de jours; tuẩn thì 旬時 fortune, sort.

Tuẩn . . . . 巡 examiner; douane; veiller; quân tuẩn 軍巡 guetteur de nuit; tuẩn do 巡由 explorer.

Tuất . . . . . 恤 avoir pitié; tuất bần 恤貧 avoir pitié des pauvres.

Túc . . . . . . 足 suffire; pied; túc ý 足意 content.

Túc thỉnh . . 肅請 convoquer.

Túc . . . . . . 宿 nom de constellations.

Tục . . . . . . 俗 mœurs, coutume; inconvenant; phàm tục 凡俗 mondain; tục ngữ 俗語 proverbe; tục tĩu 俗吥 obscène.

Tức . . . . . . 息 oppression; perdre haleine; tức ngực 息膆 souffrir de la poitrine; tầm tức 慘息 sangloter.

Tức thì . . . 即時 immédiatement.

Tuế . . . . . . 歲 année; âge.

ANNAMITE-FRANÇAIS. 577

Túi ..... 最 obscur.
Tủi ..... 啐; khóc tủi 哭啐 pleurer sur ses malheurs ou sur ceux d'autrui; tủi mặt 啐㒼 avoir honte.
Tuy là .... 雖羅 quoique.
Tùy ..... 隨 suivre.
Tủy ..... 髓 moelle; cốt tủy 骨髓 moelle des os.
Tuyen..... 選 choisir.
Tuyén..... 全 intact, entier; tuyén dĩ 全以 entièrement; tuyén thiện 全善 infiniment bon; tuyén hảo 全好 parfait.
Tuyén..... 泉 source.
Tuyét..... 雪 neige.
Tuyệt..... 絕 être détruit; tout à fait; tuyệt khởi 絕塊 exceller; tuyệt kì 絕奇 merveilleux.
Tum ..... 坯 gourde.
Tụng ..... 誦 réciter des prières.
Tụng ..... 訟 intenter un procès.
Tùng ..... 從 suivre.
Tùng ..... 松 pin; tùng bá 松栢 pin et cyprès.
Tước ..... 爵 dignité; ấn tước 印爵 insignes.
Tuổi ..... 歲 âge; tuổi trẻ 歲祉 âge tendre.
Tươi ..... 鮮 récent; vert; cá tươi 魚鮮 poisson frais.
Tưới ..... 溽 arroser.
Tưởi ..... 載; tát tưởi 必載 abandonné.
Tươm..... 瀸 expirer; exhaler.

Gramm.   37

Tuớn	潫	confluer.
Tươn	散	; *làm tươn đi* 濫散拶 accélérer.
Tuồng	從	comédie, tragédie; *tuồng cách* 從格 manière; mode; *coi tuồng* 覘從 il paraît.
Tương	相	mutuellement.
Tượng	像	statue; *hình tượng* 形像 image; *tượng tượng* 像像 semblable; *tượng ảnh* 像影 image, médaille.
Tượng	象	éléphant; *nha tượng* 牙象 ivoire.
Tượng	匠	artisan, ouvrier.
Tướng	相	forme, espèce, visage; *chem tướng* 砧相 conjecturer d'après le visage.
Tướng	將	commandant militaire; *tướng soái* 將帥 commandant en chef.
Tường	祥	augure; *việt tường* 越祥 bouffons du roi.
Tường	詳	clairement; *tường tận* 詳盡 évidemment.
Tường	墻	muraille.
Tưởng	想	penser; *tưởng gẫm* 想伶 méditer; *suy tưởng* 推想 considérer; *tưởng lại* 想吏 réfléchir; *nguyện tưởng* 願想 désirer.
Tựu	就	parvenir; *giao tựu* 交就 livrer à quelqu'un.

U

U....... 幽 obscur; *u mê* 幽迷 stupide.
U....... 塢 couvrir pour faire jaunir (le thé, le tabac).
U'...... 喲 oui.
Uạ...... 噁; *áp uạ* 唈噁 vomir.
U'a..... 於 sourire, plaire; *wa nhau* 於饒 se sourire mutuellement; *chẳng wa* 庄於 déplaire.
U'c..... 抑 opprimer; *oan wc* 冤抑 être opprimé; *wc lòng* 抑弄 idem.
U'c..... 臆 poitrine.
Uế...... 濊 sordide, immonde.
Uỉ...... 慰 consoler; *an uỉ* 安慰 idem.
Uý...... 畏 craindre; *uý kị* 畏忌 répugnance.
Ung..... 癰 abcès; *ung thơ* 癰疽 idem.
U'ng.... 膺 content, sourire; *wng lòng* 膺弄 idem.
U'ng.... 鷹; *chim wng* 鳩鷹 épervier.
U'ng.... 應 répondre; *wng hiện* 應現 apparaître.
U'ớc.... 約 désirer; *mơ wớc* 庥約 souhaiter.
U'đi hình.. 偶形 inepte.
U'om.... 淹 dévider.
U'ớm.... 襹 cuirasse.
U'ớm.... 厭 essayer; *wớm thử* 厭試 éprouver.

37.

Uốn	捥	fléchir; *uốn éo* 捥要 se courber; *uốn lời* 捥啝 aduler.
U'on	胺	qui commence à se pourrir (viande, poisson).
Uống	旺	boire.
Uổng	枉	en vain; *uổng danh* 枉名 perdre sa réputation.
U'ong	殃	calamité; *wong ách* 殃厄 idem; *wong wong* 殃殃 à demi mûr.
U'ớp	渴	assaisonner.
U'ớt	氾	humide, mouillé; *wớt mặt* 氾㭏 inepte.
Up	挹	retourner, renverser (un vase, un verre); *up lấy* 挹祕 couvrir.
Ut	丕	le plus jeune; *con út* 昆丕 idem.
U'u	憂	inquiet; *wu phiền* 憂煩 triste.

V

Va	攠	heurter, pousser; celui-là, celle-là.
Vạ	禍	peine; *tai vạ* 災禍 malheur; *bỏ vạ* 補禍 calomnier.
Vá	播	raccommoder; *vá lại* 播吏 idem.
Và	吧	et; ensemble; *cả và* 哿吧 tout; *và lần* 吧吝 quelquefois.
Vả	把	donner un soufflet; *chỉ vả* 阯把 outrager.
Vã	䰟	or, donc.

ANNAMITE-FRANÇAIS.

Vã . . . . 浼 enduire.
Vác . . . . . . 搏 porter sur l'épaule.
Vạc . . . . . . 鑊 chaudron; *vạc giàng* 鑊床 lit en bambou.
Vặc . . . . . . 域; *sáng vặc vặc* 創域域 très-clair.
Vậc . . . . . . 域; *binh vậc* 兵域 protéger.
Vách . . . . 壁 muraille; *vách thành* 壁城 rempart.
Vai . . . . . . 髇 épaule; *nghiêng vai* 迎髇 s'incliner.
Vái . . . . . . 啀 invoquer; *khấn vái* 懇啀 faire un vœu.
Vài . . . . . . 吧 quelques; *vài cái* 吧丐 idem.
Vải . . . . . . 絠 étoffe; *vải diễn* 絠演 étoffe légère; *vải thô* 絠粗 étoffe épaisse; *vải sợi* 絠紕 la lisse; *vải canh* 絠庚 la trame.
Vãi . . . . . . 捉; *gieo vãi* 招捉 semer.
Vãi . . . . . . 伲; *bà vãi* 妃伲 bonzesse.
Vay . . . . . . 為 emprunter; *vay mượn* 為嗼 idem.
Voy . . . . . . 䚻 tortu, oblique; *gian vạy* 奸䚻 pervers.
Vày . . . . . . 撑 user en frottant.
Vảy . . . . . . 鯤 écaille; *ảnh vảy* 影鯤 médaille.
Vẩy . . . . . . 捉 agiter; *vẩy đuôi* 捉䚻 remuer la queue.
Vây . . . . . . 圍 entourer; *vây cánh* 圍翅 ceindre; *trùng vây* 重圍 siége d'une place.
Vậy . . . . . . 丕 ainsi; *làm vậy* 濫丕 idem; *sao vậy* 牢丕 pourquoi ainsi? *thôi vậy* 雀丕 c'est assez; *bởi vậy* 䮛丕 c'est pourquoi.

Vầy vá .... 渭播 salir.
Vầy ..... 圍 autour; vầy hiệp 圍合 se réunir; vui vầy 盃圍 se réjouir ensemble.
Vàm rạch .. 汎瀝 embouchure d'un fleuve.
Vằm ..... 鐄 couper en morceaux, hacher.
Vạn ..... 噴 gémir, soupirer.
Ván ..... 萬 dix mille.
Vàn ..... 版 planche; tám vàn 舨版 une planche.
Vãn ..... 挽 poëme; ca vãn 歌挽 chanter.
Vãn ..... 晚 soir.
Văn ..... 文 lettres; élégance; nghé văn 藝文 littérature; thi văn 詩文 vers; poésie.
Văn ..... 聞 entendre.
Vặn ..... 搁 faire tourner (une corde).
Vắn ..... 問 bref, brève; vắn vắn 問問 très-court.
Văn ..... 彣 varié de couleurs.
Vân ..... 紜; phân vân 紛紜 embarrassé, entortillé.
Vân ..... 云 dire.
Vân ..... 雲 nuage.
Vận ..... 運 sort, fortune; lỡ vận 呂運 infortuné; vận quần 運裙 mettre son pantalon.
Vận ..... 韻 syllabe; bộ vận 部韻 harmonie.
Vấn ..... 問 s'informer; rouler autour.
Vần ..... 問 tourner en rond; chuyển vần 轉問 idem.
Vang ..... 榮 bois rouge de teinture; danh vang 名榮 nom illustre.

ANNAMITE-FRANÇAIS. 583

Vang ..... 嶸 résonner; *la vang* 羅嶸 cris.
Váng ..... 維; *váng nhện* 維蝿 toile d'araignée.
• Vàng ..... 鑛 or; jaune; *vàng ròng* 鑛洞 or pur; *nén vàng* 鑲鑛 lingot d'or; *ác vàng* 鴉鑛 soleil; *võ vàng* 庠鑛 livide.
Vàng ..... 傍; *vững vàng* 凭傍 ferme, constant.
Vãng ..... 往 aller, passer; *vãng lai* 往來 aller et venir.
Văng ..... 榮 sauter (une étincelle ou un éclat de bois).
Vắng ..... 永 solitaire; silence; *nhà vắng* 茹永 maison inhabitée.
Vâng ..... 邦 obéir; *vâng nghe* 邦眭 se soumettre; *vâng giữ* 邦佇 observer; *vâng ý* 邦意 obéir à la volonté d'autrui.
Vầng ..... 暈; *một vầng* 沒暈 une brassée.
Vanh ..... 擦 couper autour, en rond; *phép vanh da* 法擦膀 circoncision.
Vành ..... 捵 cercle.
• Vào ..... 刨 entrer; *thâu vào* 透刨 pénétrer; *vào đạo* 刨道 entrer en religion.
Váp ..... 跋 se heurter à une chose; *nói váp* 吶跋 parler en hésitant, bégayer.
Vát ..... 越; *chạy vát* 豸越 naviguer au plus près (marine).
Vắt ..... 泖 exprimer l'eau ou le suc d'une chose.

Vặt ...... 吻; *nói vặt* 吶吻 conter des fables; *giở vặt* 哇吻 cracher; *trộm vặt* 濫吻 filouter.

Vật ...... 物 chose; *nhơn vật* 人物 tous les êtres créés; *loài vật* 類物 les animaux..

Vật ...... 勿 lutter; *đua vật* 都勿 lutteur.

Ve ...... 蠍 cigale; *ve kêu* 蠍叫 chant de la cigale.

Ve ...... 碍 bouteille; *ve chai* 碍菝 bouteille de verre; *ve chè* 碍茶 flacon à thé.

Vẻ ...... 厰 couleur variée; *vẻ hùm* 厰貓 taches du tigre; *vui vẻ* 盃厰 se réjouir.

Vẽ ...... 厰 peindre; *chỉ vẽ* 指厰 indiquer; *ảnh vẽ* 影厰 tableau; *thợ vẽ* 署厰 peintre.

Vế ...... 髀 cuisse; *trái vế* 鞁髀 idem.

Về ...... 衞 revenir; *trở về* 呂衞 idem; *tóm về* 繆衞 rédiger, abréger.

Vệ ...... 衞 régiment.

Ven ...... 邊 auprès; *ven tai* 邊聰 à l'oreille.

Vẹn ...... 援 intact, complet; *vẹn vẻ* 援厰 mis en ordre.

Vén ...... 援 élever; *vén* ... 援襖 suspendre un habit.

Vênh ...... 榮 retourné, crochu.

Vẹo ...... 表 sinueux.

Véo ...... 喉 pincer; *véo von* 喉咬 voix aiguë.

Vét ...... 拍 épuiser complétement (l'eau d'un puits).

Vi ...... 圍 entourer; *trùng vi* 重圍 siège; *giải vi* 解圍 lever le siége.

Vi...... 微 exigu; *vi diệu* 微妙 secret, etc.
Vi...... 爲 faire.
Vị...... 位 personne; *thượng vị* 上位 monter sur le trône; *kế vị* 繼位 succéder; *bài vị* 排位 tablette d'ancêtres.
Vị...... 胃 estomac; *tì vị* 脾胃 idem.
Vị...... 味 saveur; *mĩ vị* 美味 mets exquis.
Vị...... 爲; *binh vị* 兵爲 protéger.
Vị...... 彙; *tự vị* 字彙 dictionnaire.
Ví...... 杏 si; comparer; *ví bằng* 杏朋 idem; *ví dụ* 杏諭 par exemple.
Vì...... 位 personne; *trị vì* 治位 gouverner.
Vì...... 爲 pour; *bởi vì* 龍爲 à cause de; *vì sao* 爲牟 pourquoi? *vì ý chi* 爲意之 dans quelle intention?
Vỉ...... 渭; *nhà vỉ* 菇渭 latrines.
Vĩ...... 尾 queue.
Vía...... 眤 esprits vitaux.
Việc...... 役 travail, affaire; *mắc việc* 縳役 être occupé; *bổn việc* 本役 beaucoup d'affaires; *làm việc* 濫役 travailler; *việc nước* 役渃 ouvrage public.
Viên...... 圓 rond; globule; pilule.
Viên...... 圜 jardin.
Viện...... 院 monastère de bonzes; lieu clos de murs.
Viễn...... 遠 éloigné; loin.

Viếng..... 永 visiter; un tour.

Viết...... 日 écrire; pinceau, plume; *cây viết* 核日 pinceau.

Việt...... 越; *nam việt* 南越 royaume annamite.

Vịn...... 援 se tenir à une chose; se soutenir avec les mains; *vịn lấy* 援祕 saisir une chose pour se soutenir.

Vịnh sông.. 泳滝 coude d'une rivière.

Vĩnh..... 永 long; durable; éternel.

Vít...... 日 cicatrice, blessure.

Vịt...... 鵡 canard.

Vó....... 跻 sabot du cheval; traces du cheval.

Vò viên.... 圩員 amasser en rond.

Vỏ....... 補 écorce d'arbre; *vỏ gươm* 補劍 fourreau d'épée; *vỏ tên* 補笂 carquois; *lột vỏ* 律補 décortiquer (un arbre).

Vô....... 無 non; sans; entrer.

Vồ....... 橅 maillet, masse.

Vổ....... 嘸 pétulant, impudent.

Vỗ....... 撫 frapper avec la main; *vỗ tay* 撫挀 applaudir.

Vơ....... 摀 absurdement; saisir.

Vợ....... 㛢 épouse; *vợ chín* 㛢正 femme légitime; *vợ thứ* 㛢次 concubine.

Vớ lấy.... 播祕 saisir.

Vờ vật.... 為物 chanceler.

ANNAMITE-FRANÇAIS.   587

Vở....... 碨 registre; notes.

Võ....... 破 être brisé; *chán võ* 振破 briser; *võ tay làm 破抴濫* se mettre à l'œuvre.

Vóc...... 朒 membrure; corps.

Vóc...... 卜; *một vóc* 沒卜 une poignée.

Voi....... 猇 éléphant; *voi tàu* 猇艚 éléphant apprivoisé; *voi rừng* 猇棱 éléphant sauvage; *tàu voi* 艚猇 étable d'éléphant; *ngà voi* 珎猇 ivoire; *nài voi* 佅猇 cornac.

Vói....... 捐; *kêu vói* 叫捐 appeler de loin.

Vòi....... 胭 trompe (d'éléphant, de moustique).

Vôi....... 磖 chaux; *vôi sống* 磖甡 chaux vive; *tô vôi* 穌磖 enduire de chaux.

Vội....... 俉 urgent; à la hâte; *vội giận* 俉悷 irascible.

Với....... 貝 avec, ensemble; *giúp với* 執貝 à l'aide!

Vời tới... 排細 mander, faire venir.

Vời...... 瀘 le large, la pleine mer.

Von...... 文 aigu (ne se dit pas des couteaux, des épées, etc.).

Vốn...... 本 tête; sort; *vốn tôi là* 本碎羅 ma condition.

Vờn...... 湏; *lội vờn vơ* 瀶湏瀘 nager (les poissons).

Vong..... 亡 perdre; *vong mạng* 亡命 perdre la vie; *bại vong* 敗亡 être détruit.

Vong ..... 忘 oublier.

Vóng ..... 罔 haut, élevé (arbre).

Vòng ..... 綾 cercle; collier, bracelet; *deo vòng* 刁綾 porter des bijoux.

Võng ..... 網 hamac, litière; *di võng* 扔網 aller en hamac.

Vót ...... 撻 gratter avec un couteau.

Vọt ...... 捼; *roi vọt* 櫺捼 verge, baguette.

Vọt ...... 踤 sauter; *nhảy vọt* 跃踤 idem; *cản vọt* 勤踤 puisard.

Vớt ..... 撼 retirer de l'eau, sauver.

Vu ...... 誣 calomnier; *bỏ vu* 捕誣 idem.

Vụ ...... 務 saison.

Vụ ...... 舞 tourbillon de vent.

Vú ...... 乳 sein, mamelles; nourrice; *vú sữa* 乳湅 les mamelles.

Vũ ...... 武 milice, armées; *nghệ vũ* 藝武 art militaire; *vũ thần* 武臣 mandarin militaire; *vũ phu* 武夫 fort; généreux.

Vũ ...... 舞 danser; *nhạc vũ* 樂舞 idem.

Vũ ...... 雨 pluie.

Vua ..... 喬 roi; *vua chúa* 喬主 idem; *ngôi vua* 嵬喬 trône; *vua bếp* 喬炇 esprit du foyer.

Vùa ..... 扶 aider, protéger; *vùa giúp* 扶執 idem.

ANNAMITE-FRANÇAIS. 589

Vừa..... 播 mettre son habit sans passer les manches.
Vừa..... 皮 médiocrement; *vừa vừa* 皮皮 médiocre; *vừa chừng* 皮澄 suivant l'espace, la mesure; *vừa ý* 皮意 content; *vừa khi* 皮欺 pendant que.
Vữa..... 活 se gâter (la soupe, un œuf, etc.).
Vục..... 氿; *uống vục* 旺氿 boire de l'eau avec les mains.
Vực..... 域 abîme; *vực sâu* 域漊 idem; *binh vực* 兵域 défendre, protéger.
Vui..... 盃 se réjouir; content; *vui mừng* 盃明 idem; *vui mặt* 盃緬 front serein.
Vùi..... 培 enfouir; couvrir de terre, de cendres, etc.
Vun..... 坆 amasser; entasser; *vun đắp* 坆塔 accumuler.
Vụn..... 抾 une partie; un morceau.
Vụng..... 俸 inhabile; furtivement; *nói vụng* 吶俸 murmurer.
Vũng..... 滂 coude d'un fleuve; *vũng bíng* 滂捧 eau dormante; *vũng tàu* 滂艚 mouillage dans un fleuve.
Vưng..... 邦 obéir.
Vừng..... 暈 une brassée.
Vững..... 凭 ferme, solide; *vững vàng* 凭傍 idem; *bền vững* 紵凭 durable; *vững lòng* 凭弄 constant.

Vuối...... 貝 avec, ensemble, aussi; *chin vuối* 嗔貝 demander à quelqu'un.

Vườn..... 園 jardin; *lập vườn* 立園 cultiver un jardin; *nhà vườn* 茹園 maison de campagne.

Vuông.... 颱 carré.

Vương.... 王 roi; être enveloppé; *đế vương* 帝王 empereur; *dòng vương tướng* 洞王將 race royale.

Vướng.... 紡 très-mince (fil, cheveux); *vướng vớt* 紡摵 très-faible.

Vuốt...... 撑 caresser; *vuốt râu* 撑鬚 se caresser la barbe.

Vượt...... 爌 écorcher; *vuột da* 爌胗 idem.

Vượt..... 濺; *vượt biển* 濺灣 naviguer; *vượt khỏi* 濺塊 surpasser.

Vút...... 猙 griffes de lion, de tigre, etc.

Vút gạo.... 潗秸 laver le riz.

X (se prononce CH)

Xa....... 車 char.
Xa xí..... 奢侈 prodiguer.
Xa....... 賒 distant; loin; *gần xa* 斯賒 partout; *xa nhau* 賒饒 être éloigné l'un de l'autre; *xa chơi* 賒制 mourir.

Xạ......	射	lancer des flèches.
Xá......	舍	il faut; saluer à l'européenne; *xá nghe* 舍 睚 il faut entendre.
Xá......	赦	pardonner; oublier; *đại xá* 大赦 amnistie.
Xà......	蛇	serpent; *cá xà* 魚蛇 requin; *xà tích* 蛇錫 chaîne.
Xà......	駞	; *lạc xà điểu* 駱駞鳥 autruche.
Xả tóc....	捨鬃	cheveux dénoués.
Xã......	社	village; *xã trưởng* 社長 maire.
Xác.....	殼	corps; mélange; *xao xác* 漓殼 tumulte; *xác thịt* 殼䏧 le corps humain.
Xạc.....	落	; *xài xạc* 柴落 déchiré.
Xác.....	倬	coquin.
Xách....	挓	porter une chose suspendue à la main; *eo xách* 天挓 vexer.
Xai......	搓	être enlevé de sa place.
Xáy.....	蘝	; *xót xáy* 咄蘝 causer de la démangeaison.
Xẩy.....	侈	aussitôt, tout à coup; *xẩy thấy* 侈体 voir subitement; *xẩy đến* 侈旦 il arrive tout à coup.
Xay.....	磋	moudre le grain; *cối xay* 檜磋 meule.
Xây.....	搓	enrouler autour; *xây đi* 搓移 faire tourner en cercle; *xây tháp* 搓塔 élever une tour.
Xam.....	湛	; *đồ xam* 圖湛 chose vile.

Xám...... 監 couleur cendrée.
Xàm...... 讒; *nói xàm xàm* 吶讒讒 parler, bavarder.
Xảm...... 揕 calfater un navire; *xảm tàu* 揕艚 idem.
Xan...... 滇 lieu ouvert à la pluie ou au vent.
Xán...... 振; *xán vỡ* 振破 briser; *xán vào* 振包 s'introduire avec violence.
Xăn...... � se ceindre pour faire une chose.
Xắn...... 振 piocher la terre.
Xẳng..... 練; *làm xẳng xịu* 濫練召 s'embarrasser de beaucoup d'affaires.
Xẳng..... 唱 âpre; *lời xẳng* 𠰘唱 paroles amères.
Xẳng trời.. 靆丕 s'éclaircir (le ciel) après la tempête.
Xanh..... 撑 vert; *non xanh* 嫩撑 montagne; *tóc xanh* 𩯡撑 cheveux noirs; *xanh xao* 撑敲 très-pâle; *trong xanh* 冲撑 très-limpide.
Xan...... 鏽 étuve.
Xao...... 敲; *lao xao* 勞敲 tumultueux.
Xáo...... 拐 mettre sens dessus dessous; *xáo lên* 拐迍 idem.
Xảo...... 巧 rusé.
Xáp...... 腊 vide (un sac, le ventre....).
Xáp mặt... 夾𩈘 venir en présence.
Xấp...... 揷 doubler; plier; *xấp sách* 揷冊 fermer un livre.
Xát...... 擦 pulvériser avec les pieds ou les mains.

Xàu......	嘲	moisi; triste; *mềm xàu* 饞嘲 très-mou.
Xáu......	搜	enfiler; *xáu thuế* 搜稅 affaires publiques.
Xấu......	丑	mauvais; *xấu hổ* 丑虎 avoir honte; *xấu dạ* 丑脆 sans pitié; *xấu lòng* 丑弄 idem.
Xe......	車	char; tourner, rouler; *bánh xe* 軿車 roue; *chót xe* 椊車 essieu; *căm xe* 柑車 jantes; *điệu xe* 弔車 timon; *xe chỉ* 車织 tordre un fil; *có xe* 固車 sans nombre.
Xé......	熾	déchirer; *bứt xé* 抔熾 briser.
Xẻ......	鐳	être scindé en deux; *cưa xẻ* 鋸鐳 scier en deux.
Xé......	熾	incliner vers le couchant; *xé chiều* 熾朝 le soir; *bóng xé* 俸熾 un peu après midi.
Xẻ xài....	熾喋	déchiré.
Xéch......	隻	déplacé.
Xem......	祜	regarder; *xem thấy* 祜体 idem; *nhắm xem* 眰祜 viser; *xem sóc* 祜朔 avoir soin.
Yen vào....	茲包	s'introduire.
Yến......	闡	couper autour.
Yeo lên....	標蓮	soulever avec un levier.
Xéo......	招	*khăn xéo* 巾招 mouchoir; *xéo xút* 招剷 ennuyer quelqu'un.

Xèo...... 刨 couper avec des ciseaux.
Xếp...... 揷 plier; *xếp cánh* 揷翅 plier ses ailes; *ngồi xếp bằng* 坐揷朋 s'asseoir les jambes croisées.
Xét...... 察 examiner; *phán xét* 判察 juger; *đoán xét* 斷察 idem; *quan xét* 官察 juge; *xét biết* 察別 examiner et approfondir.
Xếu...... 漂 pencher vers sa ruine; *xếu xáo* 漂炒 vaciller.
Xí....... 幟; *cờ xí* 旗幟 drapeau.
Xí....... 侈 prodiguer, dissiper; *nhà xí* 茹侈 latrines.
Xỉ....... 齒 les dents; âge; *ung xỉ* 癰齒 mal aux dents.
Xích..... 赤 rouge; chaîne; *xích thân* 赤身 seul, nu.
Xích..... 尺 coude.
Xiêm..... 襜 habit de dessous.
Xiên..... 羶 incliné; *xiên xẹo* 羶漂 idem.
Xiềng.... 鋥 chaîne pour les accusés; *xiềng khóa* 鋥銙 idem.
Xiết..... 挈 être susceptible d'être compté; arrhes; *chi xiết* 之挈 innombrable.
Xiêu..... 漂 être coulé (un navire); ou seulement pencher, incliner.
•Xin...... 嗔 demander, prier; *cầu xin* 求嗔 idem;

ANNAMITE-FRANÇAIS. 595

nguyện xin 願嗔 prier Dieu; *an xin* 唵嗔 mendier.

Xinh..... 檸 beau; *xinh tot* 檸卒 idem.
Xiu đi.... 儦拸 manquer tout à fait de forces.
Xo...... 軀; *om xo* 瘖軀 maigre; *đoi xo* 餰軀 affamé.
Xo...... 摸 insérer; *xo tiên* 摸錢 enfiler des sa-pèques.
Xo...... 醜 décharger un canon, décharger le ventre; *thuôc xo* 藥醜 purgation.
Xở...... 處; *xở ra* 處囉 va-t'en; *xở đi* 處拸 idem.
Xoai..... 吹 très-fatigué.
Xoài..... 秧 mangue.
Xoáy..... 鬐 sommet de la tête.
Xoan..... 春 aveugle.
Xoắn xíu... 釧絽 embrouillé.
Xóc...... 觸 planter, percer; *đau xóc* 疠觸 point de côté.
Xóc vác... 觸搏 agir virilement.
Xoi...... 挄 excaver, creuser; *xoi trở* 挄擼 sculpter; graver.
Xói...... 跮; *xắc xói* 職跮 vexer.
Xối...... 糔 cuire à la vapeur.
Xối...... 涇 verser de l'eau.
Xơi...... 吹 manger ou boire (les grands personnages).
Xóm..... 呫 petit bourg.

Xốm.....	跕;	*ngồi xốm* 墢跕 s'asseoir sur les talons.
Xón.....	寸	être piqué par une chose aiguë.
Xong.....	衝	débrouillé; expédié; *xong việc* 衝煨 ouvrage fini.
Xông.....	衝	faire fumer, faire des fumigations; enfumer; *xông khói* 衝煨 fumer de la viande.
Xóp.....	澉	comprimé.
Xọp.....	執	vide (un sac, le ventre).
Xốp.....	橳	bois mou, tel que le sureau.
Xót.....	呚	causer de la démangeaison; *thương xót* 傷呚 avoir compassion.
Xót.....	出	insister, presser.
Xu......	樞	axe.
Xủ......	醜	pendant; *xủ tay* 醜㧣 avoir les mains pendantes.
Xú......	處	province.
Xử......	處	démêler, dégager; *phân xử* 分處 diviser; *kẻ xử tù* 几處囚 bourreau.
Xua.....	摳	chasser devant soi.
Xưa.....	初	autrefois; *đời xưa* 代初 le siècle passé; *ngày xưa* 暊初 récemment.
Xuân....	春	printemps; *xuân xanh* 春撑 jeunesse; *xuân xăn* 春搩 se dépêcher.
Xuất....	出	sortir.
Xúc.....	觸	recevoir une chose (ne se dit pas des liquides).

ANNAMITE-FRANÇAIS. 597

Xức...... 職 oindre, enduire.
Xui...... 吹 exciter; indignation; *xui giục* 吹逐 idem.
Xuy...... 吹 souffler; *xuy vàng* 吹鐄 dorer.
Xuyên.... 川 fleuve.
Xuyên.... 穿 transpercer.
Xuyên.... 釧 bracelet.
Xúm..... 呫 réunir en un seul; *xúm nhau lại* 呫饒吏 se réunir.
Xung..... 衝 contraire.
Xưng..... 稱 avouer; *xưng tội* 稱罪 confesser; *xưng ra* 稱囉 déclarer; *xưng thần* 稱臣 s'assujettir.
Xứng..... 稱 convenir; *xứng nhau* 稱饒 choses égales; *xứng đáng* 稱當 digne; mériter; *xứng tài* 稱才 se vanter.
Xửng vửng. 拯凭 défaillir.
Xược..... 啅 plaisant, bouffon; *nói xược* 吶啅 plaisanter.
Xuôi...... 吹 favorable; *gió xuôi* 逾吹 bon vent.
Xuống.... 衝; *xuống qua* 衝戈 heurter en passant.
Xuống.... 甕 descendre; *ngã xuống* 我甕 tomber; *xuống buồm* 甕帆 abaisser les voiles; *đặt xuống* 達甕 déposer.
Xuồng.... 艟 petite barque.
Xuổng.... 鑼 pioche.
Xương.... 昌 os; *xương sườn* 昌胴 côtes.

Xướng.... 唱 préluder; *ca xướng* 歌唱 chanter.
Xường.... 摩 cale de navire.
Xúp...... 執; *chạy xúp xúp* 豸執執 courir légèrement; *bụi lúp xúp* 蓓笠執 broussailles.

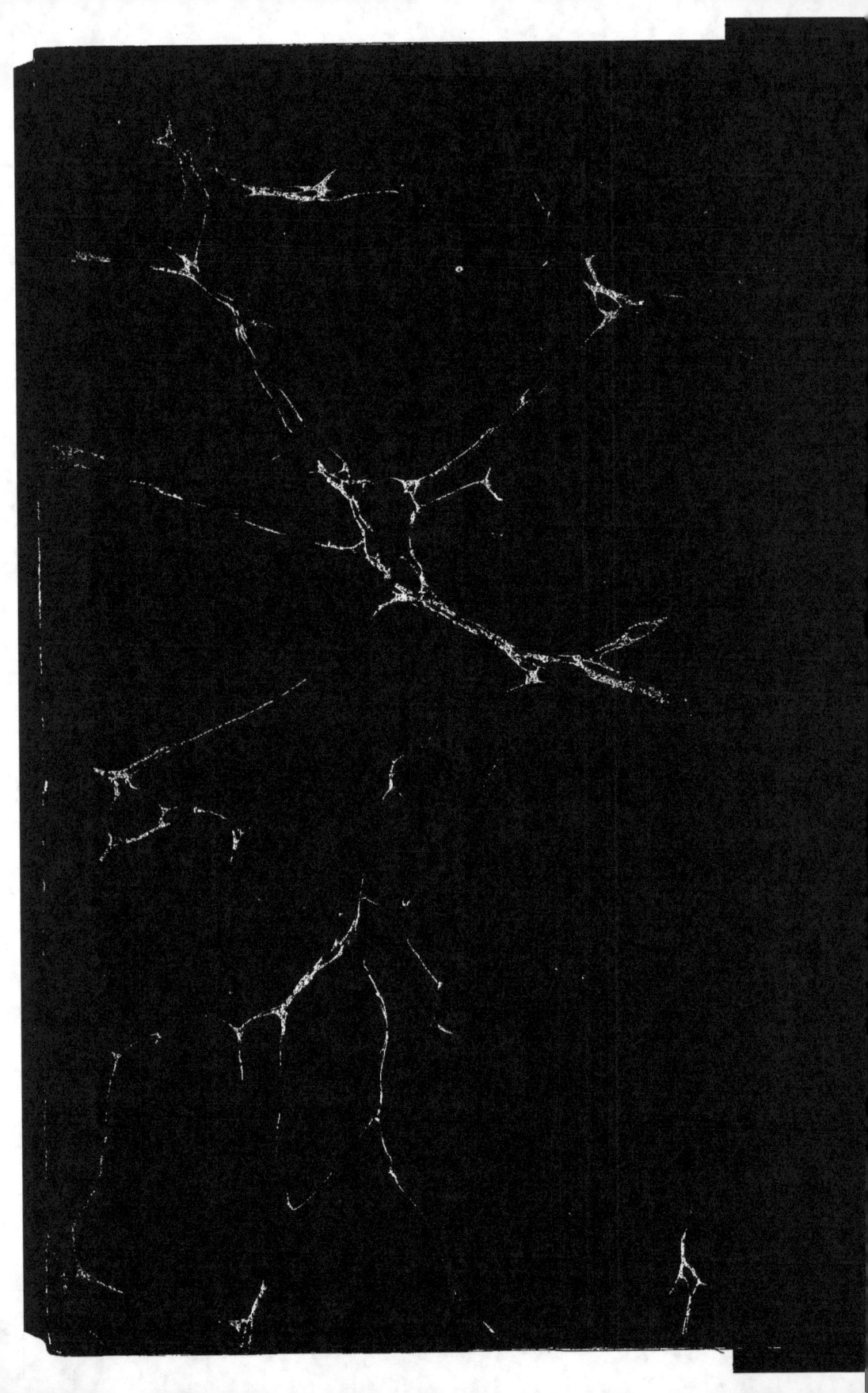

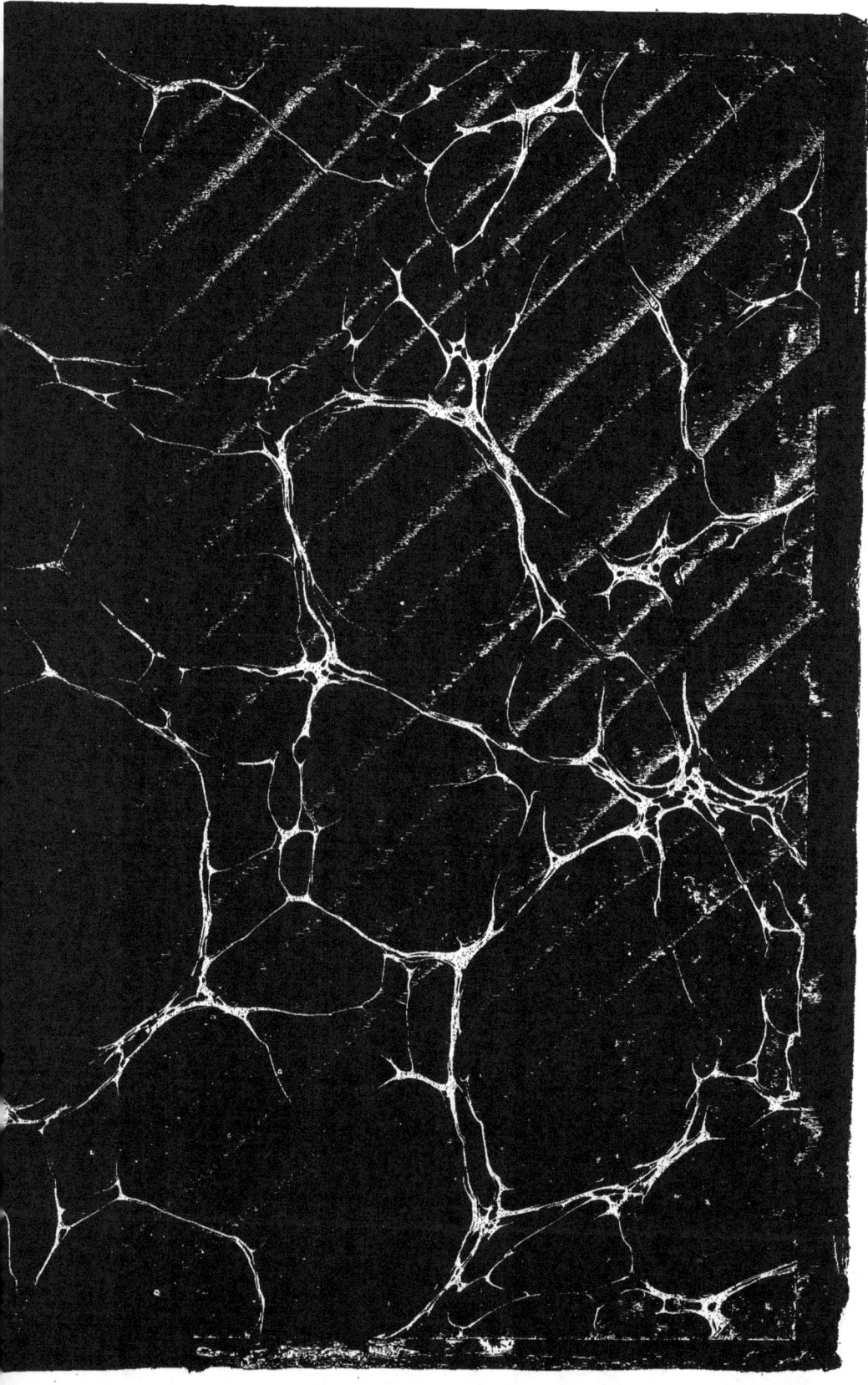

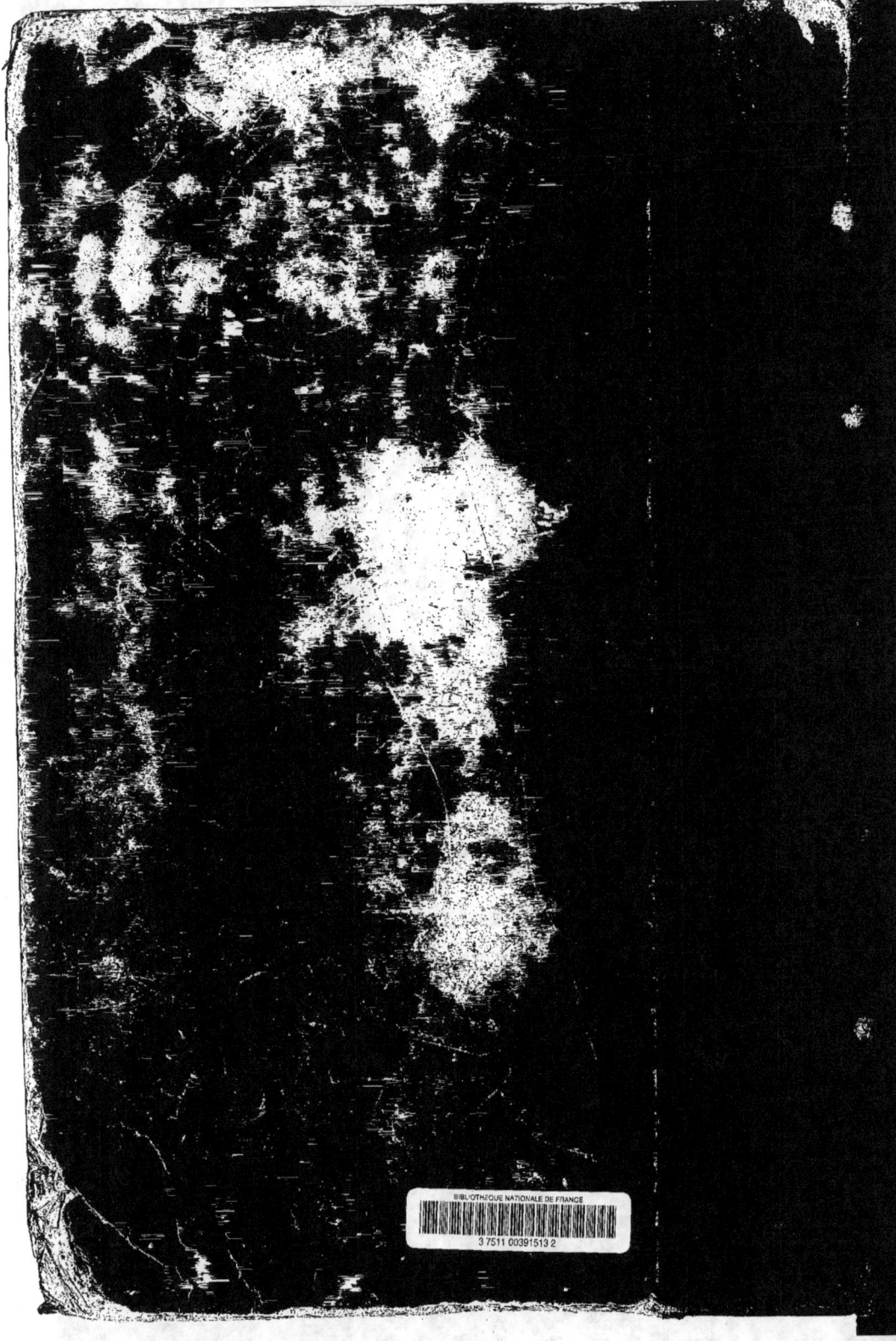

www.ingramcontent.com/pod-product-compliance
Lightning Source LLC
Chambersburg PA
CBHW051328230426
43668CB00010B/1193